B&E 金融学系列

期货与期权教程（第6版）

李一智 主编

罗孝玲 杨艳军 编著

Futures and Options

清华大学出版社
北 京

内 容 简 介

本书系统地阐述了期货与期权交易的理论和运作实务。全书共分七章:第一章是期货交易的概念和全貌概论;第二章至第六章是期货市场的管理以及期货交易技术、期货价格分析、金融期货交易与期权交易的专论;最后一章是期货市场风险的分析与控制。本书在介绍商品期货交易的内容时,尽可能运用或结合我国的实际资料;金融期货,特别是股指期货的内容,引用了最新的资料。本书运用了数学方法和计算机技术,以期更科学地表述有关问题。

本书可作为高等院校经济管理、金融、贸易等专业的 MBA、硕士生和高年级本科生的教材,也可供期货行业内的从业人士学习和参考。

图书在版编目(CIP)数据

期货与期权教程 / 李一智主编. —6 版. —北京:清华大学出版社,2017(2022.8重印)
(B&E 金融学系列)
ISBN 978-7-302-46142-5

Ⅰ. ①期… Ⅱ. ①李… Ⅲ. ①期货交易-教材 ②期权交易-教材 Ⅳ. ①F830.9

中国版本图书馆 CIP 数据核字(2016)第 323033 号

责任编辑:江　娅
封面设计:刘晓霞
责任校对:宋玉莲
责任印制:杨　艳

出版发行:清华大学出版社
　　网　　　址:http://www.tup.com.cn,http://www.wqbook.com
　　地　　　址:北京清华大学学研大厦 A 座　　　　　　邮　　编:100084
　　社 总 机:010-83470000　　　　　　　　　　　　邮　　购:010-62786544
　　投稿与读者服务:010-62776969,c-service@tup.tsinghua.edu.cn
　　质量反馈:010-62772015,zhiliang@tup.tsinghua.edu.cn

印 刷 者:北京富博印刷有限公司
装 订 者:北京市密云县京文制本装订厂
经　　销:全国新华书店
开　　本:185mm×230mm　　印张:20.5　　插页:1　　　　字数:421 千字
版　　次:1999 年 10 月第 1 版　　2017 年 1 月第 6 版　　印次:2022 年 8 月第 6 次印刷
定　　价:39.00元

产品编号:069813-01

第6版修订说明

这本教学用书自 1999 年初版至今已历 16 年,其中修改、补充、完善 5 次,现为第 6 版,都是因为我国期货市场的不断发展、创新,扩充了新的交易品种,由商品期货扩展到了金融工具期货;至今,只剩外汇期货和期货期权尚未上市交易,上市交易的商品期货已扩展到 44 个品种,金融工具期货已上市 3 个股指期货和 2 个国债(利率)期货品种。因此,为了适应期货市场的发展,本书的内容也必须更新。再者,经过反复推敲,书中尚有阐述不够清晰和严谨之处,也应修改完善。最后,听说有不少使用本书教学的同行,早就希望我们制作本书的电子课件,这次总算有需必供了,但可能制作不够完美,见谅。于此,要感谢硕士生周浩、邝波、潘登京帮助制作了这个电子课件。还要感谢原在中金所工作的黄勇博士帮助收集了有关资料以及中南大学商学院教授刘咏梅副院长为本书的修订提供了支持和意见,对书中所引用四个交易所和某期货公司资料的原初作者在此一并表示感谢。

作为本书的主编,尽管对第 3、4、5 和 6 版亲自作出了修改、补充和完善,但由于个人能力、水平有限,可能还有欠缺、不周之处,恳请赐教指正,将不胜感谢。为便利读者查询,兹告示以下网址:

www.shfe.com.cn(上海期货交易所网址)

www.czce.com.cn(郑州商品交易所网址)

www.dce.com.cn(大连商品交易所网址)

www.cffex.com.cn(中国金融期货交易所网址)

www.cfmmc.com.cn(全国期货交易保证金监控中心网网址)

李一智

2016 年 7 月于长沙岳麓山下

第 5 版修订说明

这本教学用书自 1999 年初版至今已历 13 年,总共发行了约十万余册。于此,我们谨向使用过和接触过此书的各方人士深表谢意。

这次在第 4 版(2010 年)的基础上再进行修订和补充,目的是让这本书及时地跟上期货市场创新发展的步伐,从而更具新颖色彩和时代内涵。国务院颁布的《期货交易管理条例》于 2012 年 10 月后作了一次修订,要求自 2012 年 12 月 1 日起施行;期货市场上市交易的商品期货品种,近三年来也由 24 种增加到 30 种;金融期货的股指期货已于 2010 年 4 月 16 日正式在上海金融期货交易所挂牌交易——4个 IF 品种合约全线出场,首日运行平稳,至今交易金额每月超 10 万亿元;国债期货据称可能会于今年恢复交易;结算细则关于当日结算准备金余额的算式中当日盈亏的计算,可以由原来的四个算式合并为一个算式;第四章中的 RSI 指标的算式表述不够明晰;全书还有其他若干处表述不够完善和严谨;等等。对于上述种种情况,这次修订都一一做了修改、补充、调整和完善。另外,我们在教学当中实现了期货交易模拟实验,本书如何反映这一实验教学环节?这个问题一直萦绕在脑中。目前只能推荐我们过去解决的途径,即联系世华财讯软件公司(现已归并到"大智慧"),公司会在交纳费用、签订协议后圆满解决成班学生模拟上网交易实验问题。

作为本书的主编,尽管对第 3、4 和 5 版亲自作出了修改、补充和完善,但由于个人能力、水平有限,可能还有欠缺、不周之处,恳请赐教指正,将不胜感谢。回顾起来,随着我国期货交易统一的行政性法规的颁布,期货市场不断成熟,本书可谓见证了这一历程。展望未来,我国期货市场创新发展方兴未艾,本书的修订,也将任重道远。

李一智

2013 年 3 月于长沙岳麓山下

序

董辅礽

在我国,期货市场刚刚建立 8 年左右,懂得期货交易的人还不多。人们对期货交易还有不少错误的看法。虽然,这与期货交易风险大,与我国期货市场发展中发生过不少问题,与国外发生过几起震动世界的事件(如巴林银行事件)有很大关系,但说到底还是因为人们对期货交易缺乏了解。

在国外,期货市场越来越发展。人们并没有因为期货交易的风险大,出过一些问题而限制它的发展,甚至取缔它;相反,还在不断推出新的期货品种,有些原来没有期货市场的国家新建立了期货市场。例如,最近韩国就建立了期货市场,推出了一些金融期货合约。这是因为,市场经济发展了,市场的参与者需要规避市场的种种风险,特别是价格变动的风险,需要有能规避风险的办法。在世界经济日益走向一体化的今天,各国间的经济联系日益密切,彼此影响。谁能想到泰国的金融危机会把许多国家卷进去呢?在此情况下,如果有期货市场,如果企业能在期货市场套期保值,那就可以规避国际市场价格波动带来的风险。这里说的价格不仅指货物的价格,还包括汇率、利率、证券指数等。期货市场就是为规避市场风险,尤其是为规避价格风险而建立和发展起来的。因此各市场经济国家,有条件的就建立自己的期货市场,没有条件的也要参与和利用别的国家的期货市场。

世界上任何事物都是在矛盾的统一和斗争中发展的,期货市场也不例外。期货市场本是为规避风险而建立和发展起来的,但它本身又存在巨大风险。期货市场的保证金制度,一方面起着保证交易正常进行,不至于发生无法履约的问题,但保证金又有杠杆效应,大大地放大了风险。期货市场中不断推出的新交易品种,都是为规避某种特定的市场交易的风险而设计的,但它们本身又会带来新的风险。期货市场有风险,人们又会用一套风险管理的办法,通过金融创新去规避其风险。世界就是这样在矛盾不断产生又不断克服中发展的。如果考虑期货市场有风险就不去建立和发展期货市场,岂不是因噎废食? 要是这样,各个市场参与者岂不是无法规避市场的价格风险? 要知道在世界经济一体化的进程中这种风险比以往要大得多。你不通过期货市场规避风险,别人通过期货市场规避风险,你如何与别人竞争? 期货市场不是可有可无,更不是市场经济的祸害,而是市场经济发展的客观需要和必然产物,它在规避市场价格风险和发现价格方面是其他市场和其他办法无法替代的。在当代许许多多金融创新出现于期货市场。

我国已经有了期货市场,要使它规范地健康地发展,需要从许多方面努力。其中一个方面就是让参与市场活动和管理市场的人懂得期货交易。不管是期货市场中的套期保值者、投机者、套利者还是管理者,不管是生产企业、流通企业还是金融企业,不管是已经参与了期货交易者,还是尚未参与期货交易者,都需要懂得期货交易。只有与期货交易有关的各方懂得了期货交易,期货市场才能规范地健康地发展。也只有更多的人懂得期货市场的功能及其运作,才会有更多的企业参与期货交易。在各类市场中,期货市场最接近经济理论中的完全竞争市场。在期货市场中,参与期货交易者越多,竞争越公平,期货市场的套期保值和发现价格的功能就发挥得越好。

为了发展期货市场,让更多的人懂得期货交易,需要采取各种方式介绍、论述、研究期货交易。这些年我国出版了不少这方面的书,这是可喜的。但用于高等学校的教材还不多。这本《期货与期权教程》是一本有特色的教科书。它是为 MBA 的教学而专门编写的。近几年来,越来越多的高等学校开办了 MBA 班,参加学习者大多来自企业,学员大多是企业的管理者。他们更需要懂得期货市场和期货交易。他们也更有条件学习期货交易的知识,因为期货交易比现货交易要复杂,在学习中要具备多方面的知识,包括金融知识等。但是,我国还缺乏适合 MBA 的有关期货交易的教材。因此,编写这本教材是很有必要的。

这本教材有几个特点:

第一,有关期货交易的概念表述得清晰、准确。期货市场发展得很快,不断出现新的概念,有不少概念在一些老的著作、辞典中也找不到。而且,有些概念用得比较混乱。把有关概念讲得清晰、准确,这是一本好教材必须做到的。

第二,本书的体系和结构较为恰当,使学员在学习中能循序渐进,能对期货交易形成系统的了解。

第三,本书在理论讲解上力求严谨、透彻,使学员不仅知其然,而且知其所以然,对期货交易中的问题能从理论上来理解和分析。

第四,期货交易中涉及许多数量关系,为求精确和严密,本书较多地运用数学方式来表述和推导。这对于 MBA 的学员来说不仅是可行的(因为他们已具有较好的数学和经济知识基础),而且也是必要的,因为他们中的许多人将从事企业的经营管理工作,甚至参与期货交易,需要对期货交易中的问题从精确的数量上来把握。

第五,尽可能地介绍国际期货交易中的各种新技术,如计算机交易、异地同步下单、期权定价模型、新型金融衍生品等。对 MBA 学员的培养来说,除了要懂得期货交易的理论以外,还要懂得期货交易的基本操作。这本书能适应这种需要。

第六,注重理论联系实际,讲述我国期货市场的现状、问题、法规和政策。

由于具备了上述几个特点,本书作为 MBA 课程的教材,应该说是一本好教材。我自己认为,在讲授本书时,最好更多地结合分析国内外期货交易中一些具有典型意义的案例,包括成功的案例和失败的案例。可以考虑编一本这样的案例分析,与本书相配合。结合实际案例讲授本书,就能收到更好的效果,使 MBA 学员获得更多的实际的知识。

这本书是为 MBA 编写的,也可用作高等院校的经济管理、金融、贸易等专业的高年级教材。

1999 年 5 月 16 日

编者的话

　　随着社会主义市场经济体制的确立,我国证券、期货市场先后兴起,并且不断地规范发展和完善。期货交易所经历了短期的盲目发展后,现已通过两次大的整顿、调整,由 1995 年的试办 15 家,到 1999 年调整为 3 家。在这一过程中,期货市场的运作水平按照"继续试点,加强监管,依法规范,防范风险"的原则得到了不断的提高;不到 8 年我们走过了西方期市百余年的进程。在用计算机终端下单、网络化交易的技术上,我国堪称领先;据不完全统计,期货从业人员已有上百万;有关高等院校开办了证券投资与期货贸易专业,有不少硕士、博士生撰写期货业的学位论文;经济管理类专业以及当前兴办的 MBA 班都增设了期货与期权课程供学员选修。因此编著一本期货与期权教学用书,特别供经济管理研究生和 MBA 学员选修、学习,同时也为期货行业人员的培训学习使用,实属必要,且有深远意义。我们中南工业大学工商管理学院(原为管理工程系)最早培养期货业硕士生,最早参与筹办期货交易所,也最早培养了大批量参与期货行业工作的毕业生。此后,1993 年我们开发的期货交易与结算计算机软件投入使用。近两年来我们成立的"南方证券与期货研究中心",资助了多个有关研究项目,包括本书的出版。1998 年我们开展了国家自然科学基金资助研究项目"中国商品期货市场的风险控制与预警系统研究"。基于上述的期货业实践经验、理论研究和教学积累,适应 MBA 教学之需,我们重新编著了此书。

　　本书第一、二、七章由中南工业大学工商管理学院博士生导师李一智教授编写,第三、六章由杨艳军副教授编写,第四、五章由罗孝玲副教授编写,博士生侯晓鸿参与了第七章部分编写工作,全书由李一智主编。编写中引用了博士刘咏梅讲师提供的宝贵研究成果和资料;湖南先锋期货经纪公司曾江洪副总经理提供了不少资料和数据；湖南省证监会李金玉博士也提供了宝贵意见；硕士生肖志英协助整理数据、图片。在此，向上述有关单位和人士深表谢意。我们还要感谢中南工业大学工商管理学院博士生导师、南方证券期货研究中心主任熊维平教授和工商管理学院院长、南方证券期货研究中心副主任陈晓红教授，他们对本书的出版给予了极大的支持和赞助，在本书编写中提供了宝贵意见和研究成果。还要感谢中南工业大学工商管理学院与清华大学出版社的领导对本书的出版所给予的大力支持。最后，我们要特别感谢原全国人大常委会财经委员会副主任、北京大学董辅礽教授，他热情地为本书写了序言。

　　本书的编写虽说有了一些基础，但新情况新问题不断出现，有些业务还未成熟，我们承担的国家基金项目还未完成，因此，书中疏漏、不当之处难免，敬请读者指正。

编　者

1999 年秋

目 录

第一章　期货交易导论

本章将对期货(futures)及期权，或叫选择权(options)交易的由来与发展，远期合约与期货合约交易的基本概念，期货交易的性质与功能，期货品种的类别，商品期货的上市条件，以及期货交易的运作，进行概括性的阐述，使读者通过本章的阅读能对期货交易获得基本概念性的理解，并为后续各章专论的学习奠定基础。

第一节　期货交易的历史概况

一、期货交易市场的由来

期货交易是商品交易发展的产物，整个商品交易的历史可以以19世纪为界线划分为两段。

19世纪以前，经历了由产品交换发展到通过货币为媒介的商品交易的漫长历程。从12世纪起，许多国家出现了中心交易场所、大交易市场和大小集贸市场，如罗马议会大厅广场、雅典大交易市场。1571年英国创建了首家集中的商品市场——伦敦皇家交易所；其后，荷兰在阿姆斯特丹建立了谷物交易所，比利时在安特卫普创建了咖啡交易所；1726年法国在巴黎创建了首家商品交易所，这些集中的交易所的交易方式都开始实行了原始的远期供货合同的形式，即在买卖合同文件上陆续不同形式地列明商品品种、数量、交货期限、计价方式以及信用保障条款等。1697年日本在大阪建立了大米交易所，实行了"米券"作为媒介的交易形式。

19世纪伊始，经历了由远期合约(forward contracts)交易发展到标准规范化期货合约(futures contracts)、期权合约交易的创新过程。

1825年起，美国中西部的交通运输条件发生了极大变化，此外仓储技术有巨大发展，促进了粮食的大宗交易。

1848年由82位商人发起组建了美国第一家中心交易所，即芝加哥交易所(Chicago Board of Trade，CBOT)，在交易所内进行规范化的远期合约交易，由交易所承担买卖双方的信用担保和中介，远期合约的条款内容包括：商品的品质(规格、等级)、产地/生产厂家、交易数量、价格或计价方式、交收实货日期和地点、付款方式、买者与卖者等条款。此外，交易所也制定了有关维护远期合同交易的规定、制度。1851年3月13日签订第一份玉米远期合约交易(数量为3 000蒲式耳,交货期为当年6月份,价格为每蒲式耳低于3月13日当地玉米市价1美分)。经过数十年的发展,现货交易的基础逐渐稳固和扩展,对远期合约中的有关条款实行规范标准化,大约在19世纪末与20世纪初,出现了现代标准化期货合约的交易,这种期货交易不再是以到期交收实货为目的,而是标准化期货合约本身的买卖以及合约到期前的不断被转让,因此交易的目的是联系商品所有权的价格风险的转嫁。这时,除了联系实货的交易者以外,又有一种不联系实货的投机者参与期货交易。

1874年美国芝加哥商业交易所(Chicago Mercantile Exchange,CME)应运诞生,陆续开展黄油、鸡蛋以及铁、钢、肉类和畜类等商品的期货交易;1972年它又开始实行了第一笔金融期货——外汇期货合约的交易。

1876年在英国由300名金属贸易商发起成立了伦敦金属交易所(London Metal Exchange,LME),陆续开展了铜、铝、锡、铅、锌、镍等金属的期货合约交易。至今,它所交易的金属价格对国际金属市场价格具有引导作用。

1885年法国改造早先的商品交易所后正式成立了商品期货交易所,主要交易品种为白糖、咖啡、可可、土豆等;1986年,法国国际金融期货市场在巴黎正式开业,开展金融期货和金融期权交易;1988年,两者合并为法国国际期货期权交易所(MATIF)。

进入20世纪,许多国家都成立了不同名目的期货和期权交易所。

二、中国的期货交易发展概况

中国的期货交易历史概况可以分新中国成立之前和之后两大阶段来表述。清朝末年主张"维新变法"的梁启超曾倡议组建交易所。直至1914年才建立了类似交易所的上海机器面粉公会,北洋政府颁布了《证券交易所法》。1916—1920年间,由孙中山先生发起,经上海总商会长虞洽卿筹建了上海证券交易所、上海证券物品交易所;北洋政府颁布了《物品交易条例》。直至1921年,首先是上海后来遍及北京、天津、广州、汉口、南京等地,筹建了一百多家交易所,乱象纵生,出现了"民十信交风潮",1922年,仅剩12家交易所尚能开门营业,绝大多数都陷入困境而停业。1929年10月国民政府正式颁布了《交易法则》,但这时还没有真正的期货交易,只是实行了一种延期交割的方式,称"便交"。抗日战争胜利后,1946年,上海证券交易所成立,设有证券和物品两个市场,推出了延期交割的变相期货交易,市场出现了短暂的繁荣。

新中国即将建立之时,1949年6月人民政府为打击投机商,查封了上海证券大楼,1952年7月天津证券交易所也宣布停业。由于实行计划经济体制,许多商品凭票供应,价格由政府制定,证券期货交易已无人问津。直至20世纪80年代,党的十一届三中全会确定实行改革开放以来,期货市场的功能和作用才又唤起人们的关注。最早提出在中国内地要开展期货市场的是香港杨竞羽先生。

1988年初,国务院发展研究中心、国家体改委、商业部等部门组织力量开展期货市场的调查研究,考察了国外的期货市场,增强了关于期货市场的理论认识,设想了期货市场筹建方案;同时,某些省市和地方也开展了关于筹建期货市场方案的研究与申报。最终,明确提出分三步走的期货市场发展道路:第一步,建立和发展以现货交易为主的批发市场;第二步,开展远期合同的研究制订与实施,并逐步规范、标准化;第三步,由标准化远期合同的交易发展到现代化的、标准规范化的期货合约交易。这种有关期货市场的理论研究、实施方案的探讨一直持续到 1990 年。

1990 年 10 月 12 日,中国第一个农产品中央交易所——"郑州粮食批发市场"正式成立并开业,最初还不是期货交易市场,只是引进了部分期货交易市场的制度,比如会员制、保证金制、委托代理制、合同的形式、交易与转让、价格形成等。直至 1993 年 5 月 28 日,"中国郑州商品交易所"挂牌成立,成为规范、标准化的农产品的期货市场。

1992 年 1 月 18 日,"深圳有色金属交易所"(SME)成立并开业,成为我国第一家期货交易所,开展铜、铝、铅、锌、镍等有色金属产品的规范标准化期货合约的交易。

1992 年 5 月,"上海金属交易所"(SHME)成立,开展铜、铝、锡、镍等金属产品的规范、标准化期货合约的交易。由于上海具有地理、经济、金融、交通、信息等条件的优势,上交所发展迅猛,有望成为继伦敦、纽约之后的世界第三大金属交易所。

1993 年,我国期货市场盲目发展,导致失控,至 1994 年 5 月,自称为期货交易所的市场就有约 40 家。国务院于 1994 年 5 月 30 日发布国发〔1994〕69 号文件,要求所有期货交易所需经中国证监会(CSRC)的审核批准。经初步整顿,批准 15 家交易所可继续开展期货合约的交易(见表 1.1),同时还要求期货经纪公司停止境外期货业务。

表 1.1　1994 年我国部分期货交易所

交易所名称	上市期货合约	试运行期货合约
郑州商品交易所	绿豆	小麦、玉米、花生仁、豆粕、芝麻、棉纱、425 号普通硅酸盐水泥、5mm 无色浮法玻璃、胶合板
重庆商品交易所	电解铜、重熔用铝锭	铅锭、锌锭、锡锭、电解镍
大连商品交易所	玉米、大豆	干海带
上海粮油商品交易所	大豆	玉米、白小麦、籼米、绿豆、红小豆、啤酒、大麦、黄麻、红麻
上海商品交易所	胶合板	天然橡胶、聚氯乙烯、高压聚乙烯、聚丙烯、棉纱、525 号普通硅酸盐水泥、5mm 浮法玻璃
海南中商期货交易所	棕榈油、天然橡胶	咖啡、可可、啤酒大麦
上海金属交易所	电解铜、重熔用铝锭	铅、锌、锡、镍
深圳有色金属期货联合交易所	电解铜、重熔用铝锭	铅锭、锌锭、锡锭、电解镍

交易所名称	上市期货合约	试运行期货合约
广东联合期货交易所	重熔用铝锭	籼米、豆粕
苏州商品交易所	胶合板	红小豆、羊毛、毛条、豆粕
沈阳商品交易所	电解铜	落叶松加工用原木、白松加工用原木、水曲柳加工用原木、高粱、花生仁、啤酒大麦
天津联合商品交易所	天津红小豆、电解铜、重熔用铝锭	大豆、铸造生铁、硅铁、天津胶合板

1998年国务院发布国发〔1998〕27号文件《国务院关于进一步整顿和规范期货市场的通知》,将14家期货交易所撤并保留了三家:上海期货交易所(SHFE),郑州商品交易所(CZCE),大连商品交易所(DCE)。现今,三个交易所上市交易的商品期货合约品种已陆续增至44种:上海期货交易所有铜、铝、锌、铅、镍、黄金、白银、螺纹钢、线材、热轧卷板、燃料油、沥青、天然橡胶;郑州商品交易所有强麦、普麦、棉花、白糖、精对苯二甲酸(PTA)、菜籽油、早籼稻、晚籼稻、粳稻、油菜籽、菜籽粕、甲醇、玻璃、动力煤、铁合金(含硅铁与硅锰);大连商品交易所有玉米、黄大豆1号、黄大豆2号、豆油、豆粕、棕榈油、聚氯乙烯(PVC)、线型低密度聚乙烯(LLDPE)、聚丙烯、胶合板、纤维板、鸡蛋、焦炭、焦煤、铁矿石、玉米淀粉。对所有上市交易的商品期货品种,各交易所分别都设计了对应的标准期货合约文本,而且有的还制定了实货交割的质量、规格要求,必要时还对个别合约进行修订,以及补充将要增加的品种合约。因此参与交易时,务必掌握有关品种的合约文本及其附注说明,这些资料都可从各交易所网站中查获。现将其中一些合约文本摘录于本书附录四中,以便及时了解。

从1994年对期货市场盲目发展的遏制直到1998年的深入整顿期间,撤并了期货交易所,停止了一些期货品种的交易(如绿豆、红小豆、钢材等),陆续又增加了许多品种,处理了"327"国债期货交易违规事故,清理整顿了期货经纪公司并处罚了一些期货经纪机构和个人。

1999年6月2日国务院发布了全国统一的行政性法规《期货交易管理暂行条例》,由此结束了原来各省、各部门的有关法规的混乱和矛盾。通过对该项法规的修改和完善,国务院又于2007年3月16日公布了《期货交易管理条例》,要求同年4月15日起施行。施行5年后国务院对该条例又作了修订,要求2012年12月1日起施行修订后的新条例(见本书附录三)。近些年来,正酝酿在条例的基础上制定一部国家的期货法。

2006年9月8日在上海成立了中国金融期货交易所(中金所),由此继商品期货交易后又拟开展金融期货的交易。经过三年半的研究论证、模拟交易等深入的准备工作后,2010年4月16日首先推出了4个沪深300股票价格指数期货合约的上市交易;2013年

10月10日又首先推出了3个5年期国债期货合约的上市交易。至今交易的金融期货合约品种计有：沪深300股指期货、上证50股指期货、中证500股指期货、5年期国债期货与10年期国债期货等5个品种。

中国证监会于2015年批准上海证券交易所开展股票期权交易试点，试点品种为上证50ETF期权，并于2月9日正式上市交易（注：ETF是交易型开放式指数基金）。上市交易的上证50ETF期权有认购（买入权）、认沽（卖出权）两种类型，4个到期月份，5个行权价格（执行价），合计有40个合约。这是我国首个场内期权交易产品，标志着我国资本市场期权时代的来临。从本书第六章期权交易的论述可知，上证50ETF期权合约还是现货期权，因为其标的物为一种股指基金，相当于一种股票。最近，中金所正在紧锣密鼓地探讨、演练股指期货合约为标的物的期货期权交易。

第二节　商品期货交易的形成与基本概念

一般商品从现货远期合约交易发展到标准化期货合约交易的过程中，经历过种种纠纷和周折，同时也在不断地探索，试行种种制度和技术的创新。概括起来，实现了四项制度和技术创新，即远期合约标准化、保证金制度、合约对冲平仓制度、结算体系和制度，才形成现代的期货合约交易。当前，全球期货交易所又面临着一项技术革新，即计算机局域网以及互联网上交易的全面实现，以取代传统的交易池内打手势和喊价的交易方式。

一、远期合约的标准化发展——期货合约的形成

远期合约产生后，在交易实践中遇到了不少的问题和纠纷。首先是商品品质的纠纷，因为农产品的生产与其质量往往受自然包括气候条件和作物技术的影响，收获后交付的农产品实货可能与原先议定的质量发生差异；其次，期货交易的数量都是大批量的，因而一份合约的数量和计量单位应该根据不同的商品制定不同的统一标准，更不能像商品零售那样出现零星数量，以利于合约的交易和核算；再次，商品期货的交收期限的确定，最初都不够合理，应该考虑商品的生产周期和产出季节，制定不同商品不同的统一交割期（月份）；最后，关于期货合约到期交割地点，也应该确定统一的地点。下面结合我国前些年期货合约标准化的设计，阐述其标准化的内容。

1. 关于商品品质的标准化

商品品质不同，则价格相异，而且同名的商品，因产地或生产厂家较多，其产品的品质也不一定相同。因此，为了使远期合约能够实现合约的买卖与转让，过渡到期货合约的交易，首先必须对相关商品的品质实行标准化，即制定相关商品品质的统一标准，以免交易中产生品质纠纷。最初美国有关当局曾授权芝加哥交易所制定粮食品质的统一标准，对

谷物品质实行分级。如将小麦分为白麦和红麦,以 2 号软红麦、2 号硬红冬麦、2 号黑北春麦、1 号北春麦为标准,其他替代品价格差距由交易所规定;玉米以 2 号黄玉米为标准;大豆以 2 号黄大豆为标准等。

伦敦金属交易所(LME)交易的有色金属商品期货,同样制定了各自的标准化合约,其中规定了品质的统一标准,生产厂家也必须向它申请注册。我国贵州铝厂的高级铝锭、株洲冶炼厂的锌锭、江西铜业公司的阴极铜等,都已经在 LME 注册,准许这些商品在 LME 进行交割。

我国上海期货交易所、郑州商品交易所和大连商品交易所对上市的 30 种商品期货合约都制定了统一的品质标准。譬如:阴极铜要符合国标 GB/T467—1997 规定,其中主成分铜加银的含量不小于 99.95%;线材为符合国标 GB1499.1—2008《钢筋混凝土用钢 第1 部分:热轧光圆钢筋》HPB235 牌号的 ϕ8mm 线材;普通小麦,基准品为三等及以上小麦符合 GB1351—2008《国标小麦》;菜籽油,符合《中华人民共和国国标——菜籽油》(GB1536—2004)四级质量指标的菜油;黄大豆 1 号,符合大连商品交易所黄大豆 1 号交割质量标准(FA/DCE D001—2009)的品质要求;聚氯乙烯,符合《悬浮法通用型聚氯乙烯树脂(GB/T5761—2006)》规定的 SG5 型,一等品和优等品;等等。大部分品种各有其替代品及相应的折价(质量升贴水)办法,详见各交易所的期货合约文本(见附录四)。

有了商品品质的统一标准,同时制定了非标准品(替代品)的质量贴水(价格的差额)规定,不仅能避免交易中因品质不符而出现的纠纷,还可促进合约的转让买卖,增大交易市场的流动性,因为所有交易者进行买卖的对象完全是统一的标准合约,没有品质差异。但是,也应该理解,商品品质统一分级和选定一个标准品质并非易事,它涉及商品的品种多样性、商品生产技术与条件等诸多因素、标准品质制定的难度和权威性、商品品质检验技术与其权威性,以及商品的质变等方面。

2. 合约的商品计量单位和数量的标准化

一份玉米、小麦等谷物远期合约的商品数量,早期是多种多样的。后来,由于合约买卖和转让频繁而且量大,结算和统计的不便,促使人们制定一个标准数量作为合约交易的最小数量,即一份合约的数量。CBOT 等交易所考虑到当时每船整载玉米为 5 000 蒲式耳,于是每份玉米或小麦等期货合约的数量俗定为 5 000 蒲式耳,有的交易所定为 1 000蒲式耳。每次交易量只能为它的整数倍。我国郑州、大连期货交易所制定,玉米、绿豆、小麦交易采取以手或口为交易单位,每一手或口定为 10 吨。

对于有色金属商品,LME 采用手为交易单位,铜、铝、铅、锌每一手为 25 吨,镍为 6吨,锡为 5 吨。我国上海期货交易所,大体也作如上规定;但是,后来,由于期货交易比较清淡,为增加流动性,交易单位铜、铝、铅、锌一手改定为 5 吨,黄金改为 1 000 克/手。

3. 交割月份的标准化

交易者保持的早先已成交的期货合约,被称为持仓合约。持仓合约上签订交收商品实货的期限已到,持买进合约者必须交现金收实货,持卖出合约者则交实货收现金,这个环节称为交割。商品期货合约的交割期由交易所确定,写在期货合约文本上,一般是考虑期货合约交易的连续性、商品产出的季节以及运输条件。对于金属、纺织品等非农产品,一般是每个月都可定为交割期;而对农产品,则多半定为每隔 1～2 月为交割期,比如小麦的交割期有许多交易所定为每年的 1,3,5,7,9,11 月。

至此,通过商品品质和交割期的标准化,商品期货合约交易的商品对象就简化(标准化)为不同交割月的品名。比如:CU1303,即为 2013 年 3 月交割的阴极铜;AL1304,即为 2013 年 4 月交割的高级重熔用铝;CF305,即为 2013 年 5 月交割的棉花;WS305,表示郑交所的 2013 年 5 月交割的强筋小麦。这种商品品牌(品名＋交割期)的约定俗成,便于交易过程中信息的电子传递,电话申报交易意向单等手续的简捷准确。

4. 交割地点的确定

任何商品期货交易所都必须选定适当的物资仓库作为商品实货的交割地点。物资仓库必须具备的条件是:仓库库房位于交通便利的港口、码头;货物收发、存储的技术条件良好;货物质量验收、甚至质量进一步检验可靠;能够按交易所要求制定并开出可靠的标准仓单;服务工作好、收费低廉以及实行货物配送业务。

一般,一个商品期货交易所都同多个有条件的仓库进行洽商,由交易所最后选定一个或几个仓库作为其注册仓库,协助交割。注册仓库有义务收纳交易所的会员(交易者)运来的准备交割的合格商品实货,验收合格后即开出标准仓单。卖出合约者交割时将此标准仓单递交给交易所相关的结算部门,即可完成交割手续。

当一个交易所对同一商品设有一个以上的注册仓库时,特别当两个或多个注册仓库相距很远或分布在不同城市时,相关商品期货合约的交易则由交易所注明(指定)皆以某一个注册仓库为交割地点的合约。其他注册仓库的标准仓单,则采取运输费的升贴水办法处理,或者由交割双方协调处理。

经过以上各项的标准化,期货合约交易单的内容变得十分简洁明了,在品名、交割期、买或卖、数量(若干手)、价格中,只有价格是随行情的变量,(拟)成交的手数与买/卖方向由交易者意愿而定,品种和交割期由交易者选定。

交易所为了便于对合约交易的管理和防范风险,对所交易的每种商品都必须制定其标准合约,报请中国证监会批准。标准期货合约中规定了:商品品质标准或交割等级标准,合约数量单位或交易单位,报价单位,最小变动价位或价格波动最低幅度,每日价格最大波动限制,合约(交割)月份,交割地点,保证金(比率),手续费率,合约最后交易日,交割日期(范围)。交易者在进行交易前必须对有关交易所的标准合约详加研究。现将我国各期货交易所的标准合约的文本的一部分列于附录四表 1 至表 24,若有修订变化,以交易所公布的为准;而且有些合约文本还有附注,注明交割替代品的细则。

二、保证金制度

远期合约交易的初期,出现了两种情况:一是扩大了交易量,延长了交易的时间;二是增大了远期合约违约的风险,因为远期合约成交到交收实货的期间往往还有几个月,在这段期间内商品价格往往发生波动,无论价格上升或者下降,买卖双方的账面上总有一方盈利,另一方则亏损,亏损方就可能违约。最初,为防止违约,大都采用行政手段,但效果欠佳。于是,1865年起,开始采用"保证金条款",这是期货交易史上一项重要的制度创新。这一制度沿用到我国当前的期货交易所,形成了如下保证金制度、当日无负债结算制度。

保证金分为结算准备金和交易保证金。

1. 结算准备金

结算准备金是交易所向会员或者期货公司向客户收取的、存入其专用结算账户中为了交易结算而预先准备的资金,是未被合约占用的保证金。结算准备金的最低余额,也就是会员或客户继续可用的资金,由交易所规定。当结算准备金由于交易的实现而逐渐减少到低于规定的最低余额时,交易所应当按照规定方式和时间通知会员按时补足(追加)保证金,逾期未补足的,期货交易所可以对其强行平仓,直至可用资金达到规定的最低余额。同理,期货公司应当按照公司的规定通知客户追加保证金,客户不能按时追加保证金的,期货公司可以强行平仓,直至保证金余额能够维持其剩余交易头寸或达到最低余额。结算准备金属于会员或客户所有,用于其实现交易的结算,严禁挪作他用。当前,中国证监会已成立中国期货保证金监控中心,实施监控。

2. 交易保证金

交易保证金是指会员或客户在其专用结算账户中已被占用的、确保其持仓合约履行的资金。即当买卖双方交易成交后,按持仓合约的价值的一定比例向双方收取的交易初始保证金,以保障双方履约;当持仓合约履约后,原持仓人注销了这份合约时,该合约相关的已交(占用的)交易保证金,在合约了结结算后予以全数释放退还,不计利息;当持仓合约违约时,违约方的保证金则被收缴,用来冲抵违约所造成的损失。

交易保证金的比率是根据价格波动的一般波动幅度和结算制度来确定的。在每日结算无负债制度以及一般允许价格波动幅度下,该比率大体采取合约按结算价计算的价值的5%~10%。当持仓合约进入其交割月份的第1个交易日起,交易保证金比率将逐步提高。这是为了防止人为操纵市场,过量持仓引发逼仓而采取的措施。比如,多方控制了大量到期的买进持仓合约,以逼迫空方交出大量实货交割,但空方又没有实货,形成所谓多头逼空头的逼仓事故,空方必然会遭受损失;故此,提高交割月份的持仓合约的保证金率,有助于控制大量持仓。

保证金应当以货币资金缴纳,存入到由交易所指定的银行存管,交易所与存管银行订立协议,明确其权利和义务。以上市流通国库券、标准仓单等有价证券折抵保证金,应当符合有关规定;但不得使用银行保函、银行存单、国库券代保管凭证等折抵保证金。

保证金制度既是有效控制期货交易风险的一种重要手段,也体现了期货交易特有的"杠杆效应",即"以小搏大",只要有 5 万～10 万元就可以买或卖 100 万元的期货合约。

由于期货价的波动,保证金比率亦应动态地确定,国外有的交易所采用 SPAN 系统动态测算保证金比率;我国现时是逐日按当日结算价以固定比率确定交易保证金,我们认为也体现了动态性,只是不尽完善。

三、平仓制度

在市场经济中当价格发生波动时,为了获利或避险,已经签约成交期货合约的买方或卖方可能感到有必要将持仓合约在合约到期以前转让给其他交易者。为此,原持仓人必须改变他已有的这份头寸或交易部位(position)。比如,原先他的交易头寸是多头,即买进了一份期货合约,在其交割期以前他不想要此商品(如生产经营上不需要它,或价格变化对他有利——比原买进的价上涨了),而想卖出这份合约,则他应做空头,形成空头交易头寸,注明用以抵消原有的多头头寸。这种做法,就叫作合约的对冲。期货交易所应该允许交易者在持仓合约到期以前进行期货合约的转让买卖,以了结他原有的交易部位:先买进的,后可卖出;先卖出的,后可买进。期货合约的对冲,既可增大交易所的交易量,提高其流动性,对交易所有利;也可给交易者带来交易的灵活性,对交易者也有利。

期货合约的对冲是平仓的方式之一。平仓的另一种方式是在期货合约到期时立即进行实货交割:买进合约者根据结算交付货款,按合约条款提取实货;卖出合约者交出实货,收取货款。交割时如何结算,下面将阐述。各交易所都制定了交割细则。

期货合约对冲的原则是:

(1) 原持有的期货合约允许被对冲的时间是该合约的交割月份的最后交易日以前任何一个交易日。

(2) 拟被平仓的原持仓合约与申报的平仓合约的品名和交割月份,即品牌应该相同。

(3) 两者的买卖方向或头寸应该相反;两者的数量不一定相等,亦即允许部分平仓。

(4) 平仓合约申报单(交易意向单)上应注明是平仓的,有的交易所的电子交易系统还要求输入拟被平仓合约的原成交单号码,有的则由交易系统自动在你的持仓合约中查找相应的合约,予以平仓或部分平仓。

(5) 如果申报的平仓合约已经成交了,但却没有查到相应的拟被平仓合约,在这种情况下,就认为成交仍然有效但应作为交易者新开仓(买或卖)了这份合约,即又多了一份持仓合约。

申报交易单上注明平仓抑或开仓的必要性在于:首先若是平仓,则在成交中要找到拟被平仓合约,予以平仓,了结这份持仓合约,计算机交易系统应该将这份刚被平仓的持仓合约所占用的全部交易保证金退还释放出来,这样就增加了交易者可用(于交易的)资金,而且刚成交的这份平仓合约也不用计算和占用初始保证金（成交的对方若为新开仓合约仍要交纳初始保证金），但手续费仍要收取；其次，若是平仓，则可优先成交，亦即从交易原则上讲，平仓的目的一般是想了结原有的某份持仓合约，或是出于防止其亏损，或是出于它获利的关键时机出现，一般应比新买/卖一份合约更紧迫，因此，有的计算机交易系统考虑了这种优先。

合约对冲平仓的结果是产生了交易的真实盈亏。从交易原理上讲，真实盈亏等于被平仓合约的成交价与平仓合约的成交价之差乘以实现平仓的数量。在具体结算中，还有每日结算的累计方法。在交易者手上的持仓合约，即使日后价格比原成交价发生有利的波动，比如有一份卖出持仓合约，原成交价为 14 000 元/吨，日后某一日价格下跌到 13 000 元/吨，如果没有平仓，也不能实现 1 000 元/吨的真实盈利，而只能作为账面上有此浮动盈利。

保证金制度和平仓制度在期货交易所的实行，有利于合约的履约和交易流动性的增加。但是，也促进了期货交易"买空卖空"的形成以及风险投机交易者的进入。期货交易参与者根本没有商品实货，但可以在期货市场上卖出这种商品期货合约，这就是卖空，其目的是在合约到期之前有朝一日价格下跌时，再买进相同合约平仓获利。合约不断被转让，交易次数增多，因而到期交割实货数量所占总交易量的比例就很小，亦即期货交易的交割率很小，一般为 2% 左右。我国有的交易所在创办初期的交割率达 8%，表明现货交易性质的程度较重些。

四、结算体系和制度

合约的不断被转让，价格的不断波动，保证金、手续费的收取等，必然会给期货交易的结算带来一些麻烦和问题，而且提出一些新的要求。期货合约在成交时必有买方和卖方，各持一份合约，若其中一方要将所持合约转让出去，意即他想对冲平仓其在手合约，合约转让成交的对手不一定是原先的买或卖方，极大可能是新的第三者。合约开仓到平仓过程中，原先甲、乙双方中，甲卖出，乙买进，后来这份合约平仓时又是甲买进，乙卖出，这种情形极少。一份合约到期之前转让的次数愈多，则涉及的交易者可能愈多，因而转让平仓时的盈亏结算将愈亦纷繁。另外，价格的不断波动，必将对持仓合约带来账面上的浮动盈亏。因此，每个交易日必须对所有持仓合约结算其账面盈亏，必要时对亏损者实行追加保证金。可见结算工作量很大。

为了进一步说明合约转让平仓的结算，现采用一简单的环形结算方式，如图 1.1。设商人甲 2 月某日卖出一手 6 月到期的玉米合约，成交单价为 1 000 元/吨，由商人乙买

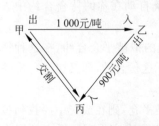

图 1.1　环形结算示意

进;5月某日,乙又将该合约转让给商人丙,成交单价为900元/吨;到6月交割时,因商人甲手上仍有卖出持仓合约,故甲必须交实货给丙实现交割。丙只能按他的成交价付货款900×10=9 000元给甲,但甲卖出单价是1 000元/吨,应收货款10 000元,所差的1 000元,应由商人乙付出给甲,这是因为乙在转让平仓时发生了亏损(1 000−900)×10=1 000元。如果合约到期之前转让不止一次,而是多次,涉及了更多的人,这种跟踪结算就未免太繁太笨。因此,引出一项重要结算原则:交易所是任何一份合约交易中买方的卖方,卖方的买方,即由交易所分别对每份合约结算时承担交易对手,以免上述的跟踪结算。如图1.1中,甲卖出,由交易所"买进",乙买进,是交易所"卖出"的;乙又卖出,以便对冲他原先买进的,乙了结了这份头寸,产生了真实亏损1 000元,因而交易所收入1 000元,因他这次卖出,仍由交易所"买进",交易所也实现了合约对冲,产生了盈利1 000元;下一步由丙买进,也是由交易所"卖出"其原先同甲交易后所持有的"买进"合约,这时交易所的合约又对冲,但这次对冲交易所亏损了1 000元,至此,交易所的合约全部了结了。最后,该合约到期了,这时唯有甲有一份卖出合约和丙有一份买进合约未予对冲而持仓在手,当然甲应交货给交易所,交易所应付货款10 000元给甲,丙付货款9 000元给交易所取货,交易所亏空的1 000元正好由乙亏损、交易所收入的1 000元来补偿,交易所是"零和博弈"。

交易所同时作为买方的卖方、卖方的买方这一原则产生了期货交易所的下述重要机制:在交易所买卖双方的合约竞价成交后,双方就脱离了任何关系,亦即买方不知谁卖出的,卖方也不知谁买去了,交易者都分别面对交易所,以免交易者之间发生纠纷,也有利于交易的公平。但是,这一原则也导致交易所必须承担交易者的信用风险,即在任何一个环节上某交易者毁约而不能履约时,引发的风险损失,当原交保证金不足抵偿时,首先交易所应该承担,其次才是交易所依法追究,要求赔偿,否则,全部结算不能顺利进行。

结算体系的硬件即结算执行机构的设置,美国期货市场是按商品法案管理,则每个交易所都设有结算机构,属交易所管辖。而在英国期货市场按金融法案管理,则在交易所以外设立专门的结算中心(所)(clearing house),交易所的会员中实力雄厚者申请为结算所的结算会员,交易所中其他非结算会员可通过结算会员代理进行结算。我国现今基本上是采取交易所自设结算部的方式。交易所实行分级结算制度,即交易所结算部对会员进行结算,期货公司会员对客户进行结算;交易所和其所有会员都应设立结算部门,各司其职。无论何种结算机构设置方式,其结算的基本原理、原则是相同的,只是具体做法或规则、手续、细节上有所差异。

结算体系的软件就是上述结算原则和结算制度,结算方法和规则,以及计算机结算程序等。现将其要点分述于下。

1. 结算原则与基本制度

如上所述,结算原则是结算机构分别成为任何一笔交易的买方与卖方的"交易对手",买、卖双方成交后不再发生任何关系,皆由结算机构分别对交易者进行结算和接收与交发实货。每份持仓合约的履行,不由买卖双方直接去追究,双方都分别由交易所去追究,其中出现了风险,也就由交易所结算部处理和承担。结算的基本制度是逐日盯市,即每日结算无负债制度和保证金执行制度。

逐日盯市是对每一份持仓合约从其成交当天开始,按照当日的结算价对比原成交价,或者按前后两日的结算价,每日进行账面盈亏结算,当发生账面亏损较大而已交保证金不足以抵偿时,当天立即发出追加保证金通知,当事者应于下一交易日以前交纳追加的保证金,以保证不负债,否则,交易所有权进行强制平仓。

2. 结算方法与规则

现举例来说明持仓合约浮动盈亏和平仓盈亏结算的方法原理:设某人于2月5日买进一份6月到期的电解铜合约2手(10吨),成交价为20 000元/吨,日前他已交纳交易用资金10 000元。现将持仓合约的逐日结算表列于表1.2。

表1.2中引用了每日结算价,它是每一个品牌的商品期货在这一交易日中各笔成交价的数量加权平均价,即

$$某品牌每日结算价 = \frac{\sum P_i Q_i}{\sum Q_i} \tag{1.1}$$

式中:P_i——某品牌当日各笔交易的成交价;

Q_i——某品牌当日各笔交易的数量。

可见,每一个品牌的期货每日都可算出其结算价。在过去,结算价曾采用其收盘(市)价。后来,关于收盘价的认定又发生过变化:最初,以该品牌当日最后一笔交易的成交价作为收盘价;接着,又以最后3笔交易的成交价的加权平均价作为收市价。随着计算机的应用,现在皆采用式(1.1)计算出结算价。如果某品牌当日无成交价,则其结算价的确定另按交易所结算细则的规定。结算价如何计算,只影响浮动盈亏及其引发的保证金的追加,不影响真实盈亏。

表 1.2　持仓合约逐日结算方法原理　　　　　　　　　　　　　　　　元

日序 (1)	活动 (2)	成交价 (3)	结算价 (4)	合约面值 (5)=(4)× 数量	每日账上 盈亏(6)= 本日(5)− 上日(5)	账上结存 (7)= 上日(7)+ (8)+本日(6)	追加 保证金 (8)	到当日止 累积盈亏 (9)=[(4)− (3)]×数量
1	存入资金					10 000		
2	买入合约 10吨	20 000		200 000				
2	持仓		20 100	201 000	+1 000	11 000		+1 000
3	持仓		20 060	200 600	−400	10 600		+600

日序 (1)	活动 (2)	成交 价 (3)	结算 价 (4)	合约面值 (5)＝(4)× 数量	每日账上 盈亏(6)＝ 本日(5)－ 上日(5)	账上结存 (7)＝ 上日(7)+ (8)+本日(6)	追　加 保证金 (8)	到当日止 累积盈亏 (9)＝[(4)－ (3)]×数量
4	持仓		20 000	200 000	−600	10 000		0
5	持仓		19 800	198 000	−2 000	8 000	可暂不 追加	−2 000
6	持仓		19 500	195 000	−3 000	5 000	4 750*	−5 000
7	持仓		19 700	197 000	+2 000	11 750		−3 000
8	持仓		20 000	200 000	+3 000	14 750		0
9	持仓		20 200	202 000	+2 000	16 750		+2 000
10	持仓		20 400	204 000	+2 000	18 750		+4 000
11	持仓		20 500	205 000	+1 000	19 750		+5 000
12	卖出平仓	20 550		205 500	+500	20 250		+5 500

* 195 000×0.05−5 000＝4 750

从表 1.2 中可以见到持仓合约的浮动盈亏结算的两种具体方法:其一是到当日为止累积的浮动盈亏等于当日结算价与原成交价之差乘以合约数量;这样结算简单易行,不必保留以往各日的结算数据,只要按每日结算结果刷新数据,即只要保留该持仓合约的方向、原成交价、数量、交纳的保证金次数及其金额以及当日的结算价、累积盈亏(如表的第(9)列)和账上结存;比如表上到了第 10 日末,其浮动盈亏＝(第 10 日结算价－原成交价)×数量＝(20 400－20 000)×10＝+4 000 元;加上以往两次交纳的保证金共 14 750 元,第 10 日账上结存为 14 750+4 000＝18 750 元。这种结算方法的缺点是清除了以往各日的有关数据,不便于交易者查询以及不符合每日结算的会计运作,故现今极少采用。其二是每日计算当日比上日所发生的这一天的浮动盈亏,每日结算数据一一保留。

现将后一方法的持仓盈亏的结算要点分述如下。

(1) 当日开仓持仓合约的浮动盈亏

$$当日开仓持仓浮动盈亏 = \sum[(当日结算价 - 当日买进开仓合约的成交价)\times$$
$$买进开仓合约数量] +$$
$$\sum[(当日卖出开仓合约成交价 - 当日结算价)\times$$
$$卖出开仓合约数量] \tag{1.2}$$

13

(2) 往日开仓的持仓合约的浮动盈亏

$$\text{往日开仓持仓浮动盈亏} = \sum[(\text{当日结算价} - \text{上日结算价}) \times$$
$$\text{往日成交买进的持仓合约数量}] +$$
$$\sum[(\text{上日结算价} - \text{当日结算价}) \times$$
$$\text{往日成交卖出的持仓合约数量}] \qquad (1.3)$$

(3) 持仓合约的交易保证金

$$\text{保证金} = \text{持仓合约以结算价计算的面值} \times \text{保证金比率} \qquad (1.4)$$

过去关于追加保证金的原则是,当该合约账上结存的资金超过应交初始保证金的 75% 以上时,可暂不追加,如表 1.2 的第 5 日;实际上现今不是按一份合约的结算来处理追加保证金,而是按交易所会员将其所有合约分别结算后合计的当日盈亏、交易保证金和账上的结算准备金来决定的(参见各交易所的结算细则)。

现今我国期货交易所的结算细则规定:交易所结算部门于每个交易日根据会员的平仓、持仓情况与各个期货合约的当日结算价计算各个会员的当日盈亏,当日盈亏=平仓盈亏+持仓盈亏+交割差额;当日结算的盈利划入会员的结算准备金,当日结算的亏损从会员结算准备金中扣划;结算准备金当日的余额按下式计算:

$$\text{会员当日结算准备金余额} = \text{上一交易日结算准备金} + \text{上一交易日保证金} -$$
$$\text{当日交易保证金} + \text{当日有价证券充抵保证金} -$$
$$\text{上一交易日有价证券充抵保证金} + \text{当日盈亏} +$$
$$\text{入金} - \text{出金} - \text{手续费} \qquad (1.5)$$

式中当日盈亏=当日持仓盈亏+当日平仓盈亏+当日交割差额。

当会员的结算准备金低于最低余额(现今规定:期货公司会员最低余额为 200 万元,非期货公司会员为 50 万元),该结算结果即视为交易所向会员发出的追加保证金通知,会员接此通知后,可以通过存管银行从会员的专用资金账户中扣划转入到其结算准备金账户中;当由于资金不足未能全额扣款成功,会员应在下一交易日开市前补足至结算准备金最低余额,未补足的,不得开新仓;若当结算准备金余额小于零(为负值),交易所有权对其持仓强行平仓,或者按交易所有关风险控制管理办法的规定加以处理。这就是每日结算无负债制度。

式(1.5)中有价证券充抵、入金、出金等可参阅交易所的结算细则;当日盈亏中的持仓盈亏可按式(1.2)和式(1.3)分别计算,即持仓盈亏=当日开仓持仓浮动盈亏 +往日开仓持仓浮动盈亏;当日盈亏中的平仓盈亏=往日开仓当日平仓盈亏 + 当日开仓又平仓盈亏。

$$\text{往日开仓当日平仓盈亏} = \sum[(\text{当日卖出平仓价} - \text{上一交易日结算价}) \times \text{卖出平仓量}] +$$
$$\sum[(\text{上一交易日结算价} - \text{买入平仓价}) \times \text{买入平仓量}] \qquad (1.6)$$

$$当日开仓又平仓盈亏 = \sum [(当日卖出平仓价 - 当日买入开仓价) \times 卖出平仓量] +$$
$$\sum [(当日卖出开仓价 - 当日买入平仓价) \times 买入平仓量]$$

$$(1.7)$$

当日盈亏中交割差额是结算部门根据会员当日的交割配对合约、当日结算价和交割结算价按下式计算得出的：

$$交割差额 = \sum [(当日结算价 - 交割结算价) \times 卖出配对量] +$$
$$\sum [(交割结算价 - 当日结算价) \times 买入配对量] \qquad (1.8)$$

式中交割结算价是期货合约的配对日（一般取其最后交易日的前一日）前 10 个交易日（含配对日）交易结算价的算术平均价。有的交易所的交割结算价取该合约交割月的最后交易日的前一日（配对日）的结算价，还有一些商品的交割结算价取其期货合约交割月的第一交易日起至最后交易日所有成交价的加权平均价。如果交易所对交割环节的结算另行处理，即不与每日的持仓和平仓盈亏结算一起进行结算，则上述当日盈亏式(1.5)中不考虑交割差额。可见，交割工作相当烦琐，情况各式各样，交割方式的原则是不损害客户利益，遵从现货质量标准和手续尽量简便。

关于当日盈亏（含当日持仓盈亏和当日平仓盈亏）的计算，大连和郑州两期货交易所的结算细则中，仍采用式(1.2)、(1.3)、(1.6)和(1.7)的方式分别计算，原理上清晰易理解。唯上海期货交易所新的结算细则中，修订为：

每份期货合约均以当日结算价作为计算当日盈亏的依据。具体计算公式经我们修改后如下：

$$当日盈亏 = \sum [(卖出成交价 - 当日结算价) \times 卖出数量] +$$
$$\sum [(当日结算价 - 买入成交价) \times 买入数量] +$$
$$\sum [(上一交易日结算价 - 当日结算价) \times 上一交易日卖出$$
$$持仓到当日的合约的持仓量] +$$
$$\sum [(当日结算价 - 上一交易日结算价) \times 上一交易日买入$$
$$持仓到当日的合约的持仓量]$$

$$(1.9)$$

式(1.9)的结算原理是，将结算部门真正当作会员（或客户）当日成交的卖出合约的买入者、买入合约的卖出者（即卖方的买方、买方的卖方），会员当日卖出的合约和买入的合约，不分这些合约之间有无平仓对冲关系，通通将其面向结算部门来结算其盈亏，式(1.9)前两项中的当日结算价视为从（向）结算部的买入价（卖出价）；式中前两项的结算对象是会员当日成交合约数据库（表）中各个卖出合约和买入合约。式(1.9)的第三、四项是面对会员上一交易日的经过结算处理(除去对冲平仓合约)后仍持仓到当日的卖出合约与买入合约,即可从该会员上一交易日经结算处理后的当日持仓合约数据库(表)中取得需要结算的合约。因此,这种结算方式是面向会员上述两种数据库(表),将结算部门当作会员的结算对手,以当日结算价作为计算当日盈亏的依据,不分合约之间有无对冲关系。

例 1.1 (1)某会员于 2010 年 10 月 7 日查得前一交易日末结算准备金余额只有 32 万元,还有一张持仓买入合约 CU1011,10 手,7 日其结算价为 53 000 元/吨,前一日结算价 53 050 元;因当日其余额不足 50 万元,不能交易。问 7 日末其结算准备金余额有多少?需要补进多少准备金才能达到 50 万元?(2)假设 7 日末他补进了所需资金,7 日末即 8 日初已有余额 50 万元,8 日买入:CU1012,20 手,其成交价 53 100 元/吨,当日结算价 53 150 元/吨;AL1012,30 手,其成交价 15 555 元/吨,当日结算价 15 600 元/吨。8 日卖出:AL1012,20 手,部分平仓,其成交价 15 655 元/吨;CU1011,10 手,成交价 53 160 元/吨,结算价 53 100 元/吨。试问 8 日末结算准备金余额有多少?

解 (1)因 10 月 7 日该会员无资金(含有价证券)出、入,也无其他交易事项,则可按下述算式计算:7 日末准备金余额=前一日准备金余额+前一日交易保证金-7 日交易保证金+7 日持仓盈亏。

其中:前一日交易保证金=10×5×53 050×0.05=132 625(元)

7 日交易保证金=10×5×53 000×0.05=132 500(元)

7 日持仓盈亏=(53 000-53 050)×10×5=-2 500(元)

故 7 日末准备金余额=320 000+132 625-132 500-2 500=317 265 元,为了补足到 50 万元,已划来资金=500 000-317 265=182 375 元。

(2)根据下述版式计算:8 日末准备金余额=7 日末准备金余额+前一日交易保证金-8 日持仓交易保证金+8 日平仓盈亏+8 日持仓盈亏-手续费。其中,

前一日持仓交易保证金=50×53 000×0.05=132 500 元(CU1011,10 手)

8 日持仓交易保证金=100×53 150×0.05(CU1012,20 手)+10×5×15 600×0.05(AL1012,10 手)=265 750+39 000=304 750 元

8 日平仓盈亏=(15 655-15 555)×20×5=10 000 元(AL1012,当日开仓又平仓)

8 日平仓盈亏=(53 160-53 000)×10×5=8 000 元(CU1011,往日开仓当日平仓)

8 日持仓盈亏=100×(53 150-53 100)(CU1012,20 手)+50×(15 600-15 555)(AL1012,10 手)=5 000+2 250=7 250 元

手续费=(CU1012,20 手)53 100×100×0.000 2+(AL1012,30 手)15 555×150×0.000 2+(AL1012,20 手)15 655×100×0.000 2+(CU1011,10 手)53 160×50×0.000 2=2 373.35 元(此处是按成交价算)

故 8 日末结算准备金余额=500 000+132 500-304 750+10 000+8 000+7 250-

2 373.35＝350 626.65 元。

为了保证 9 日能交易和持仓,最少 8 日末—9 日初应补交 15 万元。

现在按式(1.9)来验算该例的 8 日盈亏如下:

8 日(当日)成交的合约有:卖出 AL1012,20 手,CU1011,10 手;买入 CU1012,20 手,AL1012,30 手。上一交易日(7 日)末留下的买入持仓合约有 CU1011,10 手。故按式(1.9)可计算:当日盈亏 ＝ (15 655 － 15 600) × 100 (AL1012,20 手) ＋ (53 160 － 53 100) × 50 (CU1011,10 手) ＋ (53 150 － 53 100) × 100 (CU1012,20 手) ＋ (15 600 － 15 555) × 150 (AL1012,30 手) ＋ (53 000 － 53 100) × (0 － 50) (CU1011,10 手) ＝ 5 500 ＋ 3 000 ＋ 5 000 ＋ 6 750 ＋ 5 000 ＝ 25 250 元。同上述分别平仓盈亏与持仓盈亏计算结果相同。

综上所述,结算机构的结算任务是根据每日交易部门送来(或传递)的成交合约单和每个会员上日结算的各种数据库,形成每个会员的当日结算数据库,为此,应分别对每个会员进行如下各项结算:

① (对所有会员的成交单汇总计算一次)当日成交的各个合约品牌的结算价。

② 当日成交的各份新开仓合约和当日仍持仓合约的交易保证金及其合计。

③ 当日成交的各份合约的手续费及其合计。

④ 当日仍持仓的持仓合约的浮动盈亏及其合计(包括当日开仓持仓和往日开仓持仓)。

⑤ 当日平仓合约的盈亏合计(包括往日开仓当日平仓的和当日开仓又平仓的)。

⑥ 当日交割差额(如果有或必须计算时)。

⑦ 当日结算准备金余额,将其通知交易部门且送入计算机交易软件系统,以便控制下一交易日的交易开仓;并将资金结算单递交会员。

⑧ 如果结算准备金为负数,应发出追加保证金通知,并收取资金入账。

⑨ 每月初应检索出当月到期的所有持仓合约,通知相应的会员,以便准备对冲或交割。

为及时完成结算任务,应采用计算机及编制结算软件,其功能模块结构可参见图 1.2 所示。当前已有现成的结算软件,只需掌握其使用方法,而其编程技术不属本书论述内容。

期货交易市场上有期货公司,后者是交易所的会员,专门从事代理一般客户(不是交易所的会员)进行期货交易。因此,这里就存在两级结算:

第一级结算是交易所同一般会员和期货公司会员结算,将其代理客户的合约都视为期货公司这个会员的合约,按上面所述方式、方法进行结算;

第二级结算是期货公司分别同其代理的客户进行结算,这时首先应将交易所成交的回报单按客户的交易申报单分别核对分配清楚,确定各客户的新开仓和平仓合约,再检索

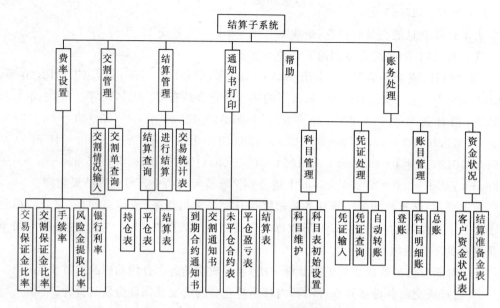

图 1.2　结算系统功能模块结构

出客户的持仓合约。然后参照上述方法和当日结算价等数据进行各个客户的清算，最终算出各个客户当日的账上结算准备金余额，以此控制其后续交易。

关于核对客户交易申报(指令)单与成交回报单的原则是确认客户交易申报(指令)单的确在当日已经入市成交以及不损害客户权益。在这方面我国过去混码制交易时曾发生过多起客户同期货公司的纠纷案件，案件的内容主要是客户对发生的亏损不认账，原因是客户认为自己的指令单没有入市成交。关于客户交易指令单入市成交与否的判断，亦即将其与交易所返回的成交回报单核对清楚的问题，可以从交易指令单记载的内容来分析，其记载的内容有：①交易申报时间；②交易品牌(品种与交割月)；③买/卖方向；④价格指令内容；⑤买/卖数量；⑥开/平仓。我们认为前面 4 项内容，申报单与回报单应该相同或相符；买/卖数量，两种单子不一定相同，唯客户成交的数量不应大于他申报的数量；至于两种单子的开/平仓标识应否对应，取决于是否实行一户一码制，也取决于交易所交易软件系统所依据的交易规则，即是否可保持同品牌的买进与卖出持仓合约(即是否允许俗称的锁仓)，还取决于期货公司是否需要调整持仓结构，而改变申报单的开/平仓，总之只要是成交了，开/平仓不对应，不会损害客户的利益。

关于实货交割的货款结算，财政部曾经发布《商品期货交易财务管理暂行规定》，提出了具体要求，据此，结合一个例子阐述其结算方法，以示其原理。

设有 9812CU 买方合约 10 吨，成交价为 16 800 元/吨，由交易所交割部门配对同

9812CU 卖方合约,10 吨,成交价为 16 880 元/吨于 1998 年 12 月交割,12 月 15 日即最后交易日的结算价为 16 900 元/吨。结算分三步:

第一步,由交易所交割部门配对交割的买方合约和卖方合约分别按其成交价对该品牌最后交易日的结算价进行虚拟对冲,分别算出买方和卖方的对冲盈亏,上例的结果为

$$买方盈利=(16\,900-16\,800)\times 10=1\,000\ 元$$

$$卖方亏损=(16\,880-16\,900)\times 10=-200\ 元$$

第二步,由结算部门统一按上述结算价计算增值税:

买方增值税=卖方增值税=$16\,900\times 10\times 0.17=28\,730$ 元;再由交易所结算部给买方开出增值税发票,由卖方给交易所结算部开出增值税发票。这样两个增值税(进项税与销项税)发票金额相同,交易所不发生增值税的差额。

第三步,货款结算,按结算价算货款再计入上述虚拟平仓盈亏,则

$$买方应付货款=16\,900\times 10-1\,000=168\,000\ 元$$

$$卖方应收货款=16\,900\times 10-200=168\,800\ 元$$

可见双方的货款仍为按其原成交价计算的货款,与原理无误。但具体结算价的选取,虚拟对冲盈亏和货款的划拨等细节,可按各交易所有关结算、交割细则执行。

第三节　期货交易的性质和功能

一、期货交易的性质

由于期货交易是由现货交易发展起来的,期货合约是远期合约标准化后形成的,因而在论述期货合约交易的性质之前,论述远期合约交易的性质是必要的。

远期合约是在现货交易的基础上,根据交易双方的客观条件和主观需要产生的,它必然还具有现货交易的基本特征——实货交割。因此,远期合约交易的性质,主要是保障在交易所所签订的远期合约最终能进行实货的交割。从这个意义上讲,远期合约交易仍属现货交易,其性质是促进商品的流通。从法律上讲,它还不属期货交易。但它又不同程度地反映了许多期货交易的制度,这是因为事物总是不断运动和发展的,远期合约的标准化是逐步的、必然的趋势。

远期合约交易的作用,对供求双方来讲,均能稳定产、销,避免价格的季节性因素等所产生的波动。对供方,其作用是能够促成其提前卖掉所生产的原料商品,锁住其销售收益,不受价格波动的影响;对需方,能够起到稳定货源,提前安排运输、储存、加工和销售业务的作用,也能锁住加工生产成本,回避价格波动的风险。

远期合约交易的性质,从其初衷而言,是不以回避价格风险为主的。它不鼓励市场上

的投机交易活动。一般既要防止投机者出现破产、毁约,使市场正常运行受到阻碍,又要防止投机资本的操纵价格和囤积居奇行为。

期货交易的作用,主要是回避价格风险,其次才是实现实货交割。其实货交割量一般只占成交总量的百分之几。期货交易市场鼓励和支持投机资本的注入,通过严格的双重保证金制度的执行,防止违约行为的发生,通过其他各项制度(如会员制、头寸限制、停板制、每日结算无负债制等,参看第二章)来保障交易所的正常运行。可见,期货交易的性质,从经济意义上讲,实质上与其他金融投资市场的证券、股票交易是相似的,也是一种向大众提供的投资工具。

但是,同证券、股票交易比较,期货交易所需资金较小,盈利可能较大,从而风险也可能较大,而且期货交易可以买空卖空;期货合约有时限,不能长期持有以等待利好,到交割月必须了结。

期货交易不以交割实货为主,因此,它交易的是一种与商品所有权有关的价格风险,而不是实货商品本身。

二、期货交易的功能

关于期货交易的功能,各家的论述和概括不一。下面从有关文献中摘录数种。

有人认为期货交易的功能如下:

(1) 有利于商流和物流的分离,节约储运与资金占用。

(2) 能引发投资,繁荣周围地区的经济。

(3) 有利于开展合理的竞争,建立正常的市场秩序。

(4) 能抑制商品价格的蛛网状波动扩张,有利于锁定生产、经营成本。

(5) 有利于资源合理配置。

有人将期货交易的功能高度概括为下列两大经济功能:

(1) 价格风险转移,或者说,回避价格风险。

(2) 价格发现,或者说,形成权威性价格。

日本全国商品交易员协会编写的《期货市场入门》一书中,期货交易的功能如下:

(1) 形成公开的价格,对(现货)交易提供基准价格。

(2) 提供经济的先行指标。

(3) 回避价格波动带来的商业风险。

(4) 调节商品的供求,减缓价格波动。

(5) 有效利用投机资本,发挥资金运用机能。

W. 格罗斯曼与常清在其编著的《期货市场的理论政策与管理》一书中,分别对早期和

现代期货交易的功能加以论述,颇有见地。该书将期货交易功能分早期的与现代的概要
阐述如下。

1. 早期的期货交易的功能

（1）为交易者提供一个安全、准确、迅速交易的场所,保证远期合约交易的顺利进行。

（2）稳定产销关系,避免供求不均。

（3）减缓价格波动。

（4）建立新的市场秩序,防止黑市买卖、欺诈、毁约等行为。

（5）促进交通、仓储、通信事业的发展。

2. 现代期货交易的功能

（1）回避价格波动带来的风险

生产经营者可以通过在期货交易所进行套期保值(hedging)来回避价格波动的风险。

所谓套期保值,就是通过在期货市场做一笔与现货交易的品种、数量同样的,但交易部
位(或头寸)相反的期货合约(或远期合约)来抵消现货市场交易可能出现的价格波动风险。

套期保值回避价格波动风险的经济原理,可以概述如下。

同一种商品的期货价格和现货价格,应该是共同受相同的经济因素的影响和制约,因
而两者价格的走势具有趋同性,现货价上升,期货价也会上升,相反情形是极少的;而且,
现货价格与期货价格的差,叫作基差(basis),当期货合约临近交割时,基差也往往接近于
零,如图 1.3 所示。否则,会引起套利(arbitrage),套利是利用两种或两种以上交易标的
物的价格出现差异而进行的交易策略。

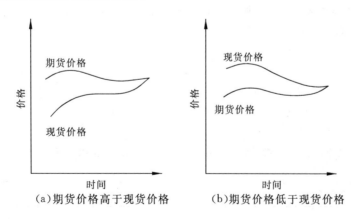

图 1.3　期货价格与现货价格的关系

现在我们列举两个简例来说明套期保值功能。

例 1.2　某贸易商打算经销小麦现货,先买进,后卖出,担心在买卖过程中价格会降

低而带来亏损,因此,他就在期货市场上做卖出(即卖空)套期保值。所谓卖出套期保值是指交易者首次在现货市场上买进,而在期货市场上同时卖出品种、数量相同的期货合约,下一次在期货合约到期之前,再在现货市场上做卖出,同时在期货市场上做买进(买空)。这样,在期货市场上期货合约实现了平仓,与交易所不再有瓜葛,见表1.3(a)。

表 1.3(a)　卖出套期保值表

现 货 市 场	期 货 市 场
6 月 10 日,某贸易商买进小麦 100 吨,价格为 1 050 元/吨	6 月 10 日,该贸易商卖出 10 手 12 月到期的小麦期货合约,价格为 1 080 元/吨
11 月 8 日,该贸易商卖出小麦 100 吨,价格为 1 000 元/吨	11 月 8 日,该贸易商买进 10 手 12 月到期的小麦期货合约,价格为 1 030 元/吨
亏损 50×100＝5 000 元	盈利 50×100＝5 000 元

可见,该贸易商经受了价格下降带来的现货买卖风险,因为他在期货市场上盈利,盈亏完全相抵,达到了完全保值。当然,不一定始终能完全保值,可能盈一点或亏一点,详见第三章。

例 1.3　贸易商或加工商可能计划于将来要购进一批生产资料,但又担心将来价格会上涨,使得在现货市场出现亏损,这样,他就可在期货市场上做买进套期保值。所谓买进套期保值是指,交易者首次在现货市场上卖出商品(其实有的不必做这笔交易,详见第三章),同时在期货市场上买进同样数量的同种商品的期货合约,下一次在期货合约交割期之前在现货市场上买进同样的商品,而在期货市场卖出同样的商品期货合约,期货合约实现了平仓,见表1.3(b)。

表 1.3(b)　买进套期保值表

现 货 市 场	期 货 市 场
9 月 2 日,某加工商卖出 50 吨铜,价格为 1.95 万元/吨	9 月 2 日,该加工商买进 50 吨铜 12 月份期货合约,价格为 1.98 万元/吨
11 月 20 日,他买进 50 吨铜,价格为 2.00 万元/吨	11 月 20 日,他卖出 50 吨铜 12 月期货合约,价格为 2.03 万元/吨
亏损 0.05×50＝2.5 万元	盈利 0.05×50＝2.5 万元

可见,期货市场上买空、卖空所获盈利正好完全抵消了现货市场上的亏损,达到完全保值的作用。

(2) 形成公正的权威性价格

商品公正的市场价格的形成,需要一系列的条件,比如供求集中,市场有充分的流动性,市场秩序公正、公开、公平和自由竞争,无垄断,使信息集中、市场透明、价格能反映供求状况,这样竞争形成的价格才可能是公正的价格,具有权威性,成为商品真实价格的反映,现代期货交易市场恰能满足这些条件,所以现代期货交易市场往往能成为商品价格形成的中心。

(3)成为现货商品价格的基准价格

既然期货交易市场能形成公正的价格,反映商品的真实价格,成为价格形成中心,这样形成的价格就可作为现货价格的基准价格或价格的参照。现货市场上价格的谈判往往是参照几个月期货价格,高出多少或低出多少来确定的。否则,若没有期货价格参照,现货价格的谈判,就容易出现非透明的欺诈行为。

(4)合理利用各种闲置资金

有了期货交易市场,居民手持的资金、尚未投资的资金等短期游资,可以投资于短期(几天或几个月)的期货合约的交易,进行风险投资,以期获取风险利益。投资于买卖股票,需要股票价格的全额资金,而投资于期货交易,只需期货合约价额的 5%～10% 的资金。

(5)促进经济国际化

20 世纪 80 年代以来,期货交易已跨越国界,如美国芝加哥交易所的农产品期货已能在许多国家进行交易,一些大的期货交易所在许多国家有经纪公司。期货交易的国际化推动了经济的国际化,因为期货交易形成的公正价格,对于供求调节和资源合理配置的影响范围,已超越了国界。

三、关于期货市场上的投机

投机(speculation)一般理解为是一个贬义词,但在市场经济环境里,应该恰当地理解为抓住机遇。市场经济愈发育,投机行为愈加普遍。从企业的创办、商品的安排生产,直到商品的销售,都有一个机遇问题。商业行业中,更是充满着投机行为。当然,这里指的是合法的投机,绝不是指那种非法的诈骗、巧取豪夺、损人利己的行为,而是指抓住机遇、甘愿承担风险而谋取风险利润。期货市场上的投机就是后者。投机者(speculator)在期货市场上投入资本,甘愿承担商品价格波动的风险,以谋取风险利润,结果可能获利,也可能亏损。这是正当的合法的投机。

之所以在期货市场上必然会聚集大量的投机者,原因可归纳为:

(1)期货交易灵活方便

任何公民想要进行期货合约的买卖,其手续比较简单,只需在交易所的会员期货公司(商)中选择你所信服的一家,签订委托书,投放一笔资金给期货公司,就可委托其代理买卖期货合约,在代理中你有权提供一份买卖意向订单(包括品种、数量、交割期以及价格限制的范围),期货公司只能按此意向订单的要求进行交易。交易的目的也很简单,只取决于价格波动可能带来的益、损,一般并不涉及商品实货的运输与交割。若要退出期货公司或交易所也很方便、快捷,你的持仓合约平仓后结算清楚了,即可退出。

(2) 要求交纳的保证金数额不多

如果是会员,则要交纳一笔结算准备金。对一般客户只需交纳一笔较少的保证金,比如交易头寸的 10%~20%。而证券、股票买卖则要付全额资金。

(3) 影响商品价格波动的信息是公开和系统的

期货市场上是公开竞价买卖,大量的参与交易者将商品供求状况的信息集中到交易所来了,而且通过公开竞价将其公开化;价格的波动也会系统地反映出来,交易者可以从价格波动的系统性中捕捉机遇。但是,股票的价格因素主要取决于各个上市股份公司内部的情况,以及整个股票市场的情势,这些情况往往是不系统的,不太透明的,公众难以了解。

关于投机的作用与性质,概述于下。

如果期货市场上只有套期保值者(hedger)进行买进或卖出套期保值,那么很可能出现套期保值者难以找到交易对手的情况。套期保值者总是想通过在期货市场上买进或卖出期货合约,来对冲其在现货市场上的卖出或买进商品,以便回避价格波动的风险,见上述两简例。商品价格波动的风险总是客观存在的,所以,所谓回避风险实质上是转嫁风险。投机者就是以承担风险为代价来谋取风险利益的交易者。期货市场若缺少这种投机者,则期货市场的流动性就差,交易不活跃,交易量会减少。所以,投机交易是增加期货市场流动性的一种润滑剂。

研究表明,一般生产厂商(原料商品生产者、储运商未来要卖出商品)在期货交易中倾向于卖出套期保值(首次买进现货,卖出期货,以防价格下跌),而市场买卖成交,需要买卖双方存在,那么套期保值者卖出期货就需要有人买进期货以实现其卖出交易的成交,否则无法成交,套期保值无法实现。有了投机者的参与,套期保值才得以顺利实现。

因此,投机者的作用被认为"制造市场"或"制造市场的流动性"。而赌博行为是制造风险的。可见,期货市场上的交易总是由两种交易——套期保值和投机——相辅相成地构成的,缺一不可。

从国外的《期货交易经济学》一书中得出如表 1.4 的统计资料。

表 1.4　期货市场交易者统计表

分类	交易者数量	买进合约数(份)	卖出合约数(份)
投机	5 722	18 256	16 773
保值	113	682	2 173
总计	5 835	18 938	18 946

从表中可见,期货市场上,投机者数量占 98% 以上,保值合约中卖出为买进的 3 倍

多,投机交易合约数占92%以上。

投机交易的存在,也有利于平稳价格的波动。可以理解为若只有卖出期货,或卖出期货较多,则会形成供给大于需求的局面,会导致价格下跌;反之,则相反。

总而言之,投机交易虽然进行"买空"(即做多头)和"卖空"(即做空头),交易中并不持有商品实货,也不能进行实货交割,但在期货合约到期之前都必须平仓。否则要在现货市场上购买实货交割,这样做可能会造成经济损失。所以投机者总是要随时掌握价格波动情势,及时抓住机遇予以平仓。这样,市场的流动性也会增大。

投机者从其投资和交易性质来区分,大体可以分为两大类:

(1)投机公众或业余投机者。这些人数量多,其中多数缺乏期货交易知识,资金不雄厚,交易结果往往亏损,但每人亏损额不大。

(2)专业投机者。这些人数量不多,多半是贸易、金融单位,往往是交易所的会员,他们对期货交易比较熟悉,是经常参与交易的大户。

至于投机者的交易技术将在第三章阐述。

第四节　期货市场同现货市场的关系

本节将进一步讨论现代期货合约同远期合约的异同和期货市场同现货市场的关系。

一、期货合约与远期合约的异同

前面已述,现代期货合约是在远期合约逐渐标准化的基础上发展起来的,在发展过程中,必然存在着不同的过渡形式。表1.5对早期的远期合约与现代期货合约进行了比较。

表 1.5　远期合约与期货合约比较

比较项目	早期的远期合约	现代期货合约
合约内容形式	不规范	规范
征信	需要买卖双方征信	不需双方征信,由交易所、期货公司负责
连续转让	到期交割,一般不转让	多次转让,最终到期交割
交易公开性	一般只涉及买卖双方	在交易所公开普遍化

商品交易发展历史表明,像表1.5所列的早期远期合约,是从现货交易发展到远期合约的最初形式。随着经济的发展,这种形式又逐渐获得变革,特别是成立交易所,远期合约交易成为交易所的业务内容以后,远期合约的各项内容必然会加以变革,不规范逐渐通过标准化变得较规范,因而不转让变为可以转让,交易所主动承担对交易双方的征信工

作。因此,远期合约发展的结果,可能出现一种"准期货合约"。我们认为,这种过渡性的合约,只应是在一定的社会经济条件下,特定的交易所中的短暂的形式;如果这种"准期货合约"长期存在,则会混淆两种合约,不利于国家对市场的管理。

二、期货市场同现货市场的关系

期货市场同现货市场从法律上讲是有区别的。期货交易是一种投资工具,基本上是买空、卖空的,交易的是与商品所有权有关的价格风险。而现货市场基本上是一手钱、一手货,实买、实卖,交易的是商品实货所有权的转移。两者的区别参见表1.6。

表1.6　现货与期货市场比较

比 较 项 目	现 货 市 场	期 货 市 场
交易对象	商品实货	期货合约
交易目的	以钱易货,实货所有权转移	与商品所有权有关的价格风险的转嫁
交易地点与方式	地点不定,买与卖一对一谈判	在交易所交易厅内公开竞价
保障	《合同法》	《期货交易管理条例》
商品范围	无限制	由交易所规定的品种有限

尽管现货市场与期货市场有如上所述的区别,但是两者又有必然的联系。两者的联系主要表现在:第一,套期保值者总是要通过买进、卖出期货合约,来回避其现货卖出、买进过程中可能出现的价格波动风险,所以他们既要在现货市场买、卖现货,同时又必须在期货市场卖、买期货合约,他们离不开现货市场,也离不开期货市场,两种市场同时存在,才能实现其套期保值,他们将两种市场联系起来;第二,尽管期货市场是市场经济高度发展的产物,但是社会经济发展离不开物质生产的发展,物质生产需要商品实货的交易,以期生产、消费和出口商品实货。所以说,现货市场是社会经济发展的根本需要,是期货市场的支撑或基础;不能说,因为期货市场是商品经济高度发展的产物,就可以丢掉现货市场或取代现货市场;只能说,现货市场支撑了期货市场,期货市场又促进了现货市场,以供套期保值的实现,商品经济进一步发展和繁荣,两种市场是相辅相成,相互补充,共同发展的。

已如前述,期货市场促进现货市场的具体作用表现在:

(1) 实现套期保值,回避价格风险。

(2) 为现货市场提供基准价格作为参照。

(3) 期货市场的国际化,有利于促进现货市场的国际化。

我国前段时期,人们对期货市场的认识,有两种观点:期货市场上是投机,买空卖空,不宜提倡;期货市场是商品经济高度发展的产物,有可能取代现货市场。我们认为,这两种观点都是片面和极端的,道理如上述。我国当前的期货市场还处于发展完善和规范阶段,因此,更不应忽视现货市场的改造,逐步将摊位式的集贸市场等现货交易市场以及订货会议形式加以改造和完善。较好的出路是建立有经济实力和信誉保障的物资交易市场,既进行现货交易,又进行有所规范的或有适当制度管理的远期合约交易,以适应社会主义市场经济的客观需要和发展。只要国家对期货市场制定了恰当的法规、条例,真正的现代期货市场必然会从本身的发展与竞争中进一步完善。这也是国外,如美国期货市场发展的经历。因此,现今建立的期货交易市场,必须遵循的首要原则是保障会员和客户的权益,大力促进商品流通,为社会主义市场经济的发育和发展服务,而非营利。

三、期货价、现货价与持有成本

持有成本理论是期货市场较早的理论,也是期货市场比较流行的期货价格理论,它描述了期货价格与现货价格在理论上、逻辑上的联系。该理论认为,期货价格是对远期现货价格的合理预期。

$$理论期货价格=现货价格+持有成本+运输费用$$

若在同一地点,运输费用可不计,则有

$$理论期货价格=现货价格+持有成本$$

其中,持有成本=仓储费+保险费+存货资金占用利息+损耗。

以上三项均与时间长短成正比,这表明了距离到期日越近,持有成本越小,现货价与理论期货价的差距越小。如图1.3所示。

第五节 期货商品种类与上市条件

在国外上市的期货商品比较多,都是逐渐增加的,而且各个交易所都因其类别和当地经济特点而有所不同。现将国外期货商品分类介绍如下。

一、上市的农产品期货

农产品期货交易最早是在美国的芝加哥交易所(CBOT)和日本的大阪(1697年),而最兴旺的还是芝加哥交易所(CBOT)。上市的农产品期货见表1.7。

表 1.7　国外农产品期货

商　品	交　易　所	交　易　单位
玉米	芝加哥交易所 中美洲商品交易所	5 000 蒲式耳 1 000 蒲式耳
燕麦	芝加哥交易所 中美洲商品交易所	5 000 蒲式耳 1 000 蒲式耳
黄豆	芝加哥交易所 中美洲商品交易所	5 000 蒲式耳 1 000 蒲式耳
红豆	日本	1 口 80 袋(2 400 公斤)
小麦	芝加哥交易所 堪萨斯市交易所 明市谷物交易所 中美洲商品交易所	5 000 蒲式耳 5 000 蒲式耳 5 000 蒲式耳 1 000 蒲式耳
糙米	中美洲商品交易所	20 万磅
大豆油	芝加哥交易所	6 万磅
大豆粉	芝加哥交易所	100 吨
活牛	芝加哥交易所 中美洲商品交易所	4 万磅 2 万磅
活猪	芝加哥交易所 中美洲商品交易所	3 万磅 1.5 万磅
猪腹肉	芝加哥商业交易所	3.8 万磅
棉花	纽约棉花交易所	5 万磅
干茧	日本	300 公斤
糖 可可 咖啡 冰冻橘子汁	咖啡、糖及可可交易所 咖啡、糖及可可交易所 咖啡、糖及可可交易所 纽约棉花交易所	11.2 万磅

二、生产资料期货商品

　　伦敦金属交易所(LME)是金属期货商品交易的最大期货市场,它所形成的价格往往有国际影响。其中交易的商品见表 1.8。

　　在生产资料方面还有木材,芝加哥商业交易所等交易;原油,纽约商品交易所交易;含铅汽油,2 号取暖用油,纽约商品交易所等交易;橡胶,东京工业品交易所交易。

表 1.8　LME 期货商品

商　品	品　质	交易单位	计价货币
铜	A 级铜	25 吨	美元
铝	高级铝	25 吨	美元
铅		25 吨	美元
锌	特级、高级	25 吨	美元
镍		6 吨	美元
锡	99.85%	5 吨	美元
银		1 000 盎司	美元

三、金融工具期货商品

金融期货由美国最早推出,现将美国及其他国家、地区常见的金融期货列于下:

(1) 外汇期货有:英镑、加拿大元、澳元、日元、欧元、瑞士法郎、美元等。

(2) 利率期货有:政府公债、中短期债券、抵押证券、存款凭证、商业票据、欧洲美元、欧洲日元等;我国当前推出的利率期货为国债期货。

(3) 股价指数期货有:纽约证交所综合指数、标准普尔 500 指数、价值线综合指数、日经平均指数、香港恒生指数、中国金融期货交易所采用的沪深 300 指数、上证 50 指数、中证 500 指数。

此外,还有黄金、白金、钯等贵重金属的期货商品上市。

关于期货商品上市应具备的条件,是不断探索总结形成的,迄今并没有形成统一的明确法规。根据过去的经验,期货商品上市的条件可以概述如下:

(1) 商品可以储藏、保存相当长的时间,不会变质、损坏。

(2) 商品的品质等级可以划分和评价,界线分明,能为公众认可或者符合某种标准规定。

(3) 商品可以进行大批量交易,生产量、消费量和流通量比较大。

(4) 商品价格波动比较频繁,否则,套期保值交易和投机交易都难以实现。

(5) 商品的未来市场供求关系和动向,不容易估计,不会为公众产生明确的一致性估计,否则,将会缺少交易对手。

(6) 打算买卖该种商品的人比较多,成交量估计比较大。

(7) 对远期合约还应考虑商品的运输条件和交割地点方便。

我国期货市场及期货商品种类现今只推出一般商品期货,其品种经几次修订,目前已从十年前的 12 种,发展到现今的 44 种。它们的一部分标准合约见附录四。金融期货中股价指数期货已经上市交易,国债期货也于近年恢复上市交易。

第六节　商品期货交易的运作

商品期货交易,从全过程讲,其运作包括进行交易前的基础条件和准备工作,实施交易与交易方式,结算工作及方式,以及最后的交割工作及方式。

一、交易前的基础条件和准备工作

最首要的准备工作是选定一个商品期货交易所,了解期货交易所的管理规定、章程、会员管理条例和交易规则等文件;了解交易所的交易设施及其使用方法;办好入会手续,并派出出市代表;或者选择好代理的会员期货公司,并办好委托手续,签订委托代理协议书。从业者必须学习和掌握必要的期货交易知识,而具体进行交易的出市代表和经纪人更应通过培训,取得进行期货交易的资格证书。

交易所必须有适当形式的交易大厅、交易柜台与计算机终端、通信设施、会员写字间、结算工具、仓库以及驻地银行分支机构。

与交易运作最有关系的法规是交易所的交易规则。交易所的交易规则是指导交易者进行运作的规范文件,它应包括:

(1) 交易厅进入条款。除特殊情况外,只许会员单位的出市代表入厅进行交易。

(2) 非会员客户委托交易条款。交易所不同非会员的客户发生直接关系,但为了对代理交易进行监督稽查,要求对客户实行一户一码制进行交易。代理的原则是经纪商(期货公司)不得损害客户利益,故经纪商应单独为客户另开账户。

(3) 保证金交付条款与交纳手续费或佣金的条款。

(4) 价格波动幅度限制和涨停板与跌停板限制的条款。

(5) 交易头寸限制的条款。

(6) 交易时间安排、交易意向单的申报方式和撮合成交的条款。

(7) 平仓运作的条款。

(8) 结算方式、结算盈亏、风险控制与资金管理的条款。

(9) 交割的条款。

(10) 信息发布条款。

以上这些条款,交易者、特别是会员应该熟悉,如有意见,可以提出。交易所的交易规则一旦制定,应上报中国证监会获得批准,会员皆应遵守。

无论会员或客户在进行交易之前都必须向交易所结算部或期货公司存入交易备用资金,即结算准备金,其余额由交易所或期货公司规定,低于此余额,应立即追加补足。

二、实施交易

第一步：

出市代表进入交易大厅时都带有当天打算交易的意向单或叫申报单。它们是事先接受会员单位主管和客户委托的买卖意向的指令，并经过出市代表慎重填制的，包括：品种、交易数量、买进或卖出、交割月份、价格、是开仓或是平仓（被平仓的原成交单号）以及交易者的编码。指令价格限制及其指令有效时间是至关重要的，交易的盈亏取决于它。因此，经过长期期货交易的实践，总结了各种不同种类的指令（orders）。

指令按不同方式划分如下。

1. 按指令有效时间划分

（1）当日指令（day orders）。当天有效，过期作废。

（2）开放指令（open orders）。订单一直有效，除非它成交或重被取消，或者订单上注明的交割时间已过。

（3）取消前皆有效指令（good till cancelled orders）。意义基本同上列（2）。

（4）某特定时间内有效指令（good through "time" orders）。如 1 周、或 1 月，或哪几天有效，在指定时间界限以外无效。

2. 按价格限制方式划分

（1）市价指令（market orders）。按指令下达时的市场当时最佳价格立即成交。

（2）限价指令（limit orders）。由客户拟定价格限制范围，出市代表必须按此限价或更好的价格成交。若未遇到此限价内的订单，则不能成交。

（3）按收盘价指令（closing orders）。要求出市代表按上日的收盘或今日的开盘价成交。

（4）止损指令，又称停止指令（stop orders）。当市场价格到达交易者指定的某一特定价格后，即以市价成交，否则亏损增大。它分买进止损指令与卖出止损指令。买进时，成交价可以等于特定价或大于特定价 1～2 个价位；卖出时，成交价可以等于特定价或小于特定价 1～2 个价位。超过特定价的价位太多，则不应成交，否则亏损会增大。

（5）止损限价指令（stop-limit orders）。它是止损指令与限价指令复合起来的指令，也分为买进或卖出。例如，买进止损限价 80.25 元，则要求最高买进价不能超过 80.25 元才可成交；卖出止损限价 80.25 元，则要求最低卖出价不能低于 80.25 元才可成交。

以上是几种常用的指令形式。在运用上往往将价格和有效时间综合起来一并下达。总之，出市代表只能按指令要求或优于指令价格进行成交。

由于商品价格瞬息万变以及公开竞价的局面，有的申报单可能无法成交。或者已下达的指令过于严格死板,导致贻误"战机",而失去盈利或止损机会。因而在交易厅内都设有通信设施,出市代表可以立即向单位主管或客户反映市场行情,以便及时修改申报单。在期货交易实践中,如何下达指令,如何授权出市代表修改申报单,确实是一个亟待研究也难以研究的问题。在我国近来期货交易中的确出现过由于指令不明造成亏损,责怪出市代表,违背指令却带来盈利也责难经纪人的现象。

第二步:

竞价交易。期货交易厅竞价交易采用过如下几种方式。

(1) 集体一价方式。每个交易日将时间分成若干段,在每段开始交易主持人按铃喊出一个暂定价格,由场内经纪人考虑,若符合其指令要求,即由经纪人报出愿以此价买进或卖出的合约数量,工作人员一一登记;若卖出总数大于买入总数,主持人即将价格调低一个价位报出;反之,调高一个价位。如此反复,直到最后买卖数量相等时,主持人即确定这时的价格作为所有这些交易意向的成交价。这一方式,竞争性体现不够好,现今较少采用。

(2) 自由喊价竞价方式。厅内出市代表带着他们的意向单围聚在相关商品的交易圈内,以公开叫价形式报出其指令的价格、数量,并进行公开的自由的讨价还价,当双方价格、数量认可即行成交,并报告给主持人。

(3) 板书竞价方式。出市代表在交易厅内的黑板上按报价时间先后和价格高低报出买进或卖出的数量和价格,当有代表认为板上标出的价格、数量符合其愿意,便在黑板上作出成交标记,即行成交。现今这种方式也较少,逐渐被计算机输单、竞价方式所代替。

(4) 计算机终端一价制方式。按标准化期货合约划分商品期货种类,分别安排在不同时间段交易。在每段开始由交易厅给出并显示开市价,由交易者输入愿以此价买入数与卖出数,计算机系统按输入时间优先将两者中较小数量匹配成交,差数无效;若买入数多于卖出数,则调高一价位,再由交易者重新输入愿意买卖的数量。

(5) 计算机终端竞价方式。出市代表在交易厅内各自的终端上输入申报单,计算机系统立即分别将买进、卖出申报单按价格排序,分别显示买盘与卖盘,让交易对方自由选择,抢单成交(或叫点买点卖)。这种方式早期用过,现今已不用。当有买进与卖出申报单相符时,或者其他内容相符、但买价高于卖价时,即自动撮合成交。这是当前采用的较好方式。当自己认为原先输入的价格不好时,亦可实时修改。也可以将原已输入的申报单在未被成交时可以撤单。成交的原则是价格优先和时间优先。

采用计算机终端竞价交易时,计算机交易系统首先会对输入的申报单进行合法性检验,包括报价价位、可用资金与最高持仓限量,而后将申报单汇集排序,形成买/卖盘。

现将由交易申报单汇总整理的买/卖盘之样式列于表 1.9。

表 1.9　买/卖盘(挂单)表样

买盘(挂单)

申报单序号	品种(牌)编码	数量(手)	价格	买/卖	开仓/平仓	备注
12	9906CU	10	16 600	买	开	
38	9906CU	15	16 580	买	开	
5	9906CU	10	16 570	买	开	
...	...	...	...	......	......	
21	9907CU	12	16 700	买	平	
8	9907CU	10	16 680	买	开	
10	9907CU	20	16 650	买	开	
...	...	...	...	......	......	
11	9908CU	20	16 820	买	开	
3	9908CU	10	16 800	买	平	
30	9908CU	15	16 790	买	平	
...	...	...	...	......	......	

卖盘(挂单)

申报单序号	品种(牌)编码	数量(手)	价格	买/卖	开仓/平仓	备注
7	9906CU	15	16 610	卖	平	
13	9906CU	10	16 630	卖	开	
22	9906CU	20	16 660	卖	开	
...	...	...	...	......	......	
9	9907CU	20	16 720	卖	开	
16	9907CU	10	16 720	卖	平	
20	9907CU	15	16 740	卖	开	
...	...	...	...	......	......	
23	9908CU	5	16 870	卖	开	
1	9908CU	10	16 880	卖	平	
4	9908CU	15	16 890	卖	平	
...	...	...	...	......	......	

　　表 1.9 是由所有会员在某日内阴极铜交易场次的时间段内,从各自终端输入的交易申报单,在某一时点的瞬刻,经汇总整理而成的尚未成交的合法性申报单买/卖盘。其中序号栏是按该申报单经合法性检查认可后进入交易系统有关数据库的时间先后顺序号(流水号),该号维持申报单的唯一性。一般将申报单的交易者的编码(会员或客户的编码)过滤后不显示出来(申报单上有该编码的)。品种编码是根据申报单的品种名和交割月份按编码设计综合形成的代码。数量是申报单想成交的数量。如果品牌、价格条件都相符但数量不同的(两个)买/卖申报单,在成交时则取两者中最小数量为成交数量,较大数量的那个申报单将扣除已成交数后,仍保留一个剩余数量的原申报单,但其序号将被重新刷新。从价格栏中可见,所有申报单是先按近月到远月交割月的顺序,再按成交较易到较难的价格顺序重新排序的:买盘,较高价的申报单排前;卖盘,较低价的排前。因为终端显示器屏幕有限,一般只将每个品牌的排前的三条申报单显示出来,其余的申报单暂不显示。值得说明的是,买/卖盘挂单始终是动态的,随时会刷新,因为会不断输入新申报单,不断修改或删除(撤单)申报单的内容特别是价格,还有不断地成交,成交了的申报单将从中消除。当某个申报单成交了,则进入成交数据库,且立即显示最新成交信息。同时按其序号在申报单数据库中查出其会员或客户编码,以便形成成交回报单,回报给会员。这里要指出的是表 1.9 是挂单显示的式样之一,交易系统程序不同,显示式样有别,但基本内容不变。现今在用的交易系统行情显示的挂单只有优先买、卖的各一条,参见图 1.4。

　　由于互联网的发展和普及,现今在我国期货交易行业主要采用两家软件开发公司的交易和结算软件系统:金仕达期货交易系统和恒生期货交易系统。另外还有:专门的行情/财经行情系统,快速支撑交易者进行有关信息分析;银期转账系统,目前各期货公司都与不同的商业银行携手合作,推出了全国集中式银期转账,实现一卡在手,全国划转,资金即时到账,客户可以直接在网上交易客户端转账、查询余额,方便快速。图 1.4 是恒生期货交易系统的图例,从图(a)的显示画面上可点击指定交易所当期品种交易行情,从其上点击某行品种即可显示出该品种的价格分析图和当时的交易情势,如图(b)所示。详细的操作方法,可参阅各个系统、各个交易所和期货公司备有的交易系统操作手册。

　　自动撮合成交,是交易者(出市代表)根据指令的变更或当时行情,为了成交,主动瞄准对方某申报单将已报申报单修改,或者立即输入一个申报单,以期同对方申报单内容相符,则交易系统自动撮合成交。当买方价高于卖方价时,亦可成交,成交价则取买价、卖价与同品牌上一次成交价三者中的居中价。即是说,买价大于等于卖价以及品牌(品种+交割月份)相同是成交的条件。当有两个卖单或买单同对方一个申报单都符合成交条件时,则按价格优先、时间优先原则自动撮合成交,首先是按价格优先原则抉择两者之一,如果价格两者又相同,则再按两单的输入时间先后优先抉择。

　　以上所述,从申报单的输入,经汇总整理(分盘、排序)形成买/卖盘及其动态实时变

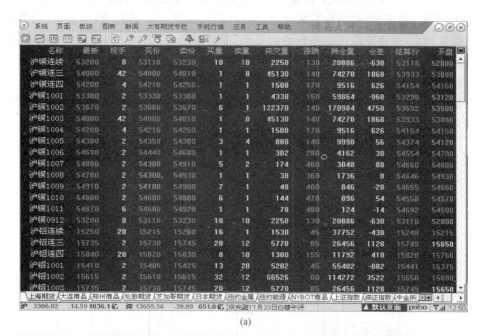

(a)

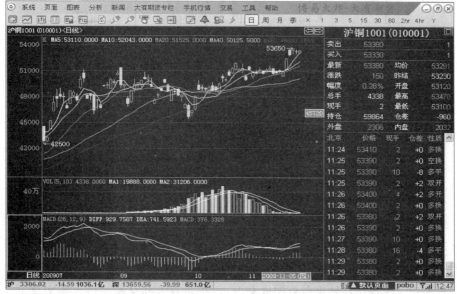

(b)

图 1.4　交易系统示例

更,再经自动撮合成交,最新成交信息显示,成交数据库及成交回报单的形成,以及场内价格行情(最高价、最低价、最新价)、成交量、买压(最高买进价及其数量)与卖压(最低卖出价及其数量)以及价格涨跌等动态行情的显示,都必须经过系统分析(含交易规则、功能需求分析)、数据库设计、功能模块设计等一系列的计算机辅助交易系统的软件分析、设计与调试实施工作。此软件设计、开发也必须结合计算机硬件的配置以及结算系统等其他子系统统筹考虑、周密研究、共同完成。图 1.5 和图 1.6 表示双方开/平仓的交易过程示意图和交易流程图。

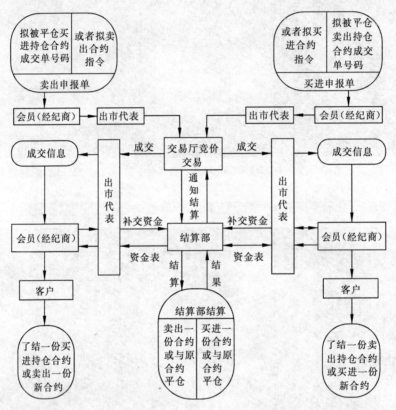

图 1.5　双方开/平仓交易过程示意图

第三步:

在交易厅内每笔交易成交后,立即形成成交单,并由交易系统自动予以编号,同时进入成交数据库。该场交易结束时打印成交单,由买卖双方和交易主持人签字认定。然后由交易厅转至结算部进行结算。

当日成交结束,交易所即行公布其开市价、收市价、最高成交价、最低成交价、成交数量以及结算价等信息。

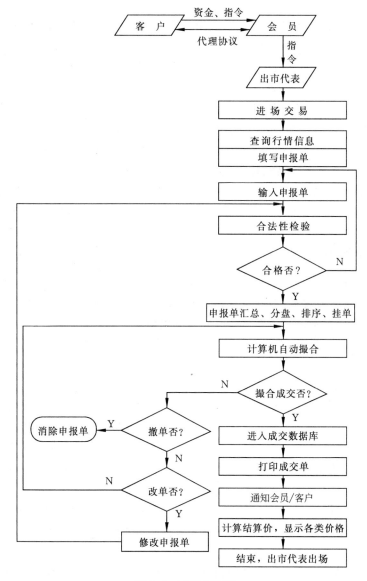

图 1.6　交易流程图

出市代表应立即将成交交易的信息回馈到会员单位主管或委托客户。必要时应通知银行,准备办理资金划拨手续。

按《期货交易管理条例》第二十八条要求,期货交易所应当及时公布上市品种合约的成交量、成交价、持仓量等即时行情。

（1）开盘（市）价。是指某一期货合约开市前五分钟内经集合竞价产生的成交价格；若未能产生这一成交价的，以集合竞价后第一笔成交价为开盘价。具体操作见各交易所的交易细则。

（2）收盘（市）价。是指某一期货合约当日交易的最后一笔成交价格。

（3）最高价。是指一定时间内某一期货合约成交价中的最高成交价格。

（4）最低价。是指一定时间内某一期货合约成交价中的最低成交价格。

（5）最新价。是指交易日某一期货合约交易期间的最新成交价格。

（6）结算价。是指某一期货合约当日成交价格按成交量的加权平均价。当日无成交的或其他情形时，交易所交易结算细则中另有确定办法。

（7）成交量。是指某一期货合约在当日交易期间所有成交合约的单边或双边数量。

（8）持仓量。是指期货交易者所持有的未平仓合约的数量（单边的或双边的）。

三、实施结算

实施结算是根据前面介绍的结算规则和方法于每个交易日分别对会员和客户——结算交易保证金、交易手续费、当日盈亏、结算准备金余额、交割货款和其他有关款项进行计算和款项划拨。期货交易的结算是分层分级分别对每一会员和每一客户实施的，期货交易所只对其每个会员分别结算，期货公司对其代理交易的非会员单位或个人（统称客户）——分别结算。

1. 交易所对会员的结算

每一交易日交易结束，交易所所属结算机构立即根据成交结果和持仓状况分别对每个会员的保证金、手续费等款项进行结算，产生"会员当日成交合约表"、"会员当日盈亏表"、"会员当日持仓表"和"会员当日资金结算表"，提供给每个会员让其核对无误；若对结算结果有异议，会员应在次日开市前30分钟以书面形式告知结算机构，以便核实。

结算完毕并无误时，即对会员当日发生的有关交易的费用和出入款项进行资金结算和划拨。当会员结算准备金（可用资金）低于规定的最低准备金余额时，将通知会员追加补充资金。

最后，若会员的专用资金账户涉及银行账户时，将有关资金数据传递给银行进行划转。

2. 期货公司对客户的结算

期货公司（会员）收到交易所结算机构的本会员"当日成交合约表"、"当日持仓表"等报表以后，应立即将其同所代理客户当日有效交易申报单及其成交回报单——核对和分单落实，最终核实各个客户当日的成交合约、持仓合约等交易状况。过去采用"混码制"交易时，这项核对、分单工作往往容易产生差错和引起同客户的纠纷。现今采用"一户一码制"交易时,这项工作较顺利。

期货公司根据核实的客户当日交易状况进行结算,产生客户交易结算清单分别给各个客户,交易结算单一般应载明:户名、户码、账号、成交日期、成交品种、合约月份、成交数量、成交价、买入/卖出、平仓/开仓、当日结算价、保证金占用额、手续费、税款、准备金余额等。结算具体方法基本如前所述,唯有手续费和保证金率有所不同:手续费约为标准合约规定的 3 倍;保证金率也增加 3 个百分点。

对客户专用资金账户进行当日更新,若发现结算准备金低于规定的最低额度,应立即通知客户补充追加资金,进行资金划转。

四、实货交割

实货交割是指交易者按已到交割期的持仓合约的内容进行实货商品交/收的履约行为,它是合约平仓的形式之一。实货交割的意义在于:

(1) 实货交割将期货市场与现货市场连接起来,成为期货市场存在与发展的物质基础。

(2) 实货交割是期货市场功能得以正常发挥的条件。

(3) 实货交割为期货价格真实地反映相关商品现货价格提供了保证(条件)。

当前国际上实货交割的主要形式有:

(1) 标准仓单交割。由交易所认可注册的仓库根据卖方提交的合格实货开出交易所认可的标准仓单,合约卖方持此标准仓单到结算机构交割、结算货款。

(2) 三日滚动交割。开始于交割月第 1 交易日,到期持仓合约卖方可以提出交割要求,在第 2 交易日,到期持仓合约买方(持仓时间最长者)将被通知要准备交割,第 3 交易日,该买卖双方按章具体办理交割手续。如此,在交割日期范围内,每天卖方都可提出交割要求。

(3) 价差现金交割。它是买卖双方补偿差价部分以现金支付方式来实现合约平仓的方法,主要用于金融期货合约的交割。

我国当前商品期货主要是采用标准仓单交割,股指期货则采用现金交割。

与交割业务有关的术语概念列于下:

(1) 交割月份,是指合约上注明的到期月份,在这个月此合约一定要平仓了结。

(2) 最后交易日,是由交易所现行交易规则中规定的,合约到期月份的某一日,为该到期合约仍可以对冲交易的最后一日。

(3) 最早交割日与最后交割日。前者是最后交易日的次日,后者是交割最后截止日,前者至后者是交割期限(范围)。必须在此期限内完成交割。

关于实货交割的运作步骤,各个期货交易所都有现行交易规则、交割细则等文件,其中都有详细的具体运作步骤和条款。

我国期货市场运作以来,实货交割反映出一些问题,其中主要的是交割成本较高以及有的交易所交割制度不规范。这些问题的解决还是要依赖于交割制度的规范和统一,交割仓库网络的合理设置,标准仓单的统一标准化,标准仓单的交换及其质量、运输升贴水的办法的合理化,以及交割仓库服务周到,交割运作手续简化,有关费用合理化。

最后,关于客户委托期货公司代理下交易意向单(俗称下单)的过程,补充阐述于下。

客户委托下单的方式有两种。

1. 通过电话集中统一下单

在交易场次时间范围内,客户将交易意向的指令单(客户申报单)随时递交给期货公司的接单员,他即在此单上打上接单时间戳记,再转交给电话报单员,报单员立即按接单先后顺序并按标准化统一词句格式用电话报给相关的交易所交易大厅内本公司的出市代表,后者立即将所收到的申报单记下并输入到交易系统。如果某申报单因不合法、或不合行情、或其他原因致使无效时,出市代表应将此信息回应到公司。申报单不合法是指报价价位超过规定允许范围,或可用资金不足,或达到最高持仓限量。若某申报单已经成交,出市代表应用电话回报到公司。现今,这种方式主要是当网上远程交易出现故障时的一种实时补救方式。

2. 异地多点同步下单交易——网上远程交易

由于期货公司客户较多,业务量大,客户间接下单(上述方式)的实时性弱于自己在计算机终端上直接下单;如果自己有终端又可见到交易厅的实时行情,有助于抓住时机,快速下单。因此,提出了异地多点同步交易系统的需求。异地指期货公司与交易所不在一地,多点指一个期货公司能够同时对多个交易所进行下单交易,同步是指在异地计算机终端上下单交易能够与交易厅内终端下单交易基本上同步,时滞愈小愈好。这是期货交易的技术创新。简言之,远程交易是指期货公司会员在其营业场所通过其同交易所计算机交易系统联网的电子通信系统和相关交易软件系统,直接输入交易指令单、参加交易所集中竞价交易的一种交易方式。

远程(异地多点同步)交易系统的建立必须结合其结算系统、客户管理系统、查询系统、系统管理系统等统一进行系统分析与设计,统一开发。

整个系统的硬件应包括公司内交易厅与结算部的计算机局域网硬件系统以及公司网络系统和各交易所交易系统之间数据传输通信硬件系统。通信手段可采用卫星通信或专用电话线通信。

整个系统的软件,除了期货公司内该系统的各子系统的应用软件需要统一开发以外,还要开发通信系统软件。一般,前者的开发以期货公司为主,后者的开发以交易所为主,但双方应密切配合。

异地多点同步交易子系统的功能主要包括:

(1) 交易客户代表登录及退出(应设密码)。

（2）实时行情显示。已开通的各交易所当场交易的各品种行情能采用按键切换方式实时显示在公司内各终端的屏幕上。

（3）下单、撤单、改单。客户直接在自己的终端上根据实时行情和指令下单，或改单，或撤单。所输入的交易意向单首先应经系统内设置的合法性检查，然后转换成指定交易所能接收的格式，再自动通过通信系统传送到交易所的系统中，并将输单成功与否的信息传回。

（4）成交回报。成交信息和未成交信息将通过通信系统传回，并由本系统自动进行分单处理，将其显示在相关客户的终端上。

20世纪末异地多点同步交易系统由各交易所/期货公司自行开发，虽然不尽完善，但毕竟是一项技术创新。随着互联网的普及，特别是股票网上交易的启迪，现今在用的期货交易系统（图1.4是其运行显示的一种画面），都能圆满地实现异地、多点和同步下单交易。现今远程交易有两种形式：单机式，即一个远程交易席位只配一台终端机；网络式，即一个远程席位通过其服务器以局域网方式连接多台终端，分别供多个客户使用。

会员/期货公司要获得期货交易所的远程交易席位，必须符合交易所交易细则所规定的相关条件，提出申请。中国期货业协会于2009年7月发布了《期货公司信息技术管理指引》，要求各期货公司根据其信息技术基础和技术要求的不同，分别分类（共分四类）实施其信息系统的建设与管理。期货公司照此《指引》实施，也就能够符合各期货交易所（含中金所）有关的规定条件和要求。

复 习 题

1. 正确理解下列术语概念：

交易头寸（部位）、多头、空头、开仓、平仓、持仓、浮动盈亏、结算准备金、逐日盯市、套期保值、基础资产与其衍生资产、指令、止损指令。

2. 试分析归纳期货交易的特征。

3. 试分析期货交易与股票交易的区别。

4. 试指出下列几种期货合约交易中哪一方要交纳初始交易保证金：

买入开仓—卖出平仓；买入平仓—卖出平仓；买入平仓—卖出开仓；买入开仓—卖出开仓。

5. 试举各种可能出现的合约部分平仓的例子，并说明其平仓成交的情况（结果）。

6. 试分析归纳结算价的作用。

7. 第二节末尾实货交割结算例题中，为什么配对交割的买、卖双方会出现付款、收款数额的差异？此差额是否会给结算部门带来盈亏？这种结算办法处理的增值税，对双方是否公平？

8. 现由交割部配对下列两份到期合约交割：

9911 铝,买进,成交价 14 000 元/吨,10 吨；

9811 铝,卖出,成交价 13 960 元/吨,10 吨。

交割时结算价为 13 940 元/吨,试作出交割的结算。

9. 某非期货公司会员在期货交易所于 2009 年 11 月 15 日末已清空合约,尚存有结算准备金 55 万元。16 日买入:CU1001,20 手,成交价 52 500 元/吨,当日结算价 52 440 元/吨；AL0912,40 手,成交价 15 455 元/吨,当日结算价 15 465 元/吨；ZN1002,20 手,成交价 17 045 元/吨,当日结算价 17 010 元/吨。11 月 17 日,买入 CU1001,20 手,成交价 52 400 元/吨,卖出 CU1001,30 手,成交价 52 600 元/吨,当日结算价 52 490 元/吨；卖出 AL0912,40 手,成交价 15 555 元/吨,当日结算价 15 560 元/吨；买入 ZN1003,20 手,成交价 17 000 元/吨,结算价 16 990 元/吨；17 日 ZN1002 的结算价 17 000 元/吨。16 日无出、入金且无交割。试计算:(1)16 日末结算准备金余额,是否要追加资金,达到最少 50 万元准备金? (2)17 日末结算准备金余额。(3)请按式(1.9)计算 17 日的当日盈亏(答案:46 500 元)。(4)试问假设 18 日没有成交合约,经 17 日结算处理后,该会员 18 日当日持仓合约有哪几个? 在计算当中,请充分理解交易保证金的释放返还,平仓合约是否收取交易保证金? 当日盈亏(含持仓和平仓盈亏)的计算为什么应取用不同的价格(上一日或当日的结算价,成交价)?

(答案:16 日末余额 38 584 元；17 日初入金 461 416 元；17 日末余额 743 637 元)

10. 希望授课老师会同计算机 MIS 实验室组织下载期货交易软件系统,安排学生实习(验)。(模拟期货交易实时操作)

第二章　商品期货市场的管理

本章将按商品期货市场管理的三个层次,即政府行政管理、行业管理与交易所自律管理,分别阐述期货市场管理的原则、法规、组织以及制度等,其中先介绍美国的有关情形,以资参考。

第一节　商品期货市场的政府行政管理

关于商品期货市场的政府行政管理,由于我国实行社会主义市场经济的时间尚短,商品期货市场还处于规范发展阶段,我国有关的法规及其负责实施机构还刚刚确立,有待完善,因此,首先介绍美国政府管理的情况,以资参考。

美国芝加哥交易所(CBOT)建立于1848年,商品的远期合约交易和期货交易不断迅速发展扩大。但是,美国直到1921年才通过了第一部联邦的有关法规——《期货交易法》,然而联邦最高法院却宣布,该法规的通过违反了宪法。后来国会根据各州的要求,于1922年通过了另一部《谷物期货交易法》。自此,算是有了第一部正式有效的法规。这部法规规定,实物商品的期货交易活动只能在联邦注册的交易所内进行。如果交易所未能采取有效的适当措施控制和监督市场的交易活动,防止被人操纵市场,则联邦政府有权吊销其营业执照。

经过前10年的实践与研讨,上述《谷物期货交易法》的修正案,由美国农业部提出,目的是加强政府管理权限,商品的管理范围由谷物扩大到棉花及其他农产品,确立法规的实施负责机构为农业部部长、商业部部长与司法部部长或他们指定的代表组成的商品交易所委员会。该修正案于1936年通过。这个商品交易所委员会的主要职责是:发放期货交易所营业许可证;确定期货交易手续费或佣金以及场内经纪人的注册程序;保护客户资金与合法利益;规定投机交易的最大持仓合约量以及交易停板额度;防止操纵价格和非法交易;具体实施有关法规和处理违法行为。

1947年美国正式成立商品交易所管理局,取代过去的商品交易所委员会,负责履行管理职责。

直到20世纪70年代,许多工业化国家日益富裕,农作物生产国谷物产量逐渐下降,随着美元的贬值,美国农产品出口更有优势,形成供不应求局面,美国国会开始考虑对原有的期货交易法规进行修改,并考虑将金属、木材、货币等商品交易也归入到商品交易所管辖范围内。因此,于1974年通过了一部新的《商品期货交易法》。与此同时,授权成立了独立的商品期货交易委员会(Commodity Futures Trading Committee,CFTC),以取代商品交易所管理局,将原管理局所属的职员、档案和经费转入CFTC。1975年4月21日,CFTC开始正式行使联邦管理权;CFTC由5名专职委员组成,经总统任命、参议院批准,任期为5年,由委员会选出其主席。委员会下设三个部门:交易市场部,经济分析部,法规施行部。

按照商品期货交易委员会有关条款的规定,CFTC必须于1978年9月30日之前重新履行法律认可手续,否则该项法规作废,机构解散。于是,通过政府举行多次听证会等工作后,产生并认可了1978年的期货交易法,该法将CFTC的法人地位延长了4年,以后这种重新授权的做法将持续不断地进行。1978年的期货交易法,重新确认了商品期货交易所法中原有的一些条款,并且扩大了商品期货交易委员会的管理权限,1974年以前不受联邦政府管理条例约束的货币期货合约等金融工具期货合约和金属期货合约,都归于商品期货交易委员会的管辖范围之内。

1981年起,又将金融期货的期权交易归入商品期货交易委员会的管理范围。1984年又纳入了农产品期货的期权交易管理。

可见,美国期货交易的政府行政管理,随着期货交易的实践与交易对象的扩充,经过了50余年的发展,由联邦政府的个别部门发展到联邦政府统一独立的管理机构(CFTC),进行期货交易的全面管理。这是在前无别国经验借鉴、期货交易不断发展的现实条件下的必由之路。

美国商品期货交易委员会的管理职能包括:

(1)对交易所业务活动的监督。审批交易所提出的准备用于上市商品的期货合约内容,审批的原则是新商品期货合约能否实现套期保值与价格发现的功能。1975年,CFTC对套期保值重新确定了新的含义,即套期保值者可以进行预期性套期保值(anticipatory hedging)和交叉对冲保值(cross-hedging)。预期性套期保值是指,套期保值者可以在实际拥有现货商品之前预先买卖期货合约。交叉对冲保值是指,套期保值者可以选用不同类但价格走势大体相同的相关商品的期货合约,对冲其现货商品,达到套期保值的作用,如用玉米期货对冲大麦现货,用豆粕期货对冲鱼粉现货。

CFTC负责审批交易所成立及其营业许可,审批的原则是交易所法人资格、所制定的管理规定、组织章程以及交易规则条例等是否符合联邦有关法则。当新的交易规则、条例等文件需要修改时,必须获得商品期货委员会重新批准,包括现货交割地点的改变和增加,取消交易所制定的某项决定,采取应急措施防止垄断。

(2)对市场参与者的监督。期货交易委员会有权否认交易所批准的会员资格,对会员施以纪律处分,增加某种进入特权,对经纪商代理人和业务经理等市场参与者进行业务考试、资格审查和登记注册。CFTC要求期货交易经纪商必须将其代理的客户的资金分立账户,禁止挪用任何客户的资金(所存入的保证金)以满足自身或其他客户的资金需求。

（3）仲裁与处罚。期货交易委员会要求各交易所必须在其有关文件中制定交易纠纷的仲裁程序和违章交易处罚的规则以及赔偿处理规则；当由行政法官主持索赔听证会时，期货交易委员会可以审阅法官所做的裁决。

（4）对交易所及其会员日常交易活动的监管。期货交易委员会要求交易所将逐日的交易活动记录在案、备查和公布，并对交易活动中违法行为有权处理，直到追究当事人的刑事责任。

关于我国期货市场的政府行政管理，美国芝加哥交易所副总裁格罗斯曼先生于20世纪90年代初在致我国期货专家常清先生的信中发表了他的看法，现将其概要分述于下：

——希望首先考虑建立全国统一的管理机构，并制定一部统一的有关法规。若各省、各部门分别制定有关法规，可能会引起一些麻烦，造成矛盾。

——在制定统一的法规时，可以吸取国外成熟的有关经验。但要注意保持中国的特色，要有所改进。

——美国国家商品交易法的主要内容包括：经纪公司的期货专业者的资格基准、期货交易的风险揭示、最低资本金额、客户资金管理、客户订单的处理、报告书写基准、对交易所的监督、法律执行、惩罚程序等。法规的主要目的是保护客户利益，对经纪商的营业活动要严加管理。

——CFTC将大部分期货业务管理和执行法规的职责委托给交易所，因而交易所都必须有管理条例、章程和交易规则等文件。这些文件要包含以下内容：交易所的组织管理系统及章程，会员制度及规则，保证金制度，会员经纪商的业务责任和资格基准，交易厅工作程序以及交易程序，结算机构及结算程序，各种期货合约的交易规格与标准，法规的执行，争议的调停，惩罚等。

——交易所必须是中立的、公正的、非营利性的服务机构。

根据我国国务院国发〔1993〕77号文件有关通知，"国务院决定，对期货市场试点工作的指导、规划和协调、监管工作由国务院证券委员会（简称证券委）负责，具体工作由中国证券监督管理委员会（简称证监会）执行。"至此，我国期货市场的国家行政统一监管机构已经确立。由此也已明确，我国的股票证券交易监管与期货交易监管工作合并为一个管理机构进行管理，欧洲有些国家也如此。但美国则不同，期货市场由CFTC统一管理，而股票市场则由证券交易委员会（SEC）管理。

我国在关于期货交易与市场的统一法规尚未定稿和颁布以前，为了进一步整顿和规范期货市场，于1999年6月2日中华人民共和国国务院令（第267号）发布了《期货交易管理暂行条例》，这就有了第一部全国统一的有关期货交易的行政性法规的雏形，其中包含总则、期货交易所、期货经纪公司、期货交易基本规则、监督管理、罚则、附则7章共71条。在此基础上，相继发布了《期货交易所管理办法》《期货经纪公司管理办法》《期货经纪公司高级管理人员任职资格管理办法》和《期货业从业人员资格管理办法》。由此，初步建立了期货市场的法律体系。经试行后修改完善,2007年3月国务院又发布了《期货交易管理条例》,于2007年4月15日起施行。2012年10月又对该条例作了修订,要求新条例自2012年12月1日起执行。

新修订的《期货交易管理条例》包含总则、期货交易所、期货公司、期货交易基本规则、期货业协会、监督管理、法律责任与附则共8章87条。其中第二条指出,任何单位和个人从事期货交易,包括商品和金融期货合约、期权合约交易及其相关活动,应当遵守本条例。但从整个条例内容上看,基本上是商品期货合约交易的条款。本条例在加强基础制度建设、严格保证金存管监控制度、设立保障基金、完善风险控制制度以及外资参与国内期货交易等方面作出了具体规定。详见本书附录三。

第二节　商品期货市场的行业管理

作为期货市场行业自律管理机构,在美国,期货交易委员会法授权于1974年成立了一个全国性行业协会——美国全国期货协会(National Futures Association,NFA)。它是全国期货行业和交易所共同资助、共同参与的自我管理性质的机构。1981年该协会才被期货交易委员会正式批准注册,它由42个会员代表组成理事会。其中16名理事代表经纪商,13名理事代表交易所,10名理事代表其他方面(商业、金融、信托、顾问等单位),3名为会员外理事。

美国全国期货协会(NFA)的主要职责可分述于下。

(1) 实施有关条例,保护客户权益。保护客户权益是期货交易所经营活动的原则,保护客户权益涉及交易活动、结算业务以及客户的资金管理等许多方面。首先是交易活动严格按照交易所制定的会员们认可并获得批准的交易规则进行交易,不许进行欺诈、操纵价格、不正当交易手法等活动;其次是对持仓合约逐日结算其盈亏,按盈亏合理划转资金;最后在资金管理方面,代理客户与会员本身必须分立账户,禁止资金挪用;等等。在这些方面,美国全国期货协会有权在必要时进行监督和稽查。

(2) 会员与经纪商的资格审查和甄别。除了在必要时可对会员、经纪商的法人资格进行审查以外,还应对这些单位派出的参与交易活动的专业人员和其他期货专业人员,按全国商品期货测验系列3的内容进行期货专业资格的考试、甄别。

(3) 审计、监督会员、经纪商等期货专业人员的资本额、财务状况以及有关规则的执行情况。随着经营业务的发展,任何单位的资本额与财务状况都会发生变化,因而,必要时应该进行重新审计。

(4) 为期货交易出现的纠纷提供一个统一的仲裁系统。只要客户提出要求,有关当事人必须出席仲裁会。协会会员间的纠纷与反诉也应通过仲裁解决,由仲裁者作出的仲裁决定为最终裁决,不得再向协会上诉。除了美国全国期货协会的仲裁系统以外,当事人还可选择期货交易委员会(CFTC)的赔偿解决程序、交易所内的仲裁方式或其他当事人双方同意的纠纷解决方式。对于不按照仲裁决定行事的任何一方将施行纪律处罚。

(5)宣传教育。美国全国期货协会负有向其会员及公众普及遵纪守法教育,以及期货交易基础知识教育的责任,并且有责任宣传期货协会的作用,加强职业道德规范的宣传教育。

2000年12月29日,中国期货业协会经过多年酝酿终于宣告批准成立,结束了期货市场没有自己的自律组织的历史,同时也标志着我国期货市场三级监管体系的形成。我国《期货交易管理条例》的第五章为有关期货业协会的条款,共有三条,确立了期货业协会的性质、组织方式、权力机构以及职责(共八项具体职责),为省篇幅,详见本书附录三。

第三节　商品期货交易所的组织与性质

国际上,期货交易所的组建有过两种方式。

一、以股份有限公司制方式组建

它是由若干个法人单位出资以股份形式共同组建期货交易所,定期按股份取得投资回报,即分红。这种形式的交易所不能认定是非营利性机构。这种交易所的组织机构,其最高权力机构是其董事会,由后者聘任交易所的总经理或总裁,由其主持交易所的经营管理工作。同时董事会下设监事会或监督委员会,以制衡总经理的经营管理。总经理为开展各项工作,下设交易部、结算部、开发部、交割部、综合部等,各交易所有所不同。虽然有关规则条例中交易所的员工不能参与本交易所的期货交易,但是,股东单位仍可申请作为会员参与本交易所的期货交易,因而有潜在的内幕交易弊端。因为这种交易所含有股东会员与非股东会员,后者量较多,两种会员的信息是不可能对称的。另外,有时交易所为增大交易量,允许透支交易,对过度投机和恶性炒作视而不见,甚至鼓励、纵容。

二、以会员制方式组建

它是由商品的生产者、加工者、经销者、贸易机构以及经纪商作为会员,交纳会员资格费共同组建的,简称会员制。交易所规定总注册资金和最多会员数,每个会员分摊注册资金作为会员资格费额度,不足部分由交易所用盈余公积金补齐。会员资格可以按交易所规定程序转让,经交易所理事会根据出让方报告和受让方提交的有关文件、资料审查批准。会员也可以按规定退会。这种交易所的权力机构是全体会员大会,其常设机构是理事会,理事会的理事由会员大会选举产生。在我国,其总经理和副总经理由国家证监会任命。

这种方式组建的期货交易所,其会员所缴的会员资格费不能索取红利性回报,只能通过其有资格参与期货交易而受益。因而这种期货交易所的性质是为期货合约的集中竞价交易提供场所、设施、服务并履行相关职责的非营利性的会员制法人。它将避免股份制方式组建的交易所的上述弊端,因而我国证监会要求应采取会员制组建期货交易所。

根据我国现行有关法规,不允许自然人成为会员,只有境内登记注册的法人才能成为会员。我国尚未成立专门的独立于期货交易所之外的结算所,会员直接或间接面向交易所结算部进行结算。能够取得会员资格的方式是:交易所创办发起人身份加入,接受发起人转让而加入,在市场上按市价购买其资格加入,根据有关规则加入。

会员的权利主要有:参加会员大会,行使表决权、申诉权,使用交易所的交易设施、进行期货交易、获得有关信息和服务,按规定转让本会员资格,联名提议召开临时会员大会等。

会员应履行的义务主要有:遵守国家有关法规、政策,遵守期货交易所的章程、交易规则及有关规定,按规定交纳各种费用,执行交易所会员大会、理事会的决议,接受交易所及其上级的业务监管等。

会员制期货交易所一般设有会员大会、理事会、专门委员会和业务管理部门。根据现行有关条例各级机构的职权(根据证监期字[1998]21号文件)如下。

1. 会员大会是期货交易所的权力机构

会员大会由全体会员组成,会员大会由理事会召集。会员大会行使下列职权。

(1) 制定和修改交易所章程和交易规则。

(2) 选举和罢免会员理事。

(3) 审议和批准理事会、总经理的工作报告。

(4) 审议和批准期货交易所的财务预算、决算方案。

(5) 审议期货交易所的财务报告和风险准备金使用情况。

(6) 决定增加或减少期货交易所注册资本。

(7) 决定期货交易所的变更、终止和清算等事项。

(8) 决定期货交易所其他重大事项。

2. 理事会是会员大会的常设机构

理事会对会员大会负责。理事会行使下列职权。

(1) 召集会员大会,并向会员大会报告工作。

(2) 监督会员大会决议的实施和交易所的运行。

(3) 审议期货交易所章程、交易规则的修改方案,提交会员大会通过。

(4) 审议总经理提出的财务预、决算方案,提交会员大会通过。

(5) 审议期货交易所变更、终止和清算的方案,提交会员大会通过。

(6) 制定交易规则的实施细则。

（7）决定会员的接纳和退出。

（8）决定对严重违规会员的处罚。

（9）决定风险准备金的使用。

（10）决定专门委员会的设置。

（11）审定总经理提出的期货交易所发展规划和年度工作计划。

（12）会员大会授予的其他职权。

3．理事长行使下列职权

（1）担任会员大会期间的会议主席。

（2）组织召开理事会。

（3）主持理事会的日常工作。

（4）组织协调专门委员会的工作。

（5）监督会员大会、理事会决议的实施。

4．理事会设立专门委员会

为保证期货交易按期货交易所章程、规则进行，理事会可以设立监督、交易、交割、会员资格审查、调解、财务等专门委员会。

专门委员会的具体职责由理事会确定，专门委员会对理事会负责。

5．总经理是交易所的法定代表人，行使下列职权

（1）组织实施会员大会、理事会通过的规章制度和决议。

（2）主持期货交易所的日常工作和市场监管。

（3）拟订并实施批准的期货交易所发展规划、年度工作计划和财务预算、决算方案。

（4）拟订期货交易所变更、终止和清算的方案。

（5）决定期货交易所行政机构设置方案，聘任和解聘工作人员。

（6）决定期货交易所员工的工资和奖惩。

（7）紧急情况下，经同理事长商量，有权召开专门委员会会议。

（8）紧急情况下的临时处置权。

（9）理事会授予的其他职权。

第四节　商品期货交易所的制度和法规

我国期货交易所的基本制度是上述组建方式中的会员制及其有关规定，期货交易所应遵循的基本法规是国务院于 2007 年 3 月 16 日以第 489 号令公布的、后又于 2012 年修订的《期货交易管理条例》（自 2012 年 12 月 1 日起施行）。以此依据，交易所应制定好完善自律管理的下列文件。

(1) 本期货交易所的管理规定(或条例)。它是一份关于交易所性质、任务、组织、交易业务范围、交易活动行为规范等方面的根本性文件。

(2) 本期货交易所的(组织)章程。它是关于组织会员构成、组织管理机构设置及其权限与职责的规范性文件。

交易所也可以将上述两个文件合而为一。

(3) 本期货交易所的交易规则。它是关于交易方式和程序、结算方式和程序、交割程序、交易用资金管理制度与方式等交易活动的具体操作规则。

现按照现行有关法规,概述关于期货交易所交易规则制定的指导性原则如下。

1. 关于撮合成交制度

期货交易所按照价格优先、时间优先的原则确定成交与成交价。在同一撮合轮次中,当买方报价大于卖方报价时可以成交,成交价格等于买方报价、卖方报价和前一成交价三者中居中的一个价格。

2. 关于客户交易编码制度

期货交易所实行客户交易编码制度。客户交易编码是由期货公司按照交易所确定的编码方案编制,报交易所备案,三家交易所要求的客户编码备案资料应基本统一,期货公司和客户必须严格遵循"一户一码"的原则进行交易,不得混码交易。

3. 关于套期保值头寸审批制度

期货交易所实行套期保值头寸审批制度。交易所对套期保值申请的经营范围和以前年度经营业绩资料、现货购销合同等能够表明其现货经营情况的资料进行审核,根据品种特点核定其套期保值头寸额度。套期保值头寸不得炒作。如果会员和客户的申报材料符合要求,交易所无正当理由,一般不得拒绝。交易所可以给予套期保值头寸一定优惠。交易所必须对套期保值头寸严格监控,对申报过程中出具虚假材料的自营会员、客户,以及协助客户提供虚假材料的期货公司,要根据情节给予严厉的处罚,如没收平仓盈利、取消套期保值头寸申请资格、罚款、暂停会员资格、开除会员资格、宣布为期货市场禁止进入者等。

4. 关于价格出现同方向连续涨跌停板(单边市)的风险控制制度

当期货价格出现同方向连续涨跌停板(单边市)时,期货交易所可以采用调整涨跌停板幅度、提高保证金及按一定原则减仓的措施释放交易风险。在第一个交易日涨跌停板出现后,第二个交易日可以调整涨跌停板幅度,同时提高交易保证金;第三个交易日如再出现停板,则交易所可以按一定原则进行减仓。减仓后仍然无法释放风险时,交易所可以宣布进入紧急状态,由交易所理事会决定采取进一步的风险控制措施。

5. 关于投机头寸限仓制度

期货交易所实行投机头寸限仓制度。套期保值头寸不限仓。限仓的基本原则:

(1) 一般月份和交割月前一月份同时按会员和客户编码限仓,交易所根据品种特点决定每个客户编码的限仓数量,自营会员的限仓等于客户编码的限仓乘以一定的系数,期货公司会员的限仓量由交易所根据其注册资本、信誉、抗风险能力、以前年度的代理情况及客户数量核定。

（2）交割月份按会员实行绝对数限仓，具体数量由交易所根据品种特点制定。

（3）如果客户的持仓之和超过期货公司会员的持仓限额，则由期货公司按同比例对客户进行减仓。

（4）此处所有限仓是指对单边持仓的限制。

6. 关于大户报告制度

期货交易所实行大户报告制度，当会员或客户的持仓达到限仓制度规定持仓量的80％时，由会员、会员代客户向交易所报告有关情况。套期保值头寸也必须执行大户报告制度。交易所可根据市场风险状况，调整持仓报告水平。报告内容：

（1）持仓品种、月份、方向、数量。

（2）持仓意向。

（3）资金来源和追加保证金的能力。

（4）主要经营范围，拥有可交割商品的数量。

三个交易所大户报告的内容应基本统一。交易所对不报或虚报的会员及客户要制定严厉的处罚措施。

7. 关于紧急状态

在期货交易过程中，如果出现地震、水灾、火灾、计算机系统故障等不可抗力或技术原因，导致无法正常交易，或者出现期货价格异常波动，如价格连续停板，导致客户出现大面积亏损，甚至有爆仓危险，持仓过大，且集中在少数会员或客户，会员出现结算风险，交割违约等情况，交易所可以宣布进入紧急状态。

交易所可以采取以下紧急措施化解和释放风险：延迟开市、暂停交易、调整涨跌停板幅度、提高交易保证金、限期限量减仓、强行平仓等。

交易所采取紧急措施必须区分不同情况，经过一定的程序：

（1）当出现自然和技术原因导致无法正常交易时，交易所总经理可以决定采取紧急措施。

（2）重大措施须经理事会讨论后决定，由交易所总经理具体实施。

交易所宣布紧急状态、采取紧急措施，必须按规定报告中国证监会。

8. 关于保证金制度

期货交易所实行保证金制度。保证金分为结算准备金、交易保证金，由各交易所根据会员和品种情况确定结算准备金最低金额，交易所有权根据市场风险状况和会员持仓情况对最低结算准备金余额进行调整。当日结算后结算准备金低于其最低要求时，不足部分必须于第二日开市前补足；否则，限制开新仓，自行平仓，甚至强制平仓。

交易所必须按照会员多空持仓分别收取交易保证金。当合约临近交割月份时，交易所应逐步提高交易保证金。

可上市流通国债和标准仓单可按有关规定抵押交易保证金。但是交易手续费必须用货币资金支付。

保证金归会员、客户所有,不得挪用,应建立专门账户,且应由签约的存管银行存管。各个会员保证金状况应按监控中心要求及时上报。

风险准备金应专户存储,制定严格的管理制度。

9. 关于结算制度

交易所实行每日无负债结算制度,即逐日盯市。在尚未实行专门的结算机构时,期货交易的结算统一由各交易所内的结算部门对其会员结算,期货公司会员对其客户结算,结算结果当日应分别通知会员、客户。希望尽可能统一三家交易所的结算制度和结果报表的内容、格式。

10. 关于交割制度

商品期货交易所实行实物交割制度;金融期货交易实行现金交割。不能限制符合交易所交割标准的商品的交割,要尽量降低交割费用,实现现货、期货的结合。各交易所可以根据各自品种的特点自行选择适当的交割制度。

11. 关于期货价格的定义

期货合约的报价为基准交割品在基准交割仓库的含增值税报价。

开盘价是指某合约在该交易日开市前一定时间内的集合竞价,收盘价是指某合约在该交易日收市前最后一笔成交的价格,最高价是指某合约在一个交易日所有成交价中的最高成交价,最低价是指某合约在一个交易日内所有成交价中的最低成交价,结算价是指某合约全天成交价按照交易量的加权平均价。

12. 关于信息发布

信息发布的内容应包括:商品名称、合约月份、成交价、涨跌幅度、买方报价、卖方报价、买量、卖量、收盘价、结算价、开盘价、最高价、最低价、成交量、未平仓合约及其增减量。发布的价格信息应统一按商品的实物单位报价。信息发布应按实时、每日、每周、每月定期发布。

交易量、持仓量排名每日公布,注册仓单的数量及与上次发布比较后的变化量、注册仓库的库容量和已占用库容量每周公布。

发布信息应选择那些易于为交易者得到的公共媒体。如果交易所的行情发布系统正常运行,而公共媒体转发出现问题,影响会员和客户的正常交易,交易所不承担连带责任。

为了保证交易数据的安全,交易所必须建立异地数据备份。

13. 关于会员的违规处罚

交易所必须切实履行一线监管职责,防止操纵市场和价格扭曲。对于违约、虚报套保材料、违反大户报告制度、违反限仓制度、私下对账、对冲欺诈客户等违规行为,制定严厉的处罚措施,保证交易的公平、公正、公开。

14. 关于交易时间和交易指令

三家交易所的交易时间必须统一,但可根据实际情况采取分节交易。交易所允许的交易指令类型:

(1) 限价指令是指执行时必须按限定价格或更好价格成交的指令。

(2) 取消指令是指将某一指定指令取消的指令。

从以上所述交易规则的制定原则中,可以理解其中有些是期货交易所规范化运行所必需的制度。详细条款可见各家交易所网站公布的交易规则文件以及本书附录三。

第五节　期货公司

期货公司是期货市场的重要组成部分,期货公司的规范管理是期货市场规范管理的重要一环。《期货交易管理条例》的第三章制定了9条规定以及其他章的有关条款,以加强规范管理,参见本书附录三。

我国期货公司随着期货交易所的建立也得到了迅速发展。最早成立的是中国国际期货有限公司(CIFCO),成立于1992年12月28日,是由当时的内贸部等10个单位共同投资组建的股份制公司。此后,全国范围内期货公司成立了数百家,基本都是股份制形式,即是营利性质的。

期货公司的性质是专门接受非交易所会员的客户委托,代理他们进行期货交易,并收取佣金的中介公司,它是营利性机构。根据中国证监会有关文件指示,期货公司不应从事自营的期货交易业务,只能代理客户交易。因此,其盈利主要来自所收代理交易的佣金。期货交易所只面向期货公司,后者代理客户的全部交易单都归期货公司,交易所将按此向期货公司收取交易手续费,因此,期货公司向客户收取佣金的费用率比手续费率要高许多。

期货公司的基本职能是:为客户传递期货市场信息,有关研究报告和有关的重要经济、政治消息;传递期货交易所实时交易行情,并协助客户进行行情分析,解答有关的疑问;对客户交易意向提供必要的咨询意见,对非法交易予以制止;认真接受客户的委托交易单,及时将其送达到有关交易所交易系统,并将其成交与否的信息回馈给客户;在一级结算到达时及时进行同客户的二级结算,履行保证金制度,提供基本会计记录,确保客户资金运行正确,不损害客户利益;协助或代理客户实货交割业务;等等。

期货公司的组织管理,基本上可参照股份制期货交易所的组织管理方式。其内部一般设有(总)经理室、客户部、交易部、结算部、交割部等。其客户部是其特点。客户部可以负责客户的发展、客户资信动态的核查、客户的服务以及客户交易保证金的安全存管。从期货公司来讲,客户部又包含公司聘用的经纪人(服务员),他(她)们是直接同客户交往的公司职员。可见,客户部职能较宽,有的期货公司将其划分出一个保证金账户部,专门负责监管客户的交易资金。客户的交易用资金应分立专门账户交由签约的托管银行存管,不得挪用。

期货公司对客户采取一户一码制编码,必须会同交易所配合实行一户一码制交易。

为了规范期货公司的管理,同样应制定有关的章程、规则、职责条例等文件,还应制定期货交易风险揭示书和委托代理协议书,我们选用长沙市大有期货公司制定的下列两个文件,以供参考,以深入了解现今期货公司业务运作的规范要求。

期货交易业务委托代理合同[①]

甲方:××期货有限公司　　　　　　　　乙方:

甲、乙双方经过平等协商,就甲方为乙方提供期货交易服务的有关事项订立本合同。

第一节　合同订立前的说明、告知义务

第一条　在签署本合同前,甲方已向乙方出示了《期货交易风险说明书》及《客户须知》,并充分揭示了期货交易的风险。乙方已仔细阅读、了解并理解了上述文件的内容。

第二条　乙方应在签署本合同前仔细阅读所有条款,特别是有关甲方的免责条款,并准确理解其含义。

第三条　乙方以自己的名义委托甲方从事期货交易,保证所提供的证件及资料具有真实性、合法性及有效性。乙方声明并保证不具有下列情形:

(一)无民事行为能力或者限制民事行为能力的自然人;

(二)中国证监会、中国期货业协会、期货交易所、期货保证金安全存管监控机构、期货公司的工作人员及其配偶;

(三)国家机关、事业单位;

(四)证券、期货市场禁止进入者;

(五)未能提供开户证明文件的单位或个人;

(六)中国证监会规定不得从事期货交易的其他单位或个人。

如果以上声明部分或全部不真实,乙方承担由此产生的全部法律责任并自行承担由此造成的一切损失。

第四条　甲方应当在营业场所备置期货交易法律法规、各期货交易所规则、甲方业务规则等相关文件,并公开甲方从业人员名册及从业人员资格证明等资料供乙方查阅。乙方可以向甲方询问上述规则的含义,对于乙方的询问甲方应当详细解释。

---

① 此合同文本由大有期货有限公司提供,致谢。

第二节　委　托

第五条　乙方委托甲方按照乙方交易指令为乙方进行期货交易;甲方接受乙方委托,并按照乙方交易指令为乙方进行期货交易。

甲方根据期货交易所规则执行乙方交易指令,乙方应当对交易结果承担全部责任。

第六条　乙方所选择的代理人(包括开户代理人、指令下达人、资金调拨人、结算单确认人)均非甲方工作人员,代理人在乙方授权范围内所做出的任何行为均代表乙方行为,乙方应承担由此产生的全部责任。

第七条　乙方如变更代理人,应当书面通知甲方并经甲方确认。乙方是机构客户的,乙方的法定代表人或者负责人应当在变更通知上签字并加盖公章。

第三节　保证金及其管理

第八条　甲方在期货保证金存管银行开设期货保证金账户,代管乙方交存的保证金。乙方可以通过中国期货保证金监控中心的网站(www.cfmmc.com)查询甲方的期货保证金账户。

开　户　行	账　　号	备　　注
农行长沙五一路支行长虹分理处	…	
……	…	

第九条　乙方的出入金通过其在开户申请表中登记的期货结算账户与期货公司在同一期货保证金存管银行开设的期货保证金账户以同行转账的形式办理。乙方的出入金方式应符合中国证监会及期货保证金存管银行资金结算的有关规定。

第十条　乙方应当保证其资金来源的合法性。甲方有权要求乙方对资金来源的合法性进行说明,必要时可以要求乙方提供相关证明。

乙方对其所做的说明及提供的证明文件负保证义务,并承担相应的法律责任。

第十一条　乙方交存的保证金属于乙方所有,除下列可划转的情形外,甲方不得挪用乙方保证金:

(一)依照乙方的指示支付可用资金;

(二)为乙方交存保证金;

(三)为乙方支付交割货款或者乙方未履约情况下的违约金;

(四)乙方应当支付的手续费、税款及其他费用;

(五)有关法律、法规或中国证监会、期货交易所规定的其他情形。

第十二条　乙方可以根据期货交易所的规则以标准仓单、国债等价值稳定、流动性强的有价证券充抵保证金。甲方应按照期货交易所规则的要求代为办理。

第十三条　甲方有权根据期货交易所、结算机构的规定、市场情况,或者甲方认为有必要时自行调整保证金比例。甲方调整保证金比例时,以甲方发出的调整保证金公告或者通知为准。

第十四条　甲方认为乙方持有的未平仓合约风险较大时,有权对乙方单独提高保证金比例或者拒绝乙方开仓。在此种情形下,提高保证金或者拒绝乙方开仓的通知单独对乙方发出。

第十五条　甲方应当对乙方期货保证金账户的有关信息保密,但国家法律法规和中国证监会有特别规定的除外。

为保障乙方保证金的安全,乙方同意甲方按照中国证监会的规定或要求,向中国期货保证金监控中心报送乙方与保证金安全存管相关的信息。

第四节　交易指令的类型及下达

第十六条　乙方可以通过互联网、电话或书面等方式向甲方下达交易指令。乙方下达的交易指令类型应当符合各期货交易所及甲方的相关规定。

乙方通过互联网下达期货交易指令，是指乙方使用计算机并通过互联网，包括甲方局域网络向甲方下达交易指令，进行期货交易的一种交易方式，简称网上交易。

第十七条　乙方进行网上交易的，应当按照甲方的要求以自己的交易账号(即资金账号)、交易所交易编码、交易密码等下达交易指令。

第十八条　乙方进行网上交易的，甲方交易服务器内的委托记录将作为甲乙双方核查交易指令合法、有效的证明。乙方同意，甲方交易服务器内的交易记录与书面指令具有同等法律效力。

第十九条　由于网上交易系统受各种因素的影响存在中断的可能性，为保证乙方交易的正常进行，甲方为乙方提供备用下单通道，当乙方不能正常进行网上交易时，可改作电话方式或书面方式下单。

第二十条　乙方通过电话方式下达交易指令的，应当设定电话交易密码。甲方提供下单电话为：＿＿＿＿＿＿＿＿＿＿乙方预留电话报价密码为：＿＿＿＿＿＿＿。交易时，按照资金账号、名称或姓名、电话交易密码下达交易指令。乙方同意，只要三者相符，相应的交易指令就视为乙方下达。

以电话方式下达交易指令的，甲方有权进行同步录音保留原始交易指令记录。乙方同意，甲方的录音记录将作为甲乙双方核查交易指令合法、有效的证明，与书面指令具有同等法律效力。

第二十一条　乙方以书面方式下达交易指令的，交易指令单的填写应完整、准确、清晰，并由乙方或者乙方指令下达人签字(及/或盖章)。

第二十二条　乙方应当妥善管理自己的密码，为确保安全，乙方应当在首次启用期货交易相关密码后更改初始密码，并自定义和全权管理本人的密码。由于乙方管理不善造成密码泄密所带来的损失，甲方不予承担责任。

第五节　交易指令的执行与错单处理

第二十三条　乙方下达的交易指令应当包括乙方账号(或交易编码)、品种、合约、数量、买卖方向、价格、开平仓方向等内容。

甲方有权审核乙方的交易指令，包括但不限于保证金是否充足，指令内容是否明确，是否违反有关法律法规和期货交易规则等，以确定指令的有效性。当确定乙方的指令为无效指令时，甲方有权拒绝执行乙方的指令。

第二十四条　乙方在发出交易指令后，可以在指令全部成交之前向甲方要求撤回或者修改指令。但如果该指令已经在期货交易所全部或部分成交的，乙方则应当承担交易结果。

第二十五条　由于市场原因或者其他非甲方所能预见、避免或控制的原因导致乙方交易指令全部或者部分无法成交的，甲方不承担责任。

第二十六条　甲方错误执行乙方交易指令，除乙方认可的以外，交易结果由甲方承担。

第六节　通知与确认

第二十七条　甲方对乙方的期货交易实行当日无负债结算。只要乙方在该交易日有交易、有持仓或者有出入金的，甲方均应在当日结算后按照本合同约定的方式向乙方发出显示其账户权益状况和成交结果的交易结算报告。

乙方同意在没有交易、持仓及出入金时,甲方可以不对乙方发出交易结算报告,除非乙方特别要求。

第二十八条 为确保甲方能够履行通知义务,乙方及时了解自己账户的交易情况,双方同意利用中国期货保证金监控中心查询系统作为甲方向乙方发送交易结算报告、追加保证金通知等文件的主要通知方式。

甲方应在每日收盘以后,及时将乙方账户的交易结算报告、追加保证金通知等文件发送到中国期货保证金监控中心;乙方登录中国期货保证金监控中心查询系统,接收甲方发出的交易结算报告、追加保证金通知等文件。

第二十九条 中国期货保证金监控中心的网址为 www.cfmmc.com,乙方可通过该网址登录中国期货保证金监控中心查询系统。乙方登录查询系统的用户名为＿＿＿＿＿＿＿＿＿＿＿＿＿。乙方登录查询系统的初始密码为＿＿＿＿＿＿＿＿＿＿＿＿＿。

乙方应遵照中国期货保证金监控中心的有关规定,及时修改密码。

第三十条 由于中国期货保证金监控中心查询系统只保存最近 2 个月的投资者账户信息;在乙方销户以后,查询系统也会相应取消对乙方的查询服务,因此,乙方应及时将接收到的结算报告或通知书打印或者下载保存。

第三十一条 由于中国期货保证金监控中心查询系统与甲方采用的交易结算系统不同,甲方着重提示乙方应注意二者在格式、公式、概念上的区别,以免对交易账户的状况产生误解,造成不必要的损失。

甲方结算系统与查询系统的主要差别在于:

＿＿＿＿＿＿＿＿＿＿＿＿＿＿＿＿＿＿＿＿＿＿＿。

第三十二条 除采用中国期货保证金监控中心查询系统作为主要通知方式外,甲方同时可以采用以下任一辅助通知方式向乙方发送每日交易结算报告、追加保证金通知、单独调整保证金通知等文件:

(一)电话通知

(二)网站或行情系统公告

第三十三条 乙方有义务随时关注自己的交易结果并妥善处理持仓,如果乙方因某种原因无法收到或者没有收到当日交易结算报告的,应于下一个交易日开市前向甲方提出,否则,视同乙方收到当日交易结算报告。乙方提出未收到交易结算报告的,甲方应及时补发。

乙方在交易日开市前未对前日交易结算报告提出异议的,视为乙方对交易结算报告记载事项的确认。异议应由乙方本人或其授权的结算单确认人以书面方式(传真或当面提交)向甲方提出,甲方应当及时处理所收到的书面异议。

第三十四条 甲乙双方约定采用以下方式向乙方发出除单独调整保证金之外的调整保证金通知:

□网站公告

□营业场所公告

□其他方式

第三十五条 甲方或者乙方要求变更本节通知方式的,应当及时书面通知对方,并经对方确认后方可生效。否则,由变更造成的通知延误或者损失均由变更方负责。

第三十六条 乙方对当日交易结算报告的确认,视为乙方对该日及该日之前所有持仓和交易结算结果、资金存取的确认。

第三十七条 由于甲方原因导致交易结算报告的记载事项出现与实际交易结果和权益不符的,乙方的确认不改变乙方的实际交易结果和权益。对于不符事项,甲、乙双方可以根据原始财务凭证及交易凭证另行确认。

第三十八条 乙方在本合同约定的时间内以约定方式向甲方提出书面异议的,甲方应当根据原始指令记录和交易记录及时核实。当对与交易结果有直接关联的事项发生异议时,为避免损失的可能发生或者扩大,甲方在收到乙方的异议时,可以将发生异议的持仓合约进行平仓或者重新执行乙方的交易指令。由此发生的损失由有过错一方承担。

第三十九条 交易结果不符合乙方的交易指令,甲方有过错的,除乙方认可外,甲方应当在下一交易日闭市前重新执行乙方交易指令,或者根据乙方的意愿采取其他合理的解决办法,并赔偿由此造成的直接损失。

第七节 风险控制

第四十条 乙方在其持仓过程中,有义务随时关注自己的持仓、保证金和权益变化情况,并妥善处理自己的交易持仓。乙方有必要在2家不同的期货结算银行开设保证金账户,避免因为某家银行通信故障,而无法及时追加保证金。

乙方有义务在银期转账所对应的银行账户(自然人账户为对应的存折或卡)里存放充足的资金,以便及时追加保证金。如因乙方原因没有及时追加保证金而导致的强行平仓,带来的损失和手续费均由乙方自行承担。

第四十一条 甲方以风险率(或者其他风险控制方式)来计算乙方期货交易的风险。风险率(或者其他风险控制方式)的计算方法为

$$风险率＝持仓保证金/客户权益$$

甲方对乙方在不同期货交易所的未平仓合约统一计算风险。

第四十二条 当乙方的风险率≥100%时,甲方将于当日交易结算报告中向乙方发出追加保证金通知,乙方应当在下一交易日开市前及时追加保证金或者在开市后立即自行平仓。否则,甲方有权对乙方的部分或全部未平仓合约强行平仓,直至乙方可用资金≥0。

在交易过程中,因发生交易行情急剧变化,导致客户权益低于按交易所规定乙方所需的持仓保证金时,甲方将按与乙方约定的方式向乙方发出追加保证金及强行平仓通知,乙方有义务保持自己的通信畅通,同时乙方应当即时补足保证金或自行平仓,否则甲方有权对乙方的部分或全部未平仓合约强行平仓,直至乙方可用资金≥0。

第四十三条 在期货交易所限仓的情况下,当乙方持有的未平仓合约数量超过限仓规定时,甲方有权不经乙方同意按照期货交易所的限仓规定对其超量部分强行平仓。乙方应承担由此产生的结果。

第四十四条 在期货交易所或结算机构根据有关规定要求甲方对乙方持有的未平仓合约强行平仓的情况下,甲方有权未经乙方同意按照期货交易所或结算机构的要求和甲方相关规则对其持有的未平仓合约强行平仓。乙方应承担由此产生的结果。

第四十五条 当甲方依法或者依约定强行平仓时,乙方应承担强行平仓的手续费及由此产生的结果。

第四十六条 只要甲方选择的平仓价位和平仓数量在当时的市场条件下属于合理的范围,乙方同

意不以强行平仓的时机未能选择最佳价位和数量为由向甲方主张权益。

第四十七条 甲方强行平仓不符合法定或者约定条件并有过错的,除乙方认可外,应当在下一交易日闭市前恢复被强行平仓的头寸,或者根据乙方的意愿采取其他合理的解决办法,并赔偿由此给乙方造成的直接损失。

第四十八条 甲方在采取本节规定的强行平仓措施后,应在事后及时将有关情况告知乙方。由于市场原因导致甲方无法采取强行平仓措施产生的损失由乙方承担。

第四十九条 当乙方以仓单或者期货交易所规定的其他质押物充抵保证金使用,账户亏损后没有在甲方规定的时间内追加资金,乙方同意甲方有权自行处置该仓单或者期货交易所规定的其他质押物。

第八节 现货月份平仓和交割

第五十条 乙方申请实物交割的,应当在期货交易所规定的期限前5个交易日向甲方提出书面申请,并经甲方按规定程序确认。乙方申请实物交割,应符合期货交易所的相关规定,否则,甲方有权拒绝接受乙方的实物交割申请。

第五十一条 乙方申请实物交割的,应当在甲方规定的期限前向甲方提交足额的交割保证金或者有效的标准仓单等期货交易所要求的凭证或票据,并保证资金来源的合法性和凭证、票据的真实性。

超过上述规定的期限,乙方未下达平仓指令,也未向甲方提交足额的交割保证金、凭证或票据的,甲方有权在未通知乙方的情况下,对乙方的未平仓合约进行平仓,由此产生的费用和结果由乙方承担。

第五十二条 交割通知、交割货款的交收、实物交付及交割违约的处理办法,依照相关期货交易所和甲方的交割业务规则执行。

第五十三条 乙方进行股指期货交易的,最后交易日闭市后所有未平仓合约均自动进入交割程序,交割按交易所和甲方的相关业务规则执行。

第五十四条 乙方若申请套期保值头寸,应当按照期货交易所的相关规定向甲方提供相应的文件或者证明,并对相应文件的真实性、有效性负责。甲方应当协助乙方申请套期保值头寸。套期保值头寸的确定以期货交易所批准的为准。

第九节 信息、培训与咨询

第五十五条 甲方应当在其营业场所或者网站向乙方提供国内期货市场行情、信息及与交易相关的服务。

甲方提供的任何关于市场的分析和信息仅供乙方参考,不构成对乙方下达指令的指示、诱导或者暗示。

乙方应当对自己的交易行为负责,不能以根据甲方的分析或者信息入市为理由,要求甲方对其交易亏损承担责任。

第五十六条 甲方可以以举办讲座、发放资料及其他方式向乙方提供期货交易知识和交易技术的培训服务。乙方有权向甲方咨询有关期货交易的事项,甲方应予以解释。

第五十七条 乙方应当及时了解期货监管部门及相关期货交易所的法律、法规和规则,并可要求甲方对上述内容进行说明。

第五十八条 乙方有权查询自己的原始交易凭证,有权了解自己的账户情况,甲方应当给予积极配合。

第五十九条 有关甲方期货从业人员的信息可以通过中国期货业协会网站(http://www.cfachina.org)的期货从业人员执业资格公示数据库进行查询。甲方应当在其营业场所提供必要的设备,以便乙方登录中国期货业协会网站查询期货从业人员资格公示信息。

第十节 费 用

第六十条 乙方应当向甲方支付期货交易和交割的手续费。手续费收取按照双方约定的《手续费收取标准》执行。

第六十一条 乙方应当支付甲方向期货交易所、结算机构代付的各项费用及税款。

第十一节 合同生效与变更

第六十二条 本合同经双方签字后(乙方为机构客户的须加盖公章),于乙方开户资金汇入甲方账户之日起生效。

第六十三条 本合同履行过程中,如果相关法律、法规、规章、政策及期货交易所规则发生变化,甲方有权依照上述变化直接变更本合同与此相关部分的条款,变更或补充条款优先适用。

根据上述情况的变化,甲方对本合同有关条款进行的变更或补充,以本合同约定的通知方式及在甲方营业场所、网站公告等方式向乙方发出,变更或补充协议于该协议发出5个工作日后生效。变更与补充协议生效之前,乙方有权与甲方进行协商。

第六十四条 除本合同第六十三条所述情况外,如需变更或者补充本合同,需双方协商一致并签订书面变更或者补充协议。变更或者补充协议经甲方授权的代表签字、加盖甲方公章,乙方或者其授权代理人签字盖章后生效。变更或补充协议优先适用。

第六十五条 本合同履行过程中的未列明事宜,按国家有关法律、法规、规章、政策及相关期货交易所的规则、甲方相关业务规则以及期货交易惯例处理。

第十二节 合同终止与账户清算

第六十六条 甲乙双方均有权随时解除本合同,合同的解除对已发生的交易无溯及力。

第六十七条 甲方向乙方提出解除合同的,应当提前30天以书面形式通知乙方。乙方未在此期间内自行清理账户的,甲方有权拒绝乙方的新单交易指令及资金调拨指令,乙方应对其账户清算的费用、清算后的债务余额以及由此造成的损失负全部责任。

第六十八条 乙方可以通过撤销账户的方式终止本合同。但在下列情况下,乙方不得撤销账户:

(一)乙方账户上持有未平仓合约或存在交割遗留问题尚未解决。

(二)乙方与甲方有未清偿的债权、债务关系。

(三)乙方与甲方有交易纠纷尚未解决的。

第六十九条 甲方因故不能从事期货业务时,应当采取必要措施妥善处理乙方的持仓和保证金。经乙方同意,甲方应将乙方持仓和保证金转移至其他期货公司,由此产生的合理费用由甲方承担。

第七十条 甲方、乙方终止合同的,乙方应当办理书面销户手续,签署《销户确认书》。

第十三节 免 责 条 款

第七十一条 由于地震、火灾、战争等不可抗力因素导致的交易中断、延误等,甲方不承担责任,但应当在条件允许的范围内采取一切必要的补救措施以减少因不可抗力造成的损失。

第七十二条　由于国家有关法律、法规、规章、政策或者期货交易所规则的改变、紧急措施的出台等导致乙方所承担的风险,甲方不承担责任。

第七十三条　由于通信系统繁忙、中断,计算机交易系统故障,网络及信息系统故障,电力中断等原因导致指令传达、执行出现延迟、中断或数据错误,甲方没有过错的,甲方不承担责任。

第七十四条　由于互联网上黑客攻击、非法登录等风险的发生给乙方造成的损失,甲方不承担责任。

第十四节　争议解决

第七十五条　凡因本合同引起的或与本合同有关的任何争议,甲乙双方可以自行协商解决或向中国期货业协会申请调解,协商或调解不成的,可以提请仲裁或者提起诉讼;也可以直接提请仲裁或者提起诉讼。

甲乙双方协商按下列选择提请仲裁或提起诉讼(注:请在选项前□内打√并填写有关内容,在非选项前□内打×):

□ 提请长沙市仲裁委员会仲裁;

□ 向长沙市中级人民法院起诉。

第十五节　其　　他

第七十六条　甲方应按照中国证监会的规定,及时办理乙方登录中国期货保证金监控中心投资者查询系统的相关事宜。

第七十七条　甲乙双方签订的《期货经纪合同》以及相关附件,其权利义务只涉及甲乙双方。乙方不得利用在甲方开立的账户,以甲方工作人员的身份活动,通过网上交易或其他形式开展期货经纪业务或其他活动。若因乙方过错而使甲方遭受损失和不良影响的,乙方应当承担相应的赔偿责任。

第七十八条　本合同未尽事宜,双方另行议定。

第七十九条　《期货交易风险说明书》、《客户须知》、《开户申请表》、《手续费收取标准》,及其他补充协议为本合同不可分割的组成部分,与本合同具有同等法律效力。

第八十条　本合同一式三份,甲方执二份,乙方执一份。

甲方:××期货有限公司　　　　　　　　　　　　乙方:

授权签字:　　　　　　　　　　　　　　　　　　(签字或盖章)

盖章

签约日期:_____年_____月_____日

合同附件一

手续费收取标准

品种名称及代码	手续费标准	品种名称及代码	手续费标准
铜(CU)		玉米(C)	
铝(AL)		棕榈油(P)	
锌(ZN)		LLDPE(L)	
天然橡胶(RU)		聚氯乙烯(V)	
燃料油(FU)		强麦(WH)	
黄金(AU)		硬麦(WT)	
螺纹钢(RB)		白砂糖(SR)	
线材(WR)		PTA(TA)	
黄大豆1号(A)		菜籽油(OI)	
黄大豆2号(B)		棉花(CF)	
豆粕(M)		早籼稻(RI)	
豆油(Y)		……	

合同附件二

期货交易委托代理人授权书

一、指令下达人

代理权限:委托＿＿＿＿＿＿＿作为本人/单位的委托代理人,代表本人/单位下达交易及交割指令。

委托代理人(签字留样):

证件类型:

证件号码:

二、资金调拨人

代理权限:委托＿＿＿＿＿＿＿作为本人/单位的委托代理人,代表本人/单位下达资金调拨指令。

委托代理人(签字留样):

证件类型:

证件号码:

三、交易结算报告确认人

代理权限:委托＿＿＿＿＿＿＿作为本人/单位的委托代理人,代表本人/单位对交易结算结果进行确认。

委托代理人(签字留样):

证件类型:

证件号码:

委托人:

(签字或盖章):

时间:＿＿＿＿年＿＿＿＿月＿＿＿＿日

合同附件三

法人及其他经济组织授权书

××期货有限公司

　　本单位现在正式授权_____先生/女士【身份证号码：_____，

签字（及/或盖章）：_____】与贵公司签署期货经纪合同文件及相关补充协议，并全权

处理与贵公司的委托代理事宜。其今后一切与委托有关的行为都是本单位意愿之体现，

本单位将负全部责任，绝无异议。

　　　　　　　　　　　　　　　　　　委托方法人代表：

　　　　　　　　　　　　　　　　　　（签名并加盖公章）

　　　　　　　　　　　　　　　　　　日期：_____年_____月_____日

期货交易风险说明书

市场风险莫测 务请谨慎从事

尊敬的客户：

根据中国证监会的规定，现向您提供本《期货交易风险说明书》。

进行期货交易风险相当大，可能发生巨额损失，损失的总额可能超过您存放在期货公司的全部初始保证金以及追加保证金。因此，您必须认真考虑自己的经济能力是否适合进行期货交易。

考虑是否进行期货交易时，您应当明确以下几点：

一、您在期货市场进行交易，假如市场走势对您不利导致您的账户保证金不足时，期货公司会按照期货经纪合同约定的时间和方式通知您追加保证金，以使您能继续持有未平仓合约。如您未于规定时间内存入所需保证金，您持有的未平仓合约将可能在亏损的情况下被强行平仓，您必须承担由此导致的一切损失。

二、您必须认真阅读并遵守期货交易所和期货公司的业务规则，如果您无法满足期货交易所和期货公司业务规则规定的要求，您所持有的未平仓合约将可能根据有关规则被强行平仓，您必须承担由此产生的后果。

三、在某些市场情况下，您可能会难以或无法将持有的未平仓合约平仓。例如，这种情况可能在市场达到涨跌停板时出现。出现这类情况，您的所有保证金有可能无法弥补全部损失，您必须承担由此导致的全部损失。

四、由于国家法律、法规、政策的变化，期货交易所交易规则的修改紧急措施的出台等原因，您持有的未平仓合约可能无法继续持有，您必须承担由此导致的损失。

五、由于非期货交易所或者期货公司所能控制的原因，例如地震、水灾、火灾等不可抗力因素或者计算机系统、通信系统、电力系统故障等，可能造成您的指令无法成交或者无法全部成交，您必须承担由此导致的损失。

六、在国内期货交易中，所有的交易结果须以当日交易所或结算机构的结算数据为依据。如果您利用盘中即时回报的交易结果作进一步的交易，您可能会承担额外的风险。

七、"套期保值"交易同投机交易一样，同样面临价格波动引起的风险。

八、如果您未遵守中国证监会关于期货保证金安全存管的规定，将可能会影响您的期货保证金的安全性。

九、利用互联网进行期货交易时将存在(但不限于)以下风险，您将承担由此导致的损失：

1. 由于无法控制和不可预测的系统故障、设备故障、通信故障、电力故障、网络故障及其他因素，可能导致交易系统非正常运行甚至瘫痪，使您的交易指令出现延迟、中断、数据错误等情况；

2. 由于网上交易系统存在被网络黑客和计算机病毒攻击的可能性，由此可能导致交易系统故障，使交易无法进行及行情信息出现错误或延迟；

3. 互联网上的数据传输可能因通信繁忙等原因出现延迟、中断、数据错误或不完全,从而使网上交易出现延迟、中断;

4. 如果您缺乏网上交易经验,可能因操作不当造成交易失败或交易失误;

5. 您的密码失密或被他人盗用。

本《期货交易风险说明书》无法揭示从事期货交易的所有风险和有关期货市场的全部情形。故您在入市交易之前,应全面了解期货交易法律法规、期货交易所规则及期货公司的业务规则,对自身的经济承受能力、风险控制能力、身体及心理承受能力(仅对自然人客户而言)作出客观判断,对期货交易作仔细的研究。

以上《期货交易风险说明书》的各项内容,本人/单位已阅读并完全理解。

_____

(请抄写以上画线部分)

客户:

(签字或盖章)

签署日期:_____年_____月_____日

客 户 须 知

一、客户需具备的开户条件

客户应是具备从事期货交易主体资格的自然人、法人或其他经济组织。

自然人开户须是年满十八周岁、具有完全民事行为能力的公民。

客户须以真实的、合法的身份开户。客户须保证资金来源的合法性。客户须保证所提供的《企业法人营业执照》、身份证及其他有关资料的真实性、合法性、有效性。

二、开户文件的签署

自然人开户的必须由客户本人签署开户文件,不得委托代理人代为办理开户手续。

法人、其他经济组织等机构客户开户的可委托代理人办理开户手续、签署开户文件。委托代理人开户的机构客户应向公司提供真实、合法、有效的开户代理人授权委托书。

三、客户需知晓的事项

(一)知晓期货交易风险

客户应知晓从事期货交易具有风险。客户应在开户前对自身的经济承受能力和心理承受能力作出客观判断,应仔细阅读并签字确认《期货交易风险说明书》。

(二)知晓期货公司不得做获利保证

客户应知晓期货交易中任何获利或者不会发生损失的承诺均为不可能或者是没有根据的,期货公司不得与客户约定分享利益或共担风险。

(三)知晓期货公司不得接受客户的全权委托

客户应知晓期货公司及其工作人员不得接受客户的全权委托,客户也不得要求期货公司或其工作人员以全权委托的方式进行期货交易。全权委托指期货公司代客户决定交易指令的内容。

(四)知晓客户本人须对其代理人的代理行为承担民事责任

客户代理人是基于客户的授权,代表客户实施民事行为的人,代理人在代理权限内以客户名义进行的行为即视为客户自己的行为,代理人向客户负责,客户对代理人代理行为的后果承担一切责任。

(五)知晓从业人员资格公示网址

有关期货公司期货从业人员的信息可以通过中国期货业协会网站(www.cfachina.org)的期货从业人员执业资格公示数据库进行查询和核实。

(六)知晓期货保证金安全存管的有关规定

为保障期货保证金的安全,客户应当知晓并遵守中国证监会有关期货保证金存取的规定,应当确保将资金直接存入中国期货保证金监控中心公告的期货公司的期货保证金账户,期货保证金的存取应当通过客户在期货公司登记的期货结算账户和期货公司的期货保证金账户转账办理。

(七)知晓期货公司的期货保证金账户和结算资料的查询网址

客户可以登录中国期货保证金监控中心有限责任公司网站(以下简称中国期货保证金监控中心)(www.cfmmc.com),了解有关期货公司的期货保证金账户信息以及期货公司为客户提供的结算信息。

(八)知晓从事中间介绍业务证券公司的有关规定

客户应知晓只有取得中间介绍业务资格的证券公司方可从事中间介绍业务。证券公司从事中间介

绍业务限于以下服务内容:

    1. 协助办理开户业务;

    2. 提供期货行情信息、交易设施;

    3. 中国证监会规定的其他服务。

从事中间介绍业务的证券公司不得代客户进行期货交易、结算或交割,不得收付期货保证金,不得代客户接收、保管或者修改交易密码,不得为客户从事期货交易提供融资或担保,不得利用客户的交易编码、资金账号或者期货结算账户进行期货交易。

(九)知晓严禁使用同一交易编码在同一期货合约上自买自卖,如有发生,将被追究法律责任。

(十)知晓交易账户密码需要定期修改,使用的计算机需要定期升级杀毒。如因密码被盗而给交易账户资金带来的损失,有客户自行承担。

以上《客户须知》的各项内容,本人/单位已阅读并完全理解。

_____

(请抄写以上画线部分)

                  客户:

                  (签字或盖章)

                  签署日期:_____年_____月_____日

复　习　题

1. 你认为一部全国统一的期货法应该包括哪些内容？

2. 比较股份制方式与会员制方式组建的期货交易所。

3. 如何正确认识和掌握期货公司与客户之间的委托代理制度？

4. 期货交易所及其期货公司为何要实行一户一码制期货交易，为何不得采取混码交易？

5. 请至少通读一遍本书附录三的《期货交易管理条例》，结合第一、第二章的复习，领悟其要点。

6. 请浏览一遍期货公司代理客户交易合同与风险声明书。明确委托代理的要点。

7. 请思考如何编制会员和客户的代码，以保证其唯一性，以及施行一户一码制交易。

第三章　商品期货交易技术与策略

从商品期货交易的目的和性质来看,商品期货交易主要分为套期保值交易和投机交易。本章主要阐述套期保值交易的概念、基本原理、操作方法及其演进;分析基差与基差风险的特征;基差交易与叫价交易的操作方法;投机交易的理论与实际操作;以及有关套期保值与投机交易的主要策略。

第一节　套期保值交易

一、套期保值的概念与类型

1. 套期保值的概念

套期保值(hedging)是期货交易的理论之一,它来自商品交易的实践。在市场经济中商品总是存在价格波动,价格波动对相关交易者会带来风险,即所谓价格风险。在 CBOT 成立之初,粮食加工商就认识到自然灾害会使粮食减产而导致粮价上涨,于是就想过预先以较低价格预购未来的粮食,即与生产者签订粮食的远期合约,以规避价格风险。标准期货合约产生以后,这种现货与期货交易结合起来交易的技术日益盛行,不仅农业、制造业的商品,还有金融行业的商品,只要有商品价格风险,都可以将现货与期货套做交易。

期货市场一百多年的实践和套期保值理论的不断发展,套期保值的概念已由传统的套期保值(traditional hedging)发展到动态的(或组合投资式)套期保值(dynamic hedging)。

传统的套期保值概念已由凯恩斯(Keynes,1923)和希克斯(Hicks,1946)提出和总结:套期保值就是同时买进(或卖出)与现货品种、数量相同但交易方向相反的期货合约,以便在未来某一时间再通过平仓获利来抵偿因现货价格波动带来的风险。传统套期保值交易必须遵循以下四大基本原则:

(1) 品种相同原则。

(2) 数量相等原则。

(3) 交易时间相同或相近原则。

(4) 交易方向相反原则。

交易商品品种相同原则是指在进行套期保值交易时,所选择的期货合约的品种与所套做的现货商品品种相同。因为只有期货与现货的品种相同,期货价格与现货价格的影响因素大体相同,两者的价格走势才能保持大致相同的趋势,此涨彼亦涨,此跌彼亦跌,配合上两者采取反向交易才可实现保值。应当指出,不是任何商品都能进入期货市场,成为期货商品,因此只能对那些与现有期货商品相关的、价格走势大体相似的现货商品进行套期保值交易,譬如大豆期货与豆油现货。

交易商品数量相等原则是指所交易的期货合约代表的标的资产实物量与需保值的现货实物量应相等,譬如交易 100 吨铜的现货,需用 4 手的铜期货合约(当 25 吨/手时)来保值。这是出自两者价格波动幅度相同时希望达到完全保值的目的。

交易时间相同或相近原则是指所选用的期货合约的交割月份要与交易者将来实际要买进或卖出现货商品的月份相同或相近。这是因为随着期货合约交割月份的来临,期货价格和现货价格大体会趋于一致,增强套期保值交易的预期效果。可见,进行套期保值交易时,交易者需要买或卖现货商品的时间是取决于生产、经营所需,且现货价格与期货价格尽管波动趋势按理是相同的,但两者波动的幅度并不一定相同,因而选择好期货合约的交割月份以及掌握好时机进行期货合约的平仓,以便达到预期的保值效果,就显得十分重要。

交易方向相反原则是指在现货市场上的交易方向应与在期货市场上的交易方向相反,前者是买进(或卖出),后者应是卖出(或买进)。因为在正常情况下,现货与期货价格的走势是相同的,期货市场上的盈(或亏)就能抵偿现货市场上的亏(或盈)。如果在两个市场上交易方向相同,比如现货是买进,同时期货也是买进,那么当价格都下跌时,现货市场上出现亏损,期货市场上也出现亏损,不能实现套期保值的效果。

在商品期货市场上,大多数套期保值者都是遵循上述传统套期保值的这些原则进行交易;但是,随着金融期货的产生和迅速发展,特别是马柯维茨(Markowitz)组合投资理论的出现和应用,人们从套期保值的实务中逐渐认识到,这些原则在应用中仍然有一定的柔性,而且从理论上讲,套期保值交易实质上是运用现货和期货的资产进行组合投资。于是,套期保值的概念从传统的发展为动态的或组合投资的:套期保值的作用在于在设定的风险条件下最大地获取利润,或者在一定的预期收益下将风险降低到最小,并非仅仅锁定现货与期货两者交易盈、亏的两抵;套期保值其实也是一种投机行为,是利用基差的投机(基差概念后面将详述)。

因此,动态的套期保值交易是在柔性地考虑上述四项原则后,进行如下变通的操作。

(1) 当在期货市场找不到与计划套保的现货品种相同的期货品种时,可以寻找和选择价格相关性较大的期货品种的合约。

(2) 不一定要硬性遵循交易数量相等原则,而且可依据组合投资风险最小的原理来确定最佳套保比率,对此,后面将专节讨论。

(3) 至于交易时间相同或相近原则,同样可以灵活运用,亦即应利用基差的变化,预测和确定现货与期货交易(含对冲)的有利时机;对此,后面将详述。

(4) 当期货市场或现货市场上某一商品价格由于存在恶性炒作,致使两者价格波动走势不相同时,最好是不进行套期保值交易,因为这种畸形走势是暂时的。不要认为,价格走势不相同,则可同向交易。

2. 套期保值的类型

按照套期保值交易的操作方式和适用对象,套期保值交易可分为两种不同的操作方式。

(1) 买进(多头)套期保值

当某个厂商未来(近期)某个月份需要一种原材料商品,现时不想动用资金买入备存,但又担心将来需用时买进,其价格可能上涨,为了避免未来涨价的风险,现时可在期货市场上买进该商品的期货合约,达到锁定原材料价格(产品成本)的目的;而后,临到需用时再到现货市场上购买原材料,即使它的价格上涨,期货价也会随之上涨,这时可以将期货合约卖出平仓,期货合约平仓后所得盈余可用来抵消后购现货价上涨的损失;或者到需要时依据买进的期货合约到期货交易所要求交割该原材料实货。因为先行买进(做多头)期货合约,故称为买进(多头)套期保值。现举例如表 3.1:某铜材加工厂商 1 月份签订了一份 6 月份提交加工品的合同,预计加工期间需用一个月,该厂商担心 5 月份用铜材时价格上涨,于是 1 月份先买进 5 月的铜期货合约。

表 3.1　买进套期保值例表

时　　间	现货市场	期货市场
1 月×日	当时铜材价为 28 500 元/吨	当日,买进 5 月铜期货 2 500 吨,合约价 28 700 元/吨
5 月×日	购买铜材 2 500 吨 28 800 元/吨	5 月×日,卖出上述 5 月铜期货,合约价为 29 000 元/吨
	比 1 月×日购入多用 300 元/吨	平仓后盈利 300 元/吨

可见,期货合约平仓后盈利 300 元/吨,抵偿了铜材涨价后买入时多花的 300 元/吨,实际购入铜材的成本仍为 28 500 元/吨(不计交易和手续费等),实现了保值的目标,避免了库存及资金占用。

从表 3.1 也可推论:对于铜材加工厂商而言,可以做三笔交易,即 5 月×日购买现货,而且在期货市场上 1 月×日买进合约再到 5 月×日卖出合约平仓;或者该厂商只需做一笔交易,即 1 月×日买进期货合约,再到 5 月份规定日期,用此合约去交割,取得实货即可;究竟如何操作,应视临近合约交割时两个市场的价格情势而定。对于贸易商而言,一般备有实货,由于现时(如 1 月份)需要资金不得不卖出现货,但又担心现货价将来会上涨,因此,贸易商必须做四笔交易,譬如表 3.1,1 月份卖出现货,买进期货合约,到 5 月份,再买进现货,卖出期货合约,当然也可以用期货合约交割实货,只做两笔交易。于此应该申明,期货合约交割此处未算做交易,但实际上期货合约的交易对手是交易所,还需花费交割手续费,也应是一种交易。

(2) 卖出(空头)套期保值

当某个生产经营者预计未来几个月后才有某种商品实货出售,或者备有某种商品现时未能销售出去,但担心未来几个月出售时其价格会下跌,从而带来亏损,为了避免此风险,现时可在期货市场上先行卖出该商品的期货合约,而后到该合约到期时即已有商品实货时,买进期货合约平仓,卖出实货,即使价格下跌,也可用期货合约平仓后的盈利抵偿实货后出售价格下跌的亏损。因为先行卖出期货合约,期货市场上先做空头,故称之为卖出(空头)套期保值。现举例如表3.2:某农场预计下年1月份有大豆出售,当年9月份预期其现货价到时会下跌,于是当年9月份先行卖出1月大豆期货合约。

表 3.2　卖出期货保值例表

时　间	现货市场	期货市场
9月×日	当时大豆现货价2 900元/吨,未有现货出售	卖出1月大豆期货合约10 000吨,价格3 100元/吨
下年1月×日	出售新产大豆10 000吨,价格2 600元/吨	买进1月期货合约10 000吨,价格2 800元/吨
	比9月出售亏损300元/吨	平仓后盈利300元/吨

可见,期货合约平仓后盈利300元/吨,抵偿了现货价格下跌少卖300元/吨的亏损,仍然达到了大豆出售价2 900元/吨的目标。同时可以推论,不同性质的交易者,所需操作的交易次数也有所不同;当然,到下年1月也可以用实货大豆来交割,只要生产的大豆合乎标准合约的规定质量。是用现货去交割抑或在现货市场出售现货同时又在期货市场买进合约去平仓,哪一种方式更合算? 就需要交易者根据交易过程中两市场价格的变动,考虑税费、交易手续费(含交割费用)等参数,权衡得失,再作出决定。

按照套期保值的性质和目的的不同,套期保值又可以分四种。

(1) 存货保值

存有现货的交易者关心的是存货价格将来是否会下跌以及保存现货的持有成本(包含仓储费用、存货占用的资金利息、保险费用,甚至损耗),因此当他判断将来期货价格比现货价格高出的部分能够弥补持有成本时,可以在期货市场先行进行卖出套期保值,以达到保值甚至盈利的目的。

(2) 经营性保值

对于贸易商、经销商等中间商来说,他们经营现货买卖是稳定且连续性的。他们面临双重风险,即担心以后购进商品时价格可能上涨,又担心以后卖出商品时价格可能下跌。

因此,他们有时做多头保值,有时做空头保值,其目的是保证其中间利润。为达到中间利润的实现,他们将面临复杂的动态决策过程,并非轻而易举。

（3）预期保值

预期保值是以价格的预期为基础进行的保值交易,交易者在期货市场建立某种头寸(多头或空头)时,并没有相对应的现货或现货交易合同。预期保值是作为以后进行现货交易的一个暂时替代交易,其目的是抓住当时的有利价格的机会,抵御以后价格不利带来的亏损。比如:生产者在其产品产出之前就在期货市场卖出相应的期货合约,以便其产品能够卖出好价格;加工商在没有成品出售之前,就在期货市场买进原材料的期货合约,以便确保原材料价格较低,从而降低成本;贸易商在没有签订现货买/卖合同之前,预先在期货市场卖出或买进期货合约。

（4）选择性保值或投机性保值

现货交易者在适当的时候进行价格投机交易,如一些大公司根据对未来价格的预期,进行全额保值或部分保值,甚至不进行保值或超额保值,其目的是以大宗现货为后盾企图在期货市场上投机,取得超额利润。这种交易者将对价格发现功能起到较大的作用。

按照首次建仓的期货合约的了结方式,套期保值又可以分为以下两种。

（1）期货合约对冲式套期保值

前面已经谈到,首次在期货市场上建仓买进或卖出期货合约,是为了对现货"保值",为此当需要购进现货或卖出现货的时候,在现货市场上"了结"现货交易;而在期货市场上根据两个市场上价格的波动幅度和其预期,再将原持有的期货合约在其到期之前适当时机予以对冲平仓,了结期货交易,希望这两个市场上的交易达到盈、亏相抵,甚至有所盈余。

（2）实货交割式套期保值

首次在期货市场建仓卖出或买进期货合约以后,当该期货合约到期时,使用交易者所持有的现货仓单去交割原持有的卖出期货合约,或者接收现货仓单去交割原持有的买进期货合约。这种实货交割式套期保值,其性质是远期合约交易,在成熟的期货市场上,实货交割所占比例很少,但是这种方式仍然是可运用的套期保值方式之一。对这种方式,除了要考虑价格情形之外(能否实现"保值"),还要考虑现货仓单上具体的商品质量规格是否适合自己的需要,以及期货市场上实货交割成本与现货市场上购销成本的差异。

我国商品期货市场上,特别是最初时期,许多企业在套期保值的实务操作上,采取实物交割方式,其原因大致有:一是企业对期货市场的认识错位,将期货市场当成现货远期合约市场使用;二是我国现货市场还不够发达成熟,信用程度较差,一些企业愿意在期货市场实物交割以稳定产销或需求,而不愿承担现货市场对手不履约的风险以及货款的拖欠;三是当期货市场交易出现逼仓(多头逼空头)的时候,为了了结持有期货合约,不愿承担当时的合约对冲平仓的价格,而设法使用实货仓单去交割,经济上更适宜。

二、套期保值的经济学原理与作用

套期保值之所以能够回避价格波动风险,达到保值的目的,如表3.1和表3.2所示,其经济学原理如下所述。

1. 套期保值的经济学原理

(1) 原理之一

同一品种的商品,由于其期货价格与现货价格在无人为操纵的情况下都受相同的经济因素的影响和制约,因而两者价格的变动趋势和方向具有一致性,虽然两者价格波动的幅度可能有差异。如图3.1所示,同一品种商品的现货价格与某月份的期货价格的波动趋势和方向是一致的。当套期保值者在现货市场上亏损时,在期货市场就有盈利,便可用期货市场上的盈利 f 来抵偿现货市场上的亏损 s;相反,若商品价格变动趋势是下跌,则出现相反的抵偿情形。这是交易者做买进套期保值的情形。如果交易者做卖出套期保值时(图3.1中未注明),读者完全可以推论,则出现全然相反的抵偿情形。

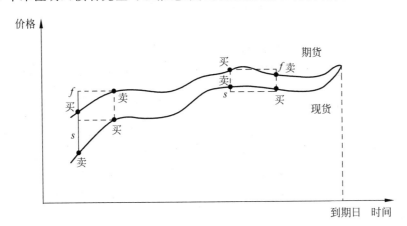

图 3.1　同一品种现货价与某月期货价

(2) 原理之二

随着某月期货合约到期日的临近,该期货价格应与现货价格逐渐接近,在到期日两者相差甚微。这是因为如果这时的期货价格与现货价格不一致的话,则会引发两个市场之间的套利交易,而一旦出现有套利的机会,交易者会增多,众多套利交易者争着低买高卖的过程中,价格行情会发生变化,其结果会大大缩小两个市场间的价差。这也是因为期货交易的交割制度规定,期货合约到期时必须进行对冲平仓或者交割实物。比如,到交割时,期货价格仍然高于现货价格,就会有套利者争相买进低价现货,而在期货市场上高价卖出,实现套利;这种争相套利的结果,现货价会走高,期货价会走低,两者价格最终会相差甚微,不可能实现套利。

(3) 原理之三

套期保值的效果取决于诸多影响因素,下一小节将讨论在两市场交易量相等的情况下,最终主要取决于基差的变化。

基差=现货价格-期货价格(同一品种同一时刻的价差)。由于现货价与期货价变动幅度不同,因而基差不是固定的,而有变化。基差变化使套期保值会发生一定的风险,套期保值不能完全回避价格波动的风险,不能达到完全盈亏相抵,即完全保值(如表3.1和表3.2所示)。如表3.1所示,1月×日的基差是-200元,到5月×日平仓时基差也是-200元,其间基差没有发生变化,因而能够完全保值,盈亏完全相抵。试设想,如果到5月×日平仓时,期货合约不能实现29 000元/吨卖出平仓,而只能以28 900元/吨卖出平仓,这时基差为-100元,前后基差发生了变化,由-200元变为-100元,这样的期货合约平仓只能盈利200元/吨,不能完全抵偿现货的亏损300元/吨。可见,套期保值的效果最终取决于基差的变化。对此问题的研究,就自然转到基差变化如何影响保值效果;当然还有现货与期货交易的数量比例问题。对这些问题,后面将专门讨论。

2. 套期保值的作用

从国内外期货市场的运行与发展来看,任何一个期货品种成功与否都取决于它是否具有良好的套期保值功能。有关管理机关在审批一个期货品种时,首先考虑的也是它是否有套期保值的社会需要。

在我国,期货业内和相关企业对套期保值作用的认识经历了一个渐进的过程。

随着我国从计划经济转向市场经济,企业逐步走向市场。它们在经营中时刻面临着价格变动的风险,而价格风险有时甚至影响到企业的正常生产经营活动。期货市场为相关品种的生产经营者提供了一个有利的机会,通过套期保值可以回避价格波动的风险,从而为锁定产品成本、稳定利润提供了有利契机。我国经过十多年的期货套期保值实践,总结起来,套期保值有以下作用。

(1) 回避现货价格波动带来的风险

价格波动风险是市场经济中客观存在且又最重要的一种风险。现货生产、经营者通过套期保值,将价格波动风险转移给投机者,能不同程度地回避风险,从而保障正常的生产、加工利润。

(2) 套期保值是期货市场价格发现的基础之一

众多的现货生产、经营者对相关品种的市场情况往往有较为理性的预测。他们只有在价格变动对自己不利时才会作出保值决策,进入期货市场买/卖期货合约,这有助于增强市场价格发现的功能,并制约投机活动使之理性化。

(3) 锁定相关品种的成本,稳定产值和利润

生产、加工企业的目的是获得本行业的正常的预期利润。加工企业可通过保值锁定

进货(原材料)成本,从而保证加工利润;而生产企业则可利用期货市场预先卖出产成品,达到稳定收入的目的。

(4) 可减少资金占用

由于期货交易保证金的杠杆作用,保值者可以预先用少量的资金控制大量的现货资产,既能保证今后正常生产经营的需要,又能避免库存、减少资金占用、降低经营成本,加快资金周转。

(5) 便于提前安排运输和仓储,降低储运成本

当所需要购买或销售的商品必须储存时,根据预期信息,可提前安排运输和仓储,降低储运成本,减少费用。

(6) 提供购买和销售时机的更大选择性和灵活性

由于套期保值能提供某种程度的价格保护,现货买卖者可视情况需要选择购买和销售时机。

(7) 提高企业借贷能力

由于套期保值者的经营更加保险,所以往往从银行融资更容易,从而提高了企业的借贷能力。例如,外贸进出口商如果做了保值,更容易从中国银行开出信用证。

正因为保值具有宏观和微观两方面的作用,所以交易所对保值者也采取了鼓励态度,给予很多优惠政策。如在 CBOT,保值者可交纳较少的初始保证金,并且不受最大交易头寸限额的限制。我国现有的大连、上海、郑州三大交易所也规定,保值企业可以不受最大交易头寸限制。国务院和中国证监会即使是在规范整顿期货市场的时期,也批准了一些大型国有企业从事境外期货套期保值业务。

在我国期货市场发展的历史中,铜、铝、大豆等品种产生了较好的保值效应,而有的品种,如苏州红小豆、海南咖啡等品种虽然"红"极一时,却终因投机过度不能发挥保值作用而被淘汰。因此,"套期保值是期货市场的生命线",没有发挥保值功能的期货品种就没有存在的必要。

三、影响套期保值效果的因素

如果对期货市场缺乏足够的了解,套期保值也可能会失败。套期保值的失败源于错误的决策,其具体原因有二:

(1) 对价格变动的趋势预期错误,不应做保值而做了保值,或者买/卖期货合约的时期选择不当。

(2) 资金管理不当,对期货价格的大幅度波动缺乏足够的承受力,当期货价格短期内朝不利方向变动时,交易者没有追加足够的保证金,被迫斩仓,致使保值计划中途

夭折。

而成功的套期保值,其避险程度也可能会出现以下三种情况。

(1) 以期货市场上的盈利弥补现货市场上的亏损有余,实现有盈保值。

(2) 期货市场的盈利正好弥补现货市场上的亏损,实现持平保值。

(3) 期货市场上的盈利不足以弥补现货市场上的亏损,实现减亏保值。

从理论上讲,持平保值是一种完美的保值状态,但这种情况在现实中很少存在。那么,现实中保值不完全的原因在哪里呢? 一般来说,影响保值效果的因素主要有以下几点。

1. 时间差异的影响

这有两个方面的含义。

第一,对一个品种进行保值,往往有好几个不同月份的期货合约可供选择。选择不同的月份,保值效果并不一样。按照套期保值的原理,要达到完美保值效果,最好选择与未来现货交易时间同一月份的期货合约保值,如在 3 月份签订了 6 月份交货的合同,最好选 6 月期货合约保值。但实际操作中,考虑到市场流动性等因素,往往会选择其他月份的合约,如 7 月合约、8 月合约。

第二,期货价与现货价的波动幅度往往不完全一样,不同时点两种价格差不同,特别是对于那些具有明显生产周期的农产品来说,季节性的供求关系的剧烈变动对两个市场的影响程度不一样。

因此,如何恰当地选好期货合约的月份,也是提高保值效果的重要因素。

2. 地点差异的影响

同一商品在不同地区的现货交易价格并不相同。同样,在不同的交易所即使是同一品种相同月份的合约的价格也存在差异。正如同是 7 月铜,LME 的价格与我国国内交易所的价格就不一样。在交易所合并整顿前,深圳与上海两地都有铜的期货交易,但在同一天、同一时点、同一月份合约的价格也有差异,这主要是地点的差异,同样,同一商品在交易所的不同地区的定点注册仓库的价格也并不相同;交易所会根据实际情况制定合理的升贴水标准,以反映不同地点间的运输成本。在以下两种情况下,地点差异可能会严重影响保值效果:

第一,交易所设定的异地交割升贴水不合理,不能反映实际情况;

第二,由于不可知因素的影响,如运输紧张、自然条件异常等,会造成现货交易地价格与交易所当地价格有较大背离。

3. 品质规格差异的影响

有时,现货商需保值的品种与标准化合约标的物有差异,其价格波动幅度不会完全一致,很难预期基差的变化;而且当现货品质较差时,难以交割或要承担贴水损失。如果不注意被保值现货与标准化合约标的物的质量差异,则可能达不到好的保值效果。

4. 数量差异的影响

标准化合约的交易单位标准化,决定了期货市场的交易数量必须是它的整数倍。而现货交易的数量不受限制。例如,贸易商进口的铜锭为 180 吨,若在 LME 保值,合约规模是 25 吨,则无论用 7 张合约还是 8 张合约保值,都不一定符合最佳数量比,其效果都可能受影响。

5. 商品差异的影响

现货市场交易的商品成千上万,而期货市场上的品种却有限。除了有限的品种有对应的期货可以保值外,还有一些没有对应期货的品种也可保值。这样的商品不外乎两类:

一类是相关商品,即需保值品种与期货标的物用途相似,受相似价格因素的影响,如国外交易者常用豆粕期货为鱼粉保值;

另一类是原料与其制成品,如我国交易者也可选用大豆为豆油保值。

保值品与标的物价格相关系数越大,保值效果越好。

6. 手续费、佣金、保证金对套期保值的效果也有影响

7. 正向市场与反向市场的变化对套期保值效果的影响

通常商品期货的标的物可分为两类:一类是为投资目的所持有的商品(如黄金和白银);另一类是为消费目的所持有的商品(如大豆、小麦、铜、铝等)。本章所讨论的主要是后一类商品的套期保值问题。这类商品期货具有正的持有成本,因此,在商品供求正常的情况下,其市场价格关系应是期货价高于现货价,远期期货价高于近期期货价。这就是通常所说的正向市场,也叫正常市场(normal market)。例如 8 月 1 日大豆市场现货价和各月期货价如下:

现货价	9 月期货	11 月期货	1 月期货	3 月期货
1 960	2 000	2 080	2 110	2 160

反向市场又称逆向市场(inverted market),其体现的市场价格关系与正向市场相反,表现为现货价高于期货价,近期期货价高于远期期货价。

例如 6 月 16 日的铜现货价与各月期货价如下:

现货价	7 月期货	8 月期货	9 月期货	10 月期货
20 000	19 800	19 600	19 500	19 450

反向市场的出现有两大原因:一是近期对某种商品的需求非常迫切,远大于近期产量及库存量,造成市场供不应求;二是预计将来该商品的供给会大幅度增加。

我们可以看到,由于人们对商品供求预期的变化,使得套期保值的基本原理成为一种理想状态。现实生活中,正向市场与反向市场有时是交替出现的,这使得期货价、现货价变动趋势和方向不能总是保持一致性,这就大大影响了套期保值的效果。

更进一步讲,有时影响近期商品供给的消息和传言,会使正向市场突然变为反向市场。例如智利铜矿工人罢工的消息很快会使铜市场变为反向市场。但这样的反向市场持续时间可能很短，比如在一两周内就会恢复正常，但它对套期保值者的影响是非常大的，套期保值者必须关注这一点。因为反向市场的突然出现可能会导致保值者短期内必须追加一定数量的保证金。如果保值者财务上资金准备不足，则可能会使保值计划中途受挫。

四、基差、基差风险及其对套期保值结果的影响

1. 基差的概念及其变化

基差（basis）是套期保值中一个相当重要的概念。它是指在某一时刻、同一地点、同一品种的现货价与期货价的差别。计算公式如下：

$$基差＝现货价－期货价$$

现货价与期货价变动不同步，变动幅度不一样，会引起基差的不断变动。

若画出某品种的基差图，会发现其基差也是不断波动的，只不过变动幅度要比价格变动幅度小得多。如图 3.2，若基差沿双箭头方向变动，则称为基差变强，这分为三种情况：

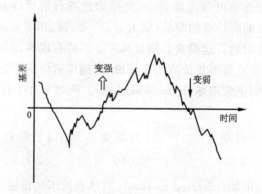

图 3.2　基差的变动

第一，基差负值缩小（如从－100 到－50）；

第二，基差由负变正（如从－50 变为 50）；

第三，基差正值增大（如从 50 变为 100）。

综合这三种情况，都是基差代数学上的增大。

相反，若基差沿单箭头方向变动，则称为基差变弱，也有三种情况：

第一，基差正值缩小；

第二，基差由正变负；

第三，基差负值增大。

综合这三种情况，都是基差的代数学上的减小。

影响基差变化的因素很多,主要是供求关系。原油、有色金属和农产品等商品由于供需之间的不平衡及有时存储商品的困难,可能导致基差的大范围变化;而对于黄金、白银、外汇、股指等投资资产来说,基差变动范围较小。一般来说,影响商品期货基差的因素除供求关系外,还包括以下因素:

——上年转入的结转库存

——当年产量预测值

——替代产品供需

——国外产量与需求

——仓储费用

——仓储设施的充裕程度与可利用程度

——运输费

——运输过程中存在的问题

——保险费

——国家政策

——季节性价格波动

总的说来,对不同品种的基差变化规律要具体问题具体分析。比如说,分析我国小麦、大豆等品种的基差,主要考虑国内的供求状况、仓储、运输条件、季节性价格波动等。而对于胶合板、铜等需大量进口的商品来说,还要考虑国际市场情况、国外产量与需求、国家进口政策等。对于国内生产、主要用于出口的品种来说,则要考虑进口国需求状况、进口配额等因素。

2. 基差变化对套期保值效果的影响

进行套期保值时,基差应按下述公式计算:

基差＝计划进行套期保值资产的现货价格－所使用合约的期货价格

从理论上讲,若进行保值的资产与合约标的资产一致,则基差在合约到期日应为0。若需保值资产与合约标的资产有差异,则在理论上基差在到期日不为0。在保值过程中,由于基差的变化,保值者有可能亏损而要追加保证金,也可能在账户上有大量盈余。保值的结果与最终基差的变化有很大关系。

在本书所举例子中,为了便于讨论都忽略了保证金、手续费、佣金等费用对期货盈利的影响。实际上,做保值也要支付期货手续费,若通过经纪商保值还要支付佣金。另外,还要占用保证金,特别是在保值期间期货价朝不利方向变动时,要追加保证金。做套期保值决策时,必须将这些都考虑进去。

我们在前面所举的例子中,均假设基差不变,则期货市场的盈利恰好完全弥补了现货市场的亏损,达到了完全、持平保值。我们再假设在前述铜加工厂的例子(表3.1)中,铜在5月份的价格变动是另外的情形,保值效果则会有差异,见表3.3。

表 3.3　基差变动的情况下多头保值者的保值结果　　　　　　　元/吨

月　份	现货市场	期货市场	基　差	结　果
1 月	28 500	买进 28 700	−200	
5 月	28 800	29 000	−200	持平保值
5 月	28 800	28 900	−100	减亏保值
5 月	28 800	29 100	−300	有盈保值

为了进一步讨论基差变化对套期保值的影响程度,我们假设套期保值情形的有关参数、变量的符号如下表所示:

时　间	现货市场价	期货市场价	基　差
t_1(入市开仓)	S_1	F_1	b_1
t_2(平仓出市)	S_2	F_2	b_2

即保值者在时间 t_1 时入市开仓建立第一个期货部位,此时现货价、期货价分别为 S_1,F_1;保值者在 t_2 时平仓,此时现货价、期货价分别为 S_2,F_2;t_1,t_2 时刻的基差分别为 b_1,b_2。

对于卖期保值者来说,避险程度为

$$F_1 - F_2 + S_2 - S_1 = (S_2 - F_2) - (S_1 - F_1) = b_2 - b_1 \qquad (3.1)$$

则有:若 $b_2 - b_1 = 0$,则为持平保值;若 $b_2 - b_1 > 0$,即基差增大,则为有盈保值;若 $b_2 - b_1 < 0$,即基差减小,则为减亏保值。

对于买期保值者来说,避险程度为

$$F_2 - F_1 + S_1 - S_2 = (S_1 - F_1) - (S_2 - F_2) = b_1 - b_2 \qquad (3.2)$$

则有:$b_1 - b_2 = 0$,持平保值;$b_1 - b_2 > 0$,即基差减小,有盈保值;$b_1 - b_2 < 0$,即基差增大,减亏保值。

由此,我们可以得出结论:在现货与期货数量相等的情况下,基差变强(增大)时对卖出套期保值有利;基差变弱(减小)时,对买入套期保值有利。

综合以上两种情况的式(3.1)和式(3.2),加以概括:套期保值的避险程度=买入基差−卖出基差,其中买入基差是指买入期货时的基差,卖出基差是指卖出期货时的基差。

3. 基差风险

我们仍引用上述套期保值的情形和符号进行讨论,基差风险的概念。

若为多头套期保值,当价格上涨时,则期货市场的盈利为$(F_2 - F_1)$,因而其实际买入

现货支付的有效价格为支付的现货买入价扣除期货盈利的数值；当价格下跌时，F_2-F_1 为负值，期货亏，则买入现货应支付的价格为 S_2 加上期货亏损的数值。可以表示为

$$S_2-(F_2-F_1)=F_1+(S_2-F_2)=F_1+b_2 \tag{3.3}$$

若为空头套期保值，当价格下跌时，则交易者在期货市场盈利为 (F_1-F_2)，实际卖出现货收到的有效价格为 S_2 加上期货盈利的数值；而当价格上涨时，F_1-F_2 为负值，期货亏，则卖出现货收到的价格为 S_2 扣除期货亏损的数值。可以表示为

$$S_2+(F_1-F_2)=F_1+(S_2-F_2)=F_1+b_2 \tag{3.4}$$

交易者在进行套期保值建仓后，F_1 成为已知因素，所以最终交易现的有效价格取决于 b_2 的值。我们把由于 b_2 的不确定性给套期保值者所带来的风险称为基差风险（basis risk）。

有时，投资者需保值的资产不同于进行套期保值的合约标的资产，这时基差风险就会发生变化。定义 S_2^* 为 t_2 时刻需要保值的资产的现货价格，则保值者购买或出售资产 S_2 的实际有效价格

$$S_2^*+F_1-F_2$$

就会变化为

$$F_1+(S_2-F_2)+(S_2^*-S_2)$$

S_2-F_2 和 $S_2^*-S_2$ 代表了基差的两个组成部分：前一部分是用来做套期保值的期货合约标的资产在时间 t_2 时的基差，为 S_2-F_2；而后一部分是 $S_2^*-S_2$，即两个资产不一致时产生的基差（即价差）。

对于多头套期保值者来说，基差减小有利，因为这意味着实际支付的有效价格降低；而基差变强则对空头套期保值者有利，因为这意味着卖出现货收到的有效价格升高。举例说明于下，如表 3.4 所示。

表 3.4a　多头保值效果

时　间	现　货	期　货	基　差
t_1	卖 $S_1=10$	买 $F_1=12$	$b_1=-2$
t_2	买 $S_2=14$	卖 $F_2=17$	$b_2=-3$ 减小
	亏 4	盈 5	

表 3.4b　多头保值但资产不同

时　间	现　货	期　货	基　差
t_1	卖 $S_1^*=9$	买 $F_1=12$	$b_1=-3$
t_2	买 $S_2^*=13$	卖 $F_2=17$	$b_2=-4$ 减小
	亏 4	盈 5	

从表 3.4a 可见，基差减小，对多头保值有利，所以在 t_2 时买入现货所需支付的有效

价格为：$F_1+(S_2-F_2)=F_1+b_2=12+(-3)=9$。这是需保值资产与期货合约标的资产相同的情况。如果要买入的现货（比如大豆二）与期货合约标的资产（比如大豆一）不相同，又设表 3.4a 的参数为大豆一的，仍利用此大豆一的数据作为对大豆二套期保值时表现的数据，则只需将 S_1 和 S_2 改为 S_1^* 和 S_2^*，因为大豆二质量较差，价格较低，其在 t_2 时的价格 $S_2^*=13$，则购买它所需实际支付的价格为：$F_1+(S_2-F_2)+(S_2^*-S_2)=12+(-3)+(-1)=8$。为什么是这样呢？因为在期货市场上期货合约平仓盈利 5，则实际支付现货价应为：$S_2^*+F_1-F_2=13+12-17=13-5=8$。

空头保值的例子，以及价格走势下跌的情形，请读者自行举例，以验证式(3.3)和式(3.4)的普适性（两市场交易量相等的情况下）。

总之，在两者交易数量相等时，基差的不同变化会使套期保值带来不同的效果；同样，即使基差变化相同或基差不变（比如表 3.1 和表 3.2），如果两市场套期保值交易的数量不相同，也会带来不同的保值效果，请读者试将表 3.1 的期货交易改为 2 450 吨，则会出现欠保，盈亏相抵后，总亏损 $300×50=15\ 000$ 元。可见有必要研究最佳套保数量比率。

第二节　基差交易、叫价交易与"场外"交易

基差交易与叫价交易是提高套期保值交易效果的较好方法。近年来在国外期货交易中较普遍使用，我们在本节简要介绍其基本操作方法，希望能对国内市场套期保值者有所启发。

一、基差交易

由于有基差风险的存在，套期保值交易并不能完全抵消价格风险。一般来讲，基差变动的风险比单纯价格变动的风险要小得多，但它毕竟还是会给交易者、消费者和生产者带来不利影响。近年来，随着对基差研究的深入，国外商品交易所的基差交易也盛行起来。

基差交易是指为了避免基差变化给套期保值交易带来不利影响，采取以一定的基差和期货价确定现货价的办法。一般而言，基差交易的双方至少有一方进行了套期保值，但其最终实际的现货交易价格并不是交易时的市场价格，而是根据式(3.3)或式(3.4)确定：

交易的现货价格＝选定的期货价＋预先商定的基差

基差交易的操作可以举例说明如下。

例 3.1　1 月份某食品批发商以 2 000 元/吨的价格购入白糖若干吨，欲在 5 月份销售出去。购白糖的同时，批发商以 2 100 元/吨的价格做了空头套期保值（卖出期货时基差为 -100 元/吨）。该批发商估计，对冲时基差达到 -50 元/吨（即基差增大，由 -100 到 -50，对卖期保值有利），可弥补仓储、保险等成本费用，并可保证合理利润。估算方法

如下：

$$卖空套期保值避险程度＝买入基差－卖出基差$$
$$批发商的盈利＝－50－（－100）＝50（元／吨）$$

考虑到若以后基差减小会于己不利，为了避免基差变动的影响，批发商保值后便寻求基差交易。几天后，它找到一家食品厂，双方商定于 5 月份按当时（1 月的）期货价和－50 元/吨的基差成交现货。这样无论以后现货、期货价格如何变动，只要符合基差为－50 元/吨，该批发商都能保证 50 元/吨的收益。

假定 5 月份现货交易时的现货、期货价格分别为 1 990 元/吨、2 060 元/吨（基差为－70 元/吨）。如果批发商按此进行空头保值，其交易情形分析如下：

元/吨

	现　货	期　货	基　差
1 月	2 000 买	2 100 卖	－100
5 月	1 990 卖	2 060 买	－70

如果不进行基差交易，则批发商最终现货交易价格为 1 990 元/吨，再加上期货合约对冲盈利 40 元/吨，则卖出现货实际收到的有效价格为 2 030 元/吨，即

$$P = F_1 + b_2 = 2\,100 - 70 = 2\,030（元／吨）$$

则批发商仍然面临风险，不能完全达到预先制定的 50 元/吨的盈利目标。若能实现 $b_2＝$ －50 的基差交易，找到上述那家食品厂，则能按 $P＝F_1－50＝2\,050$ 元/吨的价格卖出现货，完全实现既定目标。

在基差交易中，合理的基差如何确定是关键，必须保证回收成本，确保合理的利润；另外，还必须对基差的变动规律进行充分研究才能找到合适的交易对手，并确定于己更有利的基差。

在本例中，食品厂愿意以"1 月期货价＋b_2"定价，而不直接以现货 2 050 元/吨定价，是因为该厂通过分析认为白糖价格将下跌，且 5 月份基差 b_2 会发生变化。如果先将价格固定下来不一定有利。按基差定价，比较机动灵活，富有弹性，这样既保证有可靠的白糖供应来源，又有可能使价格向于己有利的方向转化。

讨论问题：多头保值者如何寻求基差交易？

二、叫价交易

叫价交易是由基差交易衍生出来的交易方式，包括买方叫价和卖方叫价两种方式。在基差交易中，现货价＝商定的基差＋期货价。因此，基差确定后，期货价格的选择成为关键。因为即使在一天内，期货价格也会有较大变化。在叫价交易中，不事先选定期货

价,而是由交易的一方在另一方允许的时间内选定期货价。其中由买方选定价格的做法为"买方叫价",而由卖方选定价格的做法则为"卖方叫价"。

买方叫价的例子:

① 甲小麦交易商拥有一批现货,并做了卖期保值,这时已知基差 $b_1=-0.05$ 美元。

② 乙面粉加工商是甲的客户,需购进一批小麦,但考虑价格可能会下跌,不愿在当时就确定价格,而要求成交价后议。

③ 甲考虑按基差交易,提出确定现货价格的原则是比 12 月期货价低 1 美分(即达到基差 b_2 为 -1 美分,基差增大,有利),双方商定给乙方 30 天的时间,选择具体的期货价。乙方接受条件,交易协议成立。

④ 两星期后,小麦期货价格大跌,乙方认为小麦期货价格(8.55)已到底,决定选这个价作为 12 月期货价计算现货价向甲买进小麦。

⑤ 乙通知甲在期货市场的经纪人,以甲的名义将其先前卖出的小麦期货平仓,平仓价即为选定的期货价。

甲的交易分析如下:

美元/蒲式耳

现货市场	期货市场	基　差
买小麦现货 8.85	卖 12 月小麦期货 8.90	-0.05
卖小麦现货 $8.55-0.01=8.54$	平仓 8.55(乙方选定)	-0.01
	甲盈利为　　　0.04	

分析:

① 甲商保证了合理的现货利润;

② 乙商现货来源有保证,且有一定时间内选择价格的权利,进货价格也较合理。

卖方叫价交易程序举例:

同样考虑小麦供应商(甲)和面粉加工商(乙)的情况。甲认为小麦价格可能上涨,所以不愿意立即把价格确定下来,但同意以特定的基差卖出;乙要有固定的小麦供应渠道,为保证来源,答应购买甲的小麦,条件是预先订下基差为 -5 美分,允许甲在 20 天内选定期货价。

① 乙要在未来几周内购进小麦现货补充库存,以 8.50 美元/蒲式耳的价格做了买期保值,买入基差 -5 美分/蒲式耳。

② 乙提出购买甲的小麦,条件是基差 -5 美分(基差不变),允许甲有 20 天确定期货价格的期限,甲接受条件成交。

③ 三周后,小麦现货价格上涨,期货价达 9.50 美元/蒲式耳,甲认为价格已到顶,决

定以此价作为期货价,现货交易成交。

④ 甲在期货市场通知乙的经纪人,将乙的期货头寸平仓。

乙的交易分析见下表:

美元/蒲式耳

现货市场	期货市场	基 差
未来几周要补充库存 8.45	买进小麦期货 8.50	−0.05
三周后买进小麦 9.45	平仓 9.50	−0.05
乙的保值结果为 0		

分析:

① 通过叫价交易,乙方保证了卖出基差不变,实现持平保值,保证了货源,锁定了 8.45 的成本价(因为乙在期货市场平仓盈利达 1.00 美元/蒲式耳)。

② 甲掌握了叫价的主动权,如果价格确实上涨,他就能够从中获得好处。

从以上分析可以看出,进行基差交易的套期保值者的目的是回避基差变动的风险。当然,交易者也可能因此失去盈利更多的机会,这可视为基差交易的机会成本。交易者必须对市场有准确预测,以便采用恰当的交易方式。

三、"场外"交易

一般来说,套期保值交易的了结方式有如下几种:

(1) 现货市场交易的同时,将期货头寸平仓。

(2) 直接到期货市场实物交割。

(3) 结合现货市场进行基差交易。

(4) 采用所谓的"场外"期货交易方式。

所谓"场外"期货交易,是期货交易的买卖双方直接进行的"特殊交易"。按惯例,期货交易必须要在交易所内公开喊价成交或在其电子撮合系统内成交,买卖双方不能直接进行交易,个别成交。但是,根据国外某些期货交易所的特殊规定,也允许一种买卖双方一一对应的"场外"期货交易方式存在,但不是在真正的场外,而是在交易所内单划一个区域,不在原来品种的交易圈或交易池内。它最早出现在伦敦金属交易所(LME),当时,每日伦敦场内交易闭市后,人们还聚集在场外人行道上进行交易,称为 kerb 交易。后来该交易转移到场内进行,以便更好地维持秩序。

而在美国期货市场,场外交易在不同交易所名称各不一样。场外交易最先从谷物商品交易开始,称为 expit transaction(交易池外交易);在可可商品中,则称为 exchange for physicals(期货转现货交易),咖啡和糖的交易称 against-actuals(兑现货)。从以上的名称我们可以看出"场外"交易的一些特征。

所谓期货转现货交易(简称期转现交易),是指分别持有同一交割月份、同一品种、数量相当的买入和卖出期货合约的两位套期保值者之间达成现货买卖协议后,将各自的期货部位转为现货的交易。在我国郑州商品交易所和上海期货交易所都推出过这种交易形式。其基本做法是:对未来某月份有现货供、需要求的双方查验或了解清楚现货的品种、规格,达到交易意向后,分别在期货交易所建立卖出和买入期货部位(品种相同、交割月相同、数量相当,但价格按期市市况和各自预期可能有所不同);在期货合约到期或之前适当时刻,双方商定现货买卖协议,实现与期货合约品种相同、数量相当的现货交易,同时协商确定双方原有的期货合约的平仓(对冲)价格并分别向交易所申请,请交易所代为对冲平仓,了结各自的期货部位。可见,这种期转现交易的优越性在于:除了能实现一般套期保值的效果以外,还能节约期货合约交割现货的交割费用,灵活商定现货买卖品级、交货地点和方式,提高资金利用率。这里应注意的是有两个价格的商定:一个是各自所持期货合约的对冲平仓价格,它将决定双方各自的平仓后盈、亏;另一个是交、收现货的价格,它将影响双方各自套期保值的避险效果。这两种价格的敲定,需要双方各自通盘地权衡得失,通过讨价还价商定。

第三节 动态套期保值中最佳套保比率的确定

动态套期保值与传统套期保值有四点不同之处:

第一,它运用了组合投资的概念对待套期保值;

第二,其套期保值比率(即保值者在期货市场的交易头寸与在现货市场上的交易头寸之比,简称为套保比率)不一定等于1,这是因为受市场现实条件和流动性限制,不一定能实现数量相等;

第三,保值期间,套期保值比率可以随着市场变化而不断调整;

第四,所谓最佳套保比率是指现货与期货交易(组合投资)的总风险最小时的套保比率,或称临界套保比率。

利用马柯维茨组合投资理论我们可以推导出最佳套保比率。

如前所述,套保比率(hedging ratio)是指套期保值者持有期货合约的头寸数量与需保值资产数量之间的比率,即 $h=$ 期货交易量/现货交易量。

设:ΔS——在套保期内,现货价由入市开仓时的 S_1 变为出市对冲时的 S_2;

ΔF——在套保期内,期货价由入市开仓时的 F_1 变为出市对冲时的 F_2;

$\sigma_{\Delta S}$——ΔS 的标准差;

$\sigma_{\Delta F}$——ΔF 的标准差;

$\text{Cov}(\Delta S, \Delta F)$ ——ΔS 和 ΔF 的协方差;

h——套保比率；

其中，多头保值时，设定为：$\Delta S = S_1 - S_2$，$\Delta F = F_2 - F_1$；

空头保值时，设定为：$\Delta S = S_2 - S_1$，$\Delta F = F_1 - F_2$。

对多头保值者来说，在保值期限内保值者的收益为 E：

$$E = (S_1 - S_2) + (F_2 - F_1) \cdot h = \Delta S + \Delta F \cdot h$$

对空头保值来说其保值收益为 E：

$$E = (F_1 - F_2) \cdot h + (S_2 - S_1) = \Delta S + \Delta F \cdot h$$

按马柯维茨组合投资收益风险方程，套期保值收益 E 的方差 V 为

$$\mathrm{Var}(E) = V = \sigma_{\Delta S}^2 + h^2 \sigma_{\Delta F}^2 + 2h \cdot \mathrm{Cov}(\Delta S, \Delta F)$$

上式对 h 求偏导则有　$\dfrac{\partial V}{\partial h} = 2h \cdot \sigma_{\Delta F}^2 + 2\mathrm{Cov}(\Delta S, \Delta F)$

欲使风险最小，可令

$$2h \cdot \sigma_{\Delta F}^2 + 2\mathrm{Cov}(\Delta S, \Delta F) = 0$$

则有
$$h^* = \frac{-\mathrm{Cov}(\Delta S, \Delta F)}{\sigma_{\Delta F}^2} \tag{3.5}$$

这就是风险最小的套保比率。

式(3.5)中 $\sigma_{\Delta F}^2$ 和 $\mathrm{Cov}(\Delta S, \Delta F)$ 可按下式计算：

$$\sigma_{\Delta F}^2 = \frac{1}{m} \cdot \sum_{j=1}^{m} (\Delta F^{(j)} - \overline{\Delta F})^2 \tag{3.6}$$

$$\mathrm{Cov}(\Delta S, \Delta F) = \frac{1}{m}(\Delta S^{(j)} - \overline{\Delta S})(\Delta F^{(j)} - \overline{\Delta F}) \tag{3.7}$$

其中，$m = n-1$，n 为价格时序样本数；新时间序列 $\Delta F^{(j)}$ 与 $\Delta S^{(j)}$ 可以从最近期货价时间序列 F_i 和现货价 $S_i (i=0,1,2,\cdots,n)$ 中求得，总是按上述所示：卖出价－买入价。$\overline{\Delta S}$ 与 $\overline{\Delta F}$ 是 $\Delta F^{(j)}$ 与 $\Delta S^{(j)}(j=0,1,2,\cdots,m)$ 的平均值。

考虑到 $\mathrm{Cov}(\Delta S, \Delta F) = \rho \sigma_{\Delta S} \sigma_{\Delta F}$，其中 ρ 为 ΔS 和 ΔF 之间的相关系数，以及该协方差为一负值，由式(3.5)可得

$$h^* = \frac{\mathrm{Cov}(\Delta S, \Delta F)}{\sigma_{\Delta F}^2} = \frac{\rho \sigma_{\Delta S} \sigma_{\Delta F}}{\sigma_{\Delta F}^2} = \rho \frac{\sigma_{\Delta S}}{\sigma_{\Delta F}}$$

也就是说，使收益方差最小（风险最小）的套期保值比率可以表示为

$$h^* = \rho \frac{\sigma_{\Delta S}}{\sigma_{\Delta F}} \tag{3.8}$$

按上述马柯维茨组合投资收益风险方程可见，风险收益的方差 V 与套保比率 h 的关系如图 3.3 所示。

现引用《中国期货》周刊 1995 年第 10 期中刊载的 LME 的 3 月铜期价与相应的现价数据，具体如下($n=30, m=29$)：

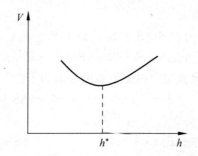

图 3.3 套期保值者头寸的方差与套期保值比率的关系

(1) LME 的 3 月铜期货价时间序列(元/吨):

| 25 100 | 25 450 | 25 200 | 25 300 | 25 050 | 25 700 | 25 600 | 25 550 | 25 050 | 25 100 |

23 800　24 100　24 200　24 150　24 050　24 100　23 900　24 000　23 900　24 050

24 200　24 050　24 300　24 300　24 450　24 200　24 150　24 250　24 600　24 550

(2) 同期的伦敦铜现货价时间序列(元/吨):

24 900　25 400　25 300　25 650　24 800　25 700　25 750　25 500　25 300　25 250

24 000　24 200　24 000　24 300　24 200　24 250　24 000　24 100　24 000　24 150

24 800　24 300　24 400　24 400　24 600　24 300　24 300　24 650　25 000　24 800

按此生成新的期货收益 ΔF 与现货收益 ΔS 的时间序列,一种方式是用两两相邻时点的价格依次求出 ΔS 与 ΔF;另一种方式是以两个时间序列的最后时点的期价数据与现价数据作为套期保值的对冲点,即 $S_2 = 24\,800$,$F_2 = 24\,550$。现按后一种方式,则买进套期保值时有:

(a) 新的期货收益 ΔF 时间序列为

-550　-900　-650　-750　-500　$-1\,150$　$-1\,050$　$-1\,000$　-500

-550　750　450　50　400　500　450　650　550　650　550　350　500　250

250　100　350　400　300　-50

期货收益平均值 $\overline{\Delta F} = 100/29$。

(b) 新的现货收益 ΔS 时间序列为

100　600　500　850　0　900　950　700　500　450　-800　-700　-800

-500　-600　-550　-800　-700　-800　-650　0　-500　-400

-400　-200　-500　-500　-150　200

现货收益平均值 $\overline{\Delta S} = -3\,800/29$。

经计算,得

$$\sigma_{\Delta F}^2 = 10\,102\,100/29$$

$$\mathrm{Cov}(\Delta S, \Delta F) = -9\,366\,428.571/29$$

于是：$h^* = -(-9\ 366\ 428.571) \times 29/(1\ 010\ 200 \times 29) = 0.926\ 910\ 3$

根据以上分析，现总结出如下几点数量风险控制策略。

(1) 当已入市进行套期保值交易，即已获得入市的第一次基差时，比值 h^* 的估算可根据期望对冲的期望价格 S_2 和 F_2，分别按不同类别套期保值计算 ΔS 与 ΔF，效果较好。

(2) 当 ΔS 与 ΔF 的求得是按不同类型的套期保值，总是按卖出价减买入价求得时，由此估算出的 h^* 比值的临界意义是：当 ΔF（或 $\overline{\Delta F}$）为正值时，实际数量比可超过临界比，愈大愈有利；当 ΔF（或 $\overline{\Delta F}$）为负值时，则实际数量比应小于临界比，愈小愈有利。

第四节　投机与套期图利交易

一、投机交易概述

1. 投机交易的特点

期货交易一向被认为是投机意识十足的投资工具。由于这种交易采取保证金方式，吸引了大量只想赚取价差，根本没有套期保值需求的投资者。投机交易与套期保值交易相比，具有以下特点。

(1) 以获利为目的

投机者在期货市场上，试图低价买进高价卖出或高价卖出低价买进从而获取收益，他们的根本目的是获利，这是投机者与套期保值者的根本区别。

(2) 不需实物交割而买空卖空

投机者并没有什么商品需要保值。一般讲，他们只关注期货合约的买卖价差，频繁买进卖出合约（买空卖空）以赚取价差，他们并不关心实货交割。

(3) 承担风险，有盈也有亏

期货市场中的风险是客观存在的，套期保值者需要转移价格风险，投机者便成为这种风险的承担者。投机者大量介入，使期货市场的流动性大大增加，又使套期保值成为可能。买空卖空的风险是很大的，因而投机交易有盈也有亏。

(4) 经常利用合约对冲技术

期货投机的操作条件在于期货合约的对冲性。投机者在发现价格变化有利时，可以方便地对冲已有头寸，以获取价差带来的盈利。投机者在价格发生不利变化也可以方便地对冲已有头寸，迅速退出市场避免更大损失。另外，对冲技术的应用方便投机者加快交易频率，加速资金周转。

(5) 交易量一般较大，交易比较频繁，增大市场流动性

投机为市场提供了大量交易资金，同时降低了市场的交易成本。这样又吸引新的投机者加入，从而市场的交易量大为增加，交易比较频繁，使市场具有更大的流动性。

（6）交易方式多种多样

由于买空和卖空的风险太大，因而投机交易发展了各种套利交易方式，企图将交易风险限定在一定程度内。

投机交易除了上述主要特点外，还有交易时间短、信息量大、覆盖面广的特点。这些为投机交易的迅速发展奠定了基础，也为期货市场的发展创造了条件。

2. 投机交易的分类

投机交易的具体操作手法多种多样，现按不同的分类方式阐述于下。

（1）按操作方法不同可分为多头投机与空头投机

多头投机俗称"做多头"，其操作手法是"买空"（long）。它是指投机者预测期货行情上涨时先买进期货合约，希望等它上涨后卖期平仓获利。多头投机者在期货市场上处于多头部位。

例 3.2　某投资者预测国内铜价将受国际铜价趋势的带动而上涨，于是做了多头投机，以 19 800 元/吨入市，买入铜期货合约 4 手，每手 5 吨。一个月后，铜价上涨，投资者以 20 200 元/吨卖期平仓获利，共获利（20 200－19 800）×5×4＝8 000 元。

空头投机也叫作"做空头"，其操作手法是"卖空"（short），这是指投机者预测期货价格行情将下跌而先卖出期货合约，希望等价格下跌后买期平仓获利。空头投机者在期货市场上处于空头部位。

例 3.3　某投机者对国内大豆期货交易进行分析预测，认为大豆价格即将从高位下跌。于是果断入市，以 2 950 元/吨的价格卖空；一个星期后，大豆价格跌至 2 750 元/吨时买期平仓，每吨获利 200 元。

（2）从投机的原理不同来看，可分为一般性投机和套利性投机

常规性投机是指纯粹利用单个期货品种价格的波动进行投机。包括头寸交易商（position traders），当日交易商（day traders），短线交易商即抢帽子（scalpers）。

一般头寸投机者持仓时间较长。他们以多种商品期货为对象，一般利用较长时间的价差来获利，交易量较大。当日投机者只进行当天平仓期货交易，持仓不过夜，交易对象为他们认为有利可图的各种商品期货，希望利用较大差价获利。短线投机者是随时买进或卖出，赚取很小差价的投机者，他们交易频繁，往往一天内买卖合约数次，其交易商品期货品种较为单一，但交易量一般较大。短线投机者对于增强市场流动性具有十分重要的意义。

套利性投机者是指利用不同期货合约之间、现货和期货之间的价格关系进行投机，也就是通常所说的套期图利（spreading，以下简称套利）交易。

二、套利交易的概念

1. 套利交易的分类

套利交易与纯粹的常规投机不同，它是利用期货和现货之间、期货合约间的价格关系

来获利。通常的做法是对有价格相关关系的合约同时建立正反两方面的头寸,期望在未来合约价差变动于己有利时再对冲获利。

套利交易最基本的分类方式有两种。

(1) 从操作方式和对象来看,套利交易可分为同一种期货合约平仓套利(其中又分期现套利和合约对冲套利)、跨市套利、跨期套利和跨商品套利

期现套利是指现货商人在期货和现货市场间套利。若期货价格较高,则卖出期货同时买进现货到期货市场交割。而当期货价偏低时,买入期货在期货市场上进行实物交割,接收商品,再将它转到现货市场上卖出获利。这种套利通常在即将到期的期货合约上进行。大量的期现套利有助于期货价格的合理回归。

期现套利一般仅涉及现货商人。因为涉及期货、现货两个市场,如果实物交割,还要占用大量的资金,且需要有相应的现货供、销渠道来买进或卖出现货。这样的条件一般投机者不具备,所以一般的投机者很少在即将到期的合约上操作。而期现套利者最关注进入交割月份的期货合约品种,只要基差足够大,超过预期投机成本,套利者就会入市,最终再根据市场情况灵活选择在期货市场平仓或是进行实物交割。

期货合约对冲套利是指一般投机者惯常在同一交易所根据其对价格的分析和预期,对某一种合约先买(卖)而后卖(买)对冲获利的交易,这种方式被普遍采用,其具体操作方式灵活多样:补仓或减仓以达到平均买低或平均卖高;运用止损指令限制损失;实现滚动获利;等等。

跨市套利是在两个不同的期货交易所同时买进和卖出同一品种同一交割月份的期货合约,以便在未来两合约价差变动于己有利时再对冲获利。如某投资者在郑州商品交易所买入 7 月绿豆合约 10 手,同时在北京商品交易所卖出 7 月绿豆合约 10 手,以后待有利时机再对冲这两份合约,就是进行了跨市套利操作。

跨期套利是指在同一交易所同时买进和卖出同一品种的不同交割月份的期货合约,以便在将来的合约价差变动于己有利时再对冲获利。如某投资者在郑州商品交易所买进 7 月强麦合约 10 手,同时卖出 9 月强麦合约 10 手,就构成了跨期套利。

跨商品套利是在同一交易所同时买进和卖出同一交割月份的不同品种的期货合约。选择的两种不同合约应在价格变动上有较强的联动性。如大豆和豆油的价格联动性较强,投资者在某个交易所买入 8 月大豆合约同时卖出 8 月豆油合约,就是跨商品套利。

在上述各种套利方式中,跨市套利、跨期套利和跨商品套利也被称为差价套利。其实质是同时买进和卖出两种不同品种但价格有相关性的期货合约,以期望今后利用期货合约间的价差变动来获利。套期图利在期货市场上占有重要地位。有关套利的操作方法与技巧后文将重点讨论。

(2) 从操作原理来分,有价值型套利和趋势型套利两种

价值型套利是应用最普遍的传统套利方法。它依据的是交割月份的同一品种期货价

格和现货价格逐渐聚合的原理。操作关键是估算套利成本,当市场显示的价差超过成本价差时,从纯成本角度可考虑进行套利交易。

例 3.4 某日北京商品交易所与郑州商品交易所的同一月份的绿豆合约价差为600 元/吨,某套利者考虑到两地运输成本因素及套利的交易费用、保证金占用等各项因素合计起来,套利成本也不过 300~400 元/吨,所以抓住机会进行套利交易。再如,对于郑州商品交易所的绿豆合约,某交易者将绿豆两个月的持有成本加上套利交易费用进行估算后得出结论:只要相邻两个合约(绿豆合约月份为单月,即 1,3,5,7,9,11 月)的价差超过 30 元/吨,就可进行套利活动。

趋势型套利是根据价差的趋势性变化获利。同价格变化的特性一样,合约间价差的变化也可分为随机性、周期性与趋势性三种。大部分时间,价差呈随机性或周期性变化,波动空间不大。少数情况下,价差产生明显的趋势性变化。

我国期货交易历史上曾出现的价差趋势型事例有:512—602 苏州红豆、608—609 橡胶、701 郑州—北京绿豆等。

此时合约间呈现较长时间的强者恒强、弱者恒弱状态,价差趋势稳定发展。这种套利方式的潜在利润远大于传统的价值型套利,但风险也更大。

值得注意的是,我国期货市场经过 1998 年后的规范整顿,目前仅有三家交易所,各交易所上市品种有限且不重复。而根据目前有关规定,不允许任何单位和个人从事境外期货投机与套利。因此,上述分类中,跨市套利基本上难以操作。跨商品套利也少见,仅见于铜—铝套利、大豆—豆粕套利。而商品期货的期现套利存在一定难度。因此,跨期套利是目前国内最常见、最便于开展的套利形式。

2. 套利的原理和作用

(1) 套利的原理

如前所述,套利交易是在不同的合约(包括现货)上建立正反两方向的头寸,这两种合约的价格联动性很强。因此,这就与套期保值的"方向相反、数量相等"的原理很有相似之处。套利者选择的合约应有这样的特点:

第一,两合约的价格大体受相同的因素影响,因而正常情况下价格变动趋势理应相同,但波幅会有差异。

第二,两合约间应存在合理的价差范围,在这个范围之外(超过或小于)是受到了外界异常因素的影响,影响消除后,最终还是会回复到原来的价差范围。

第三,两合约间的价差变动有规律可循,价差的运动方式是可以预测的。

套利交易的实质是对两合约的价差进行投机。由于合约间价差变动可以预测,只要分析正确就可获利。而若分析失误,套利者的风险也远低于单向投机者。

由于套利者所关心的是合约间的价差变动问题,而对具体每个合约的价格怎样并不十分关心,而且,交易是否盈利仅仅取决于价差的变动(后面将详细分析),所以,套利交易的报价也是利用价差报价。交易者下指令时,并不注明特定的买价和卖价,只指定价差是多少,这样可以加大成交的机会。例如,入市时交易者下达这样的指令:"买7月大豆合约、卖11月大豆合约各一张,价差0.6美元/蒲式耳。"平仓时,交易者再下这样的指令:"卖7月大豆合约、买11月大豆合约各一张,价差0.8美元/蒲式耳。"

（2）套利的作用

在期货市场中,套利交易提供了一个极低风险的对冲机会。在一般情况下,合约间价差的变化比单一合约的价格变化要小得多,且获利大小和风险大小都较易于估算。所以,套利交易颇受投资基金和风格稳健的交易者青睐。在国外期货交易所,套利交易的保证金水平和佣金水平都较低,而相应的投资报酬却较纯单向投机者稳定得多。除了以上对交易者的好处外,套利交易对整个期货市场还起到以下作用。

① 有利于被扭曲的价格关系回复正常水平。当市场价格扭曲时,相关合约价差波动往往超过正常范围,这时就会引发大量的套利交易,交易者大量卖出相对价高的合约,同时买进相对价低的合约。大量的套利行为的结果,往往会将价格拉回到正常水平。

② 抑制过度投机。欲操纵市场,进行过度投机的交易者往往利用各种手段将价格拉抬或打压到不合理的水平,以便从中获利。如果期货市场上有大量的理性套利者存在,过度投机行为就会被有效地抑制。

③ 增强市场流动性,活跃远月合约。套利者一般交易量较大,通过在不同合约上建立正反头寸,可以有效地增强市场的流动性。特别是跨期套利注重同时在近月和远月合约上操作,这就带动了远月合约的交易。

三、套利交易策略分析

1. 跨期套利

跨期套利有三种最主要的交易形式:买近卖远套利、卖近买远套利和蝶式套利。

（1）买近卖远套利

这是指入市时买进近期月份合约同时卖出远期月份合约的跨期套利形式。如某套利者在郑州商品交易所入市时"买3月小麦合约、卖5月小麦合约"就是这种套利。下面举例分析套利策略。

例3.5　在3月份,某人认为7月份大豆期货价与新豆上市后的11月份大豆期货的价差异常。当时,现货大豆价格看好,他估计会带动期货价上涨,且7月期货价将比11月期货价上涨快。他决定进行买近卖远套利,下指令"买7月大豆期货,同时卖11月大豆期货各10手,价差0.6美元/蒲式耳"。经纪人分别以5.5美元/蒲式耳、4.9美元/蒲式耳成交。两个月后,7月份大豆期货价升至5.74美元/蒲式耳,11月大豆升至5.02美元/蒲式耳。该人将7月、11月期货全部平仓,可赚6 000美元(CBOT大豆合约规模为5 000蒲式耳/手)。交易分析见表3.5。

表 3.5　买近卖远套利　　　　　　　　　　　　美元/蒲式耳

7 月合约	11 月合约	价　差
3 月×日买进 10 手,价 5.5	卖出 10 手,价 4.9	0.6
5 月×日卖出 10 手,价 5.74	买进 10 手,价 5.02	0.72
+0.24	−0.12	

结果盈利为(0.24−0.12)×5 000×10＝6 000(美元)

（2）卖近买远套利

卖近买远套利的交易策略是卖近期月份合约,同时买远期月份合约。如某套利者在郑州商品交易所"卖 3 月强麦合约、买 5 月强麦合约"就是进行了卖近买远套利。下面举例分析套利策略。

例 3.6　某公司在黑龙江大豆产地了解情况,认为大豆将有好收成,由此判断未来大豆价格将下降,且近月期货下跌将会比远月更快,于是做了卖近买远套利。其交易情况分析见表 3.6。

表 3.6　卖近买远套利　　　　　　　　　　　　元/吨

5 月合约	7 月合约	价　差
开仓　卖出价 3 100	买进价 3 150	−50
平仓　买进价 2 700	卖出价 2 800	−100
+400	−350	

结果盈利为 50 元/吨

（3）对跨期套利盈亏的分析

开仓时,假定近月合约、远月合约的成交价分别是 F_1,F_2,近、远月合约的价差为 B。假定平仓时,近、远月合约的成交价格分别为 F_1',F_2',近、远月合约的价差为 B'。具体分析如表 3.7。

表 3.7　跨期套利分析

近月合约	远月合约	价　差
开仓(入市)　F_1	F_2	B
平仓(出市)　F_1'	F_2'	B'

$$买近卖远套利者盈利 = F_1' - F_1 + F_2 - F_2' = B' - B \tag{3.9}$$

$$卖近买远套利者盈利 = F_1 - F_1' + F_2' - F_2 = B - B' \tag{3.10}$$

由以上分析可知,跨期套利的盈亏实际上取决于两次交易的价差变化。买近卖远套利的实际收益为出市时价差减去入市时价差。这在"价差"图上(见图3.4),正是预测价差上涨时的投机方法,所以这种套利也叫牛市套利或买空套利,即入市时买入近月、卖出远月合约。其原理与卖出套期保值相似。只要将近月合约比作现货,远月合约比作期货,价差比作基差,则卖空套期保值的原理与运用规则都适用于买近卖远套利。

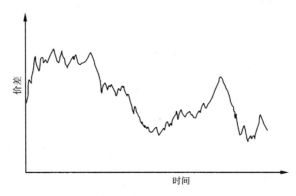

图 3.4　跨期套利价差图

具体地说,近、远期合约的如下关系可能导致"价差"呈上涨趋势:
① 近、远期合约均上涨,但近期上涨更多。
② 近、远期合约均下降,但近期下降较少。
③ 近期合约近似持平,远期合约下降。
④ 远期合约近似持平,近期合约上涨。
⑤ 近期合约上涨,远期合约下降。

卖近买远套利的实际收益为入市时价差减去出市时价差。这正好与买近卖远套利相反,所以这种套利也叫熊市套利或卖空套利,即入市时卖出近月买进远月合约。其原理与买进套期保值相似。具体地说,卖近买远套利是对下降的价差进行投机,若要"价差"呈下降趋势,则远、近期合约价格可能有如下关系:
① 近、远期合约均下降,但近期下降较多。
② 近、远期合约均上涨,但远期上涨更多。
③ 远期合约近似持平,但近期合约下降。
④ 近期合约近似持平,远期合约上涨。
⑤ 远期合约上涨,近期合约下降。

(4) 跨期套利的套利机会选择

选择买近套利与卖近套利的机会,应综合考虑各种因素。首先,要选择好合约;其次,将合约的价格图及价差图画出来,结合基本分析与技术分析,分析出价差的变化趋势,再灵活选择机会。若预测价差将上升,则采用牛市套利策略;若预测价差将下降,则采用熊市套利策略。

下面举例说明怎样在不同合约间选择套利机会。

例 3.7 12 月 1 日某套利者欲在美国猪腹肉期货上进行跨期套利,他观察到各月份期货合约的报价如下:

| 2 月 | 62.65 | 3 月 | 62.77 | 5 月 | 63.85 |
| 7 月 | 63.72 | 8 月 | 61.10 |

请帮他设计最佳的买近卖远套利机会与卖近买远套利机会。

分析:首先,我们根据式(3.9)和式(3.10)可知:

$$买近卖远套利实际收益＝出市价差－入市价差$$
$$卖近买远套利实际收益＝入市价差－出市价差$$

其中的"出市价差"要待日后才会确定,所以现在套利者要选择的是"入市价差"。根据上列公式,牛市套利若想盈利,应选择"较弱(较小)"的入市价差。我们用下表作对比(考虑到可比性因素,应换算为每月价差)。

策　略	入市价差	月入市价差
买 2 月/卖 3 月	62.65－62.77＝－0.12	－0.12
买 3 月/卖 5 月	62.77－63.85＝－1.08	－1.08/2＝－0.54
买 2 月/卖 5 月	62.65－63.85＝－1.20	－1.20/3＝－0.40

由此可见,最佳牛市套利的入市机会是买 3 月/卖 5 月。

根据式(3.10),熊市套利若想获利,应选择"较强(较大)"的入市价差,我们进行如下对比:

策　略	入市价差	月入市价差
卖 5 月/买 7 月	63.85－63.72＝0.13	0.13/2＝0.065
卖 7 月/买 8 月	63.72－61.10＝2.62	2.62
卖 5 月/买 8 月	63.85－61.10＝2.75	2.75/3＝0.92

由此可选择,最好的熊市套利入市机会是卖 7 月合约同时买 8 月合约。

(5) 蝶式套利

蝶式套利是由两个共享居中交割月份的买近套利和卖近套利组成。如"买 7 月铜 5 手/卖 8 月铜 10 手/买 9 月铜 5 手"是典型的蝶式套利。它依次由买近套利"买 7 月铜 5 手/卖 8 月铜 5 手"和卖近套利"卖 8 月铜 5 手/买 9 月铜 5 手"组成。蝶式套利的另一种典型形式是"卖 3 月绿豆 5 手/买 5 月绿豆 10 手/卖 7 月绿豆 5 手",它是依次由一个卖近套利和一个买近套利组成。

以下我们对蝶式套利的盈亏做如下分析：

设入市时蝶式套利近月合约与居中月份合约价差为 B_1，居中月份合约与远月合约价差为 B_2；相应的出市时价差分别为 B_1'，B_2'。则对于前买近后卖近组成的蝶式套利方式而言，套利者的实际收益＝买空套利收益＋卖空套利收益＝$(B_1'-B_1)+(B_2-B_2')$。套利者若想盈利，则最好前一个价差变强，后一个价差变弱；即前一个价差呈上升趋势，后一个价差呈下降趋势。

对于前卖近后买近组成的蝶式套利方式而言，套利者的实际收益＝卖空套利收益＋买空套利收益＝$(B_1-B_1')+(B_2'-B_2)$。套利者若想盈利，则最好前一个价差变弱，后一个价差变强；表现在价差图上，则是前一个价差呈下降趋势，后一个价差呈上升趋势。

2. 跨市套利

跨市套利是在两个不同的交易所选择相同合约，同时在两个交易所开设正反两方向的头寸的交易方式。当相同的品种在不同的交易所有交易时，同一品种同一月份的期货合约有时会出现比价关系反常的情况，交易者可趁机入市进行套利交易以获取利润。

例 3.8　11 月初，受利空因素影响，苏黎世市场黄金 1 月期货价格为 395 美元/盎司；同时伦敦市场 1 月黄金期货价为 400 美元/盎司。某投资基金注意到了这一反常价差状况，并判断不久价格还将下降，于是果断入市进行套利操作。一周后，两市场的价格均降为 394 美元/盎司，其盈亏结果如表 3.8。

表 3.8　跨 市 套 利

美元/盎司

伦敦市场	苏黎世市场	价　差
11 月初某日　卖黄金合约 400	买黄金期货合约 395	5
一周后　平仓 394	平仓 394	0
＋6	－1	5

结果盈利为 5 美元/盎司

跨市套利有如下特征：

(1) 跨市套利的风险及操作难度都比跨期套利更大，因为它涉及不同的交易所，交易者必须同时考虑两个市场的情形和影响因素。有时，虽然是同一品种，但各交易所的交易规则、交割等级、最后交易日、交割期的规定都有差异；期货市场上的流动性也不一样。若是做不同国家的跨市套利，还要考虑汇率变动的影响，所以必须全面考虑各种因素，才能使套利取得成功。因此国外一般是大的投资基金、投资银行才进行跨市套利交易。

（2）同一品种在不同交易所存在价差，主要是由于地理空间因素所造成的，也有品质规格不一样的因素起作用。正常情况下，两市场应有一合理的价差。一般来说，出现比价不正常的持续时间较短，套利者必须抓住时机入市。从实际情况来看，那些在不同交易所都有场内经纪人的投资机构最善于抓住这样的时机，他们交易量往往很大，在几分钟之间便可获巨利。

在我国期货市场上，同一品种在几个交易所交易的情况，过去并不罕见，如京—郑绿豆，深—沪—津金属，深—南铝锭，苏—沪夹板，琼—沪橡胶，连—沪大豆等。但市场上真正的跨市套利者却比较少。这主要是因为期货市场不成熟、欠规范，套利者即使发现了机会也会望而却步。反过来，缺少大量的套利者，也使扭曲的价格关系难以迅速扭转，影响了期市功能的发挥。

跨市套利的盈亏结果可分析如下。

设甲、乙两交易所都交易同一品种，若投资者注意到甲交易所价格相对偏高（注意，是相对于正常的价差偏高，而不是实际价格高），则可在甲交易所卖出，乙交易所买进，结果分析如表3.9。

$$套利结果 = F_甲 - F'_甲 + F'_乙 - F_乙 = B - B'$$

表 3.9　跨 市 套 利

	甲交易所	乙交易所	价　差
入市	$F_甲$（卖）	$F_乙$（买）	B
出市	$F'_甲$（买）	$F'_乙$（卖）	B'

可见，跨市套利的最终结果也是决定于合约间的价差变动。

3. 跨商品套利

这是在两个价格联动性强的品种上开立相反头寸的交易方式，可以分为相关商品套利和可转换性商品间的价差套利两种形式。下面分别进行分析。

（1）相关商品套利

相关商品套利就是利用两种品种不同，但价格相互关联的期货之间的差价变动进行套利。比如在美国，玉米和燕麦之间的套利交易十分流行，因为两者用途相似（都可以做饲料），具有相互替代性。由于国外的套利技巧较为成熟，且套利在市场较为盛行，而我国尚处于探索阶段，这里举一美国燕麦与玉米套利的例子进行说明。

燕麦与玉米价差变化有一定的季节性。一般来说，燕麦价格高于玉米。每年的5,6,7月是冬小麦收割季节，小麦价格降低，会引起价差缩小；每年的9,10,11月是玉米收获季节，玉米价格下降，则会引起价差扩大。某套利者认为今年燕麦与玉米价差变化还将遵循这一规律。于是像往年一样入市进行套利，其操作分析如表3.10与表3.11。

表 3.10 7 月份入市套利——价差扩大的策略　　　　　　　　　美元/蒲式耳

	燕麦期货	玉米期货	价　差
7 月×日	买进 12 月期货,价 4.4	卖出 12 月期货,价 3.4	1
9 月×日	平仓 4.8	平仓 2.85	1.95
结果	+0.4	+0.55	0.95

盈利为 0.95 美元/蒲式耳

表 3.11 3 月份入市套利——价差缩小的策略　　　　　　　　　美元/蒲式耳

	燕麦期货	玉米期货	价　差
3 月×日	卖出 6 月期货,价 4.5	买进 6 月期货,价 3.5	1
5 月×日	平仓 4.1	平仓 3.3	0.8
结果	+0.4	−0.2	+0.2

盈利为 0.2 美元/蒲式耳

对跨商品套利策略,可分析如下。

① 设两商品期货的价差为正,当预计价差扩大时,可采用这样的策略:入市时,买进价高商品期货,同时卖出价低的商品期货;当预计价差缩小时,则可采用相反的策略,即入市时卖出价高商品期货,同时买进价低的商品期货。

② 相关商品套利的结果也正好是入市、出市时价差的变动额。因此交易者交易时只关注价差的变化,并不十分在意具体的成交价格。

(2) 可转换性商品间套利

可转换性商品是指原材料与制成品。典型的如大豆、豆油、豆粕三者之间,豆油生产商的原料是大豆,而豆粕是制油的副产品,可以做饲料,三者之间是可转换性商品。

在美国,大豆、豆油、豆粕之间的套利非常常见,大豆加工商常用来防止大豆价格上涨和豆油、豆粕售价降低。由于大豆、豆油、豆粕在美国期货市场上都有交易,所以套利很方便。

具体做法是,先计算三种商品间的转换差额(即价格差别),计算公式如下:

$$转换差额 = A \times 每磅豆油期货价格 + B \times 每磅豆粕期货价格 - C \times 每磅大豆期货价格$$

其中 A,B,C 的含义为:在现有的社会平均加工水平下,C 磅大豆可以榨取 A 磅豆油,并生产出 B 磅豆粕。目前在美国,这三个值分别取 11,49,60。

如果转换差额为负数,则说明大豆原料价格过高,则套利者预测大豆的需求及价格可能相对下降,豆油及豆粕的需求和价格可能相对上升。于是卖出大豆期货,同时买进豆粕、豆油期货。当大豆价格下跌,豆粕、豆油价格上涨时,再对冲获利。

如果转换差额为正,则说明大豆价格偏低,交易者可买进大豆期货,同时抛出豆油、豆粕期货,待价格关系正常后,再对冲获利。

目前,按照国产大豆的出油情况,国内大豆、豆油、豆粕成分比例为 1:0.156:0.78。大连期货交易所大豆期货交易开展状况良好,且有豆粕期货交易。国内的期货交易者,包括炼油厂,都可尝试这方面的套利交易。

第五节 商品期货交易基本策略

成功的期货交易具有三个要素:一是对价格的正确预测,即试图把握行情变动方向、变动幅度和变动时间,这些将启示我们怎么做;二是根据价格趋势制定合理的交易策略,选择合适的时机和具体的出、入市时点,这是解决何时做的问题;三是做好资金管理工作,根据自身特点及价格变动特点,在交易中合理配置资金,即解决怎样做好的问题。其中交易策略的制定是非常重要的一环,只有结合价格预测及资金管理,掌握适当的交易策略,才能在期货市场中获得成功。

一、常见的失败原因及注意事项

1. 常见的失败原因

期货交易亏本或盈利的关键取决于对市场行情趋势的分析。相当一部分投资者缺乏商品期货知识,对市场缺乏了解,防范市场风险的基本知识不足,这是造成亏损的主要原因。具体来说,主要有以下几个方面。

(1) 资本不足

资本太少,当市场出现不利趋势时,投资者就要补交更多的保证金,否则可能被迫平仓。

(2) 缺乏知识

知识不足,容易对市场作出错误分析,作出错误决定。至少要了解商品供求情况、价格分析方法、订单种类及其运用方法,否则盲目交易,就是侥幸、赌博,往往亏损。

(3) 缺乏基本的品性

头脑清醒、沉着、果断、思维敏锐以及自我约束能力好是必备的基本品性,否则往往导致失败。

(4) 没有妥善的交易计划

投资者要在分析商品供求状况、价格变化的基础上,根据拥有的资本,做好交易计划。一般从小交易做起,模拟训练、积累经验、修正计划、实现计划,否则,会因无计划或计划不周而失败。

（5）经营的商品品种太多

往往顾此失彼，晕头转向，容易失误。不同商品交易的行情因素是不相关的，投资者应该把自己限制在所熟悉的范围内从事期货投资，否则就会伤害自己。

2. 注意事项

（1）在买进或卖出期货以前，首要任务是决定自己的目标利润和了解自己能承受的最大损失限度。

（2）在进行交易前还必须对市场状况作充分的调查研究，同时尽可能选择有经验的经纪人。

（3）绝对不要与市场行情背道而驰，当走势与预测相反时，不要固执，等待行情明朗才落手。违反市场行情的交易，最多只能赚取一些小利，而亏损则是无法估计的。

（4）一旦决定了自己的投资方针和目标利润，就要坚持目标前进，切勿贪图小利，不要让交易当天的涨跌形势影响投资计划。

（5）投资者必须具有坚强的意志，愿意承担风险，主动掌握商品价格走势，往往能将损失补回并获取利润。

（6）不要把全部资金放在一宗交易上，应该采取分散投资的策略，这样做才能分散风险。

（7）当预测的利润多于可能蒙受损失的三倍或四倍方作投机打算。

（8）初次进入期货市场的交易者，应选择自己熟悉的商品，同时用停止损失的方法，限定最大的亏损额，以便在价格不利的情况下得到最大的保障。

（9）期货交易所冒的风险远比其他投资方式为大，但有一个基本原则依然成立，那就是赚钱者往往是一些经验丰富及信心坚定的人，而亏损者大多是一些经验不足及信心不坚定者。

（10）学会赔钱也是重要的。从事期货交易不是赚就是赔，学会赔钱也是交易的一部分。假如投资者一味地害怕损失，那么很有可能在取得成功之前就被淘汰出交易市场了。

二、制定套期保值策略的方法

（1）要了解所交易的商品市场供需状况以及影响其价格的主要因素，做好该商品的供给和需求计划安排；要弄清所交易商品的性质、生产特点和市场构成，确定出合理的目标利润和目标成本，这是成功计划的第一步。

（2）要了解所交易的商品在期货市场上的交易状况，交易所的有关规则，注册仓库的地点，尤其要弄清需保值商品的规格品质与期货合约规格的差异，以明确质量升贴水额。

（3）结合生产、经营情况作出套期保值的决策。应遵循以下程序：

① 利用基本分析或技术分析等各种价格分析手段，估计价格变动的可能性有多大，

变动的幅度是多少,由此计算出净风险额。比如,某出口商预计 3 个月后出口商品,现在的总价值为 100 万美元,假设通过分析认为价格下降的可能性是 60％,下降幅度为 10％,则净风险额为 $100 \times 60\% \times 10\% = 6$ 万美元。

② 计算保值的各项成本费用,即保证金利息、佣金、手续费、交割费用等各项支出。

③ 将净风险额与保值费用对比,若净风险额大于保值费用,且自己不愿或无力承担净风险额,就应该进行套期保值。

④ 在保值过程中,要根据价格长期趋势制定长期保值计划;也要根据价格短期走势预测确定入市和平仓的有利时机。

⑤ 要对基差变量作出预测,估计保证金的需求量,并根据市场情况灵活地选择对冲方式。

⑥ 注意,套期保值是否在期货市场进行实物交割,也要根据运输情况、交割特点灵活抉择;若不准备(或不能够)实物交割,就不要在即将期满的合约上操作。

三、制定投机策略的方法

(1) 充分了解期货合约(性质、作用、内容),判断价格动向和交易情况,确定下一步准备买卖的合约数量,切忌贪多。

(2) 预期获利目标和最大亏损限度。获利潜在可能性应大于风险性,预先确定获利目标和最大亏损限度,以此来决定是否买空卖空。

(3) 确定投入的风险资本。要限制用于早笔交易的风险资金,持有的头寸应限定在自己可以完全操纵的数量之内;还要为可能出现的新交易机会留一些资金。只有当先前的交易部位显示可获利之后,才可进行追加投资交易,追加投资额应小于最初投资额。

(4) 既要有计划,又要随机应变,注意运用好对冲及各种套利技术。

(5) 注意如下有效的交易准则:

① 交易前分析市况,切忌听信谣传,贸然行动。

② 不应盲目投机,在对价格走势看不准时,不进行交易。

③ 很难实现最低买进、最高卖出,力争在好价时执行。

④ 价格看跌时做空头,与价格看涨时做多头同等重要。

⑤ 宁买升,不买降,即价格看涨时,买进获利的可能性较多;而价格看跌时,买进获利的可能性极小,只有当跌至谷底时才有利。

⑥ 只有当期望获利大于风险时,才进行交易。

⑦ 应自觉限定亏损程度,以谋最大获利,对小额亏损要有心理准备,以免扰乱情绪。

⑧ 要有计划(交易计划、资金计划、风险资金、储备资金)。

复 习 题

1. 投机交易与套期保值交易的根本区别有哪些? 它们各有什么交易特点?

2. 分别举例说明在什么情况下做卖出套期保值和买进套期保值。

3. 分别举例说明基差变化对卖出套期保值和买进套期保值的影响。

4. 现货商对存货保值应采用什么策略? 其主要考虑因素是什么?

5. 基差交易、"场外"期货交易与套期保值交易是什么关系?

6. 已在期货市场进行了买进套期保值的交易者如何寻求基差交易?

7. 分析价差变化对买近卖远套利、卖近买远套利结果的影响。

8. 套期图利的作用是什么? 获利的关键取决于什么? 有没有风险? 试分析各类型套利策略的潜在风险。

9. 某有色金属冶炼厂 1 月初计划上半年陆续生产电解铜 5 万吨,计划平均出厂价 20 000 元/吨。估计未来铜价会下降,请你用所学知识策划套期保值策略,并分析保值效果。

10. 设小麦的平均月仓储费 0.025 美元/蒲式耳,月保险费 0.005 美元/蒲式耳,月资金占用利息 0.010 美元/蒲式耳,9 月份小麦现货价为 8.20 美元/蒲式耳,某储运商以该价购进小麦,欲 12 月出售。该储运商同时卖出了 12 月小麦期货进行保值。试问:

① 9 月份时 12 月期货的理论价格是多少?

② 若储运商以该理论价成交进行保值,则 12 月对冲期货部位时,基差需为多少才能保证 0.04 美元/蒲式耳的盈利?

11. 如下表所示,某农场主进行了卖期保值。

美元/蒲式耳

	现 货	期 货
1 月×日	(2.54)	2.53
3 月×日	2.40	2.43

① 分析其保值效果如何。

② 假设农场主保值开始时未在账户上存入多余的钱。若 2 月 1 日合约的结算价分别为 2.50 和 2.58,试分别分析以上两种情况下客户的浮动盈亏及追加保证金情况(假设初始保证金要求 0.12 美元/蒲式耳,维持保证金要求 0.10 美元/蒲式耳)。

12. 已知某日 COMEX 的黄金期货行情如下,请找出最有盈利潜力的牛市套利机会和熊市套利机会。

4 月	387.50	6 月	394.00	8 月	401.00
10 月	406.00	12 月	403.00	2 月	399.50

13. 5 月 1 日某公司得知将在 7,8 月份购买铜 2 000 吨。该公司决定利用上海交易所的铜期货进行保值。铜期货每个月都有交割,合约每手为 5 吨。该公司决定用 9 月期货来保值,于 5 月 1 日以 19 500 元/吨的价格成交,买入 9 月铜期货 400 手。7 月 28 日,公司在现货市场购入铜,价格 20 100 元/吨;同时将期货平仓,平仓价 20 200 元/吨。该公司实际交易的有效价格是多少?

14. 6 月 1 日某公司预计 9,10 月间将出售 400 万加仑的航空燃料油。公司决定用 12 月燃油期货合约进行保值,合约规模 42 000 加仑。若保值期间每加仑航空燃料油的价格和燃油期货价格变化的标准方差分别为 0.03 和 0.04,且保值期间航空燃料油价格的变化与燃油期货价格变化之间的相关系数为 0.9,求最佳的套期保值比率。

第四章　商品期货价格分析和预测

商品期货交易与商品期货标的物的价格波动具有本质的紧密联系。期货交易者能否取得成功,关键在于对期货价格走势(包括方向、幅度、速度)的分析、预测是否正确。预测期货价格走势的分析方法划分为两大类:第一类是基本分析法,第二类是技术分析法。本章将介绍这两类分析方法,侧重于技术分析法中各类图形和技术指标。

第一节　基本分析法

基本分析法是指根据商品的供给和需求关系以及影响供求关系的其他基本因素,来预测商品的价格走势。基本分析法主要是用来研判期货价格的中、长期走势。基本分析法企图回答和解释价格为什么会发生变化。采用这种方法分析价格走势的人,一般被称为基本面分析派。基本分析法包括的分析因素,除了供求因素以外,还有其他一些经济因素、政治因素、自然条件因素以及投机因素等。

一、期货商品的供给与需求

商品的价格是由供给和需求的变化来决定的,供求的均衡形成商品的市场价格。商品的价格与供求具有互动关系。商品的价格与供给呈正比关系,价格越高,供给量越大;商品价格与需求呈反比关系,价格越低,需求量越大。反过来,供求关系的变化对价格也有影响,供给量变动与价格变化呈反比,需求量变化与价格变化呈正比。

对不同的商品,价格变化引起供给量变化的幅度不同,这种供给量对价格变化反应的灵敏程度,称之为价格供给弹性。同样,需求量对价格变化反应的灵敏程度,称之为价格需求弹性。不同的商品,这两种弹性不同。有些商品供给弹性大,价格稍有变化,则供给量变化很大。

1. 期货市场的供给

期货市场的供给量主要是由前期库存量、期货期限内可能提供的生产数量和进口量三部分组成。

(1) 前期库存量。又称期初存量。是指上期(年、季、月)积存下来可供社会消费的商品实物量。库存量包括生产供应商存货、经营商存货和政府存货。其中,前两类存货的持有者是以盈利为目的,价格上涨,随时会引发存货的上市供给,故这两类存货可认为是市场商品供给量的实际组成部分。而政府控制的那一部分存货,是为满足社会整体性消费目的而持有的,兼具社会保险作用和平抑物价功能的商品储备。这部分存货不会因价格的一般波动原因而轻易投放市场变成实际的供给。但是如果某种商品价格波动相当大,而这种商品又是关系到国计民生的大宗商品,国家很有可能动用其库存储备来干预市场、平抑物价。一旦政府出于此类目的动用存货,国家的库存也就成了市场实际的供给量。由于动用量往往相当大,会对现货市场和期货市场价格产生举足轻重的作用。

（2）期内生产量。期内生产量是一个变量,期货合约所交易的未来商品是在合约成交时刚投入或即将准备投入生产的产品,在此期间,商品生产者可能受各种因素的影响而改变其生产计划,或其他原因影响产量。这一点对于受自然因素影响大的农产品,表现得尤为明显。农产品期内生产量改变,其原因一般有两种:一是由于种种原因生产者临时改变生产计划,增加或减少生产量;二是原生产计划不变,而受自然因素的影响,其产量增加或减少,从而造成期内生产量增加或减少。所以,交易者要根据情况变化,正确预测实际期内生产量。

（3）期内进口量。是指某种商品在一定时期内可能进口的数量。一般而言,某种商品供给缺口大,而这种商品在整个国家社会消费的比重也大,那么这种商品的进口量相应也大,自然该种商品进口量对商品供应量影响也就大。在实际工作中,往往由于某种经济原因或政治原因,使商品的实际进口量与原计划进口量产生很大的偏差,从而影响商品期货价格。因此,必须尽可能及时地掌握和了解国家进口政策的变化,国际间政治局势的发展,国际市场上该商品供应状况,以及价格水平和替代商品的供应情况。

2. 期货市场的需求

期货市场的需求是由期内国内消费量和期内出口量组成。

（1）期内国内消费量。同期内国内生产量一样,期内国内的消费量也是一个变量。影响期内消费量的因素有:政府收入分配政策,就业政策,消费者储蓄动机,人口的增长,消费者购买力的变化,商品新用途的发现,替代品的增减及替代品价格水平等。期内国内消费量是商品需求量的主要组成部分。特别是对于出口量不大甚至需要进口的那些商品,对需求量的分析几乎都集中在期内国内消费量上。

（2）期内出口量。在产量一定的情况下,某种商品出口量的变化会引起商品价格的波动。在预测出口量对商品期货价格影响时,不仅要分析国内年度出口计划的变化趋势,更重要的是密切注意分析已签订合同的实际出口量与计划出口量之间可能发生的差额大小、方向及出口商品合同的订约期和交货期。除此以外,尽可能掌握国家出口政策,国际市场商品供求趋势,进口国外贸政策,同类产品其他出口国供应量的变化及其产品的竞争力的变化。如果说国内消费量的分析集中在国内的影响消费量的各种因素上,那么期内出口量分析的重点则是集中在影响出口量的国际市场各种因素上。

二、经济因素

商品期货价格与经济因素有着密切的联系。这些经济因素有货币供应量、利率、贴现率、汇率等。

1. 货币供应量

货币量的多少决定商品期货价格的大体走势。当货币供应量增加时,商品价格随之上升;反之则下跌。货币供应量与商品价格呈正比关系。

货币供应量对金融期货的影响最大,货币供给量的多寡直接影响金融期货的价格。如股指期货,货币供应量增加,股指期货价格上扬,反之,则下跌。因为货币供应量增加,说明社会上的游资相应增加,股价随之上扬,处于牛市的股指期货价格自然会向上攀升。社会上的游资常用马歇尔系数 K 来衡量。

$$K = \frac{M}{Y} \tag{4.1}$$

式中:M——居民手中持有的金融货币总额;

Y——国民生产总值;

K 值越大,游资越多;反之,K 值越小,游资越少。

2. 利率

调整利率可以扩张或紧缩一国的经济,同时也会对商品的现货和期货价格产生影响。当提高利率时,一部分做多的投机者会因利息负担过重,交易成本增加而抛出期货平仓出场;另外提高利率也给投机者一个信号:政府将采用紧缩的经济政策,这势必会使商品价格普遍下跌,从而可能引发期货价格下跌。投机者因此会卖出期货平仓了结,或减少新的做多头寸和增加新的做空头寸。因此,提高利率会引起期货价格下跌。相反,如果降低利率,低的利息负担及期货价格有可能上涨的预期,使得投机者纷纷涌入期货市场,买进期货合约,促进期货价格上涨。

期货价格下跌或上涨的幅度与利率调高或调低的幅度呈正比关系,一般说来,利率调整的幅度大,期货价格变化的幅度相应也会增加。这一点在金融期货及与国民经济发展息息相关的商品期货(如铜、铝、橡胶等)中表现尤为明显。

3. 贴现率

贴现率提高,从事期货交易的成本高,另外贴现率提高预示着市场利率的提高,经济趋于紧缩,期货价格下跌;调低贴现率,资金成本低,且经济趋于扩张,期货价格上涨。

4. 汇率

世界贸易中,主要的工业原材料、能源和绝大部分的农产品的价格是参照世界上商品期货交易所的相应的期货价格来确定的。而世界贸易中大约 70% 是以美元计价的,因此,美元对各国货币汇率的变化对在世界上具有一定影响的国际化的商品交易所的期货价格具有重要的影响。如某国的货币贬值,即美元升值,那么,贬值国国家商品在美国商品交易所中的期货价格因美元升值而下跌,而在国内商品交易所本币表示相应商品的期货价格则上涨。例如 1967 年 11 月 11 日英镑被迫贬值 14.3％,1968 年 3 月份羊毛的期货价格在纽约商品交易所由原来的每单位羊毛 114 美元下降至每单位羊毛 102 美元,而在伦敦商品交易所则由贬值前的每单位羊毛 97 英镑上升到贬值后的每单位羊毛 103 英镑。

三、政治因素

金融产品、黄金及与世界经济紧密相连的主要工业原材料(如铜、铝、石油等)对政治局势的变化十分敏感,其期货价格也是如此。而其他的商品期货对政治因素有着不同程度的反应。一般说来,若期货商品与整体国民经济及世界经济相关度大,那么,该种商品期货价格对政治因素反应大;如果期货商品与整体国民经济及世界经济联系不是很紧密(如我国绿豆等小品种期货),那么,该种商品期货价格不会因政治因素而发生很大的变化。

政治因素通常分为国内和国际两大部分:国内方面包括各种政治动荡和局势的变化,例如政变、内战、罢工、大选、劳资纠纷等;国际方面包括战争、冲突、经济制裁、政坛重要人物逝世或遇刺等。例如,1980 年 9 月 21 日,伊朗和伊拉克爆发战争,人们预期美国不会无动于衷,美国的介入将会使国际经济形势动荡不安,故争相抛售美元抢购黄金。1980 年 9 月 22 日,纽约商品交易所的金价涨至涨停板。一天之内,每盎司黄金上涨了 25 美元。又如,1981 年 3 月美国时任总统里根遇刺的消息使得黄金价格发生巨大的波动。里根遇刺的消息一传开,纽约黄金市场金价由每盎司 780 美元上涨到每盎司 800 美元的天价,短短几分钟内,金价上涨了 20 美元。当里根经抢救脱离危险后,金价由每盎司 800 美元下泻到原来每盎司 780 美元的水平。期货市场对政治因素反应十分敏感和强烈。特别是短期期货价格,它可能完全被政治因素所左右,发生暴涨暴跌。对期货交易者来说,当政治因素引起期货价格巨幅波动时,一定要沉着冷静,正确预测期货价格变动的方向和幅度,利用政治因素对期货价格的影响而获取价格波动带来的丰厚利润。但是,各种政治性事件的发生是很难预测的,因此,在分析政治因素对期货价格的影响时,特别需要注意的是,某些人利用一些偶发性的政治事件或政治新闻操纵期货市场价格。对这种情况,期货交易者就应广泛搜集、整理有关的资料、信息,全面系统地加以分析,以把握政治因素可能给期货价格带来的真正影响,避免上了操纵大户的圈套,造成不可估量的损失。

四、自然因素

商品期货,尤其是农产品期货的价格与自然条件有着密切联系。自然因素主要是指严寒、干旱、洪涝、台风、虫灾等方面的因素。自然因素通过影响农产品的收成和供给直接影响其期货价格。自然因素对非农产品的其他商品(如能源、工业原料)期货价格也有着一定程度的影响,相对于农产品而言,这类商品期货受自然因素影响较小。对于这些商品期货,自然因素主要通过运输、仓储而影响需求从而影响商品价格。一般说来,自然因素对农产品价格的影响是长期的,而对非农产品的期货价格影响是短期的,一旦自然因素的影响消失,非农产品的需求就会马上恢复到原来的水平,从而使期货价格回复到原来价格附近。对于农产品而言,自然条件恶劣时,农作物的产量就会受到影响,从而使期内生产量减少而造成实际供给的减少,期货价格上涨;反之,亦然。例如,1994 年,由于暴发历来少有的大洪灾,原郑州商品交易所及原北京商品交易所绿豆连续几天涨停板,当时做空的一些期货交易者,短短几天,遭受巨大的亏损。

五、投机因素

期货交易者有两大类:一类是套期保值者,他们利用期货市场转移现货价格波动风险;另一类则是投机者,他们利用期货价格波动,"高出低进"或者"低进高出",赚取价格波动差价。在期货市场上,投机者占的比例相当大。投机者的投机行为对价格的影响自然是很大的。当市场价格看涨时,投机者预测价格将进一步上涨,迅速买进期货合约,而原来做空的投机者则买进期货合约止损平仓离场,或反手做多,买进新的期货合约。大量的投机者买进期货合约,又促使期货价格进一步攀升。价升量增,又引发场外的投机者不断涌入期货市场买进期货合约,致使期货价格呈现强劲的上升行情。当期货价格上升到一定幅度,投机者预测期货价格不久将会下跌,故纷纷平仓卖出期货合约。而原来做多的投机者,在一片看空的市场气氛中,也卖出期货合约认赔离场,或加入空头行业,卖出新的期货合约,以图期货价格下跌后获利弥补原来多头合约的亏损。大量卖出期货合约,使得期货价进一步下跌。期货价格的上涨及下跌是以现货价格为参照物上下波动的。在期货市场中,这种正常的投机行为是允许的。但是一些市场价格操纵大户经常夸大某些消息,甚至利用虚假信息,凭借自身在通信及资金上的优势人为地进行过度投机性的大量买进或卖出期货合约,操纵市场价格从中获取暴利。这种操纵市场价格的投机行为是期货市场所不允许的。

第二节　技术分析法的图形方法

技术分析法要回答的问题是:价格是如何变动的? 技术分析法的理论基础是建立在三条假设之上的:其一是市场行为包容消化一切,所有影响价格的因素都反映在价格之中;其二是价格以趋势方式不断演变;其三是历史会重演,过去出现过的价格形态今后也可能重现。

技术分析法的效用,取决于市场的有效性:在有效市场中,价格波动完全是一种随机漫步行为,这时技术分析法将失去作用。根据我们的研究[14]认为,当前期货市场,特别在我国,弱型有效还没有达到,期货市场仍是非有效的,故可根据历史数据来预测市场价格走势。技术分析法可划分为图形分析和指标分析两大类。

图形分析是技术分析最常用的方法,技术分析派认为,记录期货价格的图表是技术分析的基础。具体方法是将历史价格的时间序列数据绘成图形,从图形表现的价格波动形态和趋势来判断未来价格走势。图形方法有线条、缺口、波浪理论、反转形态及整理形态等。

一、图形的类型与制作

图形按不同的内容可分为价格图和成交量图;按时间可以分为日线图、周线图、十日线图、月线图、季线图和年线图等;按性质可以划分为 K 线图(也称阴阳线图)、条形图等。下面主要介绍 K 线图(K charts)和条形图(bar charts)的基本原理与制作。

1. K 线图

K 线图又称阴阳线图、蜡烛图(candle charts),它是将每日开盘价、收盘价、最高价、最低价记录并绘制为一支"蜡烛"而连续形成的图形(见图 4.1)。

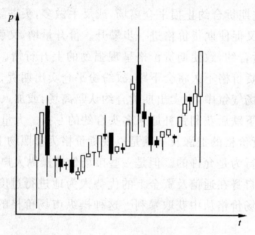

图 4.1 K 线图

(1) 每日 K 线图的绘制方法(见图 4.2):

① 开盘价与收盘价之间用粗线表示,称为实体或柱体。柱体分为:阳柱,收盘价比开盘价高,用红色表示(本书用空白代替);阴柱,收盘价比开盘价低,用绿色表示(本书用黑色代替)。

② 最高价高于实体的上限,称为上影线,用细线表示,其颜色按其实体的颜色而定;

若最高价等于收盘价或开盘价,则无上影线。

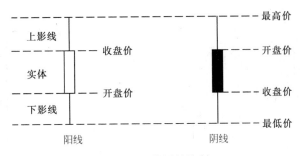

图 4.2　K 线图的绘制

③ 最低价低于实体的下限称为下影线,用细线表示,其颜色按其实体的颜色而定;若最低价等于开盘价或收盘价,则无下影线。

④ 收盘与开盘价相等,则以前一日实体的颜色为准,在该价位画一横线,连同影线,成为十字星,也称十字线。

(2) 单一 K 线可能出现的典型形态如图 4.3 所示,表明当日买卖势(压)力强弱,导致价格变化的情势。

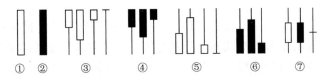

图 4.3　某日 K 线图典型形态

图 4.3 中,①表示大阳线(光头阳线),开盘后买方势强,使价格一直上扬到收市。②表示大阴线,开盘后卖方一直势强。③表示先跌后涨形,依买卖方力量变化而有不同的形态。④表示下跌抵抗形,也依买卖方压力变化而有不同形态。⑤表示上升抵抗形,也有不同形态。⑥表示先涨后跌形,也依买卖压力变化而有不同形态。⑦表示反转试探形,除图上所绘不同形态外,还有上、下影线长短不同的各种变形。

2. 条形图

条形图的构造比较简单,也是常用的一种图形(见图 4.4)。

在条形图上,每一根竖线代表一天(或一周、一月、一年)里价格曾出现过的最高、最低价,竖线上接的短横线表示收盘价(见图 4.5)。

一般来说,每星期绘出 5 个交易日的条形图,代表该星期的价格变动情势。此条形图也可以按周、月等标绘。

无论 K 线图或条形图,具体对某品种期货价的描绘,一般是将其某交割月的每日的 K 线图或条形图绘上,直到交割日到期不交易为止,然后,可以接着将下一个交割月的该

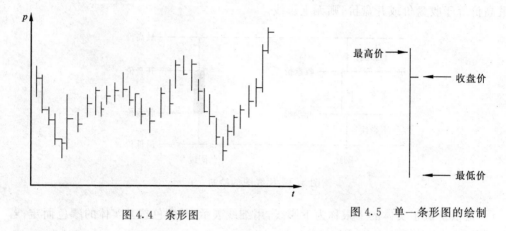

图 4.4 条形图 | 图 4.5 单一条形图的绘制

品种的每日 K 线或条形图绘上。

二、线条

用于价格走势分析中的线条主要有趋势线和支撑压力线两大类。

1. 趋势线

趋势线反映期货价格的基本走势。预测价格走势,首先应了解价格处于上升趋势还是下降趋势。趋势线有上升趋势线和下降趋势线。将波谷最明显的两个谷点连接起来且向上倾斜的直线称为上升趋势线(见图 4.6)。将最明显的两个波峰顶点连接起来且向下倾斜的直线称为下降趋势线(见图 4.7)。当一条趋势线在时间上涵盖了长达数月之久,可以称为主要趋势线或长期趋势线,较短时间的趋势线则称为次要趋势线或短期趋势线。

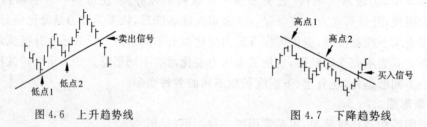

图 4.6 上升趋势线 | 图 4.7 下降趋势线

对于趋势线,在实际运用过程中,有如下几个要点可供参考:

(1)当期货价格跌破上升趋势线时,就是一个卖出信号(见图 4.6)。在没有跌破之前,上升趋势线就是每一次价格回落的支撑。当期货价格向上突破下降趋势线时,就是一个买入信号(见图 4.7)。在没有突破下降趋势线之前,下降趋势线就是每一次价格回升的阻力。

在运用以上要点时,要特别注意价格突破趋势线的可信度。实际操作时,其可信度可从以下几个方面去判断:

① 假如在一天交易时间里突破过趋势线,但收市价并没有超出趋势线的外面,这并不是突破,可以忽略它,而这条趋势线仍然有用。

② 如果收市价突破了趋势线,必须要超越 2%~3% 才可有效。

③ 当突破趋势线出现缺口,这种突破将是有效的,且是强有力的。

(2) 期货价格随着固有的趋势线移动的时间愈久,这条趋势线愈有效。

(3) 期价沿趋势线运行时,期价每次变动都配合成交量的增加,当有巨大的成交量出现时,可能是中期行情终了的信号,紧随着而来的将是反转行情的出现。

(4) 趋势线与水平线形成的角度愈陡,愈容易被一个短的横向整理所突破。因此趋势线愈平,愈具有技术意义,但愈难判断后市,也愈易被忽略。

(5) 期价的上升与下跌,在各种趋势的末期,均有加速上升与加速下跌的现象。因此,趋势反转的顶点或底部,大都远离趋势线。

2. 支撑线和阻力线

在价格波动的过程中,将图中的两个或两个以上的价格最低点连接起来所形成的直线即支撑线。在此线附近,具有相当大的买盘,支撑价格。在价格波动过程中,将图中的两个或两个以上的价格最高点连接起来所形成的直线即阻力线。在此线附近,具有相当大的卖盘,阻止价格上涨(见图 4.8)。

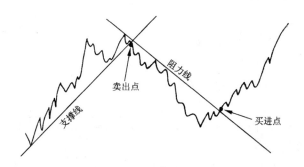

图 4.8　支撑线和阻力线

对于支撑线及阻力线,在实际运用过程中,有如下几个要点可供参考:

(1) 当价位向下跌破支撑线时,出现卖出信号,可做空头。当价位向上突破阻力线时,可做多头平仓空头头寸,同时可反手做多头。

(2) 按以上方法操作时,特别注意"跌破"及"突破"的有效性。一般认为:阻力线的突破或支撑线的跌破,必须有 2%~3% 以上的幅度才可视为有效。

(3) 水平的支撑线及阻力线一般出现在整数价位上,这个价位线亦可称为"关卡价"。

当关卡阻力被突破以后,即为买进信号,此时阻力线变成支撑线(见图4.9)。当支撑线被跌破后,即为卖出信号,此时支撑线变成为阻力线(见图4.10)。

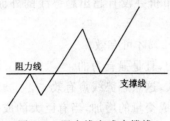 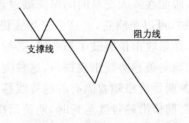

图 4.9　阻力线变成支撑线　　　　图 4.10　支撑线变成阻力线

三、缺口

缺口是指期价在快速大幅变动中有一段价格区域内没有任何交易,出现在期价走势图上是一个空白,这个区域称为缺口。当期价出现缺口,经过几天变动,然后反转过来,回到原来缺口的价位时,称为缺口的封闭,又叫补空。

缺口分普通缺口、突破性缺口、持续性缺口与消耗性缺口四种(见图4.11)。

1. 普通缺口

普通缺口通常在密集的交易区域中出现,因此,许多需要较长时间形成的整理或转向形态,如三角形、矩形,都可能有这类缺口出现。

对于普通缺口,在实际运用过程中,有如下几个要点可供参考:

(1)普通缺口并无特别分析意义,一般在短时间内便会完全填补。

(2)普通缺口在整理形态出现的机会要比反转形态时大得多。常因突发性的谣传、消息造成此类缺口;或由于交易营业时间的限制,在先天休市和第二天开市之间也会出现普通缺口。

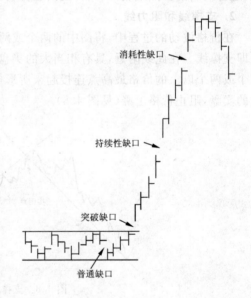

图 4.11　缺口

2. 突破性缺口

突破性缺口通常出现在多空交战激烈、突破拉锯的状况下。比如它经常在重要的反转形态如头肩形态的突破时出现,当期价以一个很大的缺口跳空远离形态时,这表示真正的突破已经形成了。

对于突破性缺口,在实际运用过程中,有如下几个要点可供参考:

(1)突破性缺口的分析意义较大,这种缺口用来辨认突破信号的真伪。如果期价突破支撑线或阻力线后,以一个很大的缺口跳离形态,则突破是有效且强有力的。

(2)突破性缺口一旦出现,获胜的一方不是一路轧空上涨,就是一路杀多下跌。它往往伴随着一轮上涨或下跌行情。因此,一般说来,突破性缺口,不像普通缺口会在很短的时间内补空。

(3)突破性缺口一般虽不会马上补空,但它还是存在很快补空的可能性。这点我们可以从成交量的变化中观察出来。如果在突破缺口之前有大量成交,而缺口出现后成交量相对减少,那么迅速填补缺口的机会有 50%。但如缺口形成之后成交明显增加,期价在继续远离形态时仍保持很大的成交量,那么缺口短期补空的可能性便会很低。

3. 持续性缺口

持续性缺口又叫逃逸缺口,它常出现在一段时间内急剧上涨或下跌的行情之后。急涨或急跌之后,也仅仅作小幅度的获利回吐。空头见行情跌不下来,纷纷购买合约止损平仓,或反手做多,新多头见行情还有上升空间,继续追高。上升行情继续延续。

对于持续性缺口,在实际运用过程中,有如下几个要点可供参考:

(1)持续性缺口在技术分析中意义很大,它可以用来测算获利的空间。它通常是期价突破后至下一个反转式整理形态的中途出现,因此,持续性缺口能大约预测期价未来可能变动的距离,所以又称为量度缺口。其量度方法是从持续缺口开始期价继续上涨或下跌的幅度等于突破口到持续性缺口的垂直距离。

(2)持续性缺口是期价大幅度变动中途产生的,因此,不会短时期内封闭。

(3)期价在突破整理区域时急速上升或下跌,成交量在初期最大,然后在上升或下跌过程中不断减少,当原来具有优势一方重新取得优势后,放量跳空高开,或跳空下跌,便形成巨大的持续性缺口。这时,成交量在后续的上涨或下跌行情中慢慢减少。这是持续性缺口形成时成交量的变化情形。从成交量的变化也可以反过来辨认是否是持续性缺口。

4. 消耗性缺口

消耗性缺口是伴随快的大幅的期价波动而出现。此时,行情大幅上涨或下跌,使得大多数交易者一路追高或杀跌,导致跳空高开或低开的超强态势。此时的跳空缺口就是消耗性缺口,消耗性缺口又叫竭尽缺口。

对于消耗性缺口,实际运用过程中,有如下几个要点可供参考:

(1)消耗性缺口同突破性缺口和持续性缺口一样,在技术分析中具有重要的意义。消耗性缺口的出现,通常表示期价的趋势将暂告一段落。如果在上升趋势中出现,表示期价将下跌;若在下跌趋势中出现,表示期价将上涨。

(2)由于消耗性缺口通常意味着行情将反转,消耗性缺口的确认,对交易者来说,显得特别重要。在缺口发生的当天或后一天若成交量特别大,而且趋势的未来交易量无法再放大,这就可能是消耗性缺口了;假如在缺口出现的后一天其收盘价停在缺口的边缘,就更可确定这是消耗性缺口了。

(3) 消耗性缺口是行情即将到达终点的最后现象,所以多半在几天内被封闭。

四、波浪理论

波浪理论是技术分析大师艾略特所发明的一种预测价格趋势的分析工具。它是期市、股市分析中运用最多,但最难于理解和精通的分析工具。

艾略特认为,不管是期货价格还是股价的波动,都与大自然的潮汐、波浪一样,一浪跟着一浪,周而复始,具有一定的规律性,表现出周期循环的特点,任何波动均有迹可循。因此,从事期货的交易者可根据这些规律性的波动来预测价格未来的走势,从而决定自己的买卖行为。

1. 波浪理论的基本形态

波浪理论认为:价格的波动周期,从"牛市"到"熊市"的完成,包括了 5 个上升浪与3 个下跌浪,总计有 8 浪(见图 4.12)。

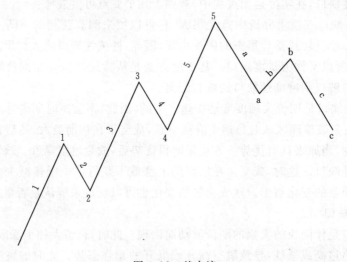

图 4.12　基本浪

每一个上升的波浪,称为"推动浪",如图 4.12 中的第 1,3,5 浪。每一个下跌波浪,是为前一个上升波浪的"调整浪",如图 4.12 中第 2,4 浪。第 2 浪为第 1 浪的"调整浪",第 4浪为第 3 浪的"调整浪"。

对于整个大循环来讲,第 1 浪至第 5 浪是一个"大推动浪";a,b,c 三浪为"大调整浪"。

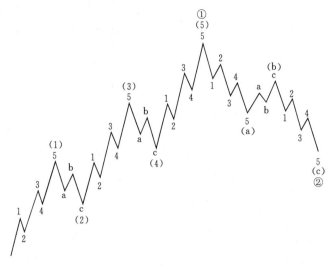

图 4.13　艾略特波浪理论

在每一对上升的"推动浪"与下跌的"调整浪"组合中,大浪中又可细分小浪,亦同样以8 个波浪来完成较小的级数的波动周期。图 4.13 在一个大的价格波动周期涵盖了 34 个小波浪。

2. 每一浪的特点

那么,如何来划分上升 5 浪和下跌 3 浪呢? 一般说来,8 个浪各有不同的特征。

(1) 第 1 浪

几乎半数以上的第 1 浪,是属于营造底部形态的一部分,第 1 浪是 8 浪循环的开始,由于这段行情的上升出现在空头市场跌势后的反弹或反转过程中,买方力量并不强大,加上空头继续存在卖压,因此,在此类第 1 浪上升之后出现第 2 浪调整回落时,其回档的幅度往往很深;另外半数的第 1 浪,出现在长期盘整完成之后,在这类第 1 浪内,其行情上升幅度较大。

(2) 第 2 浪

第 2 浪是下跌浪,由于市场人士误以为熊市尚未完结,其调整下跌的幅度相当大,几乎吃掉第 1 浪的升幅,当行情在此浪中跌至接近底部(第 1 浪起点),卖压逐渐衰竭,成交量也逐渐缩小时,第 2 浪调整才会宣告结束。在此浪中经常出现反转形态,如头肩底、双底等。

(3) 第 3 浪

第 3 浪往往是涨势最大、最有爆发力的上升浪,这段行情持续的时间最长、幅度最大,市场投资者信心恢复,成交量大幅上升,常出现传统图表中的突破信号。这段行情的走势非常激烈,一些图形上的关卡非常轻易地被穿破,尤其在突破第 1 浪的高点时,是最强烈的买进信号。由于第 3 浪涨势激烈,经常出现"延长波浪"的现象。

(4) 第 4 浪

第 4 浪是第 3 浪的调整浪。它常以倾斜三角形的形态走完第 4 浪。在调整过程中,此浪的最低点不会低于第 1 浪的最高点。

(5) 第 5 浪

第 5 浪是期货交易者特别关注的一浪,对于商品期货市场来说,第 5 浪经常是最长的波浪,且常常出现延伸浪。但是对于股市而言,第 5 浪的涨势通常小于第 3 浪。

(6) a 浪

在 a 浪中,交易者基本看多,认为正处于牛市涨势之中,上升趋势不变,此时价格下跌仅为一个暂时的回档现象。实际上,a 浪的下跌,在第 5 浪的后期通常已发出下跌浪的信号了,如成交量与价格走势背离或技术指标上的背离等。由于投资者的看多心理,a 浪的调整幅度往往不会太深,常出现平势调整或者以"之"字形态运行。

(7) b 浪

b 浪一个最突出的特点就是成交量不大,b 浪是多头出货的一次好机会。然而,由于它是出现在一轮上涨行情之后,外加 a 浪调整幅度一般不会太大,很容易给投资者一个错觉,误认为是另一波段的涨势。常在此形成多头陷阱。许多多头在此失去出逃的好机会。

(8) c 浪

c 浪是一段破坏力很强的下跌浪,在该浪中,交易者看空气氛很浓,此浪跌势较为强劲,跌幅深,持续的时间也较长。

从以上分析来看,波浪理论似乎简单且便于运用。实际上,由于其每一个上升或下跌的完整过程中均包含有一个大 8 浪,大浪中每一浪又有 8 个小浪,而 8 个小浪中每一浪中又有 8 个细浪。因此,使数浪变得相当繁杂和难于把握。再加上其推动浪和调整浪经常出现延伸浪等变化形态,使得对浪的准确划分更加难以界定。这两点使得波浪理论运用起来较为困难。

3. 黄金分割率

在波浪理论中,每一波浪之间的比例,包括波动幅度与时间长度的比例,均符合黄金分割率的比例。对于技术分析者来说,黄金分割率是非常重要的参考依据。

(1) 黄金分割率的由来

数学家法布兰斯在 13 世纪写了一本书,内容是关于一些奇异的数字的组合。这些奇异数字的组合是 1,1,2,3,5,8,13,21,34,55,89,144,233,…。

以上任何一个数字都是前面两数字之和。

例 4.1 $2=1+1, 3=2+1, 5=3+2, 8=5+3, …$

有人说,这些数字是他从研究金字塔中得出来的。金字塔尺寸与上列奇异数字息息相关。金字塔的几何形状有 5 个面,8 个边,总数为 13 层。由任何一边看去,都可以看到 3 个层面。金字塔的高度为 5 813 英寸＋(5－8－13),而高与底边百分比率是 0.618,0.618 即是上述奇异数字的任何两个连续数之比。

另外,金字塔五角形的任何一边长度都等于这个五角形对角线的 0.618 倍。

另外,有人研究过向日葵,发现向日葵花有 89 个花瓣,55 个朝一方,34 个朝向另一方。

以上提到的数字,就是所谓的奇异数字。其中的 0.618,1.618 就叫作黄金分割率。

除了 0.618 和 1.618 以外,在波浪理论中运用到的有关数据还有 0.382,0.5,1, 1.382,1.5,2 等。

(2) 波浪理论与黄金分割率

在波浪理论中,浪的数目与组成黄金分割率的奇异数字非常吻合。每一个波动周期是以 8 浪完成,其中 5 浪上升,3 浪下跌。8,5,3 恰恰是奇异数字。

在波浪理论中,黄金分割率常用来计算各浪之间的比例。

第 3 浪波动幅度与第 1 浪起涨点至第 1 浪最高点之间的距离之比为某一黄金比率数字,即 0.382,0.500,0.618,1.000,1.618 等。

第 2 浪的调整幅度约为第 1 浪涨幅的 0.382,0.5,0.618 倍。

在调整浪中,c 浪与 a 浪之间的比例,亦吻合黄金分割律的比例数字。通常 c 浪长度为 a 浪的 1.618 倍。

第 1 浪至第 5 浪的完整波浪幅度,其极限为第 1 浪涨幅的 3.236 倍。

第 5 浪的涨幅,有可能为第 1 浪至第 3 浪全部涨幅的 1.618 倍。

五、反转形态

反转形态指期价趋势逆转所形成的图形,亦指期价由涨势转为跌势,或由跌势转为涨势的信号,常见的反转形态有:头肩形、圆弧形、双重形态、三重形态、V 形、直角三角形、菱形。

1. 头肩形

头肩形是最基本的反转形态,中间(头)涨跌幅度最大,两边(两肩)较低(见图 4.14)。头肩形又分为头肩顶形和头肩底形(见图 4.15 和图 4.16)。

对于头肩形,在实际运用过程中,有如下几个要点可供参考:

(1) 头肩形是一个长期性趋势的转向形态,头肩顶型常出现于牛市的尽头,而头肩底形常出现于熊市的尽头。

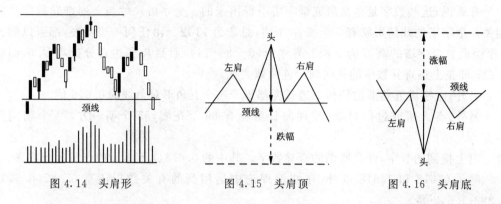

图 4.14 头肩形　　　　　图 4.15 头肩顶　　　　　图 4.16 头肩底

（2）当头肩顶的颈线被跌破时，是卖出的信号；当头肩底的颈线被突破时，是买入信号。其价格上涨和下跌的幅度等于头顶到颈线的距离。

（3）当颈线被跌破或被突破时，需要成交量的配合，否则，可能出现假跌破和假突破。另外，当头肩顶形跌破颈线时，有可能会出现回升，回升应该不超过颈线；头肩底形突破颈线时，有可能回跌，回跌不应低于颈线。

2. 圆弧形态

圆弧形态分为圆弧顶及圆弧底。对于圆弧顶来说，期价呈弧形上升或下降，即虽然期价不断升高，但每一次涨幅不大，然后达至最高点又缓慢下落。对于圆弧底来说，走势正好相反。期价首先缓慢下跌，至最低点又慢慢攀升，形成圆弧底（见图 4.17 和图 4.18）。

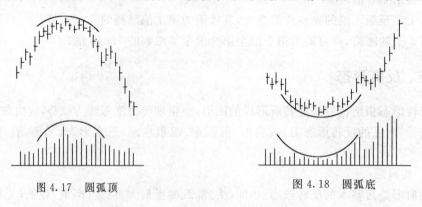

图 4.17 圆弧顶　　　　　　　　图 4.18 圆弧底

对于圆弧形，在实际运用过程中，有如下几个要点可供参考：

（1）当圆弧顶及圆弧底形成后，期价并不马上下跌或上升，通常要横向整理一段时间。

（2）一旦期价突破横向整理区域，对于圆弧顶的情况而言，会出现极大的跌幅，此时是卖出的信号；对于圆弧底而言，则会出现大的涨幅，此时是买入的信号。

3. 双重形态

双重形态分为双重顶（M 头）和双重底（W 底）两种。当期价上升到某一高价位时，出现大成交量，期价随后开始下跌，成交量跟着减少。然后，期价又上升至与前一高价位几乎相等的顶点，成交量随之大增，之后，期价再次下跌，这样形成双重顶。双重底与双重顶形态正相反，表现为期价先下跌后上升，然后再次下跌，再次上升（见图 4.19 和图 4.20）。

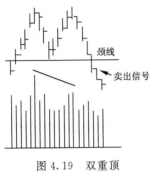

图 4.19　双重顶

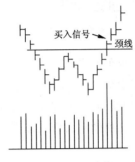

图 4.20　双重底

对于双重形态，在实际运用过程中，有如下几个要点可供参考：

（1）双重顶颈线跌破，是可靠的卖出信号；而双重底颈线突破，则是可靠的买入信号。

（2）双头的两个最高点并不一定在同一水平，二者相差少于 3% 是可接受的。通常来说，第二个头可能较第一个头高出一些，原因是看好的力量企图推动期价继续再升，可是却没法使期价上升超逾 3% 的差距。一般双底的第二个底点都较第一个底点稍高，原因是一部分投机者在第二次回落时已开始买入，令期价没法再次跌回上次的低点。

（3）双重顶的最少跌幅等于顶部及颈线的距离；双重底的最少涨幅等于底部及颈线的距离。

（4）双重顶（底）不一定都是反转形态。两顶（底）之间的时差越大，其反转形态的可能性越大。

4. 三重形态

任何头肩形，特别是头部超过肩部不够多时，可称为三重顶（底）形。三重顶形态和双重顶形态十分相似，只是多一个顶，且各顶分得很开。成交量在上升期间一次比一次少（见图 4.21）。三重底则是倒转的三重顶，分析含义一样（见图 4.22）。

对于三重形态，在实际运用过程中，有如下几个要点可供参考：

（1）三重顶（底）之顶峰与顶峰，或底谷与底谷的间隔时间不必相等，同时三重顶之底部与三重底之顶部不一定在相同的价格形成。

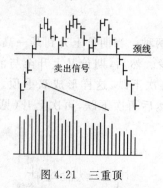

图 4.21 三重顶

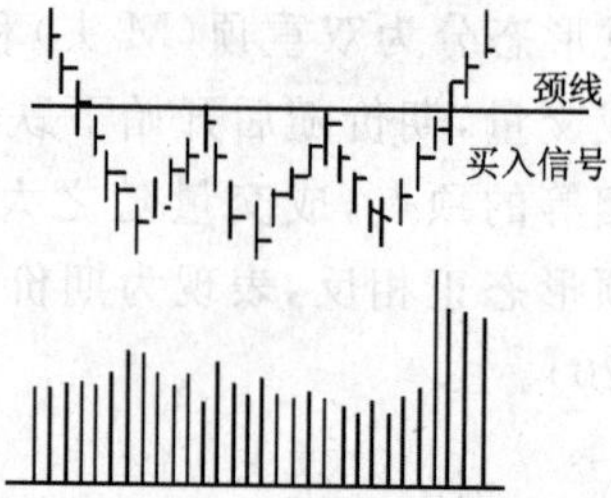

图 4.22 三重底

（2）三个顶点（或三个底点）价格不必相等，可相差 3%。

（3）三重顶的第三个顶，成交量非常小时，即显示出下跌兆头，而三重底在第三个底部上升时，成交量大增，即显示上升兆头。

（4）三重顶（底）突破其颈线时，所能下跌或上升的空间应至少为顶或底到颈线之间的距离。

5．V 形形态

V 形形态有 V 形形态和倒转 V 形形态两大类（见图 4.23 和图 4.24）。由于市场中卖力的力量很大，令期价持续迅速卜挫，当这股卖空的力量消失之后，买方的力量完全控制整个市场。期价迅速回升，几乎以与下跌同样的速度涨至原来的期价。因此，在图表上期价的运行，形成一个像 V 字般的移动轨迹。倒转 V 形情形正好相反。市场看好的情形使期价节节高升，可是突如其来的一个因素扭转整个趋势，卖方以与上升时同样的速度下跌，形成一个倒转 V 形的移动轨迹。

对于 V 形形态，在实际运用过程中，有如下几个要点可供参考：

（1）V 形走势是个转向形态，显示过去的趋势已逆转过来。期价将向与原来相反的方向运行。

图 4.23 V 形

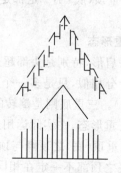

图 4.24 倒转 V 形

（2）通常 V 形形态的价格比起上述各种形态的价格变化更快些。

（3）V 形的底部十分尖锐，一般来说形成该转势点的时间仅两三个交易日，而且成交在该低点明显增多。有时候转势点就在一个交易日中出现。

6. 直角三角形形态

直角三角形形态有上升三角形和下降三角形两类。期价在某水平有相当强大的卖压，价格从低点回升到此水平便告回落，但市场的购买力十分强，期价未回至上次低点即告弹升，这情形持续使期价随着一条阻力水平线波动日渐收窄。我们可把每一个波动高点连接起来，画出一条水平阻力线；而每一个波动低点则可连接出一条向上倾斜的线，这就是上升三角形。下降三角形的形状和上升三角形恰好相反（如图 4.25 和图 4.26）。

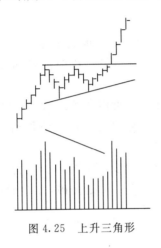

图 4.25　上升三角形

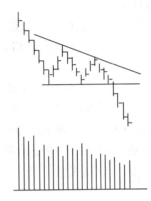

图 4.26　下降三角形

对于上升三角形和下降三角形，在实际的运用过程中，有如下几个要点可供参考：

（1）上升三角形表示期价呈上升走势，下降三角形表示期价呈下跌走势。

（2）上升突破应有成交量的配合，若成交量未能同时增加，则期价可能不久将又回到原来的价位。下跌突破则无须大的成交量配合。

（3）若期价被挤压到三角形顶端较长时间仍无明显突破，则此形态已失败。

（4）突破后的变动幅度至少为三角形底边的长度。

7. 菱形

菱形的形态犹如钻石。期价的波动从不断地向外扩散转为向内收窄（见图 4.27）。

对于菱形，在实际运用过程中，有如下几个要点可供参考：

（1）当菱形右下方支撑跌破后，就是一个卖出信号；但如果期价向上突破右方阻力，而且成交量激增，那就是一个

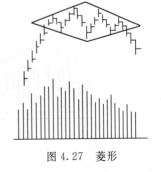

图 4.27　菱形

买入信号。

(2) 菱形被跌破或被突破后,其下跌或上涨的最小幅度等于形态内最高点和最低点的垂直距离。

六、整理形态

所谓整理形态是指行情经过一段时间后,不再大幅度上升或下跌,而是在一定区域内上下窄幅变动,等时机成熟后再继续以往的走势。这种显示以往走势的形态称为整理形态。常见的整理形态有对称三角形、矩形、旗形、岛形、盘形等。除此以外,上述的反转形态中,头肩形、双重形态都可能以整理形态出现。

1. 对称三角形

对对称三角形而言,期价经过一段时间的变动,其变动的幅度越来越小,也就是说每次变动的最高价低于前次的价格,而最低价比前次价格高,呈一压缩的对称三角形(见图 4.28)。

对于对称三角形,在实际运用过程中,有如下几个要点可供参考:

(1) 一般情况下,对称三角形属于整理形态,期价会继续原来的趋势移动。据统计,对称三角形中大约 3/4 属于整理形态,1/4 属反转形态。

(2) 对称三角形的期价变动愈接近其顶点而未能突破三角形界线时,其力量愈小,若太接近顶点的突破则无效。通常在距三角形端部一半或 3/4 处突破,才会形成真正的突破。

图 4.28　对称三角形

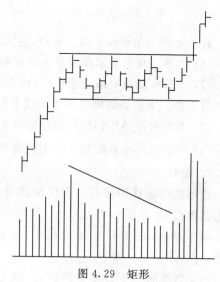

图 4.29　矩形

（3）对称三角形向上突破需要伴随有大的成交量，向下突破则不必需要大的成交量配合。假如对称三角形向下跌破时有极大的成交量配合，这可能是一个虚假的跌破信号，期价跌破后不会继续下跌。

（4）有假突破时，应随时重划界线找出新的对称三角形。

2. 矩形

矩形是由期价在两条水平上下界线之间的一连串变动而形成的形态。当期价上升到某水平时遇到阻力，掉头回落，但很快便获得支撑而回升。可是回升到上次同一高点时再一次受阻，回落到上次低点时则再得到支撑。这些短期高点和低点分别以直线连接起来，便可以绘出一条水平通道，这就是矩形形态（见图4.29）。

对于矩形，在实际运用过程中，有如下几个要点可供参考：

（1）矩形形态说明多空双方力量均衡。一般说来，矩形是整理形态，在升市和跌市都可能出现，长而窄且成交量小的矩形常出现在原始底部。突破上下限后是买入和卖出的信号，涨跌幅度通常等于矩形本身的宽度。

（2）矩形形成的过程中，除非有突发性的消息扰乱，其成交量应该是不断减少的。当期价突破矩形上限的水平时，必须有成交量激增的配合；但若跌破下限水平时，就不需大的成交量的配合。

（3）矩形往上突破后，期价经常出现回跌，这种情形通常会在突破后的三天至两星期内出现。回跌将止于颈线水平上，往下跌后的假回升，将受阻于底线水平上。

（4）一个上下波幅较大的矩形，较一个狭窄的矩形形态更具威力。

3. 旗形

旗形走势的形态就像一面挂在旗杆顶上的旗帜，这种形态通常在急速而大幅的市场波动中出现，期价经过短期波动后，形成一个稍微与原来趋势呈相反方向倾斜的长方形，这就是旗形。旗形可分为上升旗形和下降旗形。对于上升旗形而言，期价经过陡峭的飙升后，接着形成一个紧密、狭窄和稍微向下倾斜的成交密集区域，把此密集区域高点和低点分别连接起来，就可以画出两条平行而又下倾的直线，这就是上升旗形，见图4.30。下降旗形刚刚相反，当期价出现急速或垂直的下跌后，接着形成一个波动狭窄而又紧密、稍微上倾的成交密集区域，像是一条小上升通道，这就是下降旗形（见图4.31）。

对于旗形整理形态，在实际运用过程中，有如下几个要点可供参考：

（1）旗形是一个整理形态。上升旗形将是向上突破，而下降旗形则是往下跌破。上升旗形大部分在牛市第三期中出现，下降旗形大多是在熊市第一期出现。

（2）旗形形态可量度出最小升跌幅度。其量度的方法是突破旗形（上升旗形和下降旗形相同）后最小升跌幅度等于整支旗杆的长度。而旗杆的长度是形成旗杆突破点开始到旗形的顶点为止。

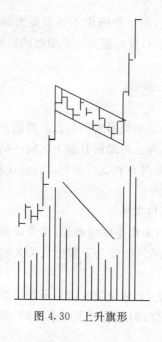

图 4.30　上升旗形

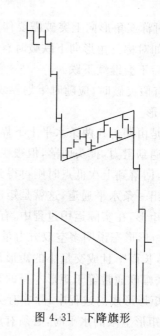

图 4.31　下降旗形

（3）旗形形态确认有如下几个特征：一是旗形形态在急速上升或下跌之后出现；二是成交量在形成形态期间不断地显著减少；三是当上升旗形往上突破时，必须有成交量激增的配合，当下降旗形向下突破时，成交量也需增加。

（4）在形态形成中，若期价趋势形成旗形而其成交量是逐渐减少的，下一步将是很快的反转而不是整理，即上升旗形往下突破而下降旗形则向上突破。因此，成交量的变化在旗形走势中是十分重要的。

（5）期价一般在四周内向预定的方向突破。

4. 盘形

盘形的期价与成交量变动情形同圆弧形反转形态差不多。标准的盘形是以一连串一个以上的圆弧形底的形态出现，后一个平均价格要比前一个高，每一个盘形的尾部价格，要比开始时高出一些（见图 4.32）。和圆弧底态一样，盘形也代表着上升的意义，不过上升的步伐稳健而缓慢。

对于盘形，在实际运用过程中，有如下几个要点可供参考：

（1）这是一个上升形态，每一个圆形的底部都是一个理想的买入点。

（2）当盘形走势可以肯定时，期价波动的形式将会一直持续，直到图表上出现其他形态为止。

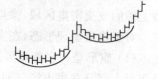

图 4.32　盘形

（3）从该形态的成交量可见，大部分投机者都在期价上升时买入，因此成交量大增；但当期价回落时，他们却又畏缩不前，因此圆形底成交量减少。

第三节 技术分析法的指标方法

股票与期货价格走势技术分析法的技术指标较多，常见的有移动平均线（MA）、相对强弱指数（RSI）、随机指数（KD）、人气指标（OBV）、乖离率（BIAS）、心理线（PSY）、指数平滑异同移动平均数（MACD）等。

一、移动平均线

1. 移动平均线的计算方法

移动平均线（moving average，MA）是一个重要的技术分析指标。它是用截至当日以前的收盘价时间序列 $P_t(t=1,2,3,\cdots,N)$ 按下式

$$M_t = \frac{1}{n}(P_t + P_{t-1} + P_{t-2} + \cdots + P_{t-n+1})$$

$$= M_{t-1} + \frac{1}{n}(P_t - P_{t-n}), \quad (t = n, n+1, \cdots, N) \tag{4.2}$$

算出的收盘价移动平均时间序列 $M_t(t=n,n+1,\cdots,N)$，连接绘制在原收盘价曲线图上的一条曲线。其中，N 为收盘价时间序列的样本容量；n 为移动平均线所取用的数据个数。若 n 较小，移动平均线则对收盘价线的修匀程度较小；若 n 较大，则上述修匀程度较大；若 $n=N$，则移动平均线修匀为一条水平线。

在期货价格分析中，移动平均线所取的 n 值通常有 5 天（$n=5$）、10 天、20 天、30 天，甚至 90 天。5 天、10 天的移动平均线用于分析短期价格走势，10 天、20 天、30 天的用于分析中期走势，30 天与更大值的用于分析长期走势。

除了用式（4.2）求出的简单移动平均线以外，还有线性加权移动平均线和非线性加权移动平均线，其计算方式较为复杂，效果也并不比简单移动平均线好。因此，这里不作进一步探讨。

一般说，收盘价线位于移动平均线之上，意味着期价看涨；反之，则看跌。具体分析方法将阐述于下。

2. 移动平均线的应用——Granvile 法则

（1）平均线由下降逐渐走平而期价（收盘价）自平均线的下方向上突破是买进信号（见图 4.33）。当期价在移动平均线之下时，短期价差给以后的反弹提供机会。一旦期价回升，突破移动平均线便是买进的好时机。

（2）当期价在移动平均线之上产生下跌情形，但是刚跌到移动线之下就开始反弹，这

时,如果期价绝对水平并不是很高,那么,说明买方力量很强,是一种买进信号(见图 4.34)。值得注意的是,这种图形在期价水平已经相当高时,并不一定是买进信号。

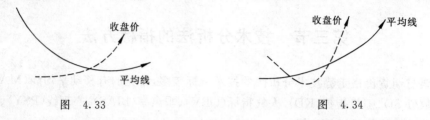

图 4.33　　　　　　　　　　　　图 4.34

(3) 期价在移动平均线下方加速下跌且远离移动平均线,此时为买进信号(见图 4.35),因为这是一种超卖,期价在超卖后不久将会重新回到移动平均线附近,即期价将会上涨。

(4) 移动平均线走势为从上升趋势逐渐转变为盘局,当期价从平均线的上方向下突破平均线时,为卖出信号(见图 4.36),期价在移动平均线上已有相当一段价差,意味着价格太高有回跌的可能。在这种情况下,期价一旦出现下降,下跌的空间较大。

图 4.35　　　　　　　　　　　　图 4.36

(5) 移动平均线缓慢下降,期价刚突破移动平均线就开始掉头下跌,这可能是期价下降趋势中的暂时反弹,价格可能继续下降,这是一种卖出信号(见图 4.37)。不过,如果期价很低了,那么,不构成卖出信号,它可能是回升趋势中的暂时回落。

(6) 期价在平均线上方远离移动平均线幅度较大,这是一种卖出信号(见图 4.38)。因为这是一种超买现象,期价不久将回跌到移动平均线附近。

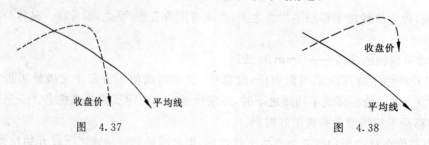

图 4.37　　　　　　　　　　　　图 4.38

(7) 长期移动平均线呈缓慢的上升状态,而中期移动平均线呈下跌状态,并与长期平均移动平均线相交。此时如果期价处于下跌状况,则可能意味着狂跌阶段的到来,是卖出信号(见图 4.39)。

(8) 长期的移动平均线是下降趋势,中期的移动平均线在爬升且速度较快地超越长期移动平均线,那么,这可能意味着价格的急剧反弹,是一种买进信号。出现这种情况一般期价仍在下跌的过程中,只不过中期的下跌幅度要低于长期的下跌幅度(见图 4.40)。

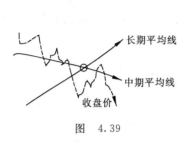

图 4.39

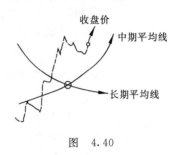

图 4.40

3. 移动平均线的评价

其优点为:

① 移动平均线能显示出买入和卖出信号。若期价向下穿破移动平均线便是卖出信号;反之,若期价向上突破移动平均线,便是买入信号。

② 移动平均线很直观地显示价格变动大致方向。

其缺点为:

① 当行情处于盘整时,移动平均线频繁地发出买卖信号。此时,容易误导交易者。

② 移动平均线变动缓慢,不易把握期价的高峰及低谷,对于长期移动平均线,这一点表现尤为突出。

③ 单凭移动平均线的买卖信号,交易者很难作出买卖决策,通常须靠其他的技术指标的辅助。

二、相对强弱指数

相对强弱指数(relative strength index,RSI)是通过比较基期内的收盘价的平均涨幅和平均跌幅来分析买卖双方的相对力量,从而判断期价的走势。相对强弱指数是目前应用最广的技术分析工具。

1. 相对强弱指数的计算方法

$$\mathrm{RSI}(i) = \left[U_i / (U_i + D_i) \right] \times 100 \tag{4.3}$$

$$
\begin{cases}
U_i = \sum_{j=i-l}^{i} (P_j - P_{j-1}), & 当(P_j - P_{j-1}) \geqslant 0; \\
D_i = (-1) \sum_{j=i-l}^{i} (P_j - P_{j-1}), & 当(P_j - P_{j-1}) < 0
\end{cases}
\tag{4.4}
$$

$(i = k, k+1, k+2, \cdots, n; j = i-l, j = j+1, \cdots, j = i;$ 可取 $k = 10$, 则 $l = 8$; 或取 $k = 15$, 则 $l = 13$。)

式中 P_{j-1}, P_j —— 前、后相邻两天的收盘价;

U_i —— i 天当中哪些当天收盘价减去前一天收盘价为正值者(表示上涨)的波动数之和;

D_i —— i 天当中哪些当天收盘价减去前一天收盘价为负值者(表示下跌)的波动数绝对值之和;

RSI(i) —— 第 i 天的 RSI 值,现今一般取用 $k = 10$ 或 $k = 15$ 来计算 10 天(9 个涨跌波动数)或 15 天的最后一天的 RSI 值。

具体计算时,比如取 $i = k = 10$ 的话,首先确定起始交易日为第一天($j = 1$),算出后续第 2 天(即 $j = 2$)减去第一天(即 $j-1 = 1$)的波动数,……,直到获得第一个后续 10 天中的第 10 天的 RSI(10)值;接着,$i = k+1 = 11$,即后边丢弃一天、向前推进一天,再算出第二个 10 天(原序号的第 2 天至第 11 天)中的第 10 天的(即原序第 11 天的)RSI(11)值,……,一直到算出最近某一交易日(n)的 RSI(n)值,将这若干个连续的第 10 天的 RSI 值连接起来,则形成 RSI 线。

可见,RSI 实际上是表示在 i 个交易日中向上波动(涨价)幅度之和占向上与向下(跌价)波动幅度绝对数总和的百分数。当某 i 个交易日中没有涨价波动数,即算式的分子为零时,RSI 值为 0;当没有跌价波动数,分母没有第二项时,RSI 则为 100,故 RSI 值处于 0~100;当 RSI = 50,为分界点,表示该 i 天中属均市,涨跌相等,不强不弱。

2. 相对强弱指数的运用

(1) RSI 的变动范围总是为 0~100。当 RSI 大于 50 时,表示为强势市场;而 RSI 低于 50 时,则表示弱势市场。

(2) RSI 的波动范围一般为 80~20。当 RSI 大于 80 时,表示存在超买现象;如果 RSI 继续上升,超过 90 以上,则表示严重超买,极可能在短期内出现下跌。当 RSI 下降到 20 时,表示存在超卖现象;如果 RSI 继续下降,低于 10,则表示已到严重超卖区域,期价可能止跌回升。

(3) 对于超买超卖判断,还与市场的特点及 RSI 所取的时间参数(上式的 i 大小)有关。对期价变化不十分剧烈的市场,RSI 超过 70 视为超买,RSI 低于 30 视为超卖。另外,时间参数较大时,如时间参数取 20 天或 30 天,那么超过 70 视为超买,低于 30 视为超卖。

(4) 当 RSI 出现超买超卖现象,表示走势有可能反转,但不构成真正的入市信号。有时行情变化得过于迅速,RSI会很快地进入超买超卖区域。例如,在牛市的初期,RSI往往会很快进入超买区域,并在此区域内停留相当长一段时间,但这并不表示期价将要下跌成为卖出信号。恰恰相反,它表示价格还有继续上升的空间,是买入的好时机。只有在牛市末期或熊市当中,超买才是比较可靠的卖出的入市信号(见图4.41)。基于这个原因,一般不宜在RSI一进入非正常区域就采取买卖行动。最好是价格本身也发出转向信号时再入市。价格转向信号应具备几个条件:趋势线的突破,移动平均线的突破,某种反转价格形态的完成,价格出现背驰。

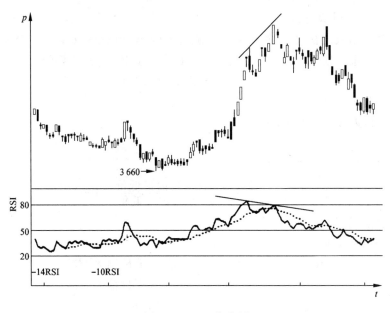

图 4.41　RSI 指数图

(5) 当强弱指数上升而期价反而下跌,或是强弱指数下降而期价反而上升,这种情况称为价格出现背驰。

3. 相对强弱指数的评价

其优点为:

① RSI 反应迅速,灵敏度高,直观性强。

② RSI 可作为判断大势的量化标准。

其缺点为:

① 背驰走势的信号并不十分准确,常有背驰现象发生而行情并不反转。有时背驰现象发生两三次才真正反转。

② 特别在盘整行情时,RSI徘徊于40～60,虽有时突破阻力线和压力线,期价并无多大的变化。

三、随机指数

随机指数(stochastic index)是期货市场常见的技术分析工具,是由 G. 莱恩提出的。它在图表上是由 $K\%$ 和 $D\%$ 两条曲线构成,故简称 KD 线。随机指数综合了移动平均线、相对强弱指数的一些优点。它主要研究最高、最低价与收盘价的关系,以分析价格走势的强弱及超买和超卖现象。它的理论依据是,当价格上涨时,收盘价倾向于接近当日价格区间的上端,而当价格下跌时,收盘价倾向于其下端。

1. 随机指数的计算方法

在计算随机指数之初,先应算出未成熟随机值(row stochastic value,RSV)。它是最后一日收盘价在前一段行情的最高价与最低价间的位置比率,其计算公式为

$$RSV=(C_t-L_n)/(H_n-L_n)\times100\% \tag{4.5}$$

式中: C_t——当日收盘价;

$\quad L_n$——最近 n 日最低价;

$\quad H_n$——最近 n 日最高价。

现以 9 日周期的 KD 线为例

$$RSV=\frac{第\ 9\ 日收盘价-9\ 日内最低价}{9\ 日内最高价-9\ 日内最低价}\times100\%$$

RSV 值永远介于 $0\sim100$。

RSV 值算出后,即可求出 K 值和 D 值。

$$K\ 值=当日\ RSV\times1/3+前一日\ K\ 值\times2/3$$

$$D\ 值=当日\ K\ 值\times1/3+前一日\ D\ 值\times2/3$$

即
$$K_t\%=1/3\times RSV\%+2/3\times K_{(t-1)}\% \tag{4.6}$$

$$D_t\%=1/3\times K_t\%+2/3\times D_{(t-1)}\% \tag{4.7}$$

首次计算 K,D 值时,设 $K_0=50,D_0=50$ 代入计算,KD 线多选用 9 日、15 日为计算周期,但实际操作中也可根据情况灵活确定。如同 RSI 线,递推计算若干 k_t、D_t,连成 K、D 线。

2. 随机指数的应用

随机指数是用 $K\%,D\%$ 两条曲线构成的图形关系来分析研判价格走势,这种图形关系主要反映市场的超买和超卖现象、走势背驰现象以及 $K\%$ 与 $D\%$ 相互交叉突破现象,从而预示中、短期走势的到顶与见底过程,其具体应用法则如下:

(1) 超买超卖区域的判断:$K\%$ 值在 80 以上、$D\%$ 值在 70 以上为超买的一般标准;$K\%$ 值在 20 以下,$D\%$ 在 30 以下为超卖的一般标准。

(2) 在价格持续上涨或下跌时,$K\%$ 值有可能达到大于 90 或小于 10 的极限值。也就是说,随机指数进入严重超买超卖区域。此时,市场正处于极强的牛市或熊市中,价格达

到或超过当期最高或最低值,并不能说明它已到了顶点,相反,此时价格极可能再创新高或新低(见图4.42)。K％值达到极限后常略作回档,再次接触极点,此时,市场极可能发生反转。

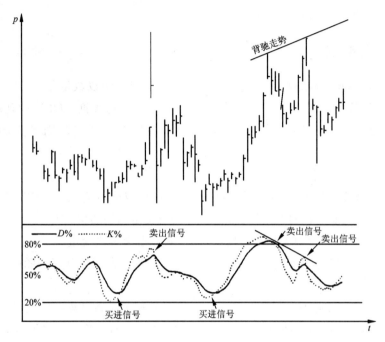

图 4.42　KD线图

(3) 当期价走势一峰比一峰高时,随机指数的曲线一峰比一峰低,或期价走势一底比一底低时,随机曲线一底比一底高,这种现象被称为背驰。随机指数与期价走势产生背驰时,一般为转势的信号,表示中期或短期走势已到顶或见底,此时是买卖信号。

(4) 当 K％值大于 D％值时,表明当前是一种上涨的趋势,因此,当 K％线从下向上突破 D％值时,是买进的信号。反之,当 D％值大于 K％值,表示当前是一种下跌的趋势,因此,当 K％线从上向下跌破 D％线时,是卖出信号。K％线与 D％线的交叉突破,在 80以上或 20以下信号较为准确,KD线与强弱指数不同之处是它不仅能够反映市场的超买超卖现象,还能通过交叉突破达到发出买卖信号的功能。但是,当这种交叉突破在 50左右发生,期价又处于盘整状况,买卖信号应视为无效。

(5) 对于随机指数,还存在另外一些转势信号。K％线和 D％线上升或下跌速度减弱,通常都表示短期会转势;K％线在上升或下跌一段时期后,突然急速穿越 D％线,显示市势短期内会转向。

3. 随机指数的评价

（1）随机指标是一种较短期的敏感指标，分析比较全面，但比强弱指数复杂。

（2）随机指数的典型背驰准确性颇高，另外还可以通过两条曲线交叉寻求最佳买卖点，因此是一种操作性强的技术分析工具。

四、人气指标

人气指标的 OBV 线亦称 OBV 能量潮，是将成交量值予以数量化，制成趋势线，配合期价趋势线，从价格的变动及成交量的增减关系，推测市场气氛。OBV 的理论基础是市场价格的变动必须有成交量配合，价格的升降而成交量不相应升降，则市场价格的变动难以继续。

1. 人气指标的计算方法

逐日累计每日成交量，当日收市价高于前一日时，成交量为正值，反之，为负值，若相等，则为零，累计时前一日的 OBV 可取前一日的成交量为初始值，即

$$\text{今日 OBV} = \text{前一日的 OBV} \pm \text{今日成交量} \tag{4.8}$$

然后将累计所得的成交量逐日定点连接成线，与期价曲线并列于一图中，观其变化。

2. 人气指标的运用

OBV 线的基本理论基础是期价变动与成交量的相关系数极高，且成交量为期价变动的先行指标，短期期价的波动与供求关系并不完全吻合，而是受人气的影响，因此成交量的变化可以预测期价的波动方向。

（1）当期价上涨而 OBV 线下降时，表示能量不足，期价可能将回跌。

（2）当期价下跌而 OBV 线上升时，表示买气旺盛，期价可能即将止跌回升。

（3）当期价上涨而 OBV 线同步缓慢上升时，表示期市继续看好。

（4）当 OBV 线暴升，不论期价是否暴涨或回跌，表示能量即将耗尽，期价可能反转（见图 4.43）。

3. 人气指标的评价

其优点为：

① OBV 线为期市短期波动的重要判断方法，但运用 OBV 线应配合期价趋势线予以研判分析。

② OBV 线能帮助确定期市突破盘局后的发展方向。

其缺点为：

① OBV 线适用范围比较偏向于短期进出，与基本分析丝毫无关。

② OBV 计算方法过于简单。

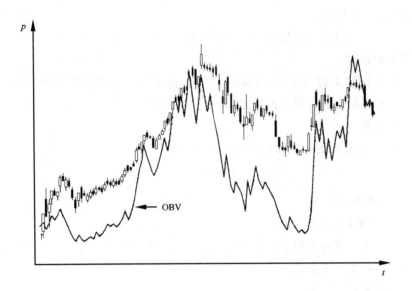

图 4.43 OBV 图

五、指数平滑异同移动平均数

指数平滑异同移动平均数(moving average convergence and divergence,MACD)是期货交易者用得较多的一种技术分析指标,MACD 使用了正负值(DIF)(快、慢线差)和异同平均数(DEA)这两个指标,另外还使用了柱状(BAR)这个指标。

(一) 指标计算

1. DIF 的计算

DIF 是快速平滑移动平均线与慢速平滑移动平均线的差。快速是指短期,慢速指长期。下面计算 12 日和 26 日的 DIF 值。

第一步,计算 12 日、26 日的指数平滑移动平均值(EMA),计算公式为

$$\text{EMA}_t = \alpha P_t + (1-\alpha)\text{EMA}_{t-1} \tag{4.9}$$

其中 α 是平滑系数,其算式为 $\alpha = \dfrac{2}{N+1}$,N 一般取 12 天和 26 天的 α 值,即 α_{12} 和 α_{26}。

$$12 \text{ 天的 } \text{EMA}_t(12) = \frac{2}{12+1}P_t + \frac{11}{12+1}\text{EMA}_{t-1} \quad (t=1,2,\cdots,12) \tag{4.10}$$

$$26 \text{ 天的 } \text{EMA}_t(26) = \frac{2}{26+1}P_t + \frac{25}{26+1}\text{EMA}_{t-1} \quad (t=1,2,\cdots,26) \tag{4.11}$$

第一天的 EMA 值可取第一天的收盘价 P_1(即可从第二天 $t=2$ 算起)。

第二步,计算 DIF 值:

$$\text{DIF}_t = \text{EMA}_t(12) - \text{EMA}_t(26) \quad (t = 1, 2, \cdots) \tag{4.12}$$

2. DEA 的计算

DEA 是对 DIF(新时间序列)的移动平均,与前面我们介绍的移动平均线计算方法相同,移动平均时用的天数可视情况确定,如 $n = 3$ 或 $n = 5$,等等。

3. BAR 计算

柱状线 BAR_t 计算更加简便,交易者用得较多。

$$\text{BAR}_t = 2 \times (\text{DIF}_t - \text{DEA}_t) \tag{4.13}$$

(二) MACD 运用

1. DIF 和 DEA 二者的运用

DIF 和 DEA 二者的运用主要采用"交叉"原则,当 DIF 向上突破 DEA 是买入信号;DIF 向下跌破 DEA 是卖出信号。

2. BAR 运用

BAR 采用"0 线原则",当 BAR 条形棒由负数的最大值向"0"轴靠近时是买入时机,当 BAR 条形棒由正数最大值向"0"轴靠近时是卖出时机;BAR 条形棒在"0"线以上是牛市,在"0"线以下是熊市。

(三) MACD 优缺点

1. 优点

① MACD 克服了移动平均线频繁产生的买入卖出信号,MACD 买入与卖出信号较移动平均线有较高的准确度。

② BAR 应用简单明了。

2. 缺点

MACD 在盘整期也常常可发出买卖信号。

此外,还有乖离率、心理线、威廉指数等指标分析法,但不太常用,故未编入。

六、量价分析

技术指标分析法认为,成交量和未平仓合约量的变化会对期货价格产生影响,而期货价格的变动也会引起成交量和未平仓合约量的增减。因此,只有将成交量和未平仓合约量的变化联系起来进行分析,预测期货市场价格变化才有意义。这种把期货价格同成交量、未平仓合约量三个技术指标有机结合起来,预测期货市场价格未来走势的方法是分析期货价格走势非常重要的技术指标分析法。

1. 成交量与价格关系分析

由于每笔期货交易包括买入合约和卖出合约,交易量只计算买入合约或卖出合约的数量,而不是两者的总和。成交量的增减变化反映了市场对商品期货合约的供求关系的一个方面,但要真正把握期货合约的供求关系,还需进一步研究未平仓合约量。

成交量与期货价格走势的关系可以描述为:

(1) 成交量增加,价格同步上升,表明期货交易继续看涨,目前价格趋势可望维持。

(2) 成交量增加,价格下跌,表示原来做多的交易者急于对冲而抛出以前购买的合约,说明市场看跌,预示着价格还会维持下跌趋势。

(3) 价格上升而成交量大减,表示期货市场缺乏新的做多的交易者,卖空者急于补货平仓而使得价格短期内上升,一旦做空者平仓完毕价格将会回落。

(4) 价格和成交量都下跌,表示该商品期货市场进入调整期,短期内价格可能继续下降;但也表明,该商品期货价格已跌入或正在跌入谷底,一段时间后价格将可望回升。

2. 未平仓合约量与价格关系分析

未平仓合约量,是指尚未对冲仍在期货市场上流通的某商品的期货合约数量,故也称持仓量或空盘量。未平仓合约量只计未对冲的买方合约数量或卖方合约数量,而不是两者的总和。因而,只有新买家和新卖家成交后,未平仓合约量才增加。如果买方是第一次成交,而卖方为对冲以前买进的期货合约,即卖出以前买的合约,未平仓合约量不变;反之亦然。如果买卖双方都是为对冲而成交,未平仓合约量就减少。当一次新购买的合约数同对冲交易合约相等时,未平仓合约量不变;反之亦然。成交量往往是一天内的成交量的累计,而未平仓量则是从合约开始交易到某一天未平仓量的总和。

在一定时期内,通过对未平仓合约量的变化分析可推测资金在期货市场流向的变化。当未平仓合约量增加时,说明资金涌入期货市场。反之,当未平仓合约减少时,说明资金正从期货市场流出。

未平仓合约量与期货价格走势的关系可表述为:

(1) 未平仓合约量增加,价格上升,表明做多者增多,预示着价格还将上升。

(2) 未平仓合约量增加,而价格下跌,说明做空者积极性高,估计价格还会下跌。

(3) 未平仓合约减少,价格下跌,表示做多者大量平仓,意味着价格还要继续下降。

(4) 未平仓合约减少而价格反而上升,表示卖空者急于补货平仓,预示着价格可能还会上升一段时间。

利用未平仓合约数进行价格预测时,必须重视现有未平仓合约量与过去历年来未平仓合约平均量的比较。如未平仓合约量高于过去任何时刻的记录,则说明进入期货交易的人数激增,从而也会使价格上下波动的幅度大于过去的正常范围。

3. 成交量、未平仓合约量与价格的关系分析

在期货交易中,期货成交量、未平仓合约量和期货价格是一个有动态机制的系统。它们之间的关系可表述为:

(1) 成交量、未平仓合约量增加,价格上升,表示新的做多交易者大量增加,近期内价格还可能继续上升。

(2) 成交量、未平仓合约量减少,价格上升,表示做空的交易者大量补货平仓,价格短期内向上,一旦平仓完毕不久价格将可能回落。

(3) 成交量、价格上升,而未平仓合约量减少,表示做多的交易者利用做空的交易者补货平仓推动价格上升的机会,继续售出以前购入的期货合约,故价格马上会下跌。

(4) 成交量、未平仓合约量增加,价格下跌,表示大量出售期货合约,短期内价格还可能下跌。

(5) 成交量、未平仓合约量减少,价格下降,表示大量做多的交易者急于售出以前所买的期货合约来对冲平仓,故短期内价格将继续下降。

(6) 成交量增加,未平仓合约量和价格下降,表示做空的交易者利用原先做多的交易者售出以前购入合约平仓导致价格下跌之际,陆续补货平仓获利,故价格很可能转为回升。

综合上述内容可知,在一般情况下,如成交量、未平仓合约量增减(幅度不太大)与价格升降同方向变化,则目前的价格趋势可继续维持一定时间;如成交量、未平仓合约量增减与价格升降呈反方向变化,目前的价格走势则会转向。当然,在实际运用时还必须根据具体情况作进一步的详细分析。分析成交量、未平仓合约量及价格三者之间的关系,可以获取许多有用的信息,如资金流进、流出及其变化量的大小,大户大致的建仓成本及做多做空的动向等。在具体期货交易操作中,这三者关系的分析是交易者运用得最为广泛的分析工具。

复 习 题

1. 如何运用基本分析法分析、预测商品期货价格走势?

2. 如何制作 K 线图?各种典型 K 线图的市场含义是什么?

3. 熟悉反转形态、整理形态的种类及其运用。

4. 掌握 MA、RSI、OBV、MACD 指标的计算方法和运用中应注意的要点。

5. 掌握成交量、未平仓量、价格三者之间互动关系。

第五章　金融工具期货交易

本章将详细阐述外汇期货、利率期货、股票价格指数期货的基础知识与具体实务操作，以及我国金融期货状况。最后，将简单介绍主要金融衍生证券。

第一节　外　汇　期　货

一、外汇期货概述

1. 外汇和汇率

（1）外汇

外汇是外国货币或以外国货币表示的能用来清算国际收支差额的资产。不是所有的外国货币都能成为外汇。一种外币成为外汇的前提条件有两个：一是自由兑换性，二是普遍接受性。自由兑换性是指这种外币能自由地兑换成其他货币，普遍接受性是指这种外币在国际经济往来中被各国普遍地接受和使用。只有这样的外币及其所表示的资产（各种支付凭证和信用凭证）才是外汇。

（2）汇率

如同商品有价格一样，外汇也有价格，汇率就是外汇的价格。外汇汇率是指一国货币表示的另一国货币的价格，即两种不同货币的比价。由于折算的标准不同，外汇有两种不同的标价方法，即直接标价法和间接标价法。

直接标价法是固定外国货币的单位数量，以本国货币来表示外国货币的价格。世界上大多数国家采用直接标价法，我国目前也采用此法。例如，我国某日外汇牌价为 100 美元＝682.56 元人民币。在直接标价法下，本国货币标价数的提高就表示外汇汇率的上涨；反之，则下跌。

间接标价法则是固定本国货币的单位数量，以一单位本国货币能兑换外国货币的多少来表示外币的价格。英国和美国采用间接标价法。例如，伦敦外汇市场某日收盘价为 1 英镑＝1.523 4 美元。在间接标价法下，外国货币标价数的提高就表示外汇汇率的下跌；反之，则上涨。

2. 外汇期货的产生和发展

以美元为中心的布雷顿森林体系在运行了 28 年后，于 1973 年 3 月最终崩溃。黄金成为各国货币的共同价值尺度，已有一两百年历史，也终于在 1973 年 8 月同货币脱钩，即所谓的"黄金非货币化"。1973 年以后,浮动汇率取代固定汇率。汇率变动取决于市场的供求关系,而这种汇率由于受各种因素,特别是投机因素的影响,升降幅度很大。对于从事对外贸易及其他的国际经济交往的人们来说,经常会面临外汇汇率变动的风险。国际贸易中商品和劳务的价格,一般都是以双方都能接受的货币计价的。如果计价货币贬值,则在交货付款时,进口方就会获利,出口方就会因计价货币贬值而蒙受损失。在国际借贷中,如果借贷外汇汇率上升,借方就会遭受损失。正是为了回避外汇汇率风险,才产生了外汇期货交易。

世界上第一个外汇期货市场成立于 1972 年 5 月 16 日,即国际货币市场(International Monetary Market,IMM)。它是芝加哥商业交易所的一个分部。开始,它主要经营多种国际货币的期货合约。后来,又增加了欧洲美元和欧洲货币单位的期货交易。目前,芝加哥的 IMM 已发展成为一个非常活跃的外汇交易市场。

英国外汇期货市场的建立迟于美国,于 1982 年在伦敦正式成立,全称为"伦敦国际金融期货交易所"(LIFFE)。1984 年,新加坡国际货币交易所开始经营外汇期货,并与芝加哥国际货币市场联网。在澳大利亚的悉尼期货交易所,外汇期货交易也相当活跃。

表 5.1 列出了目前世界上主要金融期货交易所交易的外汇期货。

表 5.1 外汇期货一览表

国　家	交　易　所	交　易　内　容
美国	芝加哥商业交易所国际期货市场(CME,IMM)	澳元、英镑、巴西雷尔、加元、日元、瑞士法郎、欧元、墨西哥比索、新西兰元、俄罗斯卢布、南非兰特、瑞典克朗、挪威克朗
	费城证券交易所(PHLX)	瑞士法郎、英镑、加元、日元、澳元
	纽约棉花交易所(NYCE)	澳元、日元、新西兰元、加元、英镑、瑞士法郎、欧元
英国	伦敦国际金融期货交易所(Euronext. LIFFE)	英镑、瑞士法郎、日元、美元期货、美元、瑞典克朗、欧元
加拿大	多伦多期货交易所	加拿大元、瑞士法郎、欧元期货
	温哥华证券交易所	英镑期货期权
新西兰	奥克兰期货交易所	新西兰元期货
	新西兰期货期权交易所	美元、新西兰期货期权
澳大利亚	悉尼期货交易所(SFE)	澳元期货、澳元期货期权
新加坡	新加坡国际货币交易所(SGX)	英镑、日元期货
瑞　典	斯德哥尔摩期权市场	瑞典克朗期货期权

3. 外汇期货合约

外汇期货合约是指期货交易所制定的一种标准化合约,合约对交易币种、合约金额、交易时间、交割月份、交割方式、交割地点等内容都有统一的规定。在外汇期货合约交易中,唯一变动的是价格。

不同的交易所推出的外汇期货合约内容大致相同。目前,交易量较大的外汇期货合约是由芝加哥商业交易所(CME)国际货币市场分部(IMM)、新加坡国际金融交易所和伦敦国际金融期货交易所推出的。其中,国际货币市场分部交易的外汇期货合约占全球90%以上的交易量。所以,这里主要介绍国际货币市场分部的外汇期货合约,见表5.2。

表 5.2　国际货币市场分部外汇期货合约

	澳元	英镑	加元	瑞士法郎	日元	欧元
交易单位	10 万澳元	6.25 万英镑	10 万加元	12.5 万瑞士法郎	1 250 万日元	12.5 万欧元
报价	美元/澳元	美元/英镑	美元/加元	美元/瑞士法郎	美元/日元	美元/欧元
最小变动价位	0.000 1	0.000 2	0.000 1	0.000 1	0.000 001	0.000 1
最小变动值	10.0 美元	12.5 美元	10.0 美元	12.5 美元	12.5 美元	12.5 美元
涨跌限制						
交割月份	3 月,6 月,9 月,12 月					
交易时间 (芝加哥时间)	上午 7:20—下午 2:00					
初始保证金(I) 维持保证金(M)	1 200 美元 900 美元	2 800 美元 2 000 美元	900 美元 700 美元	2 100 美元 1 700 美元	2 100 美元 1 700 美元	2 100 美元 1 700 美元
最后交易日	交割日前两个交易日(当日于上午 9:16 收盘)					
交割日	交割月份的第三个星期三					
交割地	清算所指定的货币发行国银行					

下面就表5.2中的有关内容作一些解释:

(1)国际货币市场分部的外汇期货合约是以美元来报价的,即每单位外币折合若干美元。例如,欧元期货报价为1.259 5,表明1欧元=1.259 5美元。

(2)最小变动价位,指买卖合约时期货合约价格最小的变动额,在具体实务操作过程中,通常用点来表示:每1欧元变动0.000 1美元,即表示欧元期货价格变动了1点,例如,欧元报价由 1.259 5 变为 1.258 5,表示欧元下跌了 10 个点。

(3) 最小变动值,指整张合约(即 1 个交易单位)最小的变动值,它与最小变动价位和期货合约的交易单位有关。例如欧元最小变动值为 12.5 美元,其计算方法为:0.000 1(最小变动价位)×125 000(1 个交易单位)=12.5 美元。

(4) 涨跌限制,近来一般都不固定涨跌限制。

(5) 各交易所对外汇期货的保证金数额有不同的规定,而且,同一交易所在不同时期的保证金也不一样。一般说来,为了控制风险,汇率变动大的货币,保证金数额大;反之,保证金数额相应低些。例如,国际货币市场分部,1986 年英镑期货初始保证金(I)和维持保证金(M)分别为 1 500 美元和 1 000 美元,近来各交易所有不同的规定,而且经常变动。

(6) 同商品期货一样,到期未对冲的外汇期货合约必须进行交割,而且也采取现货交割的方式。交割时,购买现汇的价格就是当初的期货成交价。

4. 外汇期货定价模型

外汇期货的相关资产是以外币表示的,因此,需要通过汇率折算为本币资产。从持有成本的观点来看,外汇期货的定价既涉及利用本币对货币期货相关资产进行资金融通,又涉及因持有货币期货相关资产而产生的机会成本。

借入数量为 A 的本币(短期利率 r_1),按即期汇率 S(spot exchange rate)购买一定数量的外币,同时以价格 F 卖出该种外汇期货合约(剩余到期时间 t,短期利率 r_2)。这样,持有成本模型中的融资成本依赖于本币短期利率 r_1,收益则依赖于外币短期利率 r_2。均衡时,现货到期价值=期货到期价值,用公式表示为

$$AS(1 + r_1 t) = AF(1 + r_2 t)$$

所以外汇期货的定价形式为

$$F = S \times \frac{1 + r_1 t}{1 + r_2 t} \tag{5.1}$$

外汇期货的这种定价简化公式,隐含着一系列条件:

(1) F 与 S 同为间接标价法。

(2) 货币期货的价格 F 与货币远期合约的价格是一致的。

(3) 期货市场为完全市场,即无直接交易费用,无借贷利率差异,无现货市场卖空限制。

二、外汇期货交易实际操作

外汇期货市场的交易主要有两种:套期保值以及投机和套利。

1. 套期保值交易

同商品期货交易一样,外汇期货的套期保值交易,是指利用外汇期货交易确保外币资产免受汇率变动的损失或确保负债不因汇率的变动而增加。外汇期货套期保值有多头套期保值、空头套期保值与交叉套期保值。

(1)多头套期保值

首先在期货市场买入外汇期货合约为多头套期保值。由于在外汇期货交易中,一般的期货合约均是美元对某种货币的合约。当把某种货币视为外汇时,多头套期保值者应该在期货市场首先买入某种货币对美元的期货合约。

例 5.1 美国进口商 6 月 10 日从德国购买一批货物,价值 125 000 欧元,3 个月后支付货款。为了防止汇率变动风险(因欧元升值而付出更多美元),该进口商 6 月 10 在期货市场买入 1 份 9 月期欧元期货合约,面值是 125 000 欧元,价格是 1.2 美元/欧元。其他的价格及整个交易过程如表 5.3 所示。

表 5.3 交 易 示 例

现货市场	期货市场
6 月 10 日 现货汇率:1.19 美元/欧元 125 000 欧元折合 148 750 美元	6 月 10 日 买入 1 份 9 月期欧元期货合约 价格:1.20 美元/欧元 总价值:150 000 美元
9 月 10 日 现汇汇率:1.23 美元/欧元 125 000 欧元折合 153 750 美元	9 月 10 日 卖出 9 月期欧元期货合约 价格:1.236 美元/欧元 总价值:154 500 美元
现货亏损:5 000 美元	期货盈利:4 500 美元
净亏损:500 美元	

因利用期货市场套期保值,使进口商蒙受的损失减至 500 美元。

如果欧元贬值,期货市场的亏损就由现货市场的盈利来弥补。最后的结果可能是少量的亏损,或少量盈利,也有可能持平。

(2)空头套期保值

首先在期货市场卖出外汇期货合约为空头套期保值,与多头套期保值方向相反。在具体操作中,空头套期保值卖出某种货币对美元的期货合约。

例 5.2 美国一出口商 5 月 10 日向加拿大出口一批货物,加元为计价货币,价值 100 000 加元,议定 1 个月后收回货款。为防止 1 个月后加元贬值带来损失,该出口商在期货市场卖出 1 份 6 月期加元期货合约,面值是 100 000 加元,价格是 0.859 5 美元/加元,其他的价格及整个交易过程如表5.4所示。

表 5.4 交 易 示 例

现货市场	期货市场
5月10日 现汇汇率:0.859 0 美元/加元 100 000 加元折合 85 900 美元	5月10日 卖出1份6月期加元期货合约 价格:0.859 5 美元/加元 总价值:85 950 美元
6月5日 现汇汇率:0.854 0 美元/加元 100 000 加元折合 85 400 美元	6月5日 买入1份6月期加元期货合约 价格:0.854 0 美元/加元 总价值:85 400 美元
现货亏损:500 美元	期货盈利:550 美元
净盈利:50 美元	

如果该出口商未进行套期保值交易,他将因为加元贬值而使 10 万加元货款按当时汇率计算亏损 500 美元。由于套期保值交易在期货市场盈利 550 美元,使他净盈利 50 美元。因此,套期保值可以回避汇率波动的风险。

(3) 交叉套期保值

外汇期货市场上一般有多种外汇对美元的期货合约,而非美元的其他两种货币之间的期货合约很少。如果要防止非美元的其他两种货币之间的汇率风险,就要使用交叉套期保值。所谓交叉套期保值,指利用相关的两种外汇期货合约为一种外汇保值。

例 5.3   5 月 10 日,德国一出口商向英国出口一批货物,计价货币为英镑,价值 5 000 000 英镑,3 个月收回货款。5 月 10 日欧元对英镑汇率 1.5 欧元/英镑。为防止英镑对欧元汇率下跌(即担心英镑贬值而欧元升值),该出口商决定对英镑进行套期保值。由于不存在英镑对欧元的期货合约,只好通过两者对美元的期货合约进行交叉操作;该出口商预期美元对英镑可能升值(英镑贬值,宜卖出),以及美元对欧元可能贬值(欧元升值,宜买入),则该出口商可以出售 80 份英镑期货合约(5 000 000 英镑÷62 500 英镑=80)和购买 60 份欧元期货合约(5 000 000 英镑×1.5 欧元÷125 000 欧元=60),达到交叉套期保值的目的。具体交易过程如表5.5所示。

该出口商在现货市场上损失 750 000 欧元,在期货市场上盈利 1 000 000 美元。当时欧元对美元的现汇汇率为 0.760 欧元/美元,则期货市场上盈利折合 760 000 欧元。期货市场上的盈利弥补了现货市场上的亏损,并有净盈利 10 000 欧元。

表 5.5　交 易 示 例

现货市场	期货市场
5 月 10 日 现货汇率:1.5 欧元/ 英镑 5 000 000 英镑折合 750 万欧元	5 月 10 日 卖出 80 份 9 月期英镑期货合约 价格:1.9 美元/英镑 总价值:950 万美元 买入 60 份 9 月期欧元期货合约 价格:1.2 美元/欧元 总价值:900 万美元
9 月 10 日 现汇汇率:1.35 欧元/ 英镑 5 000 000 英镑折合 675 万欧元	9 月 10 日 买入 80 份 9 月期英镑期货合约 价格:1.85 美元/英镑 总价值:925 万美元 卖出 60 份 9 月期欧元期货合约 价格:1.3 美元/欧元 总价值:975 万美元
现货亏损:750 000 欧元	期货盈利:英镑期货交易 250 000 美元 欧元期货交易 750 000 美元

2. 投机和套利交易

外汇期货的投机交易增加了期货市场的流动性并分散了外汇期货套期保值者的风险。而外汇期货的套利交易是外汇期货投机交易的引申。外汇投机交易操作原理简单,以下主要阐述套利交易的原理和操作。

(1) 投机交易

外汇期货投机就是通过买卖外汇期货合约,从外汇期货价格的变动中获取利益。当投机者预测某种外汇期货合约价格将要上涨时,则买入该种期货合约。此种投机方式称为多头投机;相反,当投机者预测某种外汇期货合约价格将要下跌时,则卖出该种期货合约,此种投机方式称为空头投机。

(2) 套利交易

外汇期货套利交易是一种较为复杂的交易行为。它与商品期货套利相似,分为跨市场套利、跨币种套利和跨月份套利三种类型。

① 跨市场套利。跨市场套利是指交易者根据自己对外汇期货合约价格走势的研究,在一个交易所买入期货合约,同时在另外一个交易所卖出同种外汇期货合约的行为。在买入或卖出期货合约时,它们的金额应保持相同。在操作过程中,一般的原则如下:

a. 如两个市场均处于牛市状态,其中一个市场的涨幅高于另一个市场,则在涨幅大的市场买入,涨幅小的市场卖出。

b. 如两个市场均处于熊市状态,其中一个市场跌幅大于另一个市场,则在跌幅大的市场卖出,跌幅小的市场买入。

② 跨币种套利。跨币种套利是指交易者通过对同一交易所内交割月份相同而币种不同的期货合约的价格走势的研究,买进某一币种的期货合约,同时卖出另一币种的相同交割月份的期货合约的交易行为。在买入或卖出期货合约时,金额应保持相同。具体操作过程中,一般的原则如下:

a. 有两种货币,若一种货币对美元升值,另一种货币对美元贬值,则买入升值的货币的期货合约,卖出贬值的货币期货合约。

b. 两种货币都对美元升值,其中一种货币升值速度较另一种货币快,买入升值快的货币期货合约,卖出升值慢的货币期货合约。

c. 两种货币都对美元贬值,其中一种货币贬值速度较另一种货币快,卖出贬值快的货币期货合约,买入贬值慢的货币期货合约。

d. 两种货币,其中一种货币对美元汇率保持不变,若另一种货币对美元升值,则买入升值货币的期货合约,卖出汇率不变的货币的期货合约;若另一种货币对美元贬值,则卖出贬值货币期货合约,买入汇率不变的货币期货合约。

例 5.4 5 月 10 日,国际货币市场 9 月期加元的期货价格为 0.859 5 美元/加元,9 月期英镑的期货价格为 1.895 美元/英镑,那么 9 月期加元期货对英镑期货的套算汇率为 1 加元＝0.453 5 英镑(0.859 5 美元/加元÷1.895 美元/英镑)。某交易者预期加元对美元将比英镑对美元升值较快(多)(两者都升值),则在国际市场买入 100 份 9 月期加元期货合约,同时卖出 73 份 9 月英镑期货合约。之所以卖出 73 份合约是因为加元期货合约与英镑期货合约的交易单位不同,前者是 100 000 加元,后者则是 62 500 英镑,而且两者的套算汇率为 1∶0.453 5。因此,为保证实际价值基本一致,前者买入 100 份合约,后者则要卖出 73 份合约。9 月 5 日,该交易者分别以 0.962 6 美元/加元和 2.066 美元/英镑的价格对冲了持仓合约。其交易过程如表 5.6 所示。

③ 跨月份套利。跨月份套利是交易者根据对同一交易所内相同币种、不同交割月份的期货合约的价格走势的研究,买进某一交割月份的期货合约,同时卖出另一交割月份的同种货币期货合约的交易行为。在买入或卖出期货合约时,合约份数应一致。具体操作中,应按如下原则:

a. 如果两种合约价格均上涨,买入预期涨幅较大的交割月份的期货合约,卖出预期涨幅较小的交割月份的期货合约。

表 5.6 交易示例

加　元	英　镑
5 月 10 日 买入 100 份 9 月期加元期货合约 价格:0.859 5 美元/加元 总价值:8 595 000 美元	5 月 10 日 卖出 73 份 9 月期英镑期货合约 价格:1.895 美元/英镑 总价值:8 645 937 美元
9 月 5 日 卖出 100 份 9 月期加元期货合约 价格:0.9 626 美元/加元 总价值:9 626 000 美元	9 月 5 日 买入 73 份 9 月期英镑期货合约 价格:2.066 美元/英镑 总价值:9 426 125 万美元
盈利:1 031 000 美元	亏损:780 188 美元
净盈利:250 812 美元	

b. 如果两种合约价格均下跌,则卖出预期跌幅较大的交割月份的期货合约,买入预期跌幅较小的交割月份的期货合约。

第二节　利率期货

一、利率期货概述

要掌握利率期货交易,首先要掌握与利率期货紧密相关的基本债券知识、利率期货的产生和发展及利率期货合约。

1. 债券的基本要素

利率期货主要是讨论债券利率期货,如短期国债、中期及长期债券,当然还有其他有价证券期货合约,如商业票据、定期存款单的利率期货。对于债券,需要掌握下面几个要素。

(1) 债券的面值。它是指债券的票面价值,包括面值币种和面值大小两方面的内容。面值币种取决于发行的需要和债券的种类,国内债券的面值币种为本国货币,国外债券的面值币种为债券发行地国家以外的货币。

(2) 债券的票面利率。它是指债券票面所载明的利率,是债券利息与债券面值之比。债券票面利率分为固定利率和浮动利率。

(3) 债券的市场价格。它是债券票面利率的年利息收入与市场利率之比。

例 5.5 某一债券的票面面值为 1 000 元,票面年利率 8%,市场利率 9%,则

$$债券市场价格 = \frac{1\,000 \times 8\%}{9\%} = 888.89\,元$$

如果市场年利率变为 5%,则

$$债券市场价格 = \frac{1\,000 \times 8\%}{5\%} = 1\,600\,元$$

由此可见,债券市场价格与市场利率呈反比关系:市场利率比票面利率大(升高),债券市价将变小;反之,则变大。

(4) 债券的到期时间。一般,债券到期时间愈长,其价格波动幅度越大。

(5) 债券的可赎回条款。债券发行时可能含有可赎回条款,允许在赎回保护期以外发行人可行使赎回权,回购所发的债券。赎回保护期一般为 5~10 年。

2. 利率期货的产生和发展

在美国,很早以前就存在各种各样的机构投资者,其中如商业银行,由于它是具有储蓄功能的机构,美国银行法规定其不能将资本投向股票等风险较大的证券,所以这些机构投资者的主要投资方向是有确定利息收入、风险较小的证券,特别是政府公债及中短期国家债券。

20 世纪 70 年代,美国利率变化十分频繁且变动幅度较大。例如,1974 年美国的优惠利率达 12%,而 1976 年下降到 6%,1979 年又回到 15.75%。1980 年 4 月和 12 月再度上升达 20% 和 21.5%。利率的反复变动,给银行、公司以及投资者带来了同利率相关的金融风险。投资者为了保证营运资本不受利率变动的影响,保值的需求成为必然,利率期货便应运而生。

利率期货交易产生于 20 世纪 70 年代中期的美国,在这方面,美国堪称先锋。在美国,最具代表性的是芝加哥的两个交易所,即芝加哥交易所(CBOT)和芝加哥商业交易所(CME)。1975 年 9 月后者首次开办了国民抵押协会债券期货交易,又于 1976 年 1 月推出 91 天短期美国政府国债期货,1977 年 8 月芝加哥开始推出美国政府长期公债期货,1987 年 9 月在 CME 推出 1 年期国债期货,1982 年 5 月 CBOT 推出 10 年期中期国债期货,1987 年 5 月 NYCM 开始推出美国政府 5 年期债券期货,1988 年 4 月 CBOT 开始推出 5 年期债券期货。20 世纪 80 年代初美国利率变动更为剧烈,对付利率波动的最可靠办法就是利用期货市场的利率期货套期保值。于是利率期货的规模呈几何级数上升,1982 年各种利率期货交易达 3 000 万张。

美国 CME 和 CBOT 利率期货开办成功以后,其他各地纷纷仿效,利率期货成为美国各种期货中交易量最大的品种。紧接着,世界各国也陆续开办利率期货交易。1982 年 9 月 30 日,伦敦国际金融期货交易所在伦敦国际金融中心正式开始利率期货交易。上市的利率期货有 3 个月期欧洲美元、3 个月期英镑和 20 年期英国政府金边债券。1985 年

10 月 19 日,日本东京证券交易所也开办了政府公债期货,中国香港期货交易所也于 1990 年 2 月 7 日正式推出港元利率期货。表 5.7 列出了世界主要利率期货合约及推出相应利率期货合约的交易所。

表 5.7　世界主要利率期货合约及交易所

国　别	合约名称	交易所
美国	长期政府公债	芝加哥交易所
	6.5～10 年国债	
	5 年国债	
	地方政府债券	
	90 天政府债券	芝加哥商业交易所
	3 月期欧洲美元利率	
英国	政府公债	伦敦国际金融期货交易所
	20 年金边债券利率	
	3 月期欧洲美元利率	
法国	法国政府债券	巴黎期货交易所
日本	10 年政府债券	东京证券交易所
新加坡	欧洲美元利率	新加坡国际商品交易所
澳大利亚	90 天银行债券	悉尼期货交易中心
	10 年政府公债	

3. 利率期货合约

利率期货合约种类较多,共分为两大类:一类是由短期固定收入证券衍生的,如短期国债期货合约,欧洲美元期货合约,定期存单期货合约等;另一类是由长期固定收入证券衍生的,如中长期国债期货合约以及政府国民抵押协会(GNMA)债券期货合约等。

(1) 短期国债期货合约(treasury bill futures)

短期国债是期限在 1 年以内的美国政府债券,它是美国货币市场的主要工具,美联储通过它进行公开市场业务的操作。短期国债期限有 91 天、182 天和 364 天 3 种。它定期以拍卖方式贴现出售。也就是说,它不附息票,出售时价格低于面值,到期以面值偿还,两者差价是持有者的利息收入。CME 的 IMM 推出的 90 天美国国债期货合约见表 5.8。

对 IMM 90 天国债期货合约,值得注意的是它的报价,它的报价是以 IMM 指数报价的,而现货是以贴现率报价。IMM 指数等于 100 减年利率,如贴现率为 9% 的短期国债

表 5.8　IMM 90 天国债期货合约

交易单位	1 000 000 美元面值的短期国债
最小变动价位	0.01
最小变动值	25 美元
每日交易限价	0.60,即每张合约 1 500 美元
合约月份	3 月,6 月,9 月,12 月
交易时间	芝加哥时间上午 8:00—下午 2:00
最后交易日	交割日前一天
交 割 日	交割月份中 1 年期国债尚余 13 周期限的第一天
交割等级	还剩余 90,91 或 92 天期限,面值为 1 000 000 美元的短期国债

期货合约,其 IMM 指数就是 91(即 100－9)。可见,以 IMM 指数报价时,指数越大,表示合约的价值越大;这与前述市场利率越小,债券价值越大的意义相同。其最小变动价位是 0.01,即 1 个点,即相当于年利率 0.01%。如 IMM 指数由 91.00 变为 91.01,就意味着价位变动 1 点。1 点代表的价值就是 25 美元(即 1 000 000×0.01%×90÷360)。

利用 IMM 指数,可计算期货合约实际价格,如 IMM 指数为 92.00,那么一张 90 天国债期货价格为 980 000 美元(即 1 000 000－1 000 000×8%×90÷360)。

(2) 欧洲美元期货合约(见表 5.9)

与 IMM 短期国债期货相似,也是以 IMM 指数为报价方式,但该合约交割一律采用现金交割。

(3) 中长期债券期货合约(treasury bonds & notes futures)

现将 CBOT 推出交易的 10 年期国债期货合约列于表 5.10。

表 5.9　IMM 3 个月欧洲美元期货

交易单位	1 000 000 美元
最小变动价位	0.01
最小变动值	25 美元
合约月份	3 月,6 月,9 月,12 月
交易时间	芝加哥时间上午 7:20—下午 2:00,最后交易日交易截止于上午 9:30
最后交易日	交割月份第 3 个周三往回数第 2 个伦敦银行营业日
交割日	最后交易日
结算方式	现金结算

表 5.10　CBOT 10 年期国债期货合约

交易单位	100 000 美元面值的中期国债
最小变动价位	1/32 点(1 个点为 1 000 美元)
最小变动值	31.25 美元
每日交易限价	3 个点,即每张合约 3 000 美元
合约月份	3 月,6 月,9 月,12 月
交易时间	芝加哥时间周一至周五上午 7:20—下午 2:00
最后交易日	从交割月份最后营业日往回数的第 7 个营业日
交割等级	从交割月份第 1 天算起剩余有效期限至少为 $6\frac{1}{2}$ 年,但不超过 10 年,标准利率为 8% 的中期国债
交割方式	联储电子过户簿记系统

对于以上的期货合约,最小变动价位是 1/32 点,它所代表的最小变动值就是 31.25 美元$\left(\text{即 } 100\,000\times\frac{1}{32}\%\right)$。它的报价采取相对于面值的百分比方式。如报价为 85－04,则合约价值为 85 125 美元,即 $100\,000\times\left(85+\frac{4}{32}\right)\%$。

4. 利率期货的定价

短期利率期货合约价格形成的基础是远期隐含收益率(implied forward rate, IFR)。当期货合约的利率水平与远期隐含收益率不相等时,交易者就会在市场上进行大量的套购和套利交易。这样就使得期货市场的利率水平与隐含远期收益率趋于一致,从而形成利率期货合约的价格水平。因此,投资于长期债券的收益就应该等于投资于短期债券进行滚动投资而取得的收益。也就是在相同的期限内,无论投资于长期债券,还是短期债券,交易者取得的收益应该是相等的。更具体地说,就是一个 3 年到期的长期债券每一美元的投资收益,同投资于 1 年到期的债券,并在第二年和第三年滚动投资而取得的每一美元的收益应该是相等的。用公式表示为

$$1\text{ 美元}\times(1+R_3)^3 = 1\text{ 美元}\times(1+R_1)^1\times(1+R_{e2})^1\times(1+R_{e3})^1 \tag{5.2}$$

式中:R_1——当前市场上公布的 1 年期债券的利率;

R_3——当前市场上公布的 3 年期债券的利率;

R_{e2}——第二年预期的 1 年投资利率;

R_{e3}——第三年预期的 1 年投资利率。

上述公式可以进一步扩展为一个一般化的总公式：

$$(1+R_n)^n = \prod_{i=2}^{n}(1+R_{ei}) \times (1+R_1) \tag{5.3}$$

在 $n+1$ 情况下，上述公式为

$$(1+R_{n+1})^{n+1} = (1+R_{en+1}) \times \prod_{i=2}^{n}(1+R_{ei}) \times (1+R_1) \tag{5.4}$$

将式(5.3)代入式(5.4)中，得

$$(1+R_{en+1}) = \frac{(1+R_{n+1})^{n+1}}{(1+R_n)^n} \tag{5.5}$$

式(5.5)中 R_{en+1} 为第 n 年至第 $(n+1)$ 年短期投资的预期收益率，即隐含的远期收益率，所以我们称这种方法为隐含收益率定价方法。

二、利率期货交易的实际操作

同外汇期货和股票指数期货一样，利率期货交易有两大类：一是套期保值，二是投机和套利。

1. 套期保值交易

为了使手中持有的债券不因利率的变化而蒙受损失，投资者往往采取套期保值措施。套期保值分买入套期保值和卖出套期保值两大类。下面分别举例说明这两类套期保值的具体操作过程。

（1）买入套期保值

例 5.6 8 月 25 日，投资者有一笔美元收入，以 LIBOR 利率（伦敦银行同业放款利率）存入银行，11 月 25 日到期，该笔美元数量为 10 000 000 美元。为避免因利率下降引起的利息收入损失，该投资者对此进行套期保值，具体操作过程如下：

	现货市场	期货市场
8 月 25 日	3 个月 LIBOR 利率为 8%	买入 10 份 12 月期的欧洲美元合约，价格为 91.00
11 月 25 日	3 个月 LIBOR 利率为 7.5%	卖出 10 份 12 月期的欧洲美元合约，价格为 91.50
结果	现货市场亏损： $10\,000\,000 \times (7.5\% - 8\%) \times \frac{90}{360}$ $= -12\,500$ 美元	期货市场盈利： $(91.50-91)\% \times 1\,000\,000 \times 10 \times \frac{90}{360}$ $= 12\,500$ 美元

套期保值的结果是,期货市场的盈利刚好弥补现货市场的亏损。

（2）卖出套期保值

例 5.7　有一个公司在 5 月初决定将于 8 月借入一笔金额为 1 000 000 美元、期限为 3 个月的款项,5 月初当时市场利率为 9.75%（年利率）;公司担心日后利率会升高,于是决定 5 月初在期货市场卖出 1 张 9 月份到期的短期国债期货合约,其报价是 IMM 指数 90.25 点;到 8 月初,利率果然上涨而使 9 月份该种合约的 IMM 指数下跌到 88.00 点,此时公司买入 1 张 9 月份的该合约对冲,同时借入 100 万美元,3 个月期,市场利率为 12%,利息为 100 万 ×12% ×3/12 ＝3 万美元。具体操作过程如下:

时　间	现货市场	期货市场
5 月 2 日	市场利率 9.75%	卖出 1 张 9 月到期的国债期货合约,成交价 IMM 为 90.25 点
8 月 2 日	借入 100 万美元、3 月期,年利率 12%,利息为 1 000 000 ×12% ×3/12 ＝30 000 美元	买入 1 张 9 月到期的国债期货合约,成交价 IMM 为 88.00 点,对冲
		盈利:1 ×2.25 ×100 ×25 ＝5 625 美元

可见,实际借款利息成本为 30 000 －5 625 ＝24 375 美元,相当于实际年利率为（24 375/1 000 000）×（12/3）×100% ＝9.75%,即锁定了原先的利率水平。如果到 8 月份市场利率没有上升,反而下降,则期货市场上会有亏损,但现货市场借款利息成本会降低,两者相抵,会使实际借款利率锁定。

2. 投机和套利交易

期货市场的交易,除了套期保值交易外,还有承担套期保值风险,增加市场的流动性及提高市场效率的投机和套利交易。

（1）投机交易

同其他的期货投机一样,利率投机分为空头投机和多头投机两种类型。空头投机是"高出低进"而获利,而多头投机则是"低进高出"来获利。

（2）套利交易

在利率期货的套利交易中,常见的有跨月份套利和跨品种套利。

① 跨月份套利。跨月份套利是最常见的套利方法,其在牛市套利交易中买入近期期货,卖出远期期货;在熊市套利交易中卖出近期期货,买入远期期货。

② 跨品种套利。最常见的跨品种套利是美国短期国债－欧洲美元套利。它是目前十分流行的一种套利方法。

例 5.8　1989 年 2—3 月间,欧洲美元利率迅速上升,其利率与国债贴现率的差价也随之扩大。某交易商正确地预计到这一变化,进行了如下交易。

1989 年 2 月 1 日	买入 500 份 1989 年 6 月的短期国债合约,价格 91.66,卖出 500 份 1989 年 6 月的欧洲美元合约,价格 90.43,即买入 123 个基本点(91.66－90.43)的差价
1989 年 3 月 20 日	卖出 500 份 1989 年 6 月的短期国债合约,价格 90.56,买入 500 份 1989 年 6 月的欧洲美元合约,价格 88.82,即卖出 174 个基本点(90.56－88.82)的差价
盈利	637 500 美元:(174－123)×25×500

三、我国国债期货

1. 国债期货交易的回顾

在我国,国债期货作为国债二级市场的派生交易方式和金融期货的先驱,已有几年的历史。我国的国债期货最早是 1992 年 12 月由上海证券交易所推出的,针对市场流通的国库券设计了对应品种的期货合约。交易的风险在于国库券保值贴补率的变化。由于当时金融市场尚不够发达,存在证券金融秩序较乱,投资者期货投资意识淡薄等问题,在最初几个月里并不被人们认识接受,交易十分清淡,其功能和作用没有得到应有的发挥。

随着我国国债市场的发展和整个金融经济环境的改善,全国商品期货市场得以迅速发展和不断成熟,上海证券交易所于 1993 年 10 月 25 日正式向社会大范围推广国债期货,同时对原国债期货合约进行全面修改。期货合约的代号与股票代号编制方法一致,如:F92512 即 1992 年 5 年期 12 月交割的期货合约,代号为 319;合约面值为 2 万元;交割月份为 3 月,6 月,9 月,12 月;交割方式采用混合交收办法,即当空头进行交割,而手中又缺少基础券种的情况下(基础券种为 1992 年发行的 5 年期国债),可用在上交所挂牌的其他现券品种代替基础券种交收。

继上海证券交易所推出标准期货合约后,深圳证券交易所及当时全国 15 家商品期货交易所全部推出了自己的国债期货合约。1995 年 3 月 27 日出现在《中国证券报》上的期货合约品种就达 68 种之多。其中深圳证券交易所 15 种,北京商品交易所 10 种。十多个交易所推出的期货合约条款各异。同是一张国债合约,面值却不相同。上海证券交易所及海南中商交易所面值为 2 万元;北京商品交易所和沈阳商品交易所面值为 1 万元;而广东联合交易所面值为 10 万元。交割方式也各不相同。北京商品交易所采用对应品种现券交收方式。也就是说空方如最后交易日不平仓,则必须上交与期货合约一致的国债。如 F92306,空方最后交易日不平仓,到了交割日期,只能用 1992 年 3 年期国债进行交割清算。而上海证券交易所采用的是混合交收方式。广东联合期货交易所则采用券币选择交收方式,即在国债期货合约交割日期空方可以用现券进行交割,由于现券数量不够或无现券,则按清算价用现金替代现券交割。

自 1994 年 11 月份开始,国债期货日渐火爆,到 1994 年年底,全国期货市场日成交量和持仓量常常超过 100 亿元。1995 年 2 月 23 日,在下午收市前十多分钟,原万国证券公司竟违规挂出 1 000 万张"327"期货合约(合约标的为 1992 年发行的 3 年期国债)的天量卖盘,使"327"期货合约价格在短时间内发生了剧烈的波动,给国债期货市场造成极大的交易风险,这就是震惊国债期货市场的"327 风波"。"327 风波"引起主管部门的高度重视,为了控制过度投机,规范国债期货市场,国家有关部门决定于 1995 年 5 月暂停国债期货的交易。

2. 国债回购业务

与国债期货紧密相关的现货市场是国债回购业务。

国债回购业务是国债期货交易者融通资金的主要渠道。国债的回购业务活跃了国债期货市场。目前,它已成为国债二级市场的重要组成部分,对国债市场和整个金融市场产生重大影响。

所谓国债回购交易是指卖出一种国债时,附加一定的条件于一定时期后,以预定的价格或收益由最初出售者再将该种国债购回的交易方式。

上海证券交易所于 1993 年 12 月 19 日开始了国债的回购交易,随后在武汉、天津、深圳、北京等地相继开展了国债回购业务。1994 年深沪两地日回购量分别达到 12.52 亿元和 63.16 亿元。武汉证券交易中心 1994 年回购量达 11 000 亿元,天津证券交易中心回购量达 1 200 亿元。1995 年年初全国各地回购交易量进一步放大。但"327 风波"以后,暂停国债期货的交易给国债回购业务造成了较大的影响。国债回购业务日趋平淡。

3. 国债期货交易的展望与重启

国债期货交易曾经关闭十多年,要不要恢复国债期货交易,取决于下列国债期货交易的功能能否正常发挥。

(1) 国债期货有利于回避利率(价格)波动的风险

随着我国经济发展,国债的发行规模越来越大,截至 2012 年末,我国国债已突破 7 万亿元,对国债利率市场化的要求越来越高,国债一级自营承销商和广大投资者迫切需要国债期货市场,套期保值回避利率价格波动带来的风险。金融机构包括商业银行、保险公司、证券投资机构,以及非金融机构和合格境外机构投资者(QFII)参与债券市场,迫切需要国债期货用来避险。

(2) 国债期货有利于国债顺利发行

一级市场国债发行顺利进行的前提条件之一,是国债二级市场有较高的流动性。而二级市场流动性的提高,一是靠现货交易本身的活跃,二是要大力发展其派生市场。国债期货交易是派生市场最主要的交易方式。

(3) 国债期货为政府确定国债市场有关政策提供依据

国债期货市场具有远期价格发现功能。政府可参考期货债券收益率来决定新发国债的票面利率,从而有利于准确测算发行成本和还本付息的支出,并做好财政资金的安排。

为了使国债期货交易更加健全化、规范化和法制化,使国债期货交易发挥它应有的正常功能,可采取下述措施解决其运行和发展过程中存在的一些问题。

（1）调整国债发行结构

我国国债在结构上一个突出特点是品种多，缺少拳头国债品种，这给期货交易合约设计带来诸多困难，这方面，应借鉴西方国家经验，发行较大规模的 3 月、6 月短期及 10 年以上的长期国债。特别是 10 年期国债，它品种单一，交易时间长，目前是西方国债期货主要交易对象。

（2）集中国债期货交易

为了避免以前国债期货交易"遍所开花"的混乱局面及各交易所同品种国债期货价格相差甚远的反常现象，国家主管部门应加强宏观管理，指定一两个交易所集中进行国债期货的交易。

（3）控制过度投机，防范期货风险

"327 风波"是过度投机的产物，在以后国债期货交易中应吸取教训。一方面国家主管部门要加强宏观风险管理，另一方面交易所在交易运作过程中应控制每一环节可能出现的交易风险。例如，采取最大持仓量限制、保证金制度、逐日盯市制度和防止分仓现象等。

中国金融期货交易所在自主开发创立的"金融期货仿真平台"[①]上，截至 2012 年年底，已经实现国债期货仿真交易 199 个交易日，成交量达 1 710.4 万手，成交金额达 16.8 万亿元，为国债期货重新上市奠定了基础。

现对我国最近重启的国债期货合约及其交易补充阐述几个要点（详情可查网站）。

（1）经过充分的准备工作，2013 年 10 月 10 日终于重启 5 年期国债期货，当日推出了 TF1312、TF1403、TF1406 三个合约上市交易。接着于 2014 年 9 月 15 日又推出 TF1506 合约上市交易，其挂盘基准价为 93.820 元。随着时间推进，今后还会推出新的合约。5 年期国债期货合约的标准文本见表 5.11。

表 5.11 5 年期国债期货合约表

合约标的（交易单位）	面值为 100 万元人民币、票面利率为 3% 的名义中期国债
可交割国债	合约到期月份首日剩余期限为 4～5.25 年的记账式附息国债
报价方式	百元净价报价
最小变动价位	0.005 元
合约月份	最近的三个季月（3 月、6 月、9 月、12 月中的最近三个月循环）
交易时间	上午 9:15—11:30，下午 1:00—3:15
最后交易日交易时间	上午 9:15—11:30

---

① 该平台专门为我国股指期货、国债期货、外汇期货、金融期权等金融市场重大创新而创建，面向交易所、中介机构和广大投资者服务，完全模拟真实市场的交易，以便研发、测试新交易品种和检验完善其交易规划。该平台项目已获 2012 年上海金融创新成果奖一等奖。

每日价格最大波动限制	上一交易日结算价的±1.2%
最低交易保证金	合约价值的1%
最后交易日	合约到期月份的第二个星期五
最后交割日	最后交易日后的第三个交易日
交割方式	实物交割
交易代码	TF
上市交易所	中金所

2015年3月20日,代码为T的10年期国债期货合约T1509、T1512和T1603被推出上市交易,与5年期国债期货合约不同的还有:最低保证金为面值的2%;可交割国债是剩余期限为6.5～10.25年的记账式附息国债。最近,2015年9月14日中金所发布上市交易的有:5年期TF1606合约,挂盘基准价为98.670元;10年期T1606合约,挂盘基准价为96.410元。

(2) 从合约文本中可见,合约标的是名义国债债券,是假想债券,现实中并不存在,是为了扩大可交割国债范围而设计的;交割时要用实物即现实的债券履约,为此文本中写明了可交割国债债券的较长剩余期间,满足此期限的一篮子国债均可用来交割(卖方没有在合约到期前平仓)。因为可用来交割的债券和名义标准债券的利率不同,前者的剩余期也各异,致使两种债券之间价格要通过一个转换比例进行换算,这个比例就是所谓转换因子(Conversion Factor,CF)。转换因子的含义可定义为面值1元的可交割国债债券在其剩余期限内的所有现金流按国债期货合约票面利率折现的现值,可按下列具体公式计算[16]:

$$CF = \frac{1}{\left(1+\frac{\gamma}{f}\right)^{xf/12}}\left[\frac{c}{f} + \frac{c}{\gamma}\left(1 - \frac{1}{\left(1+\frac{\gamma}{f}\right)^{n-1}}\right) + \frac{1}{\left(1+\frac{\gamma}{f}\right)^{n-1}}\right] - \frac{c}{f} \times \frac{12 - fx}{12}$$

(5.6)

式中：γ——国债期货标的票面利率,目前定为3%;

f——可交割债券每年的付息次数;

x——交割月距离下一个付息月的月份数(当交割月是付息月时,$x=6$或12);

c——可交割债券的票面利率;

n——剩余付息次数。

例5.9 设有一张面值为100元的可交割债券,息票年利率为14%,距到期日整整20年,每半年付息一次,交割月为付息月;又设定相对期货标的合约债券年贴现率为8%,

每半年计复利一次,则可交割债券相对合约债券贴现的转换因子按式(5.6)计算于下:

按本例表述可知,$\gamma = 0.08$,$f=2$,$x=6$,$c=0.14$,$n=20\times2=40$;代入式(5.6)得:

$$CF = \frac{1}{\left(1+\frac{0.08}{2}\right)^{6\times2/12}}\left[\frac{0.14}{2}+\frac{0.14}{0.08}\left(1-\frac{1}{\left(1+\frac{0.08}{2}\right)^{39}}\right)+\frac{1}{\left(1+\frac{0.08}{2}\right)^{39}}\right]-$$

$$\frac{0.14}{2}\times\frac{12-12}{12}$$

$$=0.9615(0.07+1.3710+0.2166)-0=1.5938$$

再参考文献[13]对该例按现金流展开表述转换因子的概念,则可算得该可交割债券相对合约债券贴现的现值为

$$\sum_{i=1}^{40}\frac{7}{(1.04)^i}+\frac{100}{(1.04)^{40}}=159.38\,元$$

除以债券面值100,转换因子为1.5938。上列算式左边第一项是40个付息期付息7元的贴现值,第二项是债券本金(面值)的贴现现值。由此,可以理解上述转换因子的含义了。一般期货交易所会定时公布国债期货可交割国债债券的转换因子,投资者只须查询公告即可获得每一种可交割国债债券的转换因子。

(3) 在一篮子可交割债券制度下,剩余年限在规定范围内的国债债券都可用来交割。由于收益率和剩余期限不同,它们的价格也有差别。由于卖方拥有交割债券的选择权利,合约卖方都希望选择对他最有利(即交割成本最小)的债券用来交割,也即最便宜的可交割债券。卖方交割时收到的(来自买方)价款为:(期货的报价×转换因子)+累计利息。购买用来交割债券的成本为:债券的报价+累计利息。于是交割最便宜的债券是按下式算得结果最小的那个债券:

债券报价 －（期货报价 × 转换因子）   (5.7)

例如,当前期货报价为93.25美元,有如下三个债券可供交割:债券1,报价99.50美元,转换因子1.0382;债券2,分别为143.50,1.5188;债券3,分别为119.75,1.2615。

则交割三种债券的成本如下:

债券1,99.50－(93.25×1.0382)=2.69美元;

债券2,143.50－(93.25×1.5188)=1.87美元;

债券3,119.75－(93.25×1.2615)=2.12美元。

可见,成本最小、交割最便宜的债券是债券2。也可以运用久期(duration)的概念和方法等来选择交割最便宜的债券,请参阅文献[13]。

(4) 国债期货合约交割时,卖方要向买方支付可交割债券(实券),买方则要向卖方支付一定的交割货款(现金),由于卖方选择用于交割的券种和交割时间不同,则买方支付的货款不同,可按下式计算:

交割货款 ＝ 交割数量×（交割结算价×转换因子＋应计利息）×（合约面值÷100）

$$(5.8)$$

例 5.10 假设某卖方选用一种国债 A 实物债券去交割，设合约当时交割结算价为 95.005 元；该 A 种债券票面年利率为 5%，每半年付息一次，其相对标准名义国债的转换因子为 1.250；上一次付息日至当前（第二交割日）正好为 90 天；交割数量为 10 手。按式（5.8）可算出买方应交付：

$$交割货款 = 10 \times \left[95.005 \times 1.25 + \left(\frac{5\% \times 100}{2} \times \frac{90}{180} \right) \right] \times \frac{100 \, 万}{100}$$
$$= 1 \, 200.062 \, 5（万元）$$

式中应计利息是该可交割债券的上一付息日至当前第二交割日的利息。

中金所对国债期货合约的交割制定了详细实施细则，包括结算价的确定和交割程序等，参与交易者应熟悉。

（5）下面引用文献[16]中列举的几个国债期货交易例子。

① 多头套期保值例子，某机构投资者 4 月份预计要在 6 月份购买 800 万元面值的某种 5 年期国债 A，它相对于 5 年期国债期货合约的转换因子为 1.25，4 月份当时国债 A 的价格为每百元面值 118.50 元，为防止到 6 月份国债价格上升带来亏损，决定进行买入套期保值，如下表所示：

价格变化	时 间	现 货 市 场	期 货 市 场
	4 月 6 日	5 年期国债 A，每百元价格为 118.50 元	买入 TF1406 合约 10 份，每百元价 94.55 元，共计 1 000 万元（因为要买 800 万元国债 A，800×1.25＝1 000 万元）
价格上涨	6 月 6 日	上述国债 A，每百元价格涨至 119.70 元，买进面值 800 万元	卖出上述合约 10 份，每百元价 95.55 元，实行平仓
		亏：800 万元×1.2 元/100 元＝9.6 万元	盈：10×100 万元×1 元/100 元＝10 万元
价格下跌	6 月 6 日	上述国债 A，每百元价格跌至 117.3 元，买进面值 800 万元	卖出上述合约 10 份，每百元价 93.55 元，平仓
		盈：800 万元×1.2 元/100 元＝9.6 万元	亏：10×100 万元×1 元/100 元＝10 万元

从上表可见，不管价格涨或跌，都能做到基本完全保值，能够锁定购买 800 万元国债 A 的成本为 118.50×80 000＝948 万元左右，相差约 4 000 元（不计手续费、保证金利息等）。

空头套期保值的例子，请读者自行构思设计，与上表买卖方向相反而已。

② 跨期套利例子。跨期套利交易是投机投资者在国债期货市场最常见的交易。其

原理与商品期货的跨期套利相同,是指交易者利用相同标的物但到期月份不同的期货合约之间(例如 TF1503 与 TF1506)价差的变化,买进近期合约,卖出远期合约(或卖出近期合约,买进远期合约),在合约到期前于价格变化关系适当(有利)时,再分别对冲平仓以获利。文献[16]构思了下表:

	2012 年 3 月份到期的 5 年期国债期货合约(假设)	2012 年 6 月份到期的 5 年期国债期货合约(假设)
当前 2011 年 11 月	2011 年 11 月 14 日,买进 5 张 2012 年 3 月份到期的 5 年期国债期货合约,价 106 元	2011 年 11 月 14 日,卖出 5 张 2012 年 6 月份到期的 5 年期国债期货合约,价 110 元
同年 12 月份,假设价格上涨获利	2011 年 12 月 14 日,卖出上述期货合约 5 张,价 109 元,平仓	2011 年 12 月 14 日,买进上述期货合约 5 张,价 112 元,平仓
	盈:$\dfrac{(109-106)}{100} \times 100$ 万 $\times 5$ 张 $= 15$ 万元	亏:$\dfrac{(112-110)}{100} \times 100$ 万 $\times 5$ 张 $= 10$ 万元
同年 12 月份,假设价格下跌获利	2011 年 12 月 14 日,卖出上述期货合约 5 张,价 104 元,平仓	2011 年 12 月 14 日,买进上述期货合约 5 张,价 107 元,平仓
	亏:$\left(\dfrac{106-104}{100}\right) \times 100$ 万 $\times 5$ 张 $= 10$ 万元	盈:$\dfrac{(110-107)}{100} \times 100$ 万 $\times 5$ 张 $= 15$ 万元

第三节　股票价格指数期货概论

一、股票价格指数期货概述

股票价格指数、股票价格指数期货的产生和发展以及股票价格指数期货合约是了解股票价格指数期货合约交易的基础。

1. 股票价格指数

(1) 股票价格指数及其计算方法

为了判断市场股价的总的变动趋势与大势的涨跌程度,就要综合考虑许多股票价格,合理统计计算出一个股票价格指数。股票价格指数是反映某一时点上股价总水平相对于基期的综合相对指数。

股价指数的编制通常是选择各行业具有代表性的上市公司的股票组成成分股。在计算中,以某一年份为基期,并设定基期股价指数为一个常数,一般基期指数为 100 点,但也不尽然。例如,纽约证券交易所综合指数基期指数为 50 点,标准普尔 500 种股价指数则是将基期指数定为10点。计算出某时期股票平均价格与基期股价比值，并将此比值乘以基期的指数值，即为某时期的股价指数，其中基期股价是一个常量。

股票的平均价格的计算方法主要有算术平均法和加权平均法两种。

① 算术平均法。它的计算方法是股票的平均价格等于组成该指数各个股票价格的平均值，具体计算公式为

$$P = \sum_{i=1}^{n} P_i / n \tag{5.9}$$

式中：P——股票平均价格；

P_i——组成股价指数的某种股票的价格；

n——组成股价指数的股票个数。

② 加权平均法。算术平均法简单易懂，但是它不能反映其中各种股票对股票指数的影响程度。因此，采用加权平均法计算，以克服这一缺陷。在加权平均法中，股票交易量大，权数相应大；反之，则小。加权平均法具体计算公式为

$$P = \sum_{i=1}^{n} P_i W_i \Big/ \sum_{i=1}^{n} W_i \tag{5.10}$$

式中：P——股票加权平均价格；

P_i——组成股价指数的某种股票的价格；

W_i——某种股票的交易量。

(2) 世界主要股价指数

① 标准普尔500种股价指数（S&P 500）。它是当今世界金融期货主要的交易对象。标准普尔500指数于1923年开始编制。1957年，该指数包括了500种股票，其中工业股400种，公用事业股40种，交通运输股20种，金融股40种。500种股票基本上固定不变，如遇其中上市公司重组购并等事件，相应的股票要进行调整。该指数的基期为1941—1943年间500种股票的平均价格，并将其定为10。这样，如果该指数现为256.00，则意味着当前的500种股票价格为1941—1943年期间的25.6倍。

② 纽约证券交易所综合指数。它是股票指数期货合约广泛采用的一种股价指数，它同标准普尔500指数的走势基本一致。纽约证券交易所综合指数由在纽约证交所上市的大约1500种股票构成。1965年12月31日开始编制该指数，并把基期指数定为50，这样，在1985年时，该综合指数达到近100点，说明纽约证券交易所的股票价格在20年间翻了1倍。

③ 价值线指数。它是股票指数期货合约最常用的一种股价指数，这一股价指数包括近1700种股票，而这些股票大约占到美国股市总量的96％，它反映了美国股市整体价格水平。该价值线指数的计算采用几何平均法，而标准普尔指数及纽约证券交易所综合指数采用加权平均法计算。价值线指数规定1961年6月30日的基期指数为100，这样，该指数上升到280点表明此时组成该指数的股价是基期的2.8倍。

④ 金融时报指数。它用于伦敦证券交易所,它有 30 种股票、100 种股票及 500 种股票三种形式。其中影响最大的是金融时报 30 种股票指数。该指数采用平均法计算股价。它以 1935 年为基期,且设定基数为 100。

⑤ 日本证券市场指数。日本证券市场有两个主要股价指数,即日经—道琼斯指数和东京证券交易所股价指数,前者是利用修正的美国道琼斯公司股票价格平均数的计算方法,按东京证券交易所第一部登记交易的 225 家公司股票价格算出的平均股价。而东京证券交易所股价指数诞生于 1969 年 7 月 1 日,包括在东京证交所上市的 250 种较活跃的股票,采取加权平均法计算,以交易额为权数。该指数以 1968 年 1 月 4 日作为基期,基期指数定为 100。

⑥ 香港恒生指数。它是香港恒生银行与财经人士共同选出 33 种股票编制的指数。该指数从 1969 年 11 月起开始编制,以 1964 年 7 月 31 日为基期,基期指数定为 100。

⑦ 沪深 300 指数。这是 2006 年在上海成立的中国金融期货交易所(简称"中金所")从我国沪、深两股市现有的几种股价指数中严格挑选出的一种股价指数。我国现有主要的几种股价指数见表 5.11。中金所选择沪深 300 指数作为股价指数期货合约标的的主要考虑因素是:a. 它是由沪、深两证券交易所共同出资成立的中证指数有限公司编制与维护的,成分股包括了沪深两市的 300 种股票(其中沪市 179 只,深市 121 只),采用调整股本加权、分级靠档、样本调整缓冲区等先进技术编制;b. 该指数市场覆盖率高,主要成分股权重比较分散,能有效防止市场可能出现的指数操纵行为;c. 该指数成分股的行业分布相对均衡,抗行业周期性波动较强,将有利于套期保值,满足投资者的风险管理需求。该指数以 2004 年 12 月 31 日为基日,基日点位 1 000 点。2006 年 11 月沪深 300 指数位于 1 440 点左右。2013 年 IF1301~IF1309 的价位为 2 700~2 800。沪深 300 指数期货合约的乘数是每点 300 元人民币。

沪深 300 指数成分股的选择样本空间是:上市交易时间超过一个季度;非 ST、* ST 股票,非暂停上市股票;公司经营状况良好,最近一年无重大违法违规事件、财务报告无重大问题;股票价格无明显的异常波动或市场操纵;剔除其他经专家认定不能进入指数的股票。成分股原则上每半年调整一次,每次调整的比例不超过 10%。样本选择标准为规模大、流动性好的股票。沪深 300 指数样本覆盖了沪深两市六成左右的市值,具有良好的市场代表性。沪深 300 指数通过沪深两个证券交易所的卫星行情系统实时发布。

2. 股票价格指数期货的产生和发展

1977 年,世界各地的股票市场均经历了最动荡的岁月,能源危机使石油价格暴涨,很多上市公司业绩受到很大影响;20 世纪 70 年代利率的提高,使股价雪上加霜,广大的投资者急需一种工具对手中持有的股票进行保值。为了适应这一形势的需要,在美国创造了一种新的金融资产衍生品——股票价格指数期货。这种新产品首先于 1982 年 2 月在密苏里州堪萨斯农产品交易所推出。其名称为价值线综合平均指数期货合约,这便是股票指数期货的雏形。

　　1982 年 4 月,芝加哥商业交易所(CME)推出标准普尔 500 种股票指数期货合约;1983 年,澳大利亚悉尼期货交易所根据澳大利亚证券交易所普通股票指数制定了自己的股票指数期货合约。1984 年 2 月,英国伦敦推出一种名为"金融时报证券交易所 100 种股票价格指数"的新的股票指数期货。1984 年 7 月,美国芝加哥商业交易所又推出"主要市场指数期货"。1986 年 5 月,作为亚洲主要金融中心的香港,正式在香港期货交易所开展恒生股票指数期货的交易。

　　我国海南证券交易中心曾于 1993 年 3 月开始试行深圳综合指数为标的的股指期货交易,该合约的乘数是 500 元/点,最小变动价位 0.1 点,涨跌停板幅度为 10 点,交易月份为当月、次月、隔月,最后交易日为该合约交割月倒数第二个营业日,保证金为 15 000 元。该股指期货合约经过一段时间的运营,交易日趋活跃,1993 年 4 月仅成交 292 张,5 月份上升到 851张,6 月份超过 1 200 张。由于合约的设计不够科学合理,交易匆匆上市,不够规范,出现操纵市场的不良行为,不久该股指期货合约的交易被关停。此后,我国较长时期主要关注的是商品期货市场的整顿规范,一直到 21 世纪初才开始酝酿金融期货市场的创建。

表 5.12　我国主要股票价格指数一览表

项目 指数	编制机构	最初发布时间	基　期	采样股	计算方法
上证指数	上海证券交易所	1991 年 7 月 15 日	1990 年 12 月 19 日	上交所全部上市股票	加权平均法
深圳综合指数	深圳证券交易所	1991 年 7 月	1991 年 4 月 3 日	深交所全部上市股票	加权平均法
上证 50 指数	上海证券交易所	2004 年 1 月 2 日		上交所规模大、流动性好的 50 种股票	加权平均法
STAQ 指数	全国证券交易自动报价系统	—	1992 年 7 月 18 日	STAQ 系统全部上市股票	加权平均法
新华指数	北京大学经济管理系与新华社信息部	1993 年 6 月 23 日	1992 年 9 月 30 日	上交所与深交所的 30 种上市股票	加权平均法
中华指数	上交所与深交所	1993 年 6 月 1 日	1993 年 1 月 4 日	上交所与深交所全部上市股票	加权平均法
中证 500 指数	中证指数有限公司	2004 年 12 月 31 日	2004 年 12 月 31 日	沪深两交易所小盘 500 种股票	加权平均法
沪深 300	中证指数有限公司	2005 年 4 月 8 日		沪深两交易所的 300 种股票	加权平均法

3. 股票价格指数期货合约

　　股票价格指数期货合约种类较多,这里主要介绍美国及中国香港两个市场推出的股

票价格指数期货合约,列于表 5.13～表 5.16。我国中金所推出的股价指数期货合约列于
表 5.17。

表 5.13　标准普尔 500 种股票指数期货合约

交易所名称	芝加哥商业交易所
股票指数的计算	由纽约证券交易所上市的 500 家公司股票组成,采用股票市值为权数的加权平均法计算
合约规模	500 美元乘以该指数。例:指数为 200 点,即该合约价格为 100 000 美元(500×200)
最小变动价位	0.05 指数点(每张合约 25 美元)
交易时间	上午 10:00—下午 4:15(美国东部时间)
合约交易月份	3 月,6 月,9 月,12 月
最后交易日	每个合约交易月份的第 3 个星期四
保证金存款	每份合约 5 000 美元

表 5.14　纽约证券交易所综合指数期货合约

交易所名称	纽约期货交易所
股票指数的计算	以纽约交易所上市的 1 500 多种股票,采用此股票市价为权数的加权平均法计算
合约规模	500 美元乘以该指数
最小变动价位	0.05 指数点(每张合约 25 美元)
交易时间	上午 10:00—下午 4:15(美国东部时间)
合约交易月份	3 月,6 月,9 月,12 月
最后交易日	每个合约交易月份的第 3 个星期五
保证金存款	每份合约 5 000 美元

表 5.15　价值线指数期货合约

交易所名称	堪萨斯期货交易所
股票指数的计算	以纽约交易所、美国证券交易所及其他地方性交易所上市的 1 700 多种股票,采用几何平均法计算
合约规模	500 美元乘以该指数
最小变动价位	0.05 指数点(每张合约 25 美元)
交易时间	上午 10:00—下午 4:15(美国东部时间)
合约交易月份	3 月,6 月,9 月,12 月
最后交易日	每个合约交易月份的第 3 个星期五
保证金存款	每份合约 6 500 美元

表 5.16　香港恒生指数期货合约

交易所名称	香港期货交易所
合约规模	50 港元乘以该指数
最小变动价位	1 个指数点(50 港元)
交易时间	上午 10:00—12:30,下午 2:30—3:30,星期三为半天
合约交易月份	3 月,6 月,9 月,12 月
最后交易日	每个交易月份的最后一个交易日
保证金存款	每份合约 15 000 港元

表 5.17　沪深 300 指数期货合约

合约标的	沪深 300 指数
合约乘数	每点 300 元
报价单位	指数点;报价为 0.2 的整数倍
最小变动价位	0.2 点
合约月份	当月、下月及随后两个季月
交易时间	上午 9:15—11:30,下午 1:00—3:15
最后交易日交易时间	上午 9:15—11:30,下午 1:00—3:00
每日价格最大波动限制	上一交易日结算价的±10%
最低交易保证金	合约价值的 12%
交割方式	现金交割
最后交易日	合约到期月份的第 3 个星期五,遇法定节假日顺延
交割日期	同最后交易日
交割方式	现金交割
交易代码	IF
上市交易所	中国金融期货交易所

4. 股指期货的定价

(1) 预备知识

假设金额 S 以年利率 r 投资了 n 年,若利息按每一年一次复利计算,则投资的终值 F 为

$$F = S(1+r)^n \tag{5.11}$$

若每年计 m 次利息,则终值为

$$F = S\left(1 + \frac{r}{m}\right)^{mn} \tag{5.12}$$

当 $m \to \infty$ 时,这种计息就称为连续复利(continuous compounding)。在连续复利情况下,金额 S 以利率 r 投资 n 年后,终值 F 达到

$$F = Se^{rn} \tag{5.13}$$

例 5.11 设 $S=100$, $n=1$, $r=0.10$,则可按式(5.12)算得:复利频率 $m=1$ 时,$F=110.00$;$m=2$ 时,$F=110.25$;$m=4$ 时,$F=110.38$;$m=12$ 时,$F=110.47$;$m=52$ 时(每周一次),$F=110.51$;$m=365$ 时,$F=110.52$;按式(5.13),连续复利情况下($m \to \infty$),$F=100e^{0.1}=110.52$

假设 r_1 是连续复利的利率,r_2 是与之等价的每年计 m 次复利的利率,则按式(5.12)和式(5.13),可得

$$e^{r_1} = \left(1 + \frac{r_2}{m}\right)^m$$

由此可解得

$$r_1 = m\ln\left(1 + \frac{r_2}{m}\right) \tag{5.14}$$

$$r_2 = m(e^{r_1/m} - 1) \tag{5.15}$$

式(5.14)与式(5.15)是复利频率为每年计 m 次的利率 r_2 与连续复利的利率 r_1 相互转换的关系式。

以下的讨论若无特别说明,都设 r 为无风险的连续复利的利率。

(2) 股指期货定价理论模型

① 标的证券无收益(如不支付红利的股票)情况下的股指期货定价。

为了阐述清晰,考虑如下两个组合:

组合 A:一个期货合约多头,加上一笔数额为 $Ke^{-r(T-t)}$ 的现金。

组合 B:一个单位标的证券(股票指数)。

在组合 A 中,K 为合约到时刻 T 的交割价格,r 为无风险利率,在连续复利条件下,到时刻 T 时,组合 A 中的现金会达到 K,这时期货合约到期(这时,合约价值 $f=0$),这笔钱正好用来购买一个单位的股指(标的证券)期货;这时组合 B 亦为一个单位标的证券 S,两个组合都拥有一个单位标的证券。设无套利情形下,在时刻 t 时两个组合的价值也应相等。现设期货合约多头(组合 A 中的)的价值为 f,则有

$$f + Ke^{-r(T-t)} = S$$

根据期货价格的概念,期货价格 F 就是合约到期时的交割价格 K,这时合约本身的价值 $f=0$,故得

$$F = Se^{r(T-t)} \tag{5.16}$$

② 支付已知红利率证券的股指期货定价(大部分股票可视为支付红利证券)。

为阐述清晰,同样考虑上述组合 A 和下列组合 B:

组合 A 的情形如上所述,组合 B: 拥有 $e^{-q(T-t)}$ 个证券,并且所有收入都再投资于该证券(q 为红利收益率)。

在组合 B 中拥有的标的证券的数量将随着红利的增加而不断增多,到时刻 T 时正好拥有一个单位的该证券,即 A 和 B 组合都有一个单位的证券,两者价值相等。设标的证券现值为 S,在时刻 t 时两者价值也相等,故得

$$f + Ke^{-r(T-t)} = Se^{-q(T-t)}$$

同理,期货价格 F 就是 $f=0$ 时的 K 值,则有

$$F = Se^{(r-q)(T-t)} \tag{5.17}$$

例 5.12 有一个 S&P500 指数的 3 个月期货合约。设用来计算指数的股票的红利收益率为每年 3%,指数现值为 400,无风险连续利率为每年 8%。试计算期货价格。

已知 $r=0.08$,$S=400$,$T-t=0.25$,$q=0.03$,则有

期货价格为 $F=S \cdot e^{(r-q)(T-t)} = 400 \cdot e^{0.05 \times 0.25} = 405.03$

(3) 几点说明

① 由于股指成分股股票的支付收益(现金或红利等)的方式不同,故股指期货定价的方式亦有不同。这里只介绍无收益方式(如式(5.16)所示)和已知红利方式(如式(5.17)所示)。

② 在式(5.17)中,红利收益率 q 的值应该代表合约有效期间的平均红利收益率,因为实际上,计算指数的股票组合的红利收益率一年里每周都在变化。

③ 式(5.17)表述的是无套利情形的结果。实际上,往往此等式不成立,即会发生指数套利(index arbitrage)。当 $F > S \cdot e^{(r-q)(T-t)}$ 时,可通过卖出指数期货合约(获得金额 F)同时购买指数中的成分股票而获利;当 $F < S \cdot e^{(r-q)(T-t)}$ 时,可卖出指数中的成分股票,同时买进指数期货合约而获利。但是,套利发生以后最终又会趋于均衡,即式(5.17)成立。

二、股票指数期货合约交易的实际操作

在实际操作中,股票指数期货交易有两大类:一是套期保值交易,二是投机和套利交易。

1. 套期保值交易

(1) 套期保值交易的种类

股票指数期货的套期保值分为两类:一类是买入套期保值,另一类是卖出套期保值。

① 买入套期保值。投资者若将来有一笔收入准备以后购买股票,却又担心那时股价上涨,就可以利用股票指数期货合约进行套期保值,当即可买入股票指数期货合约,以期未来股票价格上升后,用期货市场的盈利来抵补在股票现货市场高价购进股票的损失。此为买入套期保值。

例 5.13[17]　某人于 2006 年 3 月认为股市行情好,想买股票,但要到 5 月才有一笔 300 万元的资金收入,又担心 5 月股票涨价,于是 3 月 15 日买进沪深 300 指数期货,交易情形见表 5.18。

表 5.18　买进套保情形表

时　间	现货市场	期货市场	基　差
2006 年 3 月 15 日	沪深 300 现货指数为 2 438 点,计划购买 A、B、C 三只股票,现价分别为 10 元、20 元和 25 元,各买 100 万元,共需 300 万元	买入沪深 300 股指期货,6 月到期价为 2 556 点,共买 4 手,总价值为:2 556×300×4=3 067 200 元	−118
2006 年 5 月 20 日	沪深 300 现货指数涨至 2 758 点,A、B、C 三只股票价上涨,分别为 11 元、22.6 元、27.8 元,分别买进 10 万股、5 万股、4 万股,共用资金 334.2 万元。持股	卖出上述股指期货合约 4 手,全平仓,价为 2848 点,总价值为 2 848×300×4=3 417 600 元	−90
盈亏状况	股票比 3 月 15 日涨价,共多用资金 34.2 万元	盈:3 417 600−3 067 200=350 400 元,可弥补现货市场亏损	

试分析:基差变弱、抑或增强? 基差增强起了什么作用? 为何期市全套保了现货亏损?

② 卖出套期保值。进行这种交易的交易者主要是手上已持有股票的私人或者机构,在对未来股市行情预测可能下跌时,为防止股市下跌的风险,他们会预先出售股票指数期货合约,以弥补股市下跌而受的损失。

例 5.14　某交易者持有一定数量的股票,在 1 月 15 日持有股票的价值为 500 000 港元。此时,他卖出当天的 3 月恒生指数期货合约 1 张,3 月份合约恒生指数为 9 980 点,故卖出的价值为 9 980×50=499 000 港元。到 3 月初,股市下跌,他所持有的股票价值下降到 350 000 港元,在股市上的损失为 150 000 港元,但因他事前作了套期保值交易,当时恒生指数也下降了 3 100 点,变成 6 880 点,故他在期市上的盈利为 3 100×50=155 000 港元。于是,在未计交易成本的条件下,交易者通过套期保值交易避免了股市下跌的损失,且有 5 000 港元盈利。

(2) 最佳套保比率

套保比率是持有股票指数合约的价值与所需保值的股票价值之比。在第三章商品期货交易的套期保值中已讨论过商品的最佳套保比率。对股票套保的最佳套保比率来说,只要计算出最佳套期合约份数即可。

在股票投资中,其风险主要是价格波动风险,通常由 β 系数来确定。β 系数表明一种股票的价格相对于大市上下波动的幅度,即当大市变动 1‰时,该股票预期变动百分率。如 β 系数为 0.5,说明整个股票市场价格上升或下降 1‰时,该种股票的价格将上升或下

降 0.5%；β 系数也可为负，如 β 系数为负，表明股票价格与股市价格变动方向相反。股票组合的 β 系数为其各种股票的 β 系数的简单加权平均数，其权数等于投向某种股票的资金与总资金之比。

$$\beta_P = \sum_{i=1}^{n} X_i \beta_i; \quad X_i = \frac{C_i}{\sum_{i=1}^{n} C_i} \qquad (5.18)$$

式中：X_i——某种股票权数；

　　　　C_i——投向某种股票的资金；

　　　　β_i——某种股票的 β 系数。

最佳套期保值合约份数 N 可用下式计算：

$$N = \frac{V}{m \cdot p} \cdot \beta_P \qquad (5.19)$$

式中：V——股票组合的总价值；

　　　　m——股价指数每变动一点的价值；

　　　　p——股价指数的点数；

　　　　β_P——股票组合的 β 系数。

该式的意义是套保比等于股票价值乘以 β 系数，再除以期货合约价值。

例 5.15　若股票组合总价值为 1 000 000 美元，且该股票组合的 β_P 系数等于 1.2，当时 S&P 500 股票价格指数为 200 点，则最佳套期合约份数为

$$N = \frac{1\,000\,000}{500 \times 200} \times 1.2 = 12 \text{ 份}$$

当股市看涨，投资者希望持有 β 系数大的股票；当股市看跌，则希望持有 β 系数小的股票。投资者可以用买卖股票指数期货代替调整股票构成以增加或减少股票（或股票组合）的 β 系数。计算方法如下：

当预料股价下跌时，即要求 β 减小，$\beta > \beta^*$ 时，则需要卖出期货合约，其份数为

$$N = \frac{V}{m \cdot p} \cdot (\beta - \beta^*) \qquad (5.20)$$

当预料股价上涨时，即要求 β 增大，$\beta < \beta^*$ 时，则需要买进期货合约，其份数为

$$N = \frac{V}{m \cdot p} \cdot (\beta^* - \beta) \qquad (5.21)$$

式中：β——原投资组合的 β 系数；

　　　　β^*——目标的投资组合 β 系数。

2. 投机和套利交易

股票指数期货投机和套利是金融期货交易中又一项重要业务，它转移和承担了套期保值的风险，下面主要详细介绍套利交易。

（1）投机交易

股票指数期货投机交易就是根据对股票指数期货价格未来走势的判断来决定持有多头或空头头寸,即买进或卖出股票指数期货合约。其基本交易策略有三种:第一,当天交易法,它是在一天之内完成开仓和平仓的交易行为。股票市场在大幅调整的行情中,当天的股价指数波动相当剧烈,因此,当天交易者可能抓住平仓盈利机会。第二,顺流交易法,它指在股市上涨时买入期货合约而股市下跌时卖出期货合约的交易行为。上涨或下跌的长期趋势一旦形成,惯性作用将使市场价格沿着已形成的趋势变动。交易者可抓住此机会,建立相应的头寸盈利。第三,逆流交易法,它是指利用期货价格因超买或超卖而暂时偏离正常轨道的时机进行交易的行为。超买时,股指过度上涨,它终究会下跌,故可卖出期货合约;反之,则买入期货合约。

（2）套利交易

套利交易有跨月套利、跨市套利和跨品种套利(略)三大类。

① 跨月套利。跨月套利是利用股票指数期货不同月份的合约之间的价格差,入市建立一个近期月份合约多头(空头)的同时,建立另一个远期月份的空头(多头),然后平仓出市,从中获利。其操作原理和策略与第三章的跨期套利完全相同。

例 5.16　5 月 15 日,美国价值线指数期货 6 月份合约的指数价格为 192.45 点,9 月份合约的指数价格为 192.00 点,某投资者通过市场分析后认为,股市已过峰顶,正处于下跌的初期。他决定售出 6 月份指数期货合约 100 份。但若分析不正确,股市没有下跌,将会给投资者带来很大损失,因此,同时他又购进 9 月份该指数期货合约 100 份,这样他就采取了卖近买远套利的策略。随后股市迅速下跌,与该投资者的预期一致。不久,交易所内 6 月份合约的指数价格下跌到 188.15 点,9 月份合约则下跌到 190.45 点。6 月份合约指数价格下跌幅度为 4.3 点,而 9 月份合约下跌幅度为 1.55 点,近期变化幅度大于远期变化幅度,两个合约的价格变动之差为 2.75 点,则该投资者获得的利润为 137 500 美元(500×2.75×100)。

② 跨市套利。跨市套利是利用在两个不同的交易所交易的相同合约之间的价格差,在一个交易所建立一种头寸的同时在另一个交易所建立相反方向的交易头寸。一般说来,在指数期货价格较低的交易所买入期货合约,在指数期货价格较高的交易所卖出期货合约。这种套利操作方法简单,但其前提条件是:两个市场指数变化的相关性大,即使受某种原因影响使价格暂时失衡,最终两个市场的股价指数还会保持较好的相关性。

第四节　中国金融期货交易所及其股指期货

通过对我国商品期货市场的进一步整顿,市场规范化有了一定的基础;考虑到金融市场进一步发展的需要,2006 年 9 月 8 日在上海成立了中国金融期货交易所(以下简称中

金所)。中金所的主要职责如下:

(1) 提供金融期货交易的场所、设施和服务。

(2) 设计金融期货合约,安排合约上市。

(3) 组织并监督交易、结算和交割。

(4) 保证合约履行。

(5) 按照章程和交易规则对会员进行监督管理。

(6) 制定并实施交易所的交易规则及其实施细则和管理办法。

(7) 发布市场信息。

(8) 监管会员及其客户、指定交割仓库、期货保证金存管银行及期货市场其他参与者的期货业务。

(9) 查处违规行为。

(10) 中国证监会规定的其他职责。

中金所的组织章程中明确其由中国证监会直属管理,采取会员制方式组建。《中国金融期货交易所会员管理办法》中规定,其会员分为交易会员和结算会员。结算会员具备直接与中金所进行结算的资格,交易会员不具备此种资格。结算会员按照业务范围又分为交易结算会员、全面结算会员和特别结算会员。交易结算会员只能为其受托客户办理结算交割业务,全面结算会员既可以为其受托客户,也可以为与其签订结算协议的交易会员办理结算、交割业务。特别结算会员只能为与其签订结算协议的交易会员办理结算、交割业务。交易会员可以从事经纪或者自营业务。期货公司或者非期货公司的合法金融机构申请交易会员资格,应当符合该办法中第七条规定的条件以及相关的规定。申请结算会员资格,也应当符合该办法中第七条规定的条件,并取得金融期货结算业务资格。会员资格的变更与会员之间业务关系的变更,以及其他相关的规定,该办法中都有详细条款。

中金所贯彻中国证监会关于股指期货筹备"高标准、稳起步"的精神,考虑到当前我国在新兴加转轨的市场条件下建设金融期货市场的要求,于 2007 年 6 月 27 日发布了《中国金融期货交易所交易规则》和相应的 8 个实施细则:《中国金融期货交易所交易细则》、《中国金融期货交易所结算细则》、《中国金融期货交易所结算会员结算业务细则》、《中国金融期货交易所会员管理办法》、《中国金融期货交易所风险控制管理办法》、《中国金融期货交易所信息管理办法》、《中国金融期货交易所套期保值管理办法》、《中国金融期货交易所违规违约处理办法》;同时,设计并发布了《中国金融期货交易所沪深 300 股指期货合约》的文本。不久,即开始组织该期货合约的仿真交易。

此后,中金所根据中国证监会的统一部署,结合资本市场基础性制度建设进展、股指期货仿真交易运行情况和境外金融期货市场发展动态,于 2008 年 3 月启动业务规则修订工作,对上述交易规则及其实施细则进行了全面梳理、反复论证和认真修订,于 2010 年 1 月 15 日形成并发布了目前的交易规则及其实施细则(含沪深 300 股指期货合约文本,即本书的表 5.16)征求意见稿。此次业务规则的修订遵循了"加强风险管理,确保市场平稳运行","加强监管,保护投资者合法权益"和"优化基础制度设计,促进市场功能发挥"等原则。

上述交易规则及其实施细则修订稿向社会公开征求意见,截止日期为 2010 年 1 月 29 日。2 月 20 日中国证监会有关部门负责人宣布,中国证监会已正式批复中国金融期货交易所沪深 300 股指期货合约和业务规则;同日,中金所以中金所办字(2010)16 号文件发布了关于发布《中国金融期货交易所交易规则》及相关细则、办法和沪深 300 股指期货合约的通知,含有附件共 10 个(规则、细则、办法和合约文本)。

至此股指期货市场的主要制度已全部发布,以上规则、细则、办法和合约自发布之日起实施;接着受理期货公司适当性制度方案报备,投资者开户和编码申请启动在即。

为节省篇幅避免重复,现将上述规则及其细则的特殊和重要内容列述于下。

(1) 符合条件的投资者可以申请开设投资账户。不同类型的会员和客户可以根据从事套期保值交易、套利交易、投机交易等不同目的分别申请交易编码;证券公司、基金公司、QFII 等特殊法人机构,经相关部门审批可以其分户管理的资产组合申请开立相应的交易编码。仍采取一户一码制,每户编码仍为 12 位,前四位为会员码,后八位为客户码;客户码在不同会员处为相同的编码。任何一个投资者在交易所内只能有一个编码号。

(2) 为保障股指期货市场平稳、规范、健康运行,防范风险、保护投资者的合法权益,根据相关法规和《关于建立股指期货投资者适当性制度的规定(试行)》,中金所制定发布了《股指期货投资者适当性制度实施办法(试行)》及其操作指引,具体规定了期货公司会员及其客户申请开户的条件以及交易过程中的相互关系和责任的确认条款。

(3)《中金所交易规则》的第二条和第三条规定,中金所根据公开、公平、公正和诚实信用的原则,组织经中国证监会批准的期货合约、期权合约的交易。本规则适用于交易所组织的期货、期权交易活动。期货市场的所有参与者,应当遵守本规则。这表明本规则考虑到了期权合约,具有前瞻性;但是现今的本规则对有关期权合约交易的内容极少,将来实施期权交易时,必须修订补充。

(4) 客户可以通过书面、电话、互联网等委托方式以及中国证监会规定的其他方式,下达交易指令。交易指令分为市价指令、限价指令及交易所规定的其他指令。市价指令的未成交部分自动撤销;限价指令,当日有效,未成交部分可以撤销。市价指令只能和限价指令撮合成交,成交价格等于即时最优限价指令的限定价格。

交易指令每次最小下单数量为 1 手,市价指令每次最大下单数量为 50 手,限价指令每次最大下单数量为 100 手。

会员、客户使用,或者会员向客户提供可以通过计算机程序实现自动批量下单或快速下单等功能的交易软件的,会员应当事先报交易所备案。

会员、客户采取可能影响交易所系统安全或者正常交易秩序的方式下达交易指令的,交易所可以采取相关措施。

(5) 股指期货竞价交易采用:①集合竞价方式,在交易日的 9:10—9:15 进行,在其最后一分钟将前四分钟所接受的申报指令一次性集中撮合成交,产生当日的开盘价;集合竞价方式不接受市价指令。②连续竞价方式,它是指在每日开盘价形成以后对买卖申报指令逐笔连续撮合的竞价方式,按照价格优先、时间优先的原则撮合成交。以涨跌停板价格申报的指令,按照平仓优先、时间优先的原则撮合成交。

(6) 买卖申报经撮合成交后,交易即告成立。符合《交易规则》各项规定达成的交易于成交时生效,买卖双方应当承认交易结果,履行相关义务。依照《交易规则》达成的交易,其成交结果以交易所系统记录的成交数据为准。

(7) 交易所实行会员分级结算制度。交易所对结算会员进行结算,结算会员对其受托的客户和与其签订协议的交易会员进行结算,交易会员对其受托的客户进行结算。这里所述结算包含每个交易日按成交结果进行盈亏结算、资金划转以及交割业务。在《结算细则》中重新考虑了会员资格变更下的持仓转移的情形,对持仓转移业务进行全面规范。

(8) 最低交易保证金由原来的 10% 提高到 12%,即降低了期货交易的杠杆效应。对当前(2010 年初)来说,一手股指期货合约面值约为 100 万元(当时价格即点数×300 元/点),按期货公司所定保证金约 15%,再按持仓占总资金约 1/3 考虑,则每个客户至少要有资金 50 万元。可见,进入门槛较高。

(9) 取消了《交易规则》中原定的有关熔断制度的风险控制办法。所谓熔断制度是指对某一合约在达到涨跌停板之前,设置一个熔断价格(比如,前一交易日结算价的±6%),使合约买卖报价在一段时间(比如,持续 5 分钟)内,只能在这一价格范围内交易。为了控制风险,《交易规则》仍然采用了涨跌停板制度,规定每日价格涨跌停板幅度为上一交易日结算价的±10%;最后交易日的,为±20%;对季月合约的涨跌停板幅度另有详细规定。

(10) 期货合约连续两个交易日出现同方向单边市时,其第二交易日为最后交易日的,该合约直接进行交割结算;其第二交易日不是最后交易日的,交易所有权采取下列一种或多种风险控制措施:提高保证金标准,限制开仓,限制出金,限期平仓,强行平仓,暂停交易,调整涨跌停板幅度,强制减仓,或其他措施。所谓单边市是指某一合约收市前 5 分钟内出现只有停板价格的买入(卖出)申报,没有停板价格的卖出(买入)申报,或者一有卖出(买入)申报就成交,但未打开停板价格的情形。

(11) 持仓限额具体规定如下:①进行投机交易的客户号,某一合约单边持仓限额为 100 张(手),套期保值交易和套利交易的客户不受此限制;②某一合约结算后单边总持仓量超过 10 万张的,结算会员下一交易日该合约单边持仓量不得超过该合约单边总持仓量的 25%。

(12) 交易所实行大户持仓报告制度,在《风险控制管理办法》中有具体要求和报告内容的规定。

(13) 《风险控制管理办法》规定了关于强制减仓和强行平仓的具体执行条件和办法。

（14）交易所制定的《套期保值管理办法》规定,客户和会员申请套期保值额度可以逐级申报,申报时要提供规定的书面相关资料,申请人可以一次申请多个月份合约的套期保值额度。

（15）交易所实行保证金制度、当日无负债结算制度、结算担保金制度和风险准备金制度等,以防范和控制风险。关于结算担保金制度可详见《风险控制管理办法》:结算担保金是指由结算会员依交易所规定缴纳的、用于应对结算会员违约风险的共同担保资金;交易所在银行开立结算担保金专用账户,对结算会员缴纳的结算担保金进行专户管理;结算会员应当在交易所指定银行开立结算担保金专用账户,用于与交易所结算担保金专用账户之间进行结算担保金的缴纳、调整的资金划转;交易所按季度核算每一结算会员的结算担保金变化;交易所按有关规定所得收入在扣除必要费用和税费后,依相关规定返还结算会员。

（16）某一期货合约的当日结算价是指最后一小时成交价格按成交量的加权平均价。《结算细则》中对特殊情况下当日结算价的确定作出了规定。

同一品种期货合约按当日结算价计算的

$$当日盈亏 = \sum[(卖出成交价 - 当日结算价) \times 卖出数量 \times 合约乘数] +$$

$$\sum[(当日结算价 - 买入成交价) \times 买入数量 \times 合约乘数] +$$

$$(上一交易日结算价 - 当日结算价) \times$$

$$(上一交易日卖出持仓量 - 上一交易日买入持仓量) \times 合约乘数$$

（17）股指期货采用现金交割。手续费标准为不高于成交金额的万分之零点五。

（18）这次修订的业务规则增加了会员及其高管人员和期货从业人员应当接受交易所自律等的有关要求。

（19）进一步细化了交易所对会员业务、内控的合规性及遵守交易所规则的情况进行日常检查的内容,并强化监管。

（20）细化了违规违约处罚的措施及处罚的情形。

如果要参与沪深300股指期货的交易,必须事先认真阅读上述10个文件,以及随后发布的有关制度、规则修订的现行文件,可以从中金所网站www.cffex.com.cn下载这些文件,也可以从相关期货公司查询有关资料。

中金所自2006年9月8日成立至2010年4月16日历经约3.5年完成了股指期货上市交易的准备工作,包括:上述10个有关规则的文件制定;在自主创立的"金融期货仿真平台"上完全模拟真实市场的股指期货交易,已共仿真交易1 485个交易日,成交量3.16亿手,成交金额达338.7万亿元,测试股指期货IF品种的交易运行、检验和完善其交易规则,为其上市奠定了基础;2010年2—3月受理期货公司适当性制度实施方案的报备,并派出了15个工作组到各地督导开户申报及客户编码工作;等等。4月16日,4个合约全线出场上市,当日运行平稳:IF1005、IF1006、IF1009、IF1012的开盘价分别为3 450点、

3 470点、3 600 点、3 618.8 点，4 个合约共成交 58 457 手，成交金额 605.38 亿元，平均每手达 103.56 万元。到 2013 年 1 月，全月 IF 合约成交 15 042 257 手，成交金额 116 8243 874.85 万元。（平均每手约 78 万元，价格平均约 259 点，比 2010 年上市时，价格下跌，期间沪深股票也下跌了。）近三年来，由于股指期货上市前准备工作扎实，论证、仿真、检验充分，股指期货交易运行平稳，发挥了正常应有的效果。

2015 年 4 月 16 日，由中国证监会批准，上证 50 和中证 500 股指期货合约成功上市：当时推出上证 50 股指共 4 个标的期货合约 IH1505、IH1506、IH1509 和 IH1512，其中主力 IH1505 合约 3 100 点开盘，挂盘基准价 3 058.8 点，3 283.8 点收盘，共成交 156 867 手，持仓量 33 464 手；中证 500 共 4 个合约 IC1505、IC1506、IC1509 和 IC1512，其中主力 IC1505 合约 7 790.0 点开盘，7 707.8 点收盘，跌 1.42%，共成交 123 400 手，持仓 7 940 手。运行正常。

中金所选择上证 50 指数作为股指期货合约标的的理由是[16]：

①上证 50 指数标的的主要构成为上证市场金融地产类蓝筹股，具有较高的流通市值，市场体量较大；

②上证 50 指数市场需求较高；

③ 符合境外市场股指期货发展路径规律。

上证 50 股指期货合约由中金所设计，其内容基本与沪深 300 股指期货雷同，唯标的是上证 50 指数，代码为 IH，合约乘数仍为每点 300 元。中证 500 指数是挑选沪深证券市场内具有代表性的中小市值公司组成样本股，以便综合反映沪深证券市场内中小市值公司的整体状况。它是扣除沪深 300 指数样本股后，按日均总市值由高到低选取排名在前 500 名的股票作为其构成样本。中证 500 的标的当然是中证 500 指数，唯其合约乘数为每点 200 元，代码为 IC。结合近期的点数，乘以 200，每张（手）合约的面值大约 70 万元。当前，三个股指期货合约的持仓限额制度不同：沪深 300 股指期货为 600 手；上证 50 和中证 500 期货合约都为 1200 手。最近，由于风险较大，中金所发布公告：从 2015 年 9 月 7 日起，三个股指期货合约的交易保证金皆要求提高，用于套期保值的合约，由当前的 10% 提高到 20%，用于非套期保值的合约，由当前的 30% 提高到 40%。

复 习 题

1. 考虑一个基于不支付红利股票的期货合约，3 个月后到期。假设股价为 40 美元，3 个月期无风险利率为年利率 6%。$T-t=0.25$，$r=0.06$，$S=40$，试计算该期货价格。

2. 考虑一个股价为 50 美元的股票的 10 个月期期货合约。假设对所有的到期日，无风险利率（连续复利）都是年利率 8%，且利率的期限结构是平坦的。同时假设在 3 个月、6 个月以及 9 个月后都会有每股 0.75 美元的红利付出，试计算该期货价格。

3. 考虑一个 6 个月期期货合约,标的资产提供年率为 5% 的连续红利收益率。无风险利率(连续复利)为每年 10%。股价为 30 美元,交割价为 32 美元。这里,$S=30$,$K=32$,$r=0.10$,$q=0.05$,$T-t=0.5$,试计算该期货价格。

4. 了解外汇期货、利率期货及股票指数期货的产生背景。

5. 熟悉重要的外汇期货合约、利率期货合约、股票指数期货合约的具体内容。

6. 比较外汇期货、利率期货、股票指数期货的报价方式。

7. 1999 年 5 月 2 日,日本一出口商向英国出口一批货物,计价货币为英镑,价值 100 000 英镑,3 个月收回货款。5 月 2 日英镑对美元汇率为 1.5 美元/英镑,日元对美元汇率为 120 日元/美元,问该出口商如何在外汇市场套期保值(所需其他汇率自定)。

提示:关于上列复习题 2,是属于支付现金收益股票的期货定价问题,本书未介绍。现将其定价算式列于下:

$$F = (S-I)e^{r(T-t)}$$

式中符号意义同前所述,I 为期货合约有效期间所取得的收益的现值,依题意,

$$I = 0.75e^{\frac{-0.08 \times 3}{12}} + 0.75e^{-0.04} + 0.75e^{-0.06} = 2.162$$

第六章 期权交易

本章第一节阐述期权的概念、分类,分析实值、平值、虚值期权的不同特点,并对期货期权与期货进行了比较;第二节分析影响期权价格的因素,阐述 Black-Scholes 期权定价模型及其特点,二叉树模型定价方法;第三节包括期权的四种基本策略的分析与应用,合成期权与合成期货的分析,价差期权与组合期权的主要种类及盈亏分析;第四节主要说明了新型期权的衍生方法及主要类型。

第一节 期权交易概述

一、选择权交易概述

在衍生金融工具大家族中,有一类是选择权(options)。它是以对一定标的物或其合约的选择性买卖权利为核心,赋予买方在将来一定时间内以事先商定的价格选择是否买入(或卖出)一定数量和规格的某种标的物或其合约的权利,而卖方有义务按规定满足买方未来买卖的要求。选择权与期货一样,也以合约形式存在。根据是否在交易所内公开竞价交易和合约标准化程度,选择权合约可分为现货选择权合约(spots option contracts)和期货选择权合约(futures option contracts)。

$$
\text{选择权}
\begin{cases}
\text{现货选择权}
\begin{cases}
\text{商品现货选择权(以实物商品为标的物)} \\
\text{金融现货选择权(以股票、贵金属、股指为标的物)}
\end{cases} \\
\text{期货选择权}
\begin{cases}
\text{商品期货选择权(以商品期货合约为标的物)} \\
\text{金融期货选择权(以金融期货合约为标的物)}
\end{cases}
\end{cases}
$$

以上是选择权家族的构成,其中括号内为选择买卖的标的物(或合约)。国内交易者在 20 世纪 80 年代后才逐渐参与期货与选择权交易,而习惯于把 options 译为期权;而实际上,在英文中期权是"期货选择权"的简称,并不包括"现货选择权"(可简称为"现权",比如股票选择权就是现货选择权的一种)。以此类推,国内人们所说的"期权市场",实际上就是"选择权交易市场",而"期权交易所"实际上是"选择权交易所"。考虑到"期权"这一称呼在我国已流传甚广,全部改成"选择权"可能会引起混淆,也没有必要,因此,本书建议把"options"(原意为"选择权")理解为"期权",即未来买卖的一种权利,而把"现货选择权"与"期货选择权"分别称为"现货期权"和"期货期权",这样就避免了混淆与误解,也与学术界大多数说法相符。为行文简便,比如现货期权中的股票现货期权,写为股票期权。

期权的萌芽形式已出现了几百年。较早的期权交易主要是用于实物商品、贵重金属和房地产业务,都是现货期权。20世纪20年代,美国出现了股票的期权交易,但带着较为浓厚的投机色彩而不为大多数人接受。在同一时期里,美国政府赋予了期货交易所以正式的法律地位,并加强了期货管理,使交易所内期货交易稳步发展。1936年,美国商品交易法案禁止对各种具体商品进行期权交易,但这并不能完全阻止场外的期权交易。70年代以前,期权交易都是在场外进行的,合约内容各不相同,而且市场一直很小。其中很重要的一个原因是期权定价比期货定价棘手得多,使之成为只有少数交易者才能利用的工具。1973年,期权市场出现了巨大的变化。世界上第一个期权交易所——芝加哥期权交易所(CBOE)——成立,推出了第一批场内股票期权,期权的场内标准化合约得以出现;不久,著名的Black-Scholes期权定价公式公开发表,并被CBOE采用,不到一年时间,期权交易量迅速上升。1982年10月,作为美国政府试验的一部分,在CBOE正式推出了长期国债期货期权。同时,美国商品期货交易委员会开始对国内商品期货期权交易进行管理,期权交易被高度重视,由此带动了传统商品期货期权及其他金融期货期权的发展。目前,期权作为世界衍生品市场的重要组成部分,已成为回避风险的手段。以1994年为例,在世界期货市场排名前20位的交易品种中,期权交易已占到总交易量的1/4左右。

场内期权交易是期权交易的重要形式,在世界各地的许多交易所都进行期权交易。标的物包括股票、外汇、股票指数和许多不同的期货合约。如在美国,交易股票期权的交易所就有芝加哥期权交易所、费城交易所、美国股票交易所、太平洋股票交易所和纽约股票交易所。在每一期权合约中,期权持有者有权按特定的敲定价格购买和出售100股股票。仅在美国就有500多种股票有期权交易。

国际上较大的外汇期权交易所是费城交易所,其中有澳元、英镑、加拿大元、欧元、日元、瑞士法郎的期权合约。在美国,有许多不同的指数期权,最有名的是CBOE的S&P 100和S&P 500指数期权。

期货期权的标的资产是期货合约。在美国,大多数期货合约都有相应的期权交易。如利率期货期权,玉米、大豆、原油、活牛、黄金和欧洲美元期货期权的交易都比较活跃。

1997年12月,芝加哥期权交易所推出理柏分析及所罗门兄弟两种基金指数期权,包括理柏/所罗门增长基金指数、理柏/所罗门增长及收益基金指数。每项指数均包含30只最大的互惠基金,基本上可涵盖大部分人的投资模式,因为这些基金指数的成分主要由一些著名、活跃及大规模的基金组成,而且每组指数的成分基金均会每年重新评估,指数成分基金的比重亦会每季调整。

在欧洲,最早的期权交易所继CBOE之后成立,即如今坐落在荷兰阿姆斯特丹的欧洲期权交易所。目前交易所的主要期权种类包括股票期权、股票指数期权、债券期权、货币期权和贵金属期权。继欧洲期权交易所成立之后,一批期权交易所如雨后春笋般在西欧各地诞生,如斯德哥尔摩期权交易所、伦敦期权交易所、瑞士期权和金融期货交易所、法兰克福期权交易所等。

金融机构和大公司双方直接进行的期权交易称为场外期权交易。场外交易具有灵活性强、非标准化的特征,使金融机构可以根据客户的需要订立不同的期权合约。因而,交易越来越普遍,尤其是外汇期货和利率期货期权的场外交易量增长很快。

二、期权交易的合约要素

期权交易的买方通过付出一笔较小的权利金费用,便得到一种权利,在期权有效期内,若标的物价格朝有利于买方的方向变动,买方可以选择履约,即按敲定价执行买或卖的权利;在期权合约的有效期内,期权也可以转让;超过规定期限,合约失效,买主的权利随之作废,卖主的义务也被解除。例如,某投资者买进一份 America Online 股票的 9 月份卖权,敲定价 30 美元。这意味着,在该期权到期前或到期时,如果股票价格低于 30 美元,他仍旧可以以 30 美元的价格卖出;如果价格高于 30 美元,他则放弃权利而不履约。

一般来说,期权合约的要素主要有:

(1) 期权的买方(taker):购买期权的一方,即支付权利金,获得权利的一方,也称为期权的多头方。

(2) 期权的卖方(grantor):出售权利的一方,获得权利金,因而具有接受买方选择的义务。期权的卖方也称为期权的空头方。

(3) 权利金(premium):买方为获取权利而向卖方支付的费用。它是期权合约中的唯一变量,相当于期权合约的价格。其大小取决于期权合约的性质、到期月份及敲定价格等各种因素。

(4) 敲定价格(strike price):也称为协定价格或执行价格,即事先确定的标的资产或期货合约的交易价格。场内交易的敲定价格由交易所根据标的资产现货或期货合约的价格变化趋势确定;场外交易的敲定价格则由买方和卖方商定。

(5) 通知日(declaration date):当期权买方要求履行标的物(或期货合约)的交货时,他必须在预先确定的交货和提运日之前的某一天通知卖方,以让卖方做好准备,这一天就是"通知日"。

(6) 到期日(prompt date):也称"履行日",在这一天,一个预先作了声明的期权合约必须履行交货。通常,对于期货期权而言,期权的到期日应先于其标的资产——期货合约的最后交易日。

以下我们进一步来熟悉期权合约的有关术语。以场内的标准期权合约为例,报价行情如下:

3	IBM	NOV.	400	call	premium 15
合约份数	标的物名	期权到期日	敲定价	买权	权利金

其含义是：3 份 IBM 公司的敲定价为 400 的 11 月份到期的股票买权（call），权利金为 15。其中的 400 为每股的敲定价格，而 call 与 put 的含义在后文中有专门说明。

三、期权的种类

1. 欧式期权和美式期权

这是按期权执行时间来划分。欧式期权指仅在期权合约期限到期后买方才能按敲定价格行使其买或卖的权利；而美式期权则给买方以更大的灵活选择权利，即在到期日或到期日之前均可行使权利。因此，美式期权的购买者一般需支付更高的权利金。欧式期权和美式期权的分类与地理概念毫无关系，纯粹只是命名的不同而已。在美国场外交易的外汇期权大都是欧式期权。

2. 买权和卖权

这是按期权所赋予的权利来划分，是期权最基本的分类方法。买权（call options）赋予期权的买方在未来预定时间内以一定的价格（敲定价格）向卖方购买一定数量的标的资产现货或期货合约的权利，即买方获得买权。买权的买方之所以要购买这一权利，是因为他对标的资产现货或期货合约的价格看涨，所以买权也叫看涨期权。

卖权（put options）的买方在预定时间内有权向卖方卖出一定数量的标的资产现货或期货合约，即买方获得卖权。因为买方是对标的物或期货合约的价格看跌，所以卖权也称为看跌期权。

3. 交易所交易期权和柜台交易（OTC）期权

这是按期权的交易场所来划分。交易所交易期权也叫场内交易期权，一般在交易所的交易大厅内公开竞价，所交易的是标准化期权合约，即由交易所预先制定每一份合约的交易规模（如股票期权为100 股，与股票交易相对应）、敲定价格、通知日、到期日、交易时间等，合约的唯一变量是权利金。

交易所期权采用类似股票交易所的做市商制度。每种期权在交易厅中都有具体的位置，某一确定的期权由特定的做市商负责。投资者的经纪人可向做市商询问买价和卖价。做市商可以增加场内期权市场的流动性，他本身从买卖价差中获利。

场内期权交易由专门的期权清算所进行清算，该清算所充当买方的卖方，卖方的买方。当投资者要求执行期权的指令传到清算所时，清算所随机地选择某个持有相同期权空头的会员。而该会员按事先订立的程序，选择某个特定的出售该期权的投资者，履行卖方义务。

柜台式期权也叫场外交易期权，是卖方为满足某一购买者特定的需求而产生的。它并不在交易所大厅内进行交易，因此没有具体的交易地点。成交额、敲定价格、到期日等都由买卖双方自行协商。柜台式期权合约不经过清算所清算，也没有担保，它的履约与否全看期权的出售者是否履行合约。

现举例说明场外交易期权如下：

例 6.1　1997 年初美国通用汽车公司董事会给予其总裁一份 5 年内按当前（现时）价格购买 100 万股公司普通股的期权。这意味着，总裁如果把公司经营得好，股票市值每股上升 1 美元，总裁就可获利 100 万美元。

例 6.2　一家投资银行欲以每股 3 美元发行 1 000 万股某公司的新股。由于担心新股的发行不顺利，为使股票有吸引力，该投资银行采用了期权策略，即每购 100 股新股，出售（送）给购买者一份卖权，使其在未来 1 年内有权按每股 2 美元的价格卖掉 100 股股票。这样，购买者的损失就限制在每股 1 美元以内；而一旦股价上涨，他们的获益潜力很大。

由以上的例子可以看出，期权在场外交易中应用很普遍，常用于低价发行新股，也用于债券交易、房产交易中。但本章的主要目的是探讨更为规范和标准化的场内期权，因此对场外期权只略作介绍。在以后章节中如不另行指明，所说的期权交易都是指场内期权交易。

4. 实物期权、股票期权、外汇期权、利率期权、期货期权、股票指数期权、基金指数期权等

这是按期权的标的物来划分。实物期权的标的物是实物商品，如贵金属、房产及其他实物商品，多在场外市场交易。股票期权选择买卖的是某种股票，如美国市场中的 IBM、柯达和通用汽车的股票期权，股票交易所和期权交易所都开展这方面的交易。外汇期权的标的物是外汇或外汇期货，如英镑或英镑期货合约等。利率期权主要是指国债及国债期货合约的期权交易。期货期权的标的物是期货合约。股票指数期权和基金指数期权是对相应的指数点数进行预期，定出敲定价格点数，但最终履行期权合约时是以现金结算。

四、实值期权、平值期权和虚值期权

期权按敲定价格与标的物市场价格的关系不同可分为实值期权、平值期权、虚值期权三种。

实值期权是指如果期权立即履约（执行），买方具有正值的现金流，对期权的买方有利；平值期权是指如果立即履约，买方的现金流为零；虚值期权则是指如果期权立即履约，买方的现金流为负，对期权的卖方有利。

实值期权、平值期权、虚值期权与看涨、看跌期权的关系见表 6.1。

表 6.1　实值期权、平值期权、虚值期权与看涨、看跌期权的对应关系

	看涨期权（买权）	看跌期权（卖权）
实值期权	标的物市场价格＞敲定价格	标的物市场价格＜敲定价格
平值期权	标的物市场价格＝敲定价格	标的物市场价格＝敲定价格
虚值期权	标的物市场价格＜敲定价格	标的物市场价格＞敲定价格

例 6.3 若豆粕期货市场价格为 165 美元/吨,则敲定价格为 160 美元/吨的看涨期权就是实值期权;敲定价格为 160 美元/吨的看跌期权是虚值期权;而敲定价格为 165 美元/吨的看涨和看跌期权均为平值期权。

实值(in the money)、平值(at the money)、虚值(out of the money)描述的是期权在有效期内某个时点的状态,随着时间的变化,标的物市场价格会不断变化,同一期权的状态也会不断变化。有时是实值期权,有时是平值期权,有时会变成虚值期权。

五、期权的类、属、种

在任何给定的时间,对于任何给定的资产,可能有不同的期权合约同时在交易。如对某一股票,如果具有 4 种到期日和 5 种敲定价格的期权在同时交易,如果每一个到期日和每一个敲定价格都有看涨和看跌期权在进行交易,则共有 40 种不同的期权合约。按照惯例,同一标的物所有的看涨期权属于同一大类,所有的看跌期权属于同一大类。同一"类"中具有同一到期日的属于同一"属"。例如:CBOE 美国长期国债期货的看跌期权是同一"类",其中所有同时在 1998 年 9 月到期的,叫作同一"属"。在同一"属"的期权中,还可按期权的敲定价格不同分为不同的"种"。例如,1998 年 9 月到期的美国长期国债期货看跌期权,敲定价格分别为 80,82,84,86,88,90,92 的,分别属于不同的"种"。

期权的类、属、种的内涵及相互关系如下表所示。

	类	属	种
看涨或看跌期权	属于同一标的物		
到期日		同一标的物、相同到期日	
敲定价格			同一标的物、相同到期日、同一敲定价

六、期权的了结方式

场内期权的了结方式有三种。

第一种方式是期权的买方和卖方可以选择在期权到期日之前对冲平仓。例如,某交易者作为期权的多头方,买进"COMEX 的敲定价格为 400 的 8 月黄金期货合约看跌期权"合约一张。过一段时间后,该种看跌期权权利金上涨,他可以作为空头方卖出"COMEX 的敲定价格为 400 的 8 月黄金期货合约看跌期权"合约对冲平仓。其盈亏取决于权利金的差价。

第二种方式是期权的买方选择在有效期内履行合约,则期权卖方有义务(必须)接受该选择。如上述看跌期权的买方可以选择到期日(欧式)或之前(美式)以 400 美元/盎司的价格卖出一张 8 月黄金期货合约给期权的卖方,因而履约后该期权买方在期货合约上形成了一份空头部位。

所以,期权的买方若选择执行合约,对于期货期权来说,经过期权清算所的清算,买卖双方将在期货市场处于表 6.2 中所示的部位(即所获期货合约是买入(多头)的或卖出的)。

表 6.2　期货期权履约后期权买方、卖方在期货市场所处部位

	看涨期权	看跌期权
期权买方	获得多头期货部位	获得空头期货部位
期权卖方	获得空头期货部位	获得多头期货部位

第三种方式即买方到期放弃权利,期权失效。在这种方式下,期权卖方获利最大,而买方损失最大,获利、损失皆为权利金数额。

值得注意的是,场内期权交易者很少选择履行合约或放弃合约的方式,只要当期权合约到期日之前对冲有利,交易者往往会选择对冲平仓的方式。

七、期货期权与期货的比较

1. 期货期权与期货的联系

作为金融衍生工具的两个重要品种,期货期权交易与期货交易有许多相似之处。

(1) 它们都是在有组织的场所(期货交易所或期权交易所)内进行。由交易所制定有关的交易规则、合约内容,由交易所对交易时间、过程进行规范化管理。

(2) 场内交易都采用标准化合约方式。由交易所统一制定其交易规模、最小变动价位、涨跌停板、合约规格、合约月份等标准。期权合约的月份与交易规模大都参照相应的期货,以方便交易,参看表 6.3。

表 6.3　CBOE 长期国债期货、期权合约

	期　货	期　权
交易单位	100 000 美元面值长期国债	一个 100 000 美元面值的 CBOE 长期国债期货合约单位
最小变动价位	1/32 点(每张合约 31.25 美元)	1/64 点(每张合约 15.63 美元)
敲定价格		按每张长期国债期货合约当时价格 2 点(2 000 美元)的整倍数计算,例如,如果长期国债期货合约价格为 86—00,其期权敲定价格可能为 80, 82,84,86,88,90,92 等

	期　货	期　权
每日价格最大波动限制	同 10 年期中期国债	同长期国债期货合约
合约月份	同 10 年期中期国债	同长期国债期货合约
交易时间	同 10 年期中期国债	同长期国债期货合约
最后交易日	同 10 年期中期国债	同 10 年期中期国债期权合约
交割等级	如果为不可提前赎回的长期国债,其到期日从交割月第一个工作日算起必须为至少 15 年以上;如为可提前赎回长期国债,则不一定为 15 年以上,利率为 8% 的标准利率	
合约到期日		同 10 年期中期国债期权合约
交割方式	同 10 年期中期国债	

（3）都由统一的清算机构负责清算,清算机构对交易起担保作用。清算所都是会员制,清算体系采用分级清算的方式,即清算所只负责对会员名下的交易进行清算,而由会员负责其客户的清算。

（4）都具有杠杆作用。交易时只需交相当于合约总额的很小比例的资金（保证金和权利金）,使投资者能以小搏大,因而成为投机和风险管理的有效工具。

2. 期货期权与期货的区别

期货与期权交易也存在许多不同之处,主要可归纳如下:

（1）期权的标准化合约与期货的标准化合约有所不同。在期货合约中,买卖的载体是标的资产,唯一的变量是期货合约的价格;而在相应的期权合约中,载体是期货合约,期货期权就是约定期货合约的买卖,所以期货合约的价格（即敲定价格）是已定的,唯一变量是权利金。在期限上,期货期权的到期日应先于其标的期货合约到期日,期货期权的最后交易日一般定在期货交割月的前一个月份。

（2）买卖双方的权利与义务不同。在期货交易中,期货合约的买卖双方都有相应的权利和义务,在期货合约到期时双方都有义务履行交割。且大多数交易所是采用卖方申请交割的方式,即卖方决定在哪个注册仓库交割,买方在货物地点的决定上没有选择。而在期权交易中,期权的买方有权确定是执行权利还是放弃权利;卖方只有义务按买方的要求去履约,买方放弃此权利时卖方才不执行合约。

（3）履约保证金规定不同。期货交易的买卖双方都要交付保证金;期权的买方成交时支付了权利金,他的最大损失就是权利金,所以他不必交纳保证金;而期权的卖方收取权利金,出卖了权利,他的损失可能会很大,所以期权的卖方要支付保证金,且随价格的变化,有可能要追加保证金。这一点可以从后面的分析中获得证明。

(4) 两种交易的风险有所不同。期货交易的买卖双方风险和收益结构对称,而期权交易的买卖双方风险和收益结构不对称。图 6.1 是期货的风险和收益结构,若成交价为 F,则随着市场上期货价格的上升,多头盈利增加,空头亏损等量增加;随着市场上期货价格下降,多头亏损增加,空头盈利也等量增加。买方和卖方的风险和收益结构是对称的。

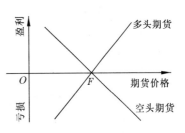

图 6.1 期货买方、卖方的风险
和收益结构

图 6.2(a)与图 6.2(b)是看涨期权的风险和收益结构,期权敲定价格 f_1。期权多头(买方)最大的损失是权利金 c,因为期货价格比敲定价格低时多头会放弃权利;随着期货价格上升,买方履行合约盈利是无限的。期货合约价格为 f_2 时(图上 f_2 点距 f_1 点的间距取为 c),期权买卖双方的盈亏均为 0,我们把 f_2 称为平衡点价格。当期货价格处于 f_1 与 f_2 之间时,买方会执行合约,其盈利将部分抵消先前支付的权利金。

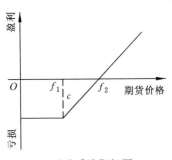

(a) 买进看涨期权图

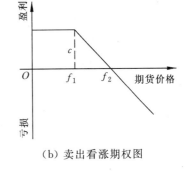

(b) 卖出看涨期权图

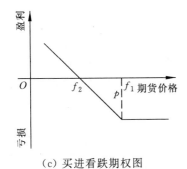

(c) 买进看跌期权图

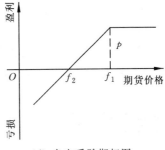

(d) 卖出看跌期权图

图 6.2 期权的风险和收益结构

买权空头(卖方)的情形正好相反。他的最大盈利是有限的,即权利金 c,而随着期货价格上升,他的风险也加大。当期货价格在 f_1 与 f_2 之间时空头处于盈利逐步减少的状态;而当期货价格超过 f_2 时,空头开始亏损,并且亏损是无限量的。

同理,从图 6.2(c)与图 6.2(d)可看出,看跌期权的买方的最大亏损就是权利金 p,随着期货价格下降,其最大收益是 f_1-p;卖权卖方正好相反,最大盈利是权利金 p,而其最大损失是 $p-f_1$。

因此,期权交易中,风险和收益结构是不对称的。买方最大的亏损是权利金,而卖方风险很大,所以交易所只对卖方收取保证金,而不对买方收取保证金。

以上的分析启示投资者,在选择投资和保值工具时,可以考虑以下几点:

(1) 假定投资者非常确信今后的价格走势将上升(或下降),应该选择期货交易方式,而不应做期货期权交易,否则将白白损失支付的权利金。

(2) 如果投资者非常肯定价格基本持稳,则可通过卖出期权获取权利金;此时做期货可能无利可图。

(3) 如果投资者有理由相信价格将上涨,但同时又担心价格会不变甚至下降,则最好买入看涨期权,能充分利用期权的杠杆作用;同理,如果有理由相信价格将下跌,但同时又担心价格会不变甚至上涨,则最好买入看跌期权。

(4) 如果投资者确信价格会大幅度上下波动,但不知道价格波动方向,则最佳策略是同时买入看涨期权和看跌期权。

总之,期货交易策略最好在牛市、熊市中采用,在市场整理阶段则难以操作。而期权在任何市场条件下均可采用,如牛市、熊市、持稳市场、略有上扬及略有下跌的市场等各种条件下都可选择不同的期权投资方式。

另外,在现实交易中,稳健的投资者往往会将期货与期权策略组合起来,灵活运用。主要的应用有以下几方面:

(1) 投资者若进行了期货交易,可以用期货期权来改变其风险收益结构(在本章第三节中将有专门讨论)。

(2) 投资者可用期权作为期货头寸的跟踪止损措施,如期货多头成交价为 60,当期货价上升为 65 时,他可以买进一敲定价 65 的看跌期权作为止损措施,若期货价继续上涨,他还可以将先前的看跌期权平仓,买进另一更高敲定价的看跌期权。如此就可实现跟踪止损。若期货价格上涨,投资者可放心地等待获大利;因为他不必担心价格下降,即使下降,他也可以以敲定价将期货平仓。

(3) 期货投资者在加码时,买入期权,可作为扩大盈利的手段,这样加码,一是可以不受数量限制,二是可以更稳妥地获利,但要付出权利金。

八、期权的保证金(以股票期权为例)

1. 有保护的卖方和无保护的卖方

经过前述分析可知,期权的卖方和买方风险收益结构不对称。买方须支付权利金,而卖方会被要求交纳保证金。在美国,联邦储备委员会规定交易完成后买方要在一周内支付权利金给卖方,但清算公司和经纪公司往往要求买方客户在次日付款。

期权的卖方,则分为两种情况:有保护的卖方和无保护的卖方。如果看涨期权的卖方拥有可以用来抵偿期权风险的头寸,则该卖方就成为有保护的卖方。如该卖方持有足额股票、银行开具的可转让应收票据、可转换证券、认股权或买入同种股票的看涨期权等。如果可以用以上的头寸来减少或消除风险,则视为有保护的卖方,其风险是有限的;反之,如果没有可以进行对冲的头寸,卖方就是无保护的,潜在的风险就会很大。

看跌期权的卖方在下列情况下是有保护的:买进到期时间相同或更晚的同种股票的看跌期权,其敲定价格要等于或高于卖出的期权的敲定价格。否则,看跌选择权的卖方就是无保护的。

有保护的卖方不需交付保证金;而无保护的卖方因为面临的风险大,因而被要求支付保护金。例如,如果某投资者拥有 200 股 IBM 股票,他卖出 2 份 12 月到期,敲定价格为 120 美元的 IBM 看涨期权,那么该投资者是有保护的,当买方选择执行合约时,他可以将拥有的股票交割。他不再被要求交纳保证金。

2. 卖出无保护股票期权的保证金要求

下面以美国有关的规定说明期权保证金的结算及交纳方式。

初始保证金是按以下两种计算结果中选取金额较大的一个(以股票期权为例):

(1) 初始保证金＝全部权利金收入＋0.2×标的股票的市场价值－期权处于虚值状态的数额。

(2) 初始保证金＝全部权利金收入＋0.1×标的股票的市场价值。

对于股价指数期权,应将上列(1)中第二项的系数 0.2 替换为 0.15,因为股指波动性较小。

例 6.4 某投资者卖出 4 份(100 股/份)无保护的某股票的看涨期权,权利金为每股 5 美元,敲定价为 40 美元,成交时股票市价为 38 美元;这时处于虚值,对期权卖方有利,虚值为 2 美元,故按(1)式计算得:初始保证金＝4×100×5＋0.2×400×38－400×2＝4 240 美元;按(2)式计算得:初始保证金＝4×100×5＋0.1×400×38＝3 520 美元。

初始保证金应取较大者,即 4 240 美元。交纳时权利金收入 2 000 美元可作为保证金账户中的一个部分。

例 6.5 其他情形和数据同上例,唯有卖出的是看跌期权。这时期权处于实值状态,对卖方不利,故(1)式中没有第三项。按(1)式算得初始保证金为 400×(5＋0.2×38)＝

5 040美元,比(2)式结果大。保证金取为5 040美元。

需要指出,前例卖出看涨期权,若股票市价下跌到27美元,虚值达到13美元,则按(1)式计算的初始保证金为$5\,040-5\,200=-160$美元,这时则按(2)式计算的结果确定保证金为$2\,000+0.1\times400\times27=3\,080$美元。

同样按逐日盯市原则,逐日重新计算初始保证金,保证金账户不足时仍要追加保证金。

九、场内期权的敲定价格的确定

如前所述,场外期权的敲定价格由买卖双方直接协商确定,而场内期权的敲定价格则由交易所根据标的物交易情况确定。各交易所的规定并不完全一样,但确定时一般考虑两个因素。

1. 标的物交易价格的高低

这影响到如何确定敲定价格的变动间隔。当交易价格较高时,交易所确定的敲定价的间隔较大;反之,则较小。如股票期权敲定价的变动间隔通常为5点,而股价较高时,敲定价间隔为10点,低价股票的敲定价间隔仅为$2\frac{1}{2}$点。又如CSCE咖啡期权合约规定,当期货价格低于200美分时,期权敲定价间隔5美分,高于200美分时,敲定价间隔10美分。但也有的期权,如股指期权、外汇期权等不论标的物价格的高低,对敲定价规定同样的间隔。

2. 标的物价格波动幅度

标的物价格波动幅度越大,同时交易的期权的敲定价格就越多。随着标的物价格的变动,交易所会视情况增加新的敲定价格。如CBOE的10年期中期国债期权合约,在期货价为90—00时,其敲定价可能为87—00,88—00,89—00,90—00,91—00,92—00,93—00,若期货价上升为94—30,则可能增加以下敲定价的期权:94—00,95—00,96—00,97—00,98—00。也就是说,交易所必须保证,在任何时点上,都同时有实值期权和虚值期权在交易。

第二节 期权的定价

期权合约要素中唯一的变量是权利金,权利金就是期权的价格。因此,期权的定价就是对权利金的理论值进行计算。影响权利金的因素很多,使期权定价成为一个很复杂的问题。

一、期权价格的构成

根据持有成本理论,期货理论价格是由标的物价格(现货价格)和持有成本决定的。期权价格也要受其标的物价格的影响。期权敲定价与现时标的物价格的关系常用内涵价值这个概念来分析,与未来标的物价格的关系则用时间价值来分析。期权价格主要由内涵价值和时间价值两部分构成。

1. 内涵价值

内涵价值(intrinsic value)是期权买方立即履行合约时可获取的收益,它反映了期权合约敲定价格与标的物市场价格之间的关系。对看涨期权而言,内涵价值＝标的物市价－合约敲定价;对看跌期权而言,内涵价值＝合约敲定价－标的物市价。

实值期权的内涵价值大于零,虚值期权和平值期权的内涵价值等于零。

例 6.6　当铜期货合约市价为 2 050 美元/吨时,敲定价为 2 000 美元/吨的看涨期权的内涵价值为 50 美元/吨;敲定价为 2 060 美元/吨的看涨期权是虚值期权,内涵价值为零;敲定价为 2 050 美元/吨的看涨期权是平值期权,内涵价值也为零。

内涵价值是期权价值的重要组成部分,所以一般来说,实值期权的权利金较高,平值期权和虚值期权权利金较小。

2. 时间价值

时间价值(time value)对期权卖方来说反映了期权交易期间内的时间风险,对期权买方来说反映了期权内涵价值在未来增值的可能性。可以这样理解,期权买方希望随着时间的延长,标的物价格波动可能使期权增值,因而愿意支付高于内涵价值的权利金;期权卖方由于要冒时间风险,也要求高于内涵价值的权利金。

通常,期权有效期越长,期权的时间价值越大。如 7 月某日某时点,对于同一敲定价同一标的物的买权来说,12 月到期的比 9 月到期的权利金要高。随着期权临近到期日,其时间价值逐渐变小;期权到期时,不再具有时间价值。

例 6.7　设某股票价格为 27 美元,9 月看跌期权(敲定价 30)的权利金为 4,则内涵价值为(30－27)＝3,时间价值为(4－3)＝1;10 月看跌期权(敲定价 25)的权利金为 $1\frac{1}{2}$,则该期权内涵价值为 0,只具有时间价值为 $1\frac{1}{2}$。

二、影响期权价格的因素

影响期权价格的因素主要有六个:标的物市场价格(S)、敲定价格(X)、距离到期日前剩余的时间(T－t,其中 T 为期权到期时间,t 为当前时间)、标的物价格波动幅度(V)、无风险利率(r)、股票分红(对股票期权有影响)。下面分别加以分析。

1. 标的物市场价格

标的物市场价格直接影响权利金的大小,它是在期权交易中首先要考虑的因素。原因有三:第一,它决定敲定价格的选择;第二,它与敲定价格的关系决定了期权是实值、平值还是虚值,并决定了内涵价值的大小;第三,标的物市场价格的波动,增加了期权向实值或虚值方向移动的可能性,因此权利金也相应变化。

2. 敲定价格

敲定价格主要影响期权的内涵价值。比如当玉米期货价格为 2.58 美元/蒲式耳时,在其他条件相同的情况下,敲定价格为 2.60 美元/蒲式耳的看涨期权的权利金比敲定价为 2.50 美元/蒲式耳的看涨期权的权利金肯定要低。因为前者是虚值期权,后者是实值期权。

有时,敲定价也影响到期权的时间价值。如果对比同一品种的相同到期日但不同敲定价的两份期权合约,通常平值期权的时间价值较大。对平值期权来说,期权向实值还是向虚值转化,方向难以确定。转为实值时则买方盈利,转为虚值则卖方盈利(注意:这时买方会放弃期权的履约,卖方不可能获此盈利),所以平值期权的时间价值最大。对于虚值期权来说,若市价离敲定价很远,则人们会认为其转为实值的可能性很小,其时间价值也会很小,甚至为 0。对实值期权而言,若市价偏离敲定价很远(市价偏离更远的可能性已很小,因为市价不可能无限上涨或下跌),则期权的杠杆作用减弱了(因为内涵价值已经很大,在权利金中占绝大部分),此时时间价值也很小。

3. 标的物市场价格波动幅度

标的物市场价格的波动幅度是影响期权价格水平的重要因素之一。价格的上下波动会影响到实值、平值、虚值期权的时间价值,进而影响期权的价格。市价波动与期权有效时间衰减之间有一定的相关关系,当期权越临近到期日,如果其他条件不变,其时间价值衰减速度就越快。这主要是因为可以导致期权转向实值的时间逐渐减少所致。到期日时,期权不再具有时间价值,而只可能包含内涵价值。

标的物价值的波动性增加,加大了期权向实值方向移动的可能性,因此期权权利金也会相应增加。例如,若玉米期货价格为 2.60 美元/蒲式耳,并预期在其后一年内可能保持该价格水平(价格波动性很小),那么卖出一个 2.8 美元/蒲式耳的玉米看涨期权面临的风险就很小,卖方要求的权利金也少。但是,如果价格波动性大,如波动于 2.50～3.20 美元/蒲式耳之间,买方履行合约的可能性也随之增加,卖方风险加大,要求的权利金也高。

4. 无风险利率

与期货交易不同的是,期权权利金在成交时以现金支付,因此短期利率反映了期权买方的融资成本,交易者交易时,自然会把短期利率考虑进去。但总的说来,利率对期权时间价值的整体影响是十分有限的。另外,无风险利率的变化,也会引起股票价格的变动,进而使期权的内涵价值改变。

5. 距离到期日前剩余时间长短

在期权的时间价值中起最大作用的是期权的期限。如果其他因素相同,随着时间向到期日$(T-t)$趋近,期权的时间价值也趋于减少。这是因为向不利方向变动的可能也减少了,权利金也减少。

6. 股票分红

股票分红主要是对股票期权的价格有影响。随着红利支付日期的临近,股价趋于上升,股票看涨期权的内涵价值趋于升高,而看跌期权的内涵价值则趋于减少。当红利支付日期过后,人们预期股票价格会降低,因此,看涨期权价格会降低,看跌期权价格会升高。

三、Black-Scholes 期权定价模型

1. Black-Scholes 和 Merton 对前人工作的改进

1997 年的诺贝尔经济学奖被授予两位美国经济学家:美国哈佛大学教授 Robert C. Merton 和斯坦福大学教授 Myron S. Scholes,以表彰他们和已去世的 Fischer Black 在期权定价理论中所做的贡献。其主要贡献就是提出了复杂的 Black-Scholes 期权定价模型。

在这之前,期权定价模型可以分为两类:第一类是特定模型,即根据实际观测和曲线拟合程度来确定期权价格,这种模型的缺点在于无法反映经济均衡对期权价格的影响;第二类是均衡模型,即根据市场参与者效用最大化来确定期权价格,这方面最早进行研究的是法国数学家兼经济学家 Louis Bechelier。他在 1900 年的博士论文《投机的数学理论》中,给出了一个股票期权定价公式,首次提出了确定期权价格的均衡理论方法。但他的公式是建立在一些不现实的假设之上,如利率为零,股票价格可以为负等。遗憾的是其研究成果在随后五十多年里一直未引起经济学家们的注意。进入 20 世纪 60 年代,期权定价理论的研究开始活跃起来,Case Sprendle 和 James Boness 等人先后发表文章试图改善 Bechelier 的公式。这些研究在本质上是一致的,即大多数都根据认股权证的思想方法对期权定价,将期权价格等同于期权期望收益的贴现值;但期权期望收益依赖于未来股票价格的概率分布,期望收益的贴现值依赖于贴现率,而实际中未来股票价格的概率分布和贴现率是无法确定的。1969 年 Samuelson 和 Merton 在其合作完成的文章中认识到了这一点,他们将期权价格看做是股票价格的函数,并且认为贴现率依赖于投资者所持股票和期权的数量,但是他们导出的公式仍然依赖于特定投资者的效用函数,即投资者是风险厌恶、风险中性,还是爱好风险?其程度怎样?这在现实中无法估算。20 世纪 70 年代以前的期权定价公式所具有的共同不足之处,就是不同程度地依赖于股票未来价格的概率分布和投资者的风险偏好,而风险偏好和股票概率分布是无法预测或正确估计的,因而限制了这些公式在实际中的应用。

1973 年,Fischer Black 和 Myron S. Scholes 在美国《政治经济学》杂志上发表了一篇开创性论文《期权和公司债务的定价》,给出了欧式股票看涨期权的定价公式,即今天所称的 Black-Scholes 公式,它与以往期权定价公式最重要的差别就在于它的实际应用价值,即它只依赖于可观察到的或可估计出的变量。同年,Robert C. Merton 在其《合理期权定价理论》一文中提出了支付红利股票的期权定价公式,进一步完善了 Black-Scholes 公式。Black,Scholes,Merton 三人在改进前人工作的基础上完成了现代期权理论的奠基工作。

2. Black 和 Scholes 的期权定价思想

如前所述,Black-Scholes 模型奠定了现代期权定价理论的基础,具有重要意义。该模型避免了对未来股票价格概率分布和投资者风险偏好的依赖。这是因为 Black 和 Scholes 认识到,股票看涨期权可以用来回避股票的投资风险。通过一种投资策略,买入一种股票,同时卖出一定份额的该股票看涨期权,可以构成一个无风险的投资组合,即投资组合的收益完全独立于股票价格的变化。在资本市场均衡条件下,根据资本资产定价模型,这种投资组合的收益应等于短期利率。因此,期权的收益可以用标的股票和无风险资产构造的投资组合来复制,在无套利机会存在的情况下,期权价格应等于购买投资组合的成本,即期权价格仅依赖于股票价格的波动量、无风险利率、期权到期时间、敲定价格、股票时价。上述几个变量,除股票价格波动量外都是可以直接观察到的,而对股票价格波动量的估计也比对股票价格未来期望值的估计简单得多。这就是 Black 和 Scholes 的期权定价思想。

3. Black-Scholes 微分方程的推导

首先,假定股票和期权市场的"理想条件"是:

(1) 股票价格运动是一种"布朗运动",即在连续时间内股票价格遵循随机漫步,方差率(单位时间的方差)与股票价格的平方根成比例。因而在任何有限时间间隔末,可能的股票价格的分布是对数正态分布。股票收益率的方差率不变。

(2) 股票不付红利或其他收益。

(3) 期权为欧式期权,到期日才能履行。

(4) 买卖股票或期权没有交易成本。

(5) 无风险利率 r 为常数且对所有到期日都相同。

(6) 证券交易是连续的。

(7) 不存在无风险套利机会。

根据第一个假设,股票价格 S 遵循数学家 ITO 提出的 ITO 过程:

$$dS = \mu S dt + \sigma S dz \tag{6.1}$$

式中: μ ——以连续复利计的年预期收益率,可取为常数;

μS ——价格瞬时期望漂移率;

σ ——股票价格年波动率,可取为常数;

σS ——价格的瞬时方差率的平方根；

$\mathrm{d}z$ ——维纳过程，z 为维纳过程的变量，取极限情形，则有 $\mathrm{d}z = \varepsilon\sqrt{\mathrm{d}t}$；

ε ——标准正态分布（即均值为 0，标准差为 1 的正态分布）中取的一个随机值；

t ——时间。

式（6.1）表示，股票价格 S 可用瞬时期望漂移率 μS 和瞬时方差率 $\sigma^2 S^2$ 的 ITO 过程来表达。

假设 f 是依赖于 S 的衍生证券（比如期权）的价格，则变量 f 一定是 S 和 t 的某种函数。从 ITO 定理得到 f 遵循的过程为

$$\mathrm{d}f = \left(\frac{\partial f}{\partial S}\mu S + \frac{\partial f}{\partial t} + \frac{1}{2}\frac{\partial^2 f}{\partial S^2}\sigma^2 S^2\right)\mathrm{d}t + \frac{\partial f}{\partial S}\sigma S\mathrm{d}z \tag{6.2}$$

式（6.1）和式（6.2）的离散形式分别为

$$\Delta S = \mu S\Delta t + \sigma S\Delta z \tag{6.3}$$

$$\Delta f = \left(\frac{\partial f}{\partial S}\mu S + \frac{\partial f}{\partial t} + \frac{1}{2}\frac{\partial^2 f}{\partial S^2}\sigma^2 S^2\right)\Delta t + \frac{\partial f}{\partial S}\sigma S\Delta z \tag{6.4}$$

其中，f 和 S 遵循的维纳过程相同，即两式中的 Δz 相同，所以选择某种股票和衍生证券的投资组合可以消除维纳过程。设有某投资者卖出 1 份衍生证券，同时买入数量为 $\frac{\partial f}{\partial S}$ 的股票，则定义证券组合的价值为 Π：

$$\Pi = -f + \frac{\partial f}{\partial S}S \tag{6.5}$$

Δt 时间后，投资组合的价值变化为 $\Delta\Pi$：

$$\Delta\Pi = -\Delta f + \frac{\partial f}{\partial S}\Delta S \tag{6.6}$$

将式（6.3）和式（6.4）代入式（6.6），可得

$$\Delta\Pi = \left(-\frac{\partial f}{\partial t} - \frac{1}{2}\frac{\partial^2 f}{\partial S^2}\sigma^2 S^2\right)\Delta t \tag{6.7}$$

因为这个方程不含 Δz，经过 Δt 时间后投资组合的价值必定没有风险。当 Δt 无限短时，该投资组合的瞬时收益率与其他短期无风险证券收益率相同。当不存在无风险套利机会时，应该存在下列等式：

$$\Delta\Pi = r\Pi\Delta t$$

其中 r 为无风险利率。将式（6.5）和式（6.7）代入此式并化简可得

$$\frac{\partial f}{\partial t} + rS\frac{\partial f}{\partial S} + \frac{1}{2}\sigma^2 S^2\frac{\partial^2 f}{\partial S^2} = rf \tag{6.8}$$

式（6.8）便是 Black-Scholes 微分方程。此方程有多个解。其中对于欧式看涨期权的边界条件是：当 $t = T$ 时，$f = \max(S-X, 0)$；对于欧式看跌期权的边界条件为：当 $t = T$

时，$f = \max(X - S, 0)$。其中 X 为敲定价格。

式(6.8)中的变量为股票当前价格 S、时间 t、股票价格波动标准差 σ 和无风险利率 r，而不包含股票的预期收益 μ（μ 值依赖于风险偏好）。也就是说，该方程不包含任何受投资者的风险偏好影响的变量，风险偏好对 f 不产生影响。为了简化分析，Black-Scholes 模型假定所有的投资者都是风险中性的，也即处在风险中性的世界里。在这种假设前提下的定价称为风险中性定价。

4. Black-Scholes 风险中性定价计算公式

在风险中性世界里，欧式看涨期权到期日的期望价值为

$$\hat{E}[\max(S_T - X, 0)]$$

式中，$\hat{E}$ 表示风险中性的期望值，S_T 为 T 时刻股票的价格，T 为期权的到期时间。

欧式看涨期权的价格 C 是期望值 $\hat{E}$ 以无风险利率贴现的结果，即

$$C = e^{-r(T-t)} \hat{E}[\max(S_T - X, 0)] \tag{6.9}$$

假定股票价格运动是几何"布朗运动"，运用数学上随机变量函数的一些定理，可以得出股票价格的自然对数 $\ln S_T$ 服从正态分布，具有下列概率分布：

$$\ln S_T \sim \varphi\left[\ln S + \left(r - \frac{\sigma^2}{2}\right)(T - t), \sigma\sqrt{T - t}\right] \tag{6.10}$$

通过数学上的积分过程对式(6.9)的右边求值，可得出

$$C = SN(d_1) - Xe^{-r(T-t)}N(d_2) \tag{6.11}$$

其中

$$d_1 = \frac{\ln(S/X) + (r + \sigma^2/2)(T - t)}{\sigma\sqrt{T - t}}$$

$$d_2 = \frac{\ln(S/X) + (r - \sigma^2/2)(T - t)}{\sigma\sqrt{T - t}} = d_1 - \sigma\sqrt{T - t}$$

其中 N 为标准正态分布的累计概率分布函数（即这一变量小于 X 的概率）。

式(6.11)即著名的 Black-Scholes 公式，在其包含的变量中，股价波动率 σ 可以通过历史数据进行估算，$N(d_1)$ 和 $N(d_2)$ 概率分布函数值可以通过查表（见本书附录一）求得，这样我们就可以算出无风险利率 r 时的不支付红利股票欧式看涨期权的价格。欧式看跌期权的价格 P 可用与欧式看涨期权类似的方式计算出（也可使用后文中讨论的看涨期权与看跌期权之间平价关系来求得），其算式为

$$P = Xe^{-r(T-t)}N(-d_2) - SN(-d_1) \tag{6.12}$$

Robert C. Merton 则注意到，基于一种价格为 S，支付连续红利率为 q 的股票的欧式期权，与基于一种价格为 $Se^{-q(T-t)}$，不支付红利的股票的相应欧式期权有相同的价值。因此，Merton 将股票现价从 S 减小到 $Se^{-q(T-t)}$，然后代入 Black-Scholes 定价公式中，便得到了如下支付红利股票的期权定价公式：

$$C = Se^{-q(T-t)}N(d_1) - Xe^{-r(T-t)}N(d_2) \qquad (6.13)$$

其中：

$$d_1 = \frac{\ln(S/X) + (r - q + \sigma^2/2)(T-t)}{\sigma\sqrt{T-t}}$$

$$d_2 = \frac{\ln(S/X) + (r - q - \sigma^2/2)(T-t)}{\sigma\sqrt{T-t}}$$

5. Black-Scholes 公式的性质

对远期合约而言，远期合约多头的价值为远期合约现价减去交割价的贴现值，即 $f = S - Ke^{-r(T-t)}$。式中，f 为远期合约多头的价值，S 为其标的资产（如股票）的现价，K 为远期合约交割价格。

而实际上，对期权而言，当股票价格 S 变得很大时，看涨期权肯定会被执行，此时，期权就与（交割）价格为 X 的远期合约非常相似。因为 S 相当大，d_1 和 d_2 也变得很大，$N(d_1)$ 和 $N(d_2)$ 都近似为 1.0。这样，Black-Scholes 模型就变为

$$C = S - Xe^{-r(T-t)}$$

而这就是远期合约价值公式。

我们再观察式（6.11）所表述的 Black-Scholes 模型，其经济意义就是：欧式看涨期权的价格，等于卖出利率为 r 的债券 $Xe^{-r(T-t)}N(d_2)$ 份，同时买进价格为 S 的股票 $N(d_1)$ 份所构成的投资组合的成本。

Black-Scholes 期权定价理论的意义在于，它是第一个有实际应用价值的期权定价理论。此后，许多学者对它进行了修正，以使其更为完善；并且，从 Black-Scholes 的定价思想出发，学者们提出了解决利率期权、期货期权、货币期权以及更为复杂的期权（如新型期权、具有期权特征的衍生证券等）定价的理论与模型。值得一提的是，目前对于美式期权尚无严密逻辑推理下的价格预测方程（也许这样的方程根本就不存在），但是，学者们已经提了一些实用的近似方法，如有限差分方法和二叉树法，其中二叉树方法我们将在后文中进行讨论。

四、看涨—看跌期权的平价关系

1. 欧式看涨—看跌股票期权之间的平价关系

设 P 和 C 分别表示欧式看跌、看涨股票期权的价格，考虑以下两个组合：

组合 A：一个欧式股票看涨期权加上金额为 $Xe^{-r(T-t)}$ 的现金；

组合 B：一个欧式股票看跌期权加一股股票。

在期权到期时，组合 A 的价值为

$$\max(S_T - X, 0) + X = \max(S_T, X)$$

组合 B 的价值为

$$\max(X - S_T, 0) + S_T = \max(X, S_T)$$

因此期权到期日，两个组合的价值相等。由于是欧式期权，只有在到期日 T 才能执行，因此现在组合必然具有相等的价值，即有

$$C + X\,e^{-r(T-t)} = P + S \tag{6.14}$$

这个关系式即所谓的欧式看涨—看跌股票期权的平价关系（put-call parity）。

它表明具有某一确定执行价格和到期日的欧式看涨期权的价值，可根据相同执行价格和到期日的欧式看跌期权的价值推导出来，反之亦然。假如此式不成立，则存在套利机会。

2. 欧式看涨—看跌期货期权之间的平价关系

设 C, P 分别为欧式看涨、看跌期货期权的价格，F_T 是到期日的期货价格，考虑以下两个组合：

组合 A：一份欧式看涨期货期权加上数额为 $Xe^{-r(T-t)}$ 的现金；

组合 B：一笔数额为 $Fe^{-r(T-t)}$ 的现金加上一份期货合约，再加上一份欧式看跌期货期权（注意：这里假设期货合约和远期合约之间没有差别）。

在期权到期时，组合 A 的价值为

$$\max(F_T - X, 0) + X = \max(F_T, X)$$

组合 B 的价值为

$$F + (F_T - F) + \max(X - F_T, 0) = \max(F_T, X)$$

从以上可以看出，期权到期时，两个组合的价值相等。因为欧式期权不能提前执行，所以现在的价值也相等，现在期货合约的价值为 0，所以有

$$C + Xe^{-r(T-t)} = P + Fe^{-r(T-t)} \tag{6.15}$$

这就是欧式看涨—看跌期货期权的平价关系。

例 6.8 设有一执行价 $X = 2\,000$ 元/吨、3 个月到期的小麦期货看涨期权，无风险年利率 10%，期货价格的年波动率为 25%，试求当小麦期货价为 2 000 元/吨时，该看涨期权的价格是多少？再用式（6.15）计算相同执行价和到期日的看跌期权的价格。并请用式（6.19）验证之。

解 依题示：$X = 2\,000, F = 2\,000, r = 0.1, T-t = 3/12 = 0.25, \sigma = 0.25$；

$\ln(F/X) = \ln(2\,000/2\,000) = 0$，按式（6.18），有

看涨期权权利金 $C = e^{-r(T-t)}[F \cdot N(d_1) - X \cdot N(d_2)]$

其中 $d_1 = \dfrac{(\sigma^2/2)(T-t)}{\sigma\sqrt{T-t}} = \dfrac{\sigma\sqrt{T-t}}{2} = 0.062\,5$，

$\quad d_2 = d_1 - \sigma\sqrt{T-t} = 0.062\,5 - 0.25 \times 0.5 = -0.062\,5$，

查附录一的表，得 $N(d_1) = 0.525\,4, N(d_2) = 0.474\,6$。

故得看涨期权价格为 $C = e^{-0.1 \times 0.25} \times (0.525\,4 - 0.474\,6) \times 2\,000 = 99.1$ 元/吨。

按式(6.15)可得其看跌期权(相同执行价和到期日)的价格 P：

$$P = C + Xe^{-r(T-t)} - Fe^{-r(T-t)} = C = 99.1 \text{ 元/吨}；$$

再按式(6.19)验证，$P = e^{-r(T-t)} \big[X \cdot N(-d_2) - F \cdot N(-d_1) \big]$

$$= e^{-0.1 \times 0.25} \times 2\,000 \big[N(0.062\,5) - N(-0.062\,5) \big]$$

$$= 0.975\,3 \times 2\,000 \times (0.525\,4 - 0.474\,6)$$

$$= 99.1 \text{ 元/吨}$$

检验通过。

五、外汇期权与期货期权的定价

1. 外汇期权的定价

在为外汇期权定价时，首先假定：

(1) 汇率变动与股价变动一样，遵循几何布朗运动。

(2) r 和 r_f 都是恒定的，对于任何到期日都相同（r, r_f 定义见下）。

并定义：

S ——即期汇率；

F —— T 时刻的远期汇率；

σ ——汇率变动的波动率；

r ——美国国内无风险利率；

r_f ——其他币种国内的无风险利率；

有 $F = Se^{(r-r_f)(T-t)}$。

外币的持有者具有利息收入，而且收益率为 r_f，所以外币与支付已知红利收益的股票类似，将式(6.13)中的 q 替换成 r_f，并依据看涨—看跌期权的平价关系可推导出相应的欧式外汇看涨期权和看跌期权的公式分别如下：

$$C = Se^{-r_f(T-t)} N(d_1) - Xe^{-r(T-t)} N(d_2) \tag{6.16}$$

$$P = Xe^{-r(T-t)} N(-d_2) - Se^{-r_f(T-t)} N(-d_1) \tag{6.17}$$

其中

$$d_1 = \frac{\ln(S/X) + (r - r_f + \sigma^2/2)(T-t)}{\sigma \sqrt{T-t}}$$

$$d_2 = \frac{\ln(S/X) + (r - r_f - \sigma^2/2)(T-t)}{\sigma \sqrt{T-t}} = d_1 - \sigma \sqrt{T-t}$$

如果 S 未知，F 已知，可以利用 F 与 S 之间的关系式 $F = Se^{(r-r_f)(T-t)}$ 代换。

例 6.9　设有一份 3 个月期的英镑欧式看涨期权。目前的即期汇率为 1.600 0 美元/英镑，执行价格 1.600 0 美元/英镑，年利率 $r = 8\%$，$r_f = 11\%$，$\sigma = 10\%$，试计算该看涨期权的价格。

解 按题意有 $T-t=\dfrac{3}{12}=0.25$(年)

$$\ln(S/X)=\ln\left(\dfrac{1.6}{1.6}\right)=0$$

则有

$$d_1=\dfrac{(0.08-0.11+0.1^2/2)\times 0.25}{0.1\times\sqrt{0.25}}=-0.125$$

$$d_2=-0.175$$

查附录一,可得

$$N(d_1)\approx 0.450\,3 \quad N(d_2)\approx 0.430\,6$$

则该看涨期权的价格 C 为

$$C=1.600\,0\,\mathrm{e}^{-0.11\times 0.25}\times 0.450\,3-1.600\,0\,\mathrm{e}^{-0.08\times 0.25}\times 0.430\,6$$

$$\approx 0.025\,6(美元/英镑)$$

2. 期货期权的定价

设期货价格为 F,F 与即期价格 S 的关系为 $F=S\,\mathrm{e}^{a(T-t)}$,假定其中变量 a 仅为时间的函数,并假定 S 的波动率是常数,则 F 的波动也是常数,且等于 S 的波动率。这样期货价格可以和支付连续红利率 r 的证券同样对待,即有 $q=r$ 代入式(6.13),并根据看涨—看跌期货期权之间的平价关系,可以推导出欧式看涨期货期权与欧式看跌期货期权的权利金计算公式如下:

$$C=\mathrm{e}^{-r(T-t)}[FN(d_1)-XN(d_2)] \tag{6.18}$$

$$P=\mathrm{e}^{-r(T-t)}[XN(-d_2)-FN(-d_1)] \tag{6.19}$$

其中

$$d_1=\dfrac{\ln(F/X)+(\sigma^2/2)(T-t)}{\sigma\sqrt{T-t}}$$

$$d_2=\dfrac{\ln(F/X)-(\sigma^2/2)(T-t)}{\sigma\sqrt{T-t}}=d_1-\sigma\sqrt{T-t}$$

式(6.18)及式(6.19)适合于股指期货期权、外汇期货期权及商品期货期权,但不适于利率期货期权。

例 6.10 设有一敲定价 3 美元/蒲式耳的距到期日 3 个月的玉米期货看涨期权,无风险利率为年利 10%,期货价格的波动率是每年 25%,当玉米期货价为 3 美元/蒲式耳时,该看涨期权的价格是多少?

解 按题意有 $F=3,X=3,r=0.10,T-t=\dfrac{3}{12}=0.25,\sigma=0.25$,则有

$$\ln(F/X)=0$$

$$d_1=\dfrac{(\sigma^2/2)(T-t)}{\sigma\sqrt{T-t}}=\dfrac{\sigma\sqrt{T-t}}{2}=0.062\,5$$

$$d_2 = d_1 - \sigma \sqrt{T-t} = 0.062\,5 - 0.25 \times 0.5 = -0.062\,5$$

查附录一,可得

$$N(d_1) = 0.525\,4 \qquad N(d_2) = 0.474\,6$$

则看涨期权的价格 C 为

$$C = e^{-0.10 \times 0.25}(3 \times 0.525\,4 - 3 \times 0.474\,6)$$

$$\approx 0.15(美元 / 蒲式耳)$$

六、股票指数期权的定价

假设股票指数遵循几何布朗运动。在式(6.13)中,令 S 为指数值,σ 为指数波动率,q 为指数的红利收益率。利用式(6.13)就可算出基于股票指数的欧式看涨期权的价值。但须注意的是,用式(6.13)算出的值是对应于一股股票的期权价值。

例 6.11　设有 S&P500 欧式看涨期权,还有 3 个月到期。指数现值为 420 点,执行价格为 400 点,无风险利率为年利率 6%,指数波动率为每年 20%,在到期日前 3 个月中期望得到的红利收益率分别为 0.15%,0.25%,0.10%,求该看涨期权的价格。

解　按题意有 $S=420,X=400,r=0.06,\sigma=0.20,T-t=3/12=0.25$,平均红利收益率为每 3 个月 0.5% 或每年 2%,即 $q=0.02$,则有

$$d_1 = \frac{\ln(420/400) + (0.06 - 0.02 + 0.20^2/2) \times 0.25}{0.20 \times \sqrt{0.25}} \approx 0.638$$

$$d_2 \approx 0.538$$

查附录一,得　　　　　$N(d_1) \approx 0.738\,2 \quad N(d_2) \approx 0.704\,5$

则看涨期权的价格 C 为

$$C = 420 \times 0.738\,2\, e^{-0.02 \times 0.25} - 400 \times 0.704\,5\, e^{-0.06 \times 0.25} \approx 30.88(美元)$$

即该看涨期权的费用相当于每股 30.88 美元,每份合约权利金为 3 088 美元。

七、利率期权的定价

通常利率期权的定价较为复杂,这里我们仅介绍债券期权估值的简单方法。

假设债券价格的标准差是常数 σ,债券现价为 B,期权执行价格为 X,在 T 时刻到期的无风险投资的当前利率为 R。

对于零息债券,可由 Black-Scholes 定价模型给出 t 时刻的欧式看涨期权价值 C 为

$$C = BN(d_1) - e^{-R(T-t)}XN(d_2) \tag{6.20}$$

看跌期权的价值 P 为

$$P = e^{-R(T-t)}XN(-d_2) - BN(-d_1) \tag{6.21}$$

其中　　　　　$$d_1 = \frac{\ln(B/X) + (R + \sigma^2/2)(T-t)}{\sigma \sqrt{T-t}}$$

$$d_2 = \frac{\ln(B/X) + (R - \sigma^2/2)(T - t)}{\sigma\sqrt{T - t}} = d_1 - \sigma\sqrt{T - t}$$

例 6.12 设有一个基于 10 年期债券的 6 个月期的欧式看涨期权,债券面值为 1 000 美元。债券现价为 1 000 美元,执行价格为 1 000 美元,6 个月的无风险利率为每年 6%, 债券价格的年波动率为 10%。若标的债券为零息债券,计算该看涨期权的价格。

解 依题意有 $B = 1\,000, X = 1\,000, \sigma = 0.10, R = 0.06, T - t = 6/12 = 0.5$

根据式(6.20)进行计算:

$$d_1 = \frac{\ln(1\,000/1\,000) + (0.06 + 0.10^2/2) \times 0.5}{0.1 \times \sqrt{0.5}} \approx 0.459\,6$$

$$d_2 \approx 0.388\,9$$

查附录一,得 $\qquad N(d_1) \approx 0.677\,1 \quad N(d_2) \approx 0.651\,3$

则得

$$C = 1\,000 \times 0.677\,1 - e^{-0.06 \times 0.5} \times 1\,000 \times 0.651\,3 \approx 45.05(美元)$$

八、二叉树(二项式)期权定价模型

二叉树期权定价模型(binomial option pricing model,BOPM)是 1979 年 Cox,Ross, Rubinstein 等人提出,因此也叫 Cox-Ross-Rubinstein 模型。

二叉树期权定价模型与 Black-Scholes 模型有许多相似之处,但前者更形象一些。二叉树模型可用来对典型的不支付红利股票的欧式期权公平定价,也可以将该模型修改后对美式期权及支付红利股票期权定价。

下面我们用例子来说明二叉树模型的定价方法。若某公司股票现行市价为 100 美元 ($t = 0$ 时),一年以后价格可能变为 125 美元或 80 美元。年无风险利率 8%(连续复利计)。则一年后该股票的看涨期权(敲定价为 100 美元且到期日是一年后)的价值为 0 或 25 美元,分析如图 6.3(a)。

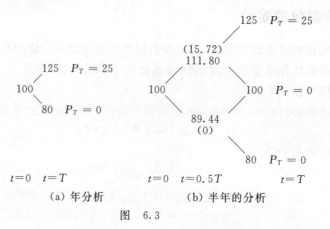

(a) 年分析 (b) 半年的分析

图 6.3

从图上可看出该模型为什么会被称为二项式或二叉树,因为只有两个分叉代表到期时的价格,即假设标的物价格变动出现两种可能性。

现在的问题是:$t=0$ 时该看涨期权的价格是多少?

设有三种投资:股票、期权和无风险债券。已知股票的价格,且投资于无风险债券的100 美元一年后收益为 108.33 美元,已知和求解列于表 6.4 中。

根据 Black-Scholes 期权定价思想,该看涨期权可由股票与无风险债券的投资组合来复制,且投资组合的成本就构成了该期权的公平定价。

表 6.4　已知值和求解值　　　　　　　　　　　　美元

证　券	股价上升时价格	股价下降时价格	现　价
股票	125.00	80.00	100.00
债券	108.33	108.33	100.00
看涨期权	25.00	0.00	?

假设这样的投资组合包含 N_s 股股票和 N_b 张无风险债券,若股价上涨,一年后投资组合的价值为 $125N_s + 108.33N_b$;若股价下跌,价值为 $80N_s + 108.33N_b$,所以可得如下方程组:

$$\begin{cases} 125N_s + 108.33N_b = 25 \\ 80N_s + 108.33N_b = 0 \end{cases}$$

解方程可得

$$\begin{cases} N_s = 0.555\,6 \\ N_b = -0.410\,3 \end{cases}$$

即需买入 0.555 6 股股票,同时卖出 41.03 美元(0.410 3 张×100 美元/张)的债券(或以无风险利率借入41.03 美元)。

(注意,以上是假定期权只具有购买 1 股股票的权利,若像场内交易的大多数期权一样合约规模是 100 股,则需买入 55.56 股股票,同时卖出票面价值 100 美元的债券41.03 张。)

为了实现上述投资组合,需花费 55.56 美元购买 0.555 6 股股票(价格 100 美元),而卖出债券所得 41.03 美元,因此,该组合投资的成本为 55.56-41.03=14.53 美元。这就是该股票看涨期权的价格,即每股的权利金。

以公式表示,看涨期权的价格为

$$C = N_s S + N_b b \tag{6.22}$$

其中,C 代表现在期权的价格,S 为股票的现价,b 为现在无风险债券的价格;N_s 和 N_b 则分别表示复制期权的投资组合所需的股票和债券数。若 N_s 和 N_b 为正,表示买进;为负,则表示卖出。

以下我们再计算该期权的套保比率（即下文所述的 delta 值）。

从上述组合投资讨论可见，无论股价涨或跌，债券无风险年利率为 8％，因而问题就归结为应买多少股票（即上式中的 N_s），能够实现股票价值变化量等于股票期权价值变化量。为此可将上述组合投资方程组中两个方程式相减，得

$$125N_s - 80N_s = 25 - 0$$

则有 $N_s = (25-0)/(125-80) = 0.556$，此为股票价格在上述变化情形下的套期保值比率，即下文将述的 delta 值。

从组合投资来讲，也可以认为，无论股价涨或跌，组合投资的价值变化与股票期权价值变化相等。

由此，我们可得股票期权套保比率 h 为

$$h = \frac{P_{ou} - P_{od}}{P_{su} - P_{sd}}$$

其中 P 表示时期末的价格，下标中，o 代表期权，s 代表股票，u 代表股价上涨状态，d 代表股价下跌状态。

因此，用二叉树模型复制看涨期权时，必须买入 h 股股票，同时以无风险利率卖出债券 B 份，其中

$$B = PV(hP_{sd} - P_{od})$$

其中 PV 表示将括号内的值折现，因为括号内的值是期间末债券的价值。

因此，看涨期权的值可以用下式来表达：

$$C = hS - B \tag{6.23}$$

其中 h 是期权套保比率，B 是债券的现值。

另外我们考虑一种情况，即价格的变化更复杂、离散时间点更多的情况。

我们将上例加以改变，假设第 6 个月末，股价可能上升至 111.80 美元，也可能降至 89.44 美元。一年末价格可能出现两种情况，即也可能上升 11.8％ 或下降 10.56％。其价格变化显示如图 6.3(b)。

用逆推法计算。首先，确定半年后，当股价为 111.80 美元时期权的价格，此时

$$h_1 = (25-0)/(125-100) = 1.0$$
$$B_1 = (1 \times 100 - 0)/1.040\,8 = 96.08 \text{ 美元}$$

（注：8％ 的年复利相当于 4.08％ 的半年离散贴现率。）

所以期权价格 ＝ $1 \times 111.80 - 96.08 = 15.72$ 美元。

同理，当股价降为 89.44 美元时，期权值将为 0，此时

$$h_2 = (15.72 - 0)/(111.80 - 89.44) = 0.703\,0$$
$$B_2 = (0.703\,0 \times 89.44 - 0)/1.040\,8 = 60.41 \text{ 美元}$$

所以，$t=0$ 时，看涨期权的价格为

$$C = 0.703\,0 \times 100 - 60.41 = 9.89 \text{ 美元}$$

一般来说,具有相同到期日、相同敲定价的同一标的物的看涨期权和看跌期权的套保比率有如下关系:

$$h_c - 1 = h_p$$

其中 h_c 和 h_p 分别为看涨、看跌期权的套保比率。

下面我们用二叉树方法来验证欧式看涨—看跌期权的平价关系。假设某股票期权一年后到期,敲定价 100 美元。有 A,B 两个投资策略。A 策略是买进一个看跌期权和一股股票;B 策略是买进一个看涨期权和无风险债券,债券投资额等于敲定价的现值。

设到期日股价变化可能出现两种情形,即股价高于或低于敲定价,如图 6.3(a)的情形(等于的情形并不影响结果)。计算结果见表 6.5。

表 6.5　看涨—看跌期权平价关系　　　　　　　　　　　　　美元

战略	初始投资	到期日价格	
		$S < X = 100$	$S > X = 100$
A	$P + S = 6.84 + 100 = 106.84$	履行权利,获 100	放弃权利,保留股票价值 S
B	$C + X/e^{r(T-t)} = 14.53 + 92.31 = 106.84$	放弃权利从债券市场获 100	执行权利,得到股票价值 S

从表 6.5 可以得出结论:策略 A 与 B 的投资成本相同,即有

$$P + S = C + X/e^{r(T-t)}$$

其中 C,P 分别表示看涨、看跌股票期权的权利金现价,X 表示敲定价,S 表示股票现价。

九、Black-Scholes 模型与二叉树模型的比较

二叉树模型中的时间段是离散型的,考虑到期前价格变化的时间段不断增加的情况,比方说,到期前每天,甚至每小时、每分钟股价都有不同变化,将会得到一个非常大的二叉树。实际上,当时间段被无限细分时,式(6.22)就会变成 Black-Scholes 定价公式。

Black-Scholes 模型与二叉树模型的主要差别有如下几点:

第一,Black-Scholes 模型没有考虑期权提前执行的情况,而二叉树模型并未排斥美式期权的这种情况,因而适用更广泛。正因为这一原因,对于实值期权的定价,Black-Scholes 模型的定价较二叉树模型偏低;但对平值或虚值期权定价时,两者确定的价格差异不太明显。

第二,二叉树模型在计算机发展的初期阶段比 Black-Scholes 模型计算起来更复杂、更费时,但随着快速大型计算机和模型计算的标准程序的出现,这个问题得到了解决。

第三,二叉树模型假定标的物价格变化呈二项式分布,而 Black-Scholes 模型假设价格呈标准对数正态分布,后者的假设更接近于现实。

十、期权的衍生物

在期权市场上,专业交易商常用一些复杂的工具来衡量权利金的潜在变化,这些工具就是所谓的期权衍生物(option derivatives),主要有四种:delta,gamma,theta,vega。读者可参阅 J. C. Hull 所著的 *Introduction to Futures and Options Markets*。

1. delta

delta(Δ)定义为期权权利金(一种衍生证券的价格)变化对期权标的物(其标的资产)价格变化的比率。一般来说,它是衍生证券价格与标的资产价格之间关系曲线的斜率;严格讲,是衍生证券价格 f 对标的资产价格 S 的偏导数:

$$\Delta = \partial f / \partial S$$

在实际应用中,常取 $\Delta = \Delta f / \Delta S$。对上述不支付红利的股票期权定价算式(6.11)取偏导数(对 S)可以得到

$$\Delta = \partial C / \partial S = N(d_1) \approx \frac{\Delta C}{\Delta S} = \frac{\text{期权权利金变化}}{\text{期权标的物价格变化}}$$

例如某股票看涨期权的 delta 值为 0.6,这意味着当股票价格变化一个微小量 ΔS 时,该期权价格变化 ΔC 为 $0.6 \cdot \Delta S$。现假设 $C=10$ 美元,股票价格 $S=100$ 美元;若某投资者出售了 20 份该股票看涨期权合约(1 份=100 股股票)给买方,从买方获得权利金共计 $10 \times 20 \times 100 = 20\,000$ 美元。这时期权买方预期是看涨,而卖方预期是下跌;若真下跌的话,则买方会放弃权利不履约,卖方则获得这份权利金;但卖方又担心股票会上涨,买方会履约,致使卖方会亏损,于是卖方设法进行保值,即于卖出期权同时,买入其标的物股票,要买多少股票?按上述 delta 的定义和设定的 $\Delta C = 0.6 \cdot \Delta S$,表明股票价格若变动 1 美元,期权价则变动 0.6 美元;投资者卖出了 20 份该期权合约,相当于 2\,000 股股票,因此要想用买入股票的盈利来抵消卖出股票期权的可能亏损,就必须买入股票 $0.6 \times 2\,000 = 1\,200$ 股,亦即标的物股票 1\,200 股×1 美元/股=期权合约 2\,000 股×0.6 美元/股,等号两边盈、亏相等,达到完全保值。可见 Δ 的含义也可理解为股票期权的套期保值比率。从所述例子中可知,该投资者的期权头寸(卖出的)delta 值为 $0.6 \times (-2\,000) = -1\,200$;为保值,他买入 1\,200 股股票(多头头寸)的 delta 值为 $+1\,200$,因此,该投资者保值后总头寸的 $\Delta = -1\,200 + 1\,200 = 0$。标的资产头寸的 delta 冲抵了期权头寸的 delta,delta 值为零的状况为 delta 中性(delta neutral)。[5]

由于股票价格的不断变化和时间的流逝,delta 值也会不断变化,因此投资者的保值头寸保持 delta 中性状态(对冲状态)也只能维持一个相当短暂的时间。假设上例中 delta

值过两天若上升到 0.65,则若要保持中性对冲,则还要额外再购入 $0.05 \times 2\,000 = 100$ 股股票,这种频繁调整的对冲操作称为动态对冲操作。

对于不支付红利股票的欧式看涨期权的 delta 值为

$$\Delta = N(d_1)$$

而对于不支付红利股票的欧式看跌期权的 delta 值则为

$$\Delta = N(d_1) - 1$$

其中符号意义同前述 Black-Scholes 定价算式。

其他期权的 delta 值的算式请读者参阅文献。

delta 值有正负之分,买入看涨期权或卖出看跌期权的 delta 为正,相反,买入看跌期权或卖出看涨期权的 delta 为负。实值很大的期权的 delta 趋近于 1,平值期权的 delta 接近于 0.5,虚值很大的期权的 delta 趋近于 0。

delta 是一个动态指标,随市场价格的变动而变动。例如买进一份敲定价 80 美元的 IBM 股票看涨期权,当 IBM 股票市价为 50 美元时,delta 为 0,因为股价的变动对权利金没有任何影响;若股价涨至 80 美元左右,则 delta 趋近于 50%,因为股价变动 1 美元,权利金大致变动 0.5 美元。

2. gamma

gamma 定义为期权的 delta 的变化与标的资产价格变化之比。例如,买进某期权的 delta 值为 50%,gamma 为 2%,则说明标的物价格每上升 1 点,delta 值即由 50% 增至 52%。

3. theta

theta 用来衡量权利金的时间损失,它为负值。例如,某一期权的 theta 为 -18.15 美元/年,这说明随着时间的流逝 0.01 年后损失权利金 0.181 5 美元。

4. vega

vega 用来衡量当标的物价格波动性变动时,权利金变动的数值,有公式:

$$\text{vega 值} = \frac{\text{权利金变动的数值}}{\text{标的物价格波动性变动的百分点}}$$

例如,某期权目前的权利金为 10,标的物价格的波动性为 40%,其 vega 值为 10,若标的物价格的波动性增加到 41% 时即变动 1 个百分点,权利金将增加 $0.01 \times 10 = 0.1$ 而成为 10.10。反之,若标的物价格波动性减少 1 个百分点,则权利金减少的值将为 0.10。

第三节　期权交易策略

期权具有不对称的风险收益结构,作为投资工具,其选择具有多样性,因而也能以各种不同形式转化风险,满足投资者的不同需要。

一、期权交易的四种基本策略

1. 期权基本策略分析

期权交易有四种基本策略,投资者应根据自身情况以及市场价格变化灵活选用。

(1) 买进看涨期权

这种策略风险有限而收益潜力却很大,所以颇受保值者青睐。当保值者预计价格上涨会给手中的资产或期货合约带来损失时,就可买进看涨期权,而回避风险的最大代价就是要支付权利金。随着价格上涨,期权的内涵价值也增加,保值者可通过对冲期权合约获得权利金增值;也可以选择履行合约,获得标的资产(或期货合约)的增值。

(2) 卖出看涨期权

很显然,这是收益有限,而潜在风险却很大的方式。卖出看涨期权的目的是赚取权利金,其最大收益是权利金,因此卖出看涨期权的人(卖方)必定预测标的物价格持稳或下跌的可能性很大。当价格低于敲定价时,买方不会履行合约,卖方将稳赚权利金;当价格在敲定价与平衡点之间时,因买方可能履约,故卖方只能赚部分权利金;当价格涨至平衡点以上时,卖方面临的风险是无限的。

(3) 买进看跌期权

买进看跌期权是风险有限而收益潜力却很大的策略。看跌期权的买方预测标的物价格将下跌,那么他将获取多于所付权利金的收益;当标的物价格与预测的相反时,他的最大损失也就是权利金。

(4) 卖出看跌期权

卖出看跌期权是收益有限却风险很大的策略。当标的物价格上涨或基本持平时,可稳赚权利金;如果标的物价格下跌,发生的损失将开始抵消所收权利金,价格跌至平衡点以下时期权卖方将开始出现净损失。

通过以上四种基本策略的分析我们可以看出,交易者采取何种交易方式是基于他们对标的物价格变动趋势的判断,可总结如下表。

期权交易者	看涨期权	看跌期权
多头(买方)	看涨	看跌
空头(卖方)	价格持稳或略跌	价格持稳或略涨

并且,我们可以看出,其中的多头策略(买入看涨期权或买入看跌期权)具有风险有限、盈利很大的特点,很受保值者的欢迎,因而被广泛用来保值;而空头策略的目的是赚

取权利金,主要用来投机,并且只有很有经验的交易者才会采取其中的无保护空头期权策略。下面举例说明这四种策略的运用。

2. 期权基本策略的运用

(1) 买入看涨期权保值

选择这种策略的投资者想在市场上投资某种资产(股票、债券、外汇、期货等),但由于资金尚未到位,需在未来某时间才会有足够资金用以购买。由于投资者对资产价格看涨,但又担心价格下降,于是决定买入看涨期权。一般交易者选择的敲定价为期望达到的目标价格,期权到期日则在未来现金流入期之后。

例 6.13 7月份某投资者预计9月份将会收到一笔款项,准备用来购买 America Online 股票,由于对该股票价格看涨,决定提前安排买入,以保证在低价位购进。于是买入了 America Online 股票的看涨期权,敲定价为30美元,权利金为3美元。到9月份,股票价格果然上涨,期权的价格也上涨了,投资者对冲期权,分析如表6.6。

表 6.6 买入看涨期权保值

现 货	期 权
7月1日股票价格30美元	买进9月到期、敲定价30美元的看涨期权合约,权利金:3美元/股
9月1日股票价格35美元	卖出9月到期、敲定价30美元的看涨期权合约,权利金:7美元/股

结果:股票实际购买成本=35-4=31美元/股。

(2) 买入看跌期权保值

买入看跌期权也是较为有效的保值策略。当投资者已经拥有某种资产,为了防止行情下跌使资产贬值,可以采用这一策略保值。

例 6.14 某榨油厂用大豆制成豆油,与某出口商签订了销售合同,由于担心在加工期内豆油价格下跌,使加工利润受影响,买入看跌期权进行保值,其分析如表6.7。

表 6.7 买入看跌期权保值

现 货	期 权
1月×日豆油价格为17.5美分/磅	买入3月到期、敲定价格为18美分/磅的豆油看跌期权,权利金:1.4美分/磅
2月×日豆油价格为14美分/磅	卖出3月到期、敲定价格为18美分/磅的豆油看跌期权,权利金:4.4美分/磅
	盈利3美分/磅

结果:通过买入看跌期权,保值者锁定豆油最低销售收入为14+3=17美分/磅。

（3）卖出看涨期权和看跌期权，赚取权利金

① 卖出看跌期权，赚取权利金。

例 6.15 9 月份玉米价为 7 美元/蒲式耳，以玉米为饲料的某养鸡场预测 12 月份圣诞节来临前玉米价格将持稳或略有上涨，卖出了 3 个月到期、敲定价为 7 美元/蒲式耳的看跌期权，收取权利金 1.50 美元/蒲式耳。最终可能会有以下情况出现：

a. 期权到期时玉米的价格在 7 美元以上，此时买方将放弃权利，养鸡场可以权利金收入冲抵到时购入玉米的成本。

b. 若到期时玉米价在 5.5～7 美元，买方可能会行使权利，使养鸡场损失 0～1.5 美元/蒲式耳，这将部分抵消先前收取的权利金。

c. 若到期时价格在 5.5 美元/蒲式耳以下，养鸡场将会损失全部的权利金，并且面临风险。

d. 期权到期前若为虚值期权，则没有内涵价值，且时间价值随到期日临近加速衰减，此时权利金会很低，养鸡场可以乘机低价对冲，赚取权利金差价。

② 卖出有保护的看涨期权，赚取权利金。

例 6.16 某投资机构以 86.00 的价格购入一批债券，由于预计今后 3 个月债券价格会持稳或在 86.00 上下略有波动，于是卖出 3 个月到期、敲定价为 86.00 的看涨期权合约，收取权利金 1 500 美元（该期权是平值期权，1 500 美元为时间价值）。可能会遇到以下四种情况：

a. 期权到期前若是虚值期权（即债券价格在 86.00 以下），且时间价值已减小，权利金会很低，此时对冲，可获取权利金差价，弥补现货债券价格变动的损失。

b. 期权到期时债券的价格为 86.00 以下，此时买方将会放弃权利，卖方获取的权利金可用来弥补持有债券的损失。

c. 期权到期时若债券价格为 86.00～87.50，买方将会行使以 86.00 买入的权利，投资机构的损失介于 0～1.5，将部分或全部抵消先前收取的权利金。

d. 期权到期时若债券价格高于 87.50，则投资机构有潜在损失。

二、期权的其他交易策略

1. 合成后为期权与合成后为期货的交易策略

合成后为期权是指由期权与期货组合而成的期权，简称合成期权，它具有期权的风险收益特征；而合成后为期货是指由两个期权组合而成的期货，简称合成期货，它具有期货的特性。具体分析如下（在以下合成期货、合成期权的分析中，都暂时不考虑期权的初始权利金收入和支出）。

在图 6.4 和图 6.5 中，X' 为期货成交价；X 为期权敲定价；P 为期权权利金。

（1）合成期权

一个基本期权和一个期货的合成（基本期权与其他标的资产的合成也与此类似，不再

另作分析)具有以下四种形式。

① 期货多头和看涨期权空头的合成。

如图 6.4 所示,这种合成期权有如下收益特征。

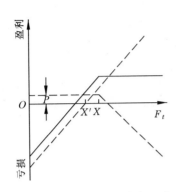

图 6.4 合成后为看跌期权空头

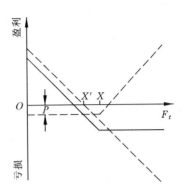

图 6.5 合成后为看跌期权多头

当期货价格 F_t 低于 X 时,看涨期权的买方将放弃履约,合成后收益为 $F_t - X'$;当期货价格高于 X 时,看涨期权买方将履约,则期权空头的收益为 $-(F_t - X)$,买入期货的收益为 $F_t - X'$,合成后收益为 $F_t - X' - (F_t - X) = X - X'$,而 $X - X'$ 是一个固定值。所以两者合成后的结果相当于卖出一个敲定价为 X 的同一到期日的看跌期权,这样权利金就会与原期权不同,很显然,若原期权为实值期权,则合成期权必定是虚值期权,这样必须从原期权权利金中减去内涵价值,才能得到合成期权的价格;若原期权是平值期权,则合成期权也是平值期权,两者权利金就会相同;若原期权是虚值期权,则合成期权必定是实值期权,原期权虚值额就是合成期权的实值额,因此应将原期权权利金加上虚值数额,才得到合成期权的权利金额。

所以合成后的看跌期权空头的权利金为 $P + X - X'$。盈利情况如表 6.8 所示。

表 6.8 合成后的看跌期权空头损益分析

期货价格范围	卖出看涨期权收益	买入期货收益	合成后收益
$F_t \geqslant X$	$X - F_t$	$F_t - X'$	$X - X'$
$F_t < X$	0	$F_t - X'$	$F_t - X'$

下面,我们用实际例子来验证这一结论。

例 6.17 买入瑞士法郎期货,成交价 $X' = 50$ 美分/瑞士法郎,同时卖出看涨期权,敲定价 $X = 52$,权利金 $P = 0.50$。

合成后的结果:形成一个卖出看跌期权,敲定价 52,权利金为 $(P + X - X') = 0.50 + 52 - 50 = 2.5$。验证如表 6.9 所示。

表 6.9　合成后为看跌期权空头

期货价格范围	买入期货收益	卖出看涨期权收益	合成后的收益
46	−4	0	−4
48	−2	0	−2
50	0	0	0
52	2	0	2
54	4	−2	2

② 期货空头和看涨期权多头合成。

如图 6.5,同理分析,可知合成结果相当于买进敲定价 X 的相同到期日的看跌期权,权利金为 $P+X-X'$。盈利情况如表 6.10 所示。

表 6.10　合成看跌期权多头损益分析

期货价格范围	买进看涨期权收益	卖出期货收益	合成后的收益
$F_t \geqslant X$	F_t-X	$X'-F_t$	$X'-X$
$F_t < X$	0	$X'-F_t$	$X'-F_t$

例 6.18　卖出一长期国债期货合约,价格 90.00,同时买进一敲定价 88.00 的相同到期月份的长期国债看涨期权合约,权利金为 3。其合成结果为:买进敲定价 88.00 的长期国债看跌期权,权利金为 $(P+X-X')=3+88-90=1$。验证如表 6.11 所示。

表 6.11　合成看跌期权多头

期货到期价格	卖出期货收益	买进看涨期权收益	合成后的收益
84.00	6	0	6
86.00	4	0	4
88.00	2	0	2
90.00	0	2	2
92.00	−2	4	2

③ 期货多头和看跌期权多头的合成。

由图 6.6 的分析可知,合成结果是相同到期日的看涨期权多头,敲定价为 X,权利金为 $P-(X-X')$,损益分析见表 6.12。

表 6.12　合成看涨期权多头损益分析

期货价格范围	买进看跌期权收益	买进期货收益	总收益
$F_t \geqslant X$	0	$F_t - X'$	$F_t - X'$
$F_t < X$	$X - F_t$	$F_t - X'$	$X - X'$

例 6.19　买进一豆粕期货合约,价格 150 美元/吨,同时买进敲定价 148 美元/吨的豆粕看跌期权,权利金 0.8。合成结果是:买进敲定价 148 美元/吨的豆粕看涨期权,权利金为 $P - (X - X') = 0.8 - (148 - 150) = 2.8$。分析见表 6.13。

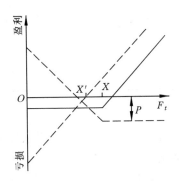

图 6.6　合成后为看涨期权多头

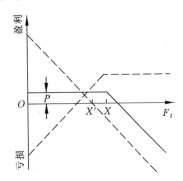

图 6.7　合成看涨期权空头

表 6.13　合成看涨期权多头

期货到期价格	买入期货收益	买进看跌期权收益	合成后的收益
144	−6	4	−2
146	−4	2	−2
148	−2	0	−2
150	0	0	0
152	2	0	2
154	4	0	4

④ 期货空头和看跌期权空头的合成情形如图 6.7,合成后为看涨期权空头,损益分析如表 6.14。

表 6.14　合成看涨期权空头损益分析

期货价格范围	卖出看跌期权盈利	卖出期货盈利	合成后的收益
$F_t \geqslant X$	0	$X' - F_t$	$X' - F_t$
$F_t < X$	$F_t - X$	$X' - F_t$	$X' - X$

从以上分析可知,合成结果相当于一个看涨期权空头(相同到期日、同一敲定价),权利金为 $P-(X-X')$。

例 6.20 卖出一张铜期货,价格 2 000 美元/吨;同时卖出一张敲定价 2 010 美元/吨的看跌期权,权利金 64 美元/吨;合成结果相当于卖出一个敲定价为 2 010 美元/吨的看涨期权,权利金为 $P-(X-X')=64-(2\,010-2\,000)=54$,见表 6.15。

表 6.15 合成看涨期权空头

期货到期价格	卖出期货收益	卖出看跌期权收益	合成后的收益
1 990	+10	−20	−10
2 000	0	−10	−10
2 005	−5	−5	−10
2 010	−10	0	−10
2 020	−20	0	−20

(2) 合成期货

某投资者买进一看涨期权,同时卖出一看跌期权,如图 6.8 和图 6.9。看涨期权多头与看跌期权空头到期日相同,敲定价为 X,权利金分别为 C,P。当期货价 $F_t \geqslant X$ 时,看涨期权会被履约,同时看跌期权会放弃履约,组合部分的收益应为 $F_t-X+0=F_t-X$;当期货价 $F_t < X$ 时,看涨期权多头收益为 0,看跌期权空头收益为 $-(X-F_t)$,合成后的收益为 F_t-X(另有权利金收益 $P-C$)。可见,合成结果构成了期货多头。因为权利金的收入会降低购买期货的成本,而权利金支出会增加购买期货的成本,所以合成期货的成交价为 $X-(P-C)$。

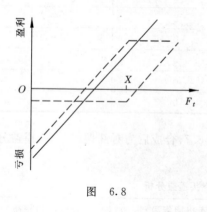

图 6.8

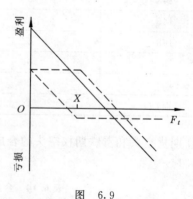

图 6.9

例 6.21 当玉米期货价为 268 美分/蒲式耳时,某投资者买入敲定价 260 美分/蒲式耳的看涨期权,权利金为 16.5;同时卖出到期日相同的同一敲定价的看跌期权,权利金

3.25;这样构成了一个合成玉米期货多头,成交价为 $X-(P-C)=260-(3.25-16.5)=273.25$ 美分,如表 6.16。

　　与以上分析类似,若有某品种的看涨期权空头与看跌期权多头组合,到期日相同,敲定价为 X,权利金分别为 C,P。当期货价 $F_t \geqslant X$ 时,合成后的收益为 $X-F_t$;$F_t<X$ 时,合成后的收益亦为 $X-F_t$;另有权利金收益为 $C-P$,所以合成结果为期货空头。又因为权利金收入会增加期货卖出的收入,而权利金支出会减少卖出期货的收入,所以合成期货成交价为 $X+C-P$。

表 6.16　合成后为多头期货

期货到期价格	看涨期权多头收益	看跌期权空头收益	合成后收益
256	0	-4	-4
258	0	-2	-2
260	0	0	0
262	2	0	2
264	4	0	4

　　例如,当玉米期货价为 274 美分/蒲式耳时,某投资者卖出敲定价 270 的玉米看涨期权,权利金为 10.5;同时买进同一敲定价,相同到期日的玉米看跌期权,权利金为 7;这样构成了一个合成玉米期货空头,成交价为 $X+C-P=270+10.5-7=273.5$ 美分/蒲式耳,见表 6.17。

表 6.17　合成后为空头期货

期货到期价格	看涨期权空头收益	看跌期权多头收益	合成后的收益
260	0	10	10
265	0	5	5
270	0	0	0
275	-5	0	-5
280	-10	0	-10

　　(3) 关于合成期权与合成期货的结论

　　综合上文分析,我们可以得出如表 6.18 和表 6.19 的结论。其中合成期权的权利金与状态均决定于原期权。如果原期权是实值期权,则合成期权是虚值期权,且合成期权权利金＝原期权权利金－原期权内涵价值;如果原期权是平值期权,则合成期权也是平值期权,且合成期权权利金＝原期权权利金;如果原期权是虚值期权,则合成期权是实值期权,且合成期权权利金＝原期权权利金＋原期权虚值部分的数额(取绝对值)。

其中合成期货的成交价取决于买卖两个期权的权利金差价。如果两个期权是平值期权，它们的权利金正好相等，则合成期货成交价＝期权敲定价；如果期权不是平值期权，其中一个是实值期权，另一个为虚值期权，权利金必不相等，则合成期货成交价＝期权敲定价＋看涨期权权利金－看跌期权权利金。

表 6.18　合成期权的形成
买入期货＋买入看跌期权＝买入看涨期权
买入期货＋卖出看涨期权＝卖出看跌期权
卖出期货＋卖出看跌期权＝卖出看涨期权
卖出期货＋买入看涨期权＝买入看跌期权

表 6.19　合成期货的形成
买入看涨期权＋卖出看跌期权＝买入期货
买入看跌期权＋卖出看涨期权＝卖出期货

合成期权与合成期货在实际运用中具有如下特点：

第一，市场总是处在变化中，而交易者对市场的预测也会因市场变动而发生改变，运用合成期权与合成期货能使交易者迅速有效地重新调整其在市场中所处的地位。如某交易者开始时预测市场是强劲的熊市，因此卖出了期货，但后来某些因素的出现致使市场情况发生了变化，该交易者重新分析价格趋势，判断市场将变为温和的熊市。这时，他便可以做一看跌期权空头，其合成结果将会构成一个看涨期权空头，而这正是温和熊市的交易策略。

第二，必须注意的是，在直接期权交易中，权利金是真实的，若投资者进行的是有保护的期权交易，其权利金收入可以另行投资。而在合成期权中，合成期权的权利金是虚拟的，仅是相当于某个数量，而实际发生的权利金数额还是原期权的权利金数额。

2. 价差交易策略

价差交易策略是买入某一类期权（a series of options）中的一种期权，同时卖出同类期权中的另一种期权。该策略常被专业交易商采用。我们知道，一类期权是指同一标的物的看涨期权（或看跌期权），每一类期权中包含了若干种期权。例如，铜的看涨期权是一类，由于到期日和敲定价不同，铜的看涨期权就有很多种了。买进铜看涨期权中的一种，同时卖出另一种，就构成了价差交易策略。

价差交易策略可分为三种形式：第一种是同时买卖相同敲定价、不同到期月份的期权，称为时间价差交易；第二种是同时买卖相同到期日而敲定价不同的期权，称为价格价差交易；第三种是同时买卖到期日不同、敲定价不同的期权，称为对角价差交易。

在报刊的期权行情表上，期权的月份是水平排列的，而敲定价是垂直排列的。因此，时间价差交易也称水平价差交易，价格价差交易也叫垂直价差交易，而对角价差交易所买卖的期权处在对角线上。

（1）价格价差策略（垂直价差策略）

最常见的价格价差策略有三种形式：牛市价差策略、熊市价差策略和蝶式价差策略。它们适用的市场状况各不相同，其中牛市价差策略是牛市中应用的策略，而熊市价差策略是在熊市中采用的策略,蝶式价差策略则是交易者同时持有三种不同期权。

下面分别对价格价差期权的各种策略进行分析。表 6.20 给出了大豆期权行情。

表 6.20　大豆期权行情

合约规模:5 000 蒲式耳　　　　　　　　　　　　　　　　　　　　　　　　　美分/蒲式耳

敲定价	看涨期权—收盘价			看跌期权—收盘价		
	3 月	5 月	7 月	3 月	5 月	7 月
525	$52\frac{1}{2}$	$58\frac{3}{4}$	$68\frac{1}{4}$	$\frac{1}{4}$	$1\frac{1}{2}$	$4\frac{1}{4}$
550	28	38	$48\frac{3}{4}$	$1\frac{1}{4}$	$5\frac{1}{4}$	$9\frac{1}{2}$
575	10	22	34	$7\frac{3}{4}$	$13\frac{1}{2}$	18
600	$2\frac{1}{4}$	$12\frac{1}{4}$	23	24	$29\frac{1}{2}$	32
625	$\frac{1}{2}$	7	17	48	$48\frac{1}{4}$	50
650	$\frac{1}{4}$	$3\frac{3}{4}$	$12\frac{1}{2}$	$72\frac{1}{2}$	…	…

① 牛市价格价差策略。这是最普遍的价差期权策略。其构造方式有两种:

a.买入一个较低敲定价的看涨期权,同时卖出一个同品种、同到期日的较高敲定价的看涨期权。

b.买入一个较低敲定价的看跌期权,同时卖出一个同品种、同到期日的较高敲定价的看跌期权。分别显示如图 6.10 和图 6.11 所示。

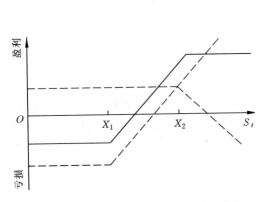

图 6.10　利用看涨期权构造牛市价格价差期权

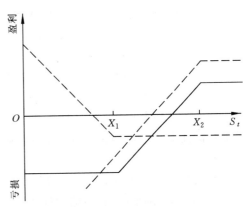

图 6.11　利用看跌期权构造牛市价格价差期权

可对其盈亏结果做如下讨论(以下的分析均不考虑权利金的初始投资),以股票期权为例。

设某交易者买入到期日 t，敲定价 X_1 的某股票的看涨期权，同时卖出到期日 t，敲定价 X_2 的同一股票的看涨期权，其中 $X_1<X_2$。当股市股票价格 $S_t\leqslant X_1$ 时，两个期权都不会履约，组合后总盈利为 0；当 $X_1<S_t<X_2$ 时，低敲定价的期权会被履约，盈利为 S_t-X_1，高敲定价的期权会被放弃履约，收益为 0；当 $S_t\geqslant X_2$ 时，两个期权均会被履约，其中低敲定价期权盈利为 S_t-X_1，高敲定价期权盈利为 X_2-S_t，总盈利为 $S_t-X_1+X_2-S_t=X_2-X_1$，见表 6.21。

表 6.21 牛市价格价差期权的损益

股票价格范围	买入看涨期权盈利	卖出看涨期权盈利	总盈利
$S_t\geqslant X_2$	S_t-X_1	X_2-S_t	X_2-X_1
$X_1<S_t<X_2$	S_t-X_1	0	S_t-X_1
$S_t\leqslant X_1$	0	0	0

由以上分析可知，交易者在预期价格上升时可采用牛市价差策略，其特点是同时限定了最高盈利额和最大亏损额。采用该策略需要有一笔初始投资，因为买进期权的敲定价更低，它多半会具有更多内涵价值。考虑权利金，该策略的最大收益为 X_2-X_1—初始权利金投资，最大亏损即初始权利金投资。

例 6.22 买进 1 份 11 月份到期、敲定价 110 美元的某股票看涨期权，权利金 6 美元；卖出 1 份 11 月份到期、敲定价 115 美元的某股票看涨期权，权利金 4 美元。该投资者需要初始权利金投资 2 美元，当市场股价 $S_t\leqslant 110$ 时，上述牛市价差策略收益为 0；当 $S_t\geqslant X_2$ 时，该策略将总收益限定为 $X_2-X_1=5$ 美元；当 $110<S_t<115$ 时，总收益为 S_t-110。

有三种不同类型的牛市价差期权：

a. 两个原看涨期权均为虚值期权；

b. 两个原看涨期权中，一个为实值，另一个为虚值；

c. 两个原看涨期权均为实值期权。

在 a 种策略中两个期权都只具有时间价值，因此需要的初始投资很小，但获得较高收益的可能性也小；b，c 两种策略需要的初始投资相对要多些，而其获得较高收入的可能性也大些。

利用看跌期权构造牛市价格价差期权的情况如图 6.11，请读者自行分析。

② 熊市价差期权。该策略的构造方式也有两个：

a. 买入敲定价较高的看涨期权，同时卖出同一品种相同到期日的敲定价较低的看涨期权；

b. 买入较高敲定价的看跌期权，同时卖出相同到期日同一品种的敲定价较低的看跌期权。

在 a 种构造方式中,设买入敲定价 X_2 的看涨期权,同时卖出敲定价 X_1 的同一股票相同到期日的看涨期权,其中 $X_1 < X_2$。当 $S_t \leqslant X_1$ 时,两个期权都不会被执行,总收益为 0;当 $X_1 < S_t < X_2$ 时,只有后一期权被履约,收益为 $X_1 - S_t$;当 $S_t \geqslant X_2$ 时,两个期权均会被履约,前者盈利 $S_t - X_2$,后者盈利 $X_1 - S_t$,总盈利 $X_1 - X_2$。如图 6.12 与表 6.22 所示。

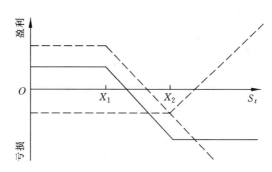

图 6.12　熊市价差期权

表 6.22　熊市价差期权的损益

股票价格范围	买入看涨期权盈利	卖出看涨期权盈利	总盈利
$S_t \geqslant X_2$	$S_t - X_2$	$X_1 - S_t$	$-(X_2 - X_1)$
$X_1 < S_t < X_2$	0	$X_1 - S_t$	$-(S_t - X_1)$
$S_t \leqslant X_1$	0	0	0

可以看出,熊市价差期权策略是预期价格下跌时采用,同时限定了最大盈利和最大亏损。由于买入的期权的内涵价值通常较卖出的期权为低,所以该策略具有初始权利金收入。考虑权利金收入,该策略的最大盈利($S_t \leqslant X_1$)就是初始权利金收入;最大亏损为初始权利金收入 $-(X_2 - X_1)$。

例 6.23　买入 11 月到期、敲定价 120 的某股票看涨期权,权利金 $1\frac{1}{2}$,同时卖出 11 月到期、敲定价为 110 的某股票看涨期权,权利金为 $6\frac{1}{2}$,该策略有初始权利金收益 5。当 $S_t \leqslant 110$ 时,收益为 0;当 $S_t \geqslant 120$ 时,收益为 -10;当 $110 < S_t < 120$ 时,收益为 $110 - S_t$(即若考虑权利金,当 $S_t > 115$ 时,出现亏损)。

③ 蝶式(价格)价差期权。蝶式价差期权策略由三种不同敲定价的期权所组成,有买空蝶式价差期权和卖空蝶式价差期权之分。这样的期权在形式上可分解成一个牛市价差期权和一个熊市价差期权。

买空蝶式价差期权的构造方式有两种：

设 $X_1 < X_2 < X_3$，其中 X_2 为 X_1 与 X_3 的中间值。有：

a. 敲定价 X_1 的看跌期权多头 1 个＋敲定价 X_3 的看跌期权多头 1 个＋敲定价为 X_2 的看跌期权空头 2 个；

b. 敲定价 X_1 的看涨期权多头 1 个＋敲定价 X_3 的看涨期权多头 1 个＋敲定价 X_2 的看涨期权空头 2 个。

下面我们对 a 种构造方式进行分析，见表 6.23 与图 6.13。

这一期权策略需要少量的初始权利金投资。当价格波动范围较小时可盈利，但最大盈利受到限制；而价格波动范围较大时，则会出现少量亏损，其最大损失就是初始权利金投资。

表 6.23　蝶式价差期权盈亏分析

股票价格范围	第一个看跌期权多头损益	第二个看跌期权多头损益	看跌期权空头损益	组合的损益
$S_t \leqslant X_1$	$X_1 - S_t$	$X_3 - S_t$	$-2(X_2 - S_t)$	0
$X_1 < S_t \leqslant X_2$	0	$X_3 - S_t$	$-2(X_2 - S_t)$	$S_t - X_1$
$X_2 < S_t \leqslant X_3$	0	$X_3 - S_t$	0	$X_3 - S_t$
$S_t > X_3$	0	0	0	0

注：以上运算中运用了关系式 $X_2 = (X_1 + X_3)/2$。

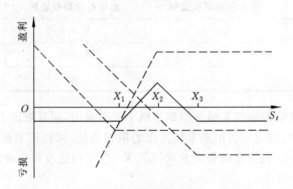

图 6.13　蝶式价差期权

例 6.24　某投资者买进 11 月到期的敲定价 110 和敲定价 120 的某股票看跌期权各一份，同时卖出 11 月到期的敲定价 115 的某股票看跌期权两份，权利金分别为 $2, 11\frac{1}{2}$，$5\frac{1}{2}$，构成了买空蝶式价差期权。所需初始投资为 $2 + 11\frac{1}{2} - 2 \times 5\frac{1}{2} = 2\frac{1}{2}$。当 $110 < S_t < 115$ 时，组合部分盈利 $S_t - 110$；当 $115 < S_t \leqslant 120$ 时，组合部分盈利 $120 - S_t$，当 $S_t \leqslant 110$ 或 $S_t \geqslant 120$ 时，组合部分收益均为 0。

情形 b 构造的牛市价差期权,请读者自行分析;另外还可以把 b 种构造看成一个牛市价差期权与一个熊市价差期权的组合。如:"敲定价 X_1 的看涨期权多头 1 个＋敲定价 X_2 的看涨期权空头 1 个"(牛市价差期权)＋"敲定价 X_2 的看涨期权空头 1 个＋敲定价 X_3 的看涨期权多头 1 个"(熊市价差期权)。

下面我们用欧式看涨—看跌期权平价关系来讨论 a,b 两种构造方式的关系。

设情形 a 中三个期权的权利金依次为 P_1,P_3,P_2,其相对应的具有平价关系的看涨期权的权利金分别依次为 C_1,C_3,C_2,则有 $P+S=C+Xe^{-r(T-t)}$。情形 a 组合的牛市价差期权的价格为

$$2P_2 - P_1 - P_3 = 2[C_2 + X_2/e^{r(T-t)} - S] - [C_1 + X_1/e^{r(T-t)} - S] -$$
$$[C_3 + X_3/e^{r(T-t)} - S]$$
$$= 2C_2 - C_1 - C_3 + (2X_2 - X_1 - X_3)/e^{r(T-t)}$$
$$= 2C_2 - C_1 - C_3$$

而上式中,$(2C_2 - C_1 - C_3)$ 正好是情形 b 构造的牛市价差期权的价格。因此,可以得出结论:情形 a 与 b 构造的期权效果是一样的。

卖空蝶式价差期权的构造方式如下:

a. 敲定价 X_1 的看跌期权空头 1 个＋敲定价 X_3 的看跌期权空头 1 个＋敲定价 X_2 的看跌期权多头 2 个。

b. 敲定价 X_1 的看涨期权空头 1 个＋敲定价 X_3 的看涨期权空头 1 个＋敲定价 X_2 的看涨期权多头 2 个。

与买空蝶式期权相反,卖空蝶式价差期权的交易者具有少量初始权利金收入,在价格大幅度波动时有利可图,而价格小幅度波动时则略有亏损。

卖空蝶式价差期权的实例如下:

假定某投资者选择 6 个月到期的债券期货期权投资,卖出敲定价 86.00 的债券看涨期货期权合约 5 张,买进敲定价 88.00 的债券看涨期货期权 10 张,同时卖出敲定价 90.00 的债券看涨期货期权 5 张。

(2)时间价差期权

① 日历价差期权。日历价差期权是将相同品种、相同敲定价,但不同到期日的期权进行组合,其构造方式为:

a. 期限 T_1 的看涨期权空头＋期限 T_2 的看涨期权多头(其中 $T_1 < T_2$)。

b. 期限 T_1 的看跌期权空头＋期限 T_2 的看跌期权多头(其中 $T_1 < T_2$)。

我们来讨论上述情形 a 的构造方式,见图 6.14。由于两期权敲定价相同,内涵价值也相同,而到期日长的期权时间价值会更大。因此,该组合需要一初始投资,相当于两期权的时间价值之差。通常情况下,短期期权的时间价值衰减会更快,投资者可以从中对冲获利。

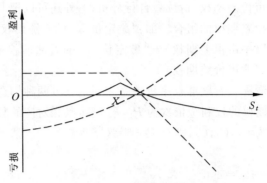

图 6.14　日历价差期权

　　当短期期权临近到期时,若标的资产市价远低于敲定价,则两期权都只剩时间价值,短期期权价值为 0,而长期期权价值接近于 0,投资者从中的收益微乎其微,只能略微抵消初始权利金投资;当短期期权临近到期时,若标的资产市价远高于敲定价,则两期权包含了很多内涵价值,其时间价值的差异会很小,两相抵消,投资者从中的收益也微乎其微,也只能略微抵消初始投资;当短期期权临近到期时,若标的资产市价与敲定价相近,则短期期权内涵价值与时间价值均很小,长期期权虽然内涵价值也很小,但时间价值会很大,这时若对冲两个期权,投资者会获得较大利润。

　　例 6.25　某投资者预测 9 月中旬,某股票市价将在 110 美元左右,于是卖出 1 份 9 月到期、敲定价 110 美元的某股票看涨期权,权利金 $3\frac{1}{4}$ 美元;同时买进 1 份 10 月到期、敲定价 110 美元的该股票看涨期权,权利金 $4\frac{1}{2}$ 美元,构成了日历价差期权,需要初始权利金投资为 $1\frac{1}{4}$ 美元。如果在 9 月中旬,果真如投资者所料,股价为 110 美元,则由于短期期权已到期,价格为 0;而长期期权成为还有 1 个月到期的平值期权,权利金为 4 美元。将两个期权对冲,可获利 $3\frac{1}{4}+\left(4-4\frac{1}{2}\right)=2\frac{3}{4}$。

　　情形 b 是由看跌期权构造的日历价差期权,其损益状态与情形 a 类似,大家可自行分析。需注意的是,这里分析时用到了以前学过的知识,即平值期权的时间价值最大,而虚值或实值很大的期权时间价值小,甚至为 0。而且随着期权到期日的临近,期权时间价值是加速衰减的。

　　② 逆日历价差期权的构造方式

　　a. 期限 T_1 的看涨期权多头＋期限 T_2 的看涨期权空头。

　　b. 期限 T_1 的看跌期权多头＋期限 T_2 的看跌期权空头。

　　其中 $T_1 < T_2$。

　　例 6.26　某投资者投资于敲定价 88.00 的债券期货期权,他可以卖出期限 6 个月的看涨期权,同时买进期限 3 个月的看涨期权。

逆日历价差期权的损益状态与日历价差期权的损益状态正好相反。当短期期权到期时,如果标的资产市价远高于或远低于敲定价,可获少量利润;当标的资产市价与敲定价相近时,会有一定的损失。当然,这种策略可获得少量权利金收入。

(3) 对角价差期权

对角价差期权(diagonal spreads options)有许多不同种类,我们不再具体分析,仅举一例加以说明。其构造如:一个 9 月到期、敲定价 30 的 A 股票看涨期权多头加一个 12 月到期、敲定价 32 的 A 股票看涨期权空头。

(4) 运用期权套利策略需注意的几个问题

① 从对以上价差交易策略的分析可知:这种策略是对两期权的权利金价差进行投机,利用价差的变化来获利。其风险比单向买卖的风险小得多,但也因此而放弃了单向买卖的高额潜在利润,因而是相对保守的期权投机策略。

② 价差交易策略实际上分为三大类,各种策略适用于不同的市场状况,交易者应根据对市场的判断灵活地运用。其中垂直价差期权是市场比较强时采用的策略(如较强的牛市或较强的熊市);对角价差期权则是市场比较温和时的交易策略;而水平价差期权则是市场趋于中性时采用的策略。

③ 交易者若想利用价差交易盈利,还必须对组成价差期权的原期权的权利金价差的变化进行较为正确的预期。权利金包含内涵价值与时间价值两部分,对于水平价差套利者来说,其组成的各原期权的敲定价相同,因而内涵价值也相同,所以预期的重点就在于各期权时间价值的变化;对于垂直价差期权而言,其组成的各原期权的到期日相同但敲定价不同,因而预期的重点是各期权内涵价值的变化;而对于对角价差期权来说,由于各原期权的到期日、敲定价均不同,则对内涵价值和时间价值的变化都要关注。

④ 使时间价值的衰减于己有利。必须注意以下几点:

第一,短期期权时间价值的衰减速度要快于长期期权。

第二,平值、虚值、实值期权的时间价值衰减率不一样,一般而言,平值期权或近似平值期权的时间价值的衰减是加速的,而虚值期权和实值期权时间价值基本上呈线性衰减,如图 6.15 和图 6.16 所示。

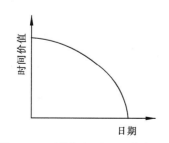

图 6.15　平值期权时间价值衰减图

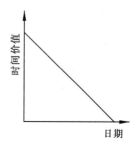

图 6.16　虚值、实值期权时间价值衰减图

第三,虚值很大或实值很大的期权,时间价值几乎近于 0。

所以,一般来说,交易者应卖出期限短的期权,买进期限长的期权;应卖出平值期权,买进实值或虚值期权。这样可以使时间价值的衰减于己有利。

⑤ 恰当地构造各种不同的风险—收益结构。每种策略的风险—收益结构均会有所不同,有的策略将有较低的可能性获得较大的收益,有较大的可能性遭受较小的损失;而有的策略将有较大的可能性获得较小的收益,而以较小的可能性遭受较大的损失。交易者必须对各种策略的风险—收益进行研究,以便构造令己满意的组合。同时,在交易中较好地把握对冲机会,使预期利润得以实现。

3. 组合期权

前述价差交易策略包含买卖相对的交易行为,而组合期权的交易行为则是同向的。

组合期权的构造策略中包括同一标的资产的不同类型的期权,即同时买进(或卖出)看涨期权和看跌期权。组合期权有许多种类,这里主要介绍常见的几种。

(1) 跨式期权

跨式期权(straddle)的构造方式有两种:

① 同时买入相同敲定价、相同到期日、同种标的资产的看涨期权和看跌期权,也称为买入跨式期权或底部跨式期权。

② 同时卖出相同敲定价、相同到期日、同种标的资产的看涨期权和看跌期权,也称为卖出跨式期权或顶部跨式期权。

如图 6.17 是买入跨式期权的损益状况。当标的物市价 S_t 大于期权敲定价时,该组合的盈利为 $S_t - X$;当标的物市价 S_t 小于期权敲定价时,该组合盈利为 $X - S_t$,分析如表 6.24。

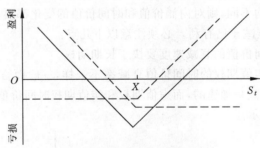

图 6.17　买入跨式期权的损益状况

表 6.24　买入跨式期权损益状况表

标的物价格范围	看涨期权的损益	看跌期权的损益	组合期权的损益
$S_t \leqslant X$	0	$X - S_t$	$X - S_t$
$S_t > X$	$S_t - X$	0	$S_t - X$

该策略的特点是要付出初始投资,即买入两个期权的权利金。若标的物价格波动很小,投资者就会亏损,最大亏损就是权利金;而标的物价格大幅度波动时,其盈利潜力很大。

例 6.27　8 月份时,某公司股价为 112,该公司三个月后将被购并,因此投资者预测该股票价格三个月后将有重大变化。若购并成功,股价将大幅上涨;若失败股价将大幅下降。投资者决定利用该机会,于是同时买入 11 月到期、敲定价 110 的看涨、看跌期权各一份,权利金分别为 6.5 和 2,初始投资为 8.5。若届时 $S_t \leqslant 110$,组合部分收益 $110 - S_t$;若 $S_t > 110$,组合部分收益 $S_t - 110$。考虑到回收权利金投资问题,当 $S_t > 118.5$ 或 $S_t < 101.5$ 时,投资者可获利。

卖出跨式期权的策略与上述情况相反,可获得两个期权的初始权利金收入。当标的物价格小幅波动时,会有一定的盈利;而价格大幅度波动时,其损失的可能性很大。

（2）宽跨式期权

宽跨式期权也叫底部垂直价差组合,是指投资者购买相同到期日但敲定价不同的一个看跌期权和一个看涨期权,其中看涨期权的敲定价高于看跌期权的敲定价。该策略需要初始投资,即购买两个期权的权利金投资。

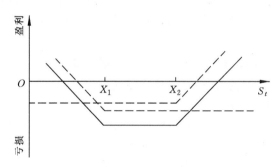

图 6.18　宽跨式期权

如图 6.18,设看跌、看涨期权敲定价分别为 X_1,X_2,其中 $X_1 < X_2$。当 $S_t \leqslant X_1$ 时,看跌期权会被履约,而看涨期权会被弃权,组合部分收益为 $X_1 - S_t$;当 $X_1 < S_t < X_2$ 时,两个期权都会被弃权,收益为 0;当 $S_t \geqslant X_2$ 时,只有看涨期权被履约,收益为 $S_t - X_2$。分析如表 6.25。

表 6.25　宽跨式期权的损益

标的物价格范围	看涨期权的损益	看跌期权的损益	组合期权的损益
$S_t \leqslant X_1$	0	$X_1 - S_t$	$X_1 - S_t$
$X_1 < S_t < X_2$	0	0	0
$S_t \geqslant X_2$	$S_t - X_2$	0	$S_t - X_2$

由此可知,该宽跨式期权策略与跨式期权策略类似,是预测价格会大幅度波动,但不知波动方向时采用的一种策略。该策略最大亏损是买入两个期权的权利金,而盈利潜力很大。

卖出宽跨式期权的策略也叫顶部垂直价差组合,与上述相反,在投资者预测标的物价格波动不大时采用。其最大盈利即卖出两份期权的权利金,而其潜在损失是无限的。

第四节 新型期权

一、新型期权的概念及其衍生方式

从期权的发展来看,可分为第一代产品和第二代产品。

第一代产品叫"plain Vanilla",即标准的欧式期权和美式期权;第二代产品被称为"exotics"。所谓的"exotic options"即我们所说的新型期权,它实质上是在标准的欧式期权和美式期权的基础上衍生出来的证券。新型期权衍生的方式主要有以下三种。

(1)变异,即将第一代产品的若干合约条款加以修改或变通而形成。如在普通期权的基础上变异出的利率上限、利率下限和利率上下限,再如通过敲定价格的变异而形成的亚式期权等。

(2)组合,即将基本期权与其他基本型衍生金融工具进行组合而形成新的期权。如期权和互换组合形成互换期权;远期外汇合约和期权组合形成可变或分利式远期外汇合约;期权与期货组合形成复合期权。

(3)合成,即将基本期权和其他原生金融工具结合形成新的衍生金融工具。如股票与股票期权合成认股权证;债券与期权合成可转换债券等。

大多数新型期权在场外交易。随着衍生市场的发展,西方金融机构设计的新型期权越来越多,它们几乎对客户的每一特殊需求都设计了相应品种。有时,国外投资银行还将债券和股票中加入期权,以增加投资者的兴趣,其做法值得我们借鉴。

二、具有期权特性的证券

许多金融工具和协议都带有期权的特性,如果要对其正确定价和灵活运用,就必须要了解其"期权"特性。以下我们对一些常见的金融工具和协议进行分析。

1. 可赎回债券(callable bonds)

大多数公司债券都是可赎回的,即发行时就附有赎回条件,规定公司在债券到期前的某段时间可以一定的价格将债券提前赎回。当市场利率较高时,企业发行债券的票面利率也较高;当市场利率降低时,企业可以发行低利率债券,所筹资金可以用来赎回高利率的可赎回债券。因此,发行可赎回债券对企业有好处。

公司发行一份可赎回债券实质上相当于卖出了一份普通债券（即不可赎回、不可转换）加上买进等数量的该债券的看涨期权。

公司发行可赎回债券也要付出成本，即其票面利率要比相应普通债券的要更高一些，才能顺利以票面价值发行。高出的票面利率相当于投资者卖出看涨期权获得的权利金。

2. 可转换证券（包括债券与优先股）（convertible securities）

投资者持有的可转换债券及可转换优先股也带有期权特性。可转换证券的投资者有权在将来把债券或优先股转换成一定数量的普通股，而不论当时股票价格怎样。例如，公司规定面值 1 000 美元的可转换债券可转换成 10 股普通股。若该债券价格为 950 美元，这相当于敲定价 95 美元的股票看涨期权，若当时股价高于 95 美元，则该看涨期权会被履约（即债券转换成股票）。此时，看涨期权为实值期权。

大多数可转换债券发行时都是"虚值很大"的，即只有将来股价涨幅很大投资者才会有利可图。因此可转换债券相当于普通债券加上一个看涨期权。该看涨期权有如下特性：第一，其敲定价随可转换证券价格的变化而不断变化；第二，股票要分红，这使该期权的定价更复杂；第三，大多数可转换债券也是可赎回债券，这样就形成了发行者与持有者互相购买了对方看涨期权的局面。在发行者履行其看涨期权以买回债券之前，往往允许债券持有者在一个月的时间内考虑是否进行转换（即允许持有者考虑是否履行其看涨期权）。

3. 认股权证（warrants）

认股权证类似于公司发行的看涨期权。认股权证与看涨期权的重要区别在于：当期权买方要求履约时，卖方只需交割已发行的股票；而认股权证的买方要求履约时，卖方（发行公司）必须发行新的股票。因此，公司因发行新股而有现金流入。这一差异表明，认股权证与同期限的看涨期权价值会有所不同。

4. 抵押贷款（collateralized loans）

许多贷款协议都要求借方有抵押品以保证贷款的归还。当借方不能按协议还款时，贷方将拥有抵押品的所有权，不可追索抵押贷款，即贷款方对抵押品之外的买方财产不具有追索权。国外常见的抵押品有债券、股票等，其本身价值也是不断变化的。

抵押贷款协议对借方来说，隐含了看涨期权条款。假设借方在贷款到期时必须还款数为 L，抵押品现价为 S，到期时价值 S_T。若到期时有 $S_T < L$，则借方不还款更有利；若 $S_T > L$，则还款（即履行看涨期权）更有利。这相当于一敲定价为 L 的看涨期权。

三、新型期权的分类

由于新型期权的种类很多，且还在随市场的变化而不断推陈出新，所以无法一一列举。这里，我们沿用美国学者 John C. Hull 的分类方法将新型期权进行分类，并重点介绍其中常见的一些品种。

1. 打包期权(packages)

打包期权是由标准欧式看涨期权、标准欧式看跌期权、远期合约、现金及标的资产本身构成的组合。按照此定义,我们在上一节中讨论的价差期权与组合期权都属于打包期权。

美国的金融机构常常设计打包期权使之具有零初始成本,这相当于开始买卖打包期权时不用花钱。范围远期合约就是零成本打包期权,它由一个远期多头与一个看跌期权多头和一个看涨期权空头构成,其中两个期权的初始权利金相同。这样,由于远期合约的价值为零,整个打包期权的初始价值也就为0。

2. 非标准美式期权

非标准美式期权的所谓非标准有两种情形。一是指并不是像标准美式期权那样在到期日前任何时间都可以履行权利,而是履行权利的时间只限于有效期内特定日期。如Bermudan期权和美式互换期权,只能在特定日期或指定日才能履行权利。二是敲定价格在有效期内会有变化,如认股权证。例如,某公司发行5年期的认股权证,认股权头两年是15元,而在随后两年中为16元,最后一年为18元。

3. 远期开始期权

顾名思义,即现在支付权利金但在未来某时刻开始的期权。它们有时被公司用来对雇员实施奖励。例如:开发高新技术产品的某公司现有工资水平不高,为了吸引及鼓励专业技术人员努力工作,由董事会决议,1年后的3年内,允许这些雇员以第一年末的股价购买该公司股票5 000股。这实际上是一个1年后开始的,有效期3年的远期开始期权。

4. 复合期权

即期权的期权,主要有四种类型:

(1) 看涨期权(T_1, X_1)的看涨期权(T_2, X_2)。

(2) 看涨期权(T_1, X_1)的看跌期权(T_2, X_2)。

(3) 看跌期权(T_1, X_1)的看跌期权(T_2, X_2)。

(4) 看跌期权(T_1, X_1)的看涨期权(T_2, X_2)。

复合期权有两个敲定价格和两个到期日。其中前一期权(T_1, X_1)可视作一般期权,而后一期权(T_2, X_2)则是针对前一期权的权利金进行交易,即以前一期权的权利金与后一期权的敲定价作比较而决定是否执行后一期权,履约时以敲定价买或卖前一期权。以上括号内T_1, X_1分别表示前一期权的到期日与敲定价;括号内T_2, X_2则分别表示后一期权的到期日与敲定价。若以上述看涨期权的看涨期权为例,则当市场上前一看涨期权(T_1, X_1)的权利金$C \geqslant X_2$时,后一看涨期权(T_2, X_2)才会被履约,履约时以X_2买入看涨期权(T_1, X_1)。例如:某投资者买入敲定价X_2(15)、到期日T_2(9月)的看跌期权的看涨期权,该看跌期权敲定价X_1(400)、到期日T_1(12月)。只有市场上看跌期权的权利金高于 15 时,投资者才会执行看涨期权,即以 15 买入看跌期权;只有当标的资产价格 X_2 低于 400 时,投资者才会以 400 卖出标的资产。

5. 任选期权(as you like it)

任选期权是赋予购买者将来指定日期选择持有哪一类期权的期权。即经过一段指定时期后,持有者具有选择看涨期权或选择看跌期权的权利。

例 6.28　有两个期权,其中看跌期权到期日 T_1、敲定价 X_1,看涨期权到期日 T_2、敲定价 X_2。随着标的物价格的变化及时间的推移,两期权的权利金并不相等,设分别为 P_P,P_C。现在构造一任选期权,将以上两个期权作标的物,即作为选择对象。购买者支付权利金后,经过 T 时间(比方一个月)后,有权选择持有其中任一期权。当然,购买者一定会选择其中权利金大的一个,所以任选期权的价值应当为 $\max(P_P, P_C)$。若购买者选定的看涨或看跌期权的权利金比他支付的任选期权的权利金多,则他有利可图,否则他将亏损。

6. 障碍期权(barrier options)

障碍期权的收益依赖于标的资产的价格在一段特定的时期内是否达到了一个特定水平。目前有两种常见的障碍期权。

一种是封顶期权,典型的如 CBOE 的基于 S&P 100 和 S&P 500 的封顶期权。所谓"封顶"是指期权的收益封顶。如 CBOE 封顶期权的设计目的是使收益不能超过 30 美元,封顶看涨期权在指数收盘价超过敲定价 30 美元时会自动执行;封顶看跌期权在指数收盘价低于敲定价 30 美元时会自动执行。另外还有许多封顶欧式、美式期权在场外市场进行交易。

另一种是敲出期权和敲入期权。敲出期权与标准期权其他方面都相同,只是当标的资产价格达到一个特定障碍 H 时,该期权作废。敲出期权可分为敲出看涨期权和敲出看跌期权。敲出看涨期权的障碍 H 一般低于敲定价 X,当标的资产价格下降碰到 H 时,该期权作废,所以该期权也被称为下降敲出期权。也就是说,相当于标的资产价格保持在障碍之上或未碰到 H 时,该敲出看涨期权才能存在。同理,敲出看跌期权也叫上升敲出期权,其障碍 H 一般高于敲定价 X,当标的物价格上升碰到障碍 H 时,该期权作废。

敲入期权是指标的资产价格碰到障碍时才可以存在的期权,其他方面亦与标准期权相同。

敲入期权也分为两类。敲入看涨期权也叫下降敲入期权,其障碍值 $H < $ 敲定价 X,只有当标的资产价格碰到 H 时,该期权才存在。同样,敲入看跌期权也叫上升敲入期权,只有当标的资产价格碰到 $H(H > X)$ 时,该看跌期权才存在。

由以上的分析可知,实际上两个其他条件相同的下降敲出期权和下降敲入期权可构成一个标准的看涨期权;同理,一个看跌期权可分解成两个其他条件均相同的上升敲入期权和上升敲出期权。

一般公司发行的可转换债券中通常包含了一种障碍期权。比如说,某公司发行可转换公司债券时,规定发行公司赎回债券,当股价跨过某个限价时就将投资者手中的债券转换成股票。

7. 两值期权(binary options,"bet" options)

两值期权也叫打赌期权,是具有不连续收益的期权,主要有两种。一种是现金或无价值看涨期权,在到期日股票价格低于敲定价时,两值期权一文不值;而当股票价格超过敲定价时,则期权卖方将支付一个固定数额 Q 给期权买方。另一种是资产或无价值看涨期权,若到期日标的资产低于敲定价,则期权一文不值;若标的资产到期时超过敲定价,则期权卖方将支付等于资产价格本身的款额给期权买方。

8. 回望期权(lookback options)

回望期权的收益依赖于期权有效期内标的资产的最大或最小价格,其标的资产通常是商品。设 S_1 为标的资产曾达到过的最小价格,S_2 为曾达到过的最大价格,S_T 为到期时的最终价格,则回望看涨期权的收益是 $\max(0, S_T - S_1)$,回望看跌期权的收益是 $\max(0, S_2 - S_T)$。由此可见,回望看涨期权实际上是持有者能在期权有效期内以最低价格购买标的资产的期权;回望看跌期权实际上是持有者能在期权有效期内以最高价格出售标的资产的期权。

例如,考虑某商品的回望期权(有效期 3 个月),如果 3 个月内商品的最低价为 18 元,最高价为 30 元,期权到期时商品价为 22 元,则在到期日回望看涨期权的收益为 $22 - 18 = 4$ 元;回望看跌期权的收益为 $30 - 22 = 8$ 元。

9. 亚式期权(Asian options)

亚式期权的收益依赖于标的资产有效期内某一段时间的平均价格。

亚式期权有两种:第一种是平均价格期权。买入平均价格看涨期权的收益是 $\max(0, S_a - X)$,平均价格看跌期权的收益是 $\max(0, X - S_a)$,其中 S_a 是按预定时期计算的标的资产的平均价。例如:一家美国公司的财务主管期望在明年内平稳地收到来自德国子公司的总额 500 万欧元的现金流,他可以买入亚式期权中的平均价格看跌期权。

另一类的亚式期权是平均敲定价格期权。买入平均敲定价看涨期权收益为 $\max(0, S - X_a)$,平均敲定价看跌期权收益为 $\max(0, X_a - S)$,S 为到期时标的资产价格。平均敲定价期权可以保证在一段时间内频繁交易资产所支付的平均购买价格低于最终价格,或所收取的平均销售价格高于最终价格。

10. 资产交换期权

用一种资产交换另外资产的期权,资产可以是货币、股票等。

例如,从美国投资者的观点看(第三国),使用瑞士法郎购买欧元是把一种外币资产交换成另一种外币资产的期权;股票投资是以一种股票交换另一种股票的期权。

复 习 题

1. 画出期权四种基本策略的风险收益结构图,并举例进行分析。

2. 举例说明什么是实值、平值、虚值期权。

3. 分析影响期权权利金的因素。

4. 投资者买进可赎回债券与卖出有保护的看涨期权有何相似与不同之处?

5. 某投资者预测 A 股票未来 3 个月内围绕 50 美元/股小幅波动,已知 A 股票敲定价 50 美元的 3 个月到期的卖权权利金为 4 美元。

(1) 如果无风险利率为年利 10%,计算 A 股票买权(敲定价 50 美元,3 个月到期)的权利金。

(2) 投资者应采用何种投资策略? 试分析其损益状况。

(3) 怎样利用买权、卖权和买入无风险利率的债券来构造一个投资组合,使其在到期日与股票有同样的收益? 若 3 个月内 A 股票不分红,该组合的初始投资额是多少?

6. 某投资者卖出一份 9 月份到期、敲定价 45 美元的无保护看涨期权,权利金 2.75 美元,当时股价 42 美元,计算该投资者应付的保证金。

7. 设 $S = 47$ 美元,$X = 45$ 美元,$r = 0.05$,$\sigma = 0.40$,请用 Black-Scholes 期权定价模型计算 3 个月后到期的买权的权利金。

8. 某股票现价 50 美元,一年后股价可能为 58.09 美元或 43.04 美元,年无风险利率 5.13%。请用二叉树定价方法计算一年后到期、敲定价 50 美元的买权的权利金。

9. 11 月 8 日,某股票的 3 个看涨期权的行情如下:

敲定价(美元)	买权价(美元)
50	7.5
60	3
70	1.5

某人欲进行蝶式套利,请分析其可能的盈亏状况。

第七章　商品期货市场的风险控制

本章将阐述商品期货市场风险的概念、风险辨识、风险分类与风险评估,期市风险控制的指标体系,以及风险的控制与监管。

第一节　期货市场风险的概念

期货市场风险自期货交易运行以来就一直备受关注。人们从不同的角度以不同的方式来分析、研究它,以期达到控制的目的。然而什么是期货市场的风险呢?至今仍没有一个明确的界定。在一些公开出版的文献中较常见的定义一般为:期货市场风险是指由于期货价格的变化而使市场参与者(直接或间接)遭受损失的可能性或不确定性。

上述定义指出了价格风险是期货市场上的基本风险,以及风险的承担主体是期货市场参与者,包括期货交易所、结算所、期货公司、交易者、国家;但是在期货市场上并不是所有的风险都因价格变化产生的,如《中外证券法期货法研究与案例评析》中汇编的赵小妹诉南京金中富国际期货交易有限公司违反交易规则发出错误指令,致使保证金全部亏损赔偿纠纷案;咸宁市物资贸易中心诉武汉融利国际期货交易有限公司在接到停止国际期货交易通知后,仍接受新单而引发的索赔纠纷案;等等。这些风险或来源于业务上处理不当,或由从业人员违规而起,或因交易、结算系统的不完善和故障所致。因此该定义存在一定的局限性。

也有部分学者从风险成因角度作出类似于以下的定义:期货市场风险是指期货市场中的经济行为者的经济行为和非经济的自然行为的作用而带来的经济行为者发生损失的不确定性。我们认为期货市场是一个系统,它包括期货监管机构、期货行业协会、各期货交易所(含所属结算机构)、独立的期货清算所(中心)、期货公司、各相关注册交割仓库、参与期货交易的机构与人员以及有关的法规、制度和市场运行机制,如图 7.1 所示。期货市场的这些组织要素都可能出现风险或成为风险因素,如广东联合期货交易所籼米事件和豆粕事件的险因中,规则不完善就是其中重要的一项,故这一定义亦并非理想。

我们认为以下定义或许较为恰当。

期货市场的风险是指期货市场参与者(期货交易所、结算所、期货公司、期货交易者、国家)在期货市场运作过程中直接或间接地遭受的损失及其可能性,可用下式表示:

$$R = f(L, P) \tag{7.1}$$

式中:L——损失量;P——发生损失的概率。

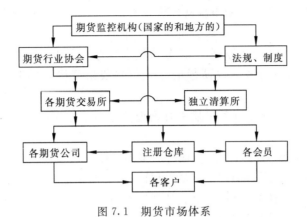

图 7.1　期货市场体系

第二节　期货市场的风险辨识

期货市场风险辨识是风险分析的组成内容,它辨识期货市场中哪里有风险(where)？什么时候有风险(when)？ 是什么性质的风险(what)？ 谁有风险(who)？ 以及险因如何(why)？ 通过风险辨识,为期货市场风险分类与评估以及控制提供依据。

当前期货市场风险识别的一般方法是:从不同的考察角度对形形色色的所论及的风险加以划分,然后研究各种类型风险的特征,以期找出防范对策与措施加以控制。以下为常见的 5 种从不同角度对期货市场风险进行分类的方法。

(1) 按风险承担主体来划分,可分为期货交易所的风险、结算所的风险、期货公司的风险、期货交易者的风险、国家的风险。

(2) 按系统的观点来划分,可分为系统风险(又叫价格风险)与非系统风险。

(3) 按风险的可控程度来划分,可分为可控风险与不可控风险。

(4) 按风险成因的属性来划分,可分为政治风险、经济风险、法律与道德风险等。

(5) 按风险的直接原因来划分,可分为价格波动风险、信用风险、结算风险、营运管理风险以及操作风险等。

这种风险识别方法虽然有利于将形形色色的风险辨别、归纳、分类和分析,但还是存在以下两方面的不足:其一,只是笼统地作出了不同分类,但分析不够深入,不能让人对期货市场风险从逻辑上和险因上获得真实、透彻的剖析和深入的理解;其二,不利于决策,决策者难以在风险识别的基础上根据期货市场实际发生的情况作出相应的防范与控制风险的措施。

为此,在风险识别上我们可采用事故树分析技术(fault tree analysis,FTA)。在国外,事故树分析技术被一些学者称为是进行安全分析、风险评价以及可靠性工程设计的最好演绎手段,国内的实践亦表明事故树分析技术是分析、预测与控制事故的有效方法。事故树分析是一种从结果到原因逻辑分析事故发生的有向过程,遵从逻辑学的演绎分析原则(即从结果分析原因的分析原则)。该分析技术具有以下功能特点:

(1) 使期货市场参与者能以演绎的方式很快找出某风险的险因所在,识别具有系统性。

(2) 能帮助期货市场参与者在某一时刻把注意力集中于某一特定的风险上,识别具有可操作性。

(3) 能为期货市场参与者作出合理的决策提供依据,识别具有实用性。

应用事故树分析技术辨识期货市场的风险,可分两步走:

一是分析,即按照演绎分析的原则,从顶上事件起,一级一级往下分析各自的直接原因事件,直至所要求的分析深度和基本事件。

二是作图,即根据彼此间的逻辑关系,用逻辑的符号连接上下层事件,最后形成一株倒置的逻辑树形图。其连接原则是上层事件是下层事件的必然结果,下层事件是上层事件的充分条件。

第一步分析是从顶上事件开始,毫无疑问这里的顶上事件是指期货市场的风险,那么什么作为第一层次的事件为妥呢?考虑到不同的市场参与者决策的需要以及分析工作的系统性、完整性、有序性的需要,我们把风险承担主体放在第一层次,即期货市场风险是期货交易所的风险、结算所的风险、期货公司的风险、期货交易者的风险、国家的风险的必然结果。又基于当前国内普遍存在结算机构未从交易所中独立出来的情况,在分析中将结算所的风险纳入期货交易所的风险内。

一、交易所的风险

交易所的风险是指交易所在期货交易运作中遭受损失的不确定性。我国期货交易所已由过去的投资获益型改造为规范的会员制服务型企业,因此投资收益风险应不予考虑。

期货交易所的风险可划分为以下三类。

1. 管理与营运风险

它是指作为一个提供期货交易场所并进行管理的机构,在营运中潜在的与出现的问题所引起的期货交易所必须认赔的风险,主要包括:

(1) 业务风险

指期货交易所在业务处理上失误而引起的风险。这种风险的发生概率随着业务处理能力,人员素质、责任心等的不断提高会逐渐降低至最小程度。它又可分为:

① 技术风险,这是指期货交易所因交易系统、结算系统、数据传输系统不完善或出故障而引起的风险。自我国期货交易所开业以来,由于软件设计水平和硬件投入的限制,交易所与会员之间因错误成交、错误回报而引起的纠纷时有发生。

② 期货交易所因交易、结算、交割等规则、条例、办法不完善,执行不当或随意变更而引起的风险。上文提到的赵小妹与南京金中富国际期货交易有限公司的纠纷案中交易规则执行不当,以及曾有交易所随意改变交割规则等,都属于此种风险。

③ 人员素质低或责任心不强使业务处理上失误而引起的风险。过去有的交易所的工作人员将交易申报单的价格输入错误,交易员接单或漏单或搞乱次序等引起纠纷。

（2）违规风险

指期货交易所从业人员在交易、结算、交割上违反有关法规或规则而引起的风险。

违规操作的手段如:"内幕交易",私下允许透支,在途资金开仓,巨额持仓,少收保证金等。导致这种现象发生的一个重要原因在于:不久以前,我国期货交易所虽然改制工作已经结束,但还尚未建立起真正意义上的会员制。这样,期货交易所为了自身的利益争夺客户,片面地追求扩大交易量。国债"327风波"的操纵者某公司透支14亿元并巨额持仓,正是这种现象的一个缩影。

（3）期货交易所因交易监管不力或不严而带来的风险

期货交易所交易监管的目的在于规范期货交易行为,确保各项规章制度顺利执行。若监管上出现不严或不力的情形,则除了削弱法规、制度的权威性,有碍期货市场功能发挥以外,还会破坏市场的公平竞争环境,使一部分交易者的既得利益受损,从而引发相应的纠纷。

2. 会员履约上的风险

这是一种转移风险或者说间接风险,是由于会员因无法交割或期货价格的剧烈波动而遭受巨大损失时无能力履约所发生并转移给交易所的风险。很显然可分为:对冲平仓履约上的风险与交割履约上的风险。

（1）对冲平仓履约上的风险（信用风险）

对冲平仓履约上的信用风险的产生,原因是多方面的,这里是指源于而且责任在于期货交易所在营运过程中监控乏力、不到位或者是监控措施不合理、不完善所致。

① 期货交易所监控乏力的原因分析。导致期货交易所监控措施执行力度不够主要有以下五方面的原因:

a. 期货法律、法规、制度建设的落后。以前我国期货市场交易依据的是国家证券委及其证监会以及其他有关部门分别颁布的一些关于期货的管理规定和条例。这种单一零散的法规无法从整体上全面地约束、规范期货市场参与者的行为。如市场参与者试图垄断或操纵一个市场,其目的在于制造市场的不公平性,这种做法是与一个井井有条的商业秩序相违背的,在国外不仅会在交易所层次上受到制裁,而且会诉诸法律,然而国内最重处罚莫过于"罚下场",通常只要未产生"轰动效应",多是放之任之。

b. 没有建立健全的监管体系。从国际期货行业发展来看,政府的管理主要在于制定和修改交易规则,监管交易所的行为准则,审查期货交易所的业务活动,在非常时期采取紧急措施等;期货行业的职责主要是审查专业期货人员的会员资格,审计监督从业人员的资本额、财务以及一般规则执行情况,协调会员之间的矛盾纠纷,普及期货知识等;期货交易所自身管理作用表现在:负责交易场所的业务监管,确保各项规章制度的顺利执行,设立仲裁委员会处理纠纷等。然而我国现状是国家有关部门与行业自律协会尚未完善地发挥其应有的作用,监管有力、协调有方的监管体系的架构尚未完善。

c. 交易所的改制虽已结束,但真正意义上的会员制尚在建立初期,部分交易所依然热衷于争夺客户、扩大交易规模。

d. 期货交易所为便于操作与管理多是集交易、结算于一身,但由于结算机构未从交易所中独立出来并实行结算会员制,不能形成会员、结算所、交易所之间的三角制衡模式,以达到防范期货交易行为、防范与控制期货市场风险的目的。

e. 尚未真正建立风险分散机制,风险控制被动、随意性大,主观性强,期货交易所不愿承担风险。当前在我国一旦市场出现风险并危及期货交易所时,期货交易所就会推出这样或那样的规则、政策和措施,如推出"协议平仓"来缓解风险,损害"三公"原则,引起纠纷。

② 监控措施不完善、落后的原因分析。期货交易所的监控措施可分为两部分,一是针对期货交易全过程而言的,一是针对会员而言的。下面分别加以分析。

a. 会员资信监控。会员资信监控是期货交易所风险监控中一个非常重要的环节,其监控的好坏直接关系到会员的风险发生转移与否。会员资信监控又可分为交易前的会员资信审查与交易中的资信动态监控。

交易前的会员资信审查内容包括:考察会员单位的财务状况、人员素质、商业信誉、经营业绩或交易业绩、风险管理水平以及确定其交易规模等。然而令人遗憾的是过去有的交易所在发展会员时只把发展对象的财务状况作为唯一的考察指标,有的甚至到了只要能如数交纳席位费及一定限量的保证金就能获得会员资格,就能代理客户交易的地步。其结果是会员的资信条件良莠不齐,给交易所留下了极大的风险隐患。

会员的资信并不是一成不变的,因此期货交易所在交易中应注意时常评估会员的资信状况,即坚持对会员资信进行动态监控。在我国,期货交易所都未能实行结算会员制,因而需考察的会员面广,致使工作极易疏忽。另外,一个健全的财务制度是期货交易所管理信誉风险的关键所在,可是我国期货行业至今还没有一套标准的会计制度,这使得财务评估、审计和监控有点名不副实。

b. 期货交易全过程监控。期货交易全过程监控从时间的角度可划分为交易前监控、交易中监控、交易后监控三方面。

交易前监控的内容如下所述:

首先,审查交易品种选择与标准合约设计的合理与否。对于当前我国期货交易所的品种开发,我们认为有两点值得注意:一是拟开发的交易品种在选择时除了期货品种所应具备的基本条件外,还应选择市场容量比较大的品种,否则可能遭到投机者的爆炒;二是标准合约设计必须充分考虑使期货市场最大限度地贴近现货市场,增强现货市场与期货市场的关联性。

其次,审查会员类型与结构优化与否。优化会员结构、培养套期保值者是抑制投机、控制风险的重要对策。然而当前套期保值的交易量较少,投机者与套期保值者比例相差太大,在我国期货交易所是一普遍存在的现象。

再次,考察交易规则健全与否。有些学者曾对我国郑州商品交易所和深圳有色金属交易所的交易规则进行过对比,结果发现这两大交易所在交易规则和管理规范上存在着重大差异。虽然证监会已发布文件,提出了制定交易规则的指导原则,但应结合实践情形深入细致地制定,并不断加以完善。

最后,风险管理系统完善与否。风险管理系统不仅应包括已经使用的交易所交易规则中的各项规则、制度以及上级监管部门颁布的条例、规定,而且还要包括正在研究的各项风险动态监控指标及预警子系统。

交易中监控是一种动态监控,有三方面的内容:一是保障风险管理系统的正常运作;二是密切监测预警系统中市场风险指标值的变化,一旦有险情出现及时作出决策,控制风险;三是根据交易的具体情况,判断风险管理系统量化指标的合理性,并适时进行调整。

交易后监控是指交易所结算机构的结算监控。要求达到两个目的:一是参考预警系统的初步结论,通过当日结算与进一步的统计分析、判断,明确下一日交易风险管理重点;二是适时调整保证金水平,制定并实施可行的风险管理措施。

保证金水平的合理确定是有效实施保证金制、涨跌停板制、交易头寸制、最大持仓制、逐日盯市每日无负债结算制、强制平仓制等的前提基础,是常规风险管理的核心所在。如果设置过高,则增加交易费用,影响交易规模;若过低,又不易控制风险。保证金水平该如何确定是需要深入研究的问题。芝加哥商业交易所开发了 SPAN 计算系统,SPAN 采用了 16 种方案计算每一个客户的最低保证金。SPAN 模拟法给我们的启示是:保证金水平的确定关键在于对期货价格当前及未来波动性的分析和预测。

(2) 交割履约上的风险(信用风险)

交割履约风险是指会员在期货交易最终环节实物交割上无力履约,则交易所不得不代为履约而给期货交易所带来的风险。

导致会员交割违约的原因主要有以下四方面:

① 买方实物交割(即接货)的资金准备不足。买方在最后交易日前为等待有利时机而一直持仓,造成被动交割。

② 卖方实物交割(即交货)的实货准备不足。原因同前。

③ 合约设计不合理,交割品与现货关联度低,致使组织货源困难。

④ 运输瓶颈、地区封锁及行业垄断致使交割品不能按时到库。

⑤ 定点交割仓库管理不规范,货物不能顺利入库。

从交易所角度来看,造成以上情由是因其管理上有以下两方面不足:

① 在交割月疏于对会员交割意向及能力的了解,交割风险管理措施不当或实施不力。

② 交易所未能明确定点仓库的责、权、利,对定点仓库的监督不力,导致定点仓库管理行为不规范。

3. 交易所的信用风险

交易所的信用风险是指交易所因不能偿还期货交易造成的巨额亏损而有倒闭的可能性。

交易所的信用风险的险因有四:

① 上列第 1 款谈到的管理与营运风险。

② 上列第 2 款谈到的会员履约上引发的间接风险。

③ 风险基金制度不完善或执行力度不够。风险基金是交易所抵御交易风险的重要屏障,但我国部分交易所并不重视,如过去某某联合交易所在籼米事件中就暴露出类似问题。

④ 超范围经营、开展信贷业务。

二、期货公司的风险

期货公司具有双重"身份",对期货交易所是参与交易的会员,对客户是代理交易的"交易所"。因此,它面临的风险除了包括上述期货交易所的风险以外,还可能有以下几方面:

第一,资金不足或资金调配不及时引起的风险。其原因是期货公司一般都是多个交易所的交易会员,须向多个交易所注入资金,但若某交易所的某品种交易爆热,众多客户趋之,如果注入该交易所的资金不足或调配不及时,则会或者使客户无法下单,或者被强制平仓,损害某客户的利益,而被追究。

第二,期货公司—经纪人—客户之间委托—代理关系不清晰、不明确引发的风险。这种风险又可分为:

(1) 鉴于我国期货公司与其经纪人员是一种聘用关系,后者是非独立民事主体,其职务行为中的过失由期货公司承担。当对客户代理交易中,委托—代理关系不清晰或是口头上全权委托,客户可能只认盈,而对做亏的单子提出种种"理由"抵赖,斥之以滥用代理权,有时期货公司不得不认赔。

（2）委托代理协议中没有专设"委托划款员"与"指令下单员"，往往只指定客户单位法人或"指令下单员"，而并未明确授权给后者有权调度资金，因而若"指令下单员"调走资金，客户单位不承认，期货公司则经受风险。

（3）客户在保证金（资金）的划入与划出中拨款单上款项不清或含义混淆，或拨款有虚假，给货公司带来风险。

第三，资金结算中，或者一级结算同二级结算之间出现问题引起的风险，包括：

（1）因结算方法和有关参数不当，或一级与二级结算之间的不平衡造成的。

（2）风险率设置不当或执行不力引起的。

第四，交易中的多户混码与交易跑道有限或不畅所引起的风险。

多户混码可能引起的风险在于：

（1）交易所在实行强制平仓时，在合约选择上"张冠李戴"，不相匹配，致使该平的合约未平，不该平的却被平掉了。若客户因此有亏，则不认账。

（2）客户不承认成交单是他下的单而引起的索赔风险。

（3）交易所与期货公司平仓单不一致而引起的价差风险。

三、交易者的风险

交易者的风险是一种投资风险，指交易者投资于期货交易而遭受损失的可能性。因期货交易者分为投机者与套期保值者两大类，故我们也拟从投机者的风险、套期保值者的风险两方面进行分析。

1. 投机者的风险

投机者的风险按风险性质来划分，可分为价格风险、流动性风险、交割风险、信用风险四大类。

（1）价格风险

价格风险是指价格波动使投资者的期望利益受损的可能性。换言之，价格风险是由于价格变化方向与投机者的预测判断和下单期望相背而产生的。价格风险是主要风险，其险因可以从投机者本身的因素与价格波动因素来加以追索。

① 投机者的因素。在同一竞技场上角逐，有的投机者日进斗金，而有的却走上破产之路，其自身的原因包括：

a. 资金实力不足。投资者的资金实力虽不是决定交易成败的唯一因素，但也是一个关键因素，其原因在于：期货市场上期货价格上下振荡频繁，因此如没有足够的后继资金能用来追加，即使能成功地预测期货价格的变动趋势，亦难以幸免"爆仓"出场的厄运。另外，前一段时间，我国期货交易常走入资金角逐的怪圈，这也侧面说明资金实力的重要性。

b. 期货投资经验、风险管理水平与操作水平欠佳。一个成功的投机商不会将全部鸡蛋放进一个篮子里,也不会在期货市场上盲目跟风,对每一笔交易的实施,都留有余地,以尽可能地将持仓风险控制在自己财力所能把持的范围内。

c. 价格预测能力欠佳。投机交易是一种典型的价差投机,投机者总是力图通过对未来价格变动的正确判断和预测来赚取差价,因而价格预测能力是投机者成败的关键。

② 价格波动因素。价格波动是期货交易风险的核心,同时也是期货交易风险的最直接、最表象的因素。影响价格波动的因素众多。根据期货价格与现货价格的偏离程度,价格波动划分为价格理性波动与价格非理性波动,故在这里也从这两方面对影响因素加以讨论。

a. 价格理性波动因素。价格理性波动因素包括基本因素与技术因素两大类。基本因素有:供给因素、需求因素、金融货币因素、政治因素、政策取向与措施、自然因素、理性投机与心理因素等。技术因素是指源于期货市场内部的因素,它只能对期货价格的短期变动有一定的影响,主要包括期货合约的成交量、空盘量及现在与过去的期货价格资料等。

b. 价格非理性波动因素。导致价格非理性波动的因素主要有以下四方面:

首先,政府管制因素。制定与修改交易法规、监管交易所的行为、审查交易业务活动、在非常时期制定紧急措施是政府对期货市场管理的主要内容。但如若其管理不当,极有可能给期货市场带来振荡,如苏州商品交易所红小豆风波中,证监会发出的现有合约只准平仓的通知,使期货市场出现了恐慌性巨幅下跌,最后被迫终止竞价交易,推出一套复杂的强制平仓办法。

其次,来自期货交易所方面的因素。交易所的合约设计缺陷、会员结构不合理、交易规则执行不当等都可能成为价格非理性波动之源。国债"327风波"、籼米事件、豆粕事件、红小豆风波等均属典型案例。

再次,非理性投机者的因素。投机者的非理性固然与投机者本身的素质、投机经验、操作水平有关,但我们认为更重要的一点是对投机者缺乏一套严格、科学的约束机制,以至于无法遏制投机者的不规范行为。巴林银行垮台的症结在此,大和银行事件的症结亦在此。

最后,联手操纵市场,有预谋地抬高或打压期货价格。

(2) 流动性风险

流动性风险是指投机者在期货市场上因交易合约缺乏流动性而引起的风险。通常情况下交易场内的期货合约具有很好的流动性,但有时由于期货市场内外环境的突然性变化,会出现流动性暂时大为降低。在我国因大户操纵市场造成想买买不到、想卖卖不出的现象并不陌生。

造成流动性风险的险因主要有:

① 交易合约设计不合理。合约品种的选择、合约规模大小、交割方式等的不合理设计会降低现货市场与期货市场的关联性，给投机者操纵市场开启"绿灯"。

② 期货交易制度不健全，经常出台临时的政策与措施。

③ 国家的法规及经济政策变化或战略性调整、自然因素的突然变化等带来的风险。

④ 期货市场参与者试图垄断或操纵市场带来的风险。

（3）交割风险

投机者进行期货交易旨在承担价格风险，获取价差收益，但有时会出现由于期货市场上合约流动性差或者最后交易日前为等待有利的时机而一直持仓不平造成被动交割的情形。

卖方的交割风险主要有：

① 因准备不足，或合约设计缺陷等造成现货组织困难。

② 运输瓶颈、地区封锁与行业垄断等造成难以按时到库。

③ 交割仓库管理不规范，货物难以入库。

④ 货物交割后无法得到款项。

⑤ 货物质量不符，引起意外的质量贴水损失。

买方的交割风险主要有：

① 因准备不足，货款组织困难。

② 付款后不能顺利提货或者是货物不符合要求。

（4）信用风险

在这里，信用风险是指来自期货交易所、期货经纪公司的违约风险。由于期货交易所建立了较完善的损失赔偿准备制度，因此期货交易所倒闭而引起的违约风险是十分少见的，但期货经纪公司破产或其他的原因而引起的违约风险却并不少见，因此投机者选择期货经纪公司时还应对其资信进行评估。

2. 套期保值者的风险

美国著名期货经济学家沃金·霍尔布鲁克认为，套期保值者的核心并不在于能否消除价格风险，而是能否通过基差的变化或预期基差的变化来谋取利润。约翰逊（Leland Johnson）和斯第恩（Jerome Stein）对此作了更为精辟的诠释，"套期保值者……与任何一个投资者进入任何一个市场一样，套期保值者也是为了在一定风险水平获得最大利益。"不过，我们认为套期保值者除包括投机者的风险外，还有以下主要风险：

（1）品种选择风险

在现货市场上生产经营某一具体品种，套期保值者在期货市场上买进或卖出的期货合约的标的品种应与之保持相同，以期收到较好的保值效果，但在实际操作中可能无法满足这一要求，这就出现了品种选择上的风险。

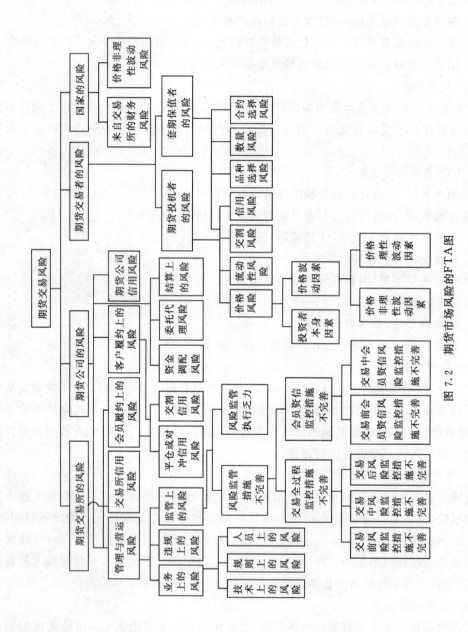

图 7.2　期货市场风险的 FTA 图

（2）合约选择风险

从理论上讲，套期保值者在期货市场上所选择的合约月份应与未来将在现货市场上买进或卖出的实货商品具体时间相一致，但在实际操作中，由于未来现货市场上买进或卖出的实货商品具体时间的不确定性或者可供选择的合约的有限性，往往会出现不一致的现象，这就为套期保值者带来了风险。

（3）保值数量风险

这是由于套期保值者的保值头寸与需要保值实物数量不一致而引起的风险，即套保比率不佳。

四、国家的风险

期货交易给国家带来的风险主要有以下两方面：

（1）期货市场价格非理性波动扰乱生产秩序，误导资源配置，干扰国民经济正常运作带来的风险。

（2）由于国家有关部门对期货交易监控不力以及期货交易所风险管理不严，当期货市场受到外来冲击时，期货市场可能发生崩溃，从而给国家相关部门带来的风险。

期货市场风险的 FTA 图如图 7.2 所示。

第三节　期货市场风险评估

期货市场风险评估既是风险分析的组成内容，又是制定与完善风险控制措施的依据；而风险评估的基础又是第二节中讲到的风险辨识。通过第二节中对期货市场风险的识别，我们已较深入、系统地分析了风险的种类及其险因，并对险因逐层作出了根源追踪。在此基础上，我们才有条件进一步分析评价各类风险，更好地把握在性质上各类风险的相互联系和主从关系，以及在数量上它们的相对轻重程度和函数关系。

一、期货市场风险的定性评估

通过对期货市场风险的险种和险因的深入系统分析，可以取得以下两点结论：

其一是，各种风险之间有着千丝万缕的联系，不能用孤立的、静止的观点去分析研究面临的任何期货市场风险；对面临风险的原因分析，应该有层次地分析其直接的与间接的险因，有主次地分析其主要险因和次要险因，还应该深切地剖析其基本险因与派生险因。为此，可以运用 FTA 技术具体地针对所研究的某种风险，分析与绘出其险因树形图，为风险的定量评估以及风险防范与控制提供基础资料和依据。

其二是，各种风险的险因之中，价格波动是期货市场风险的最基本的根源，或者说是

万险之源,风险的源头。对此观点可以展开论述如下:

(1) 价格频繁波动是期货市场生存与发展的基础。如果没有期货价格(与现货价格)的频繁波动,则投机者就会失去获取风险收益的机会,套期保值者也无法回避价格波动风险,因而期货市场就没有必要存在;换句话说,期货市场需要价格的频繁波动,期货市场同价格波动是相容的,相互依存的。因此,价格波动引发的风险是期货市场永恒的、客观必然的风险。

(2) 多种期货市场风险是在价格波动风险的基础上派生的。根据风险识别,除了期货市场管理与营运上的风险中的业务风险、违规风险以外,其他种种风险无一不与价格波动有关联:或者是由价格波动风险派生的,或者是与价格波动有联系,或者是与价格波动风险互为因果。比如,期货公司过去经常遇到的资金不足或调拨不及时的风险,各方面的信用风险,就与价格波动风险有着因果关系。

(3) 价格是市场经济中的一个很活跃的因素,价格波动是市场经济运行的必然结果,因此对待价格波动的风险,基本对策是探索价格波动规律,因势利导,回避其风险。期货市场上正常的风险收益也正是通过掌握和利用价格波动规律来取得的,承担价格波动风险来获取风险收益;非法的、隐蔽的投机交易,比如内幕交易、透支交易、垄断与操纵市场、巨额持仓企图逼仓等,最终都是利用或制造价格波动风险,来达到巨额获利。期货市场上对价格波动风险习以为常,交易者主要热衷于此。所以,要想更好地控制期市风险,根本措施还在于更好地分析和掌握价格波动规律。但是,价格波动规律的掌握,并非易事,智者见智,莫衷一是;由此,价格波动风险既是一个永存的因素,而对不同场合或不同交易主体来说又是一个大小不同的变量。

二、期货市场风险的定量评估

期货市场风险的数量评估,要解决的问题有两个:其一是如何来表征和度量风险;其二是对种种风险的大小怎样评价。如果能建立不同类型的期货市场风险的评估数学模型,而且这些模型又具有可操作性,那么上述两个问题则可获得一并解决。可惜,这种数学模型的研究还远未充分,其成果也较少。

关于期货市场风险的测度,同其他风险的测度一样,根据风险是收益的不确定性这一性质,采用收益或利润的方差来测度。在第三章讨论套保最佳比率时,我们已曾表述,套期保值收益 E 的方差 $\mathrm{Var}(E)$,表达了套保收益的风险。

下面我们引述 J. L. Stein 编著的 *The Economics of Futures Markets* 一书中所讨论的套期保值者套保收益及其风险的数学表达式。例如,卖出套期保值是生产商为了回避将来卖出所产商品现货时可能遭受的价格波动(下降)风险。其套保收益 π 可表示为

$$\pi^*(t+1) = S^*(t+1)Q_s(t+1) - C[Q_s(t+1)] + [F_T(t) - F_T^*(t+1)]Q_f(t)$$

$$(7.2)$$

式中：$t, t+1$——分别表示生产决策入市和卖出产品出市的时刻；

$\quad Q_s, S$——卖出现货量及其价格；

$\quad C$——表示生产 Q_s 的成本函数；

$\quad F_T(t)$——T 时刻到期的期货合约在 t 时刻的价格；

$\quad F_T(t+1)$——上述期货合约在 $t+1$ 时刻对冲的价格；

$\quad Q_f(t)$——t 时刻的期货合约交易量。

在 t 时刻入市时，$S^*(t+1)$ 和 $F_T^*(t+1)$ 是未知的也是不确定的，因而其收益 $\pi^*(t+1)$ 也是不确定的，亦即具有风险。这里对不确定值加 * 号。

考虑到标准商品现货价 $B(t+1)$ 与一般商品现货价有严格的相关关系，即

$$S^*(t+1) = B(t+1) + \eta^*$$

其中 η^* 可能是期望不为零的随机变量。令 $B(t+1)$ 与 $S^*(t+1)$ 的相关系数为 r，则有

$$\mathrm{Var}(\eta) = (1 - r^2) \mathrm{Var}(S)$$

根据正常期货市场的制度，可令

$$B(t+1) = F_{t+1}(t+1)$$

故有

$$S^*(t+1) = F_{t+1}(t+1) + \eta^* \tag{7.3}$$

将式(7.3)代入式(7.2)，再经其他价格上的代换并加以整理，可以获得

$$\mathrm{Var}(\pi) = \left[r^2 (Q_s - Q_f)^2 + (1 - r^2) Q_s^2 \right] \mathrm{Var}(S) \tag{7.4}$$

式(7.4)表示收益的方差，即卖出保值的风险；其中 Q_s, Q_f 在套保运作中已确定，r 可用历史数据计算而得，故此，风险仅取决于价格 S 的方差，因而也可称为价格风险。从式(7.4)可以得知：当不做期货保值时，即当 $Q_f = 0$ 时，风险最大；当套保比为 1，即当 $Q_s = Q_f$ 时，风险最小。

关于投机者的风险函数式在该书中也有所讨论，读者可参阅此书。

已有的一些研究成果，基本上只是导出了不同对象的风险函数表达式，有助于对风险的分析和相对估量，还不能用以具体测算。事实上具体测算相当困难，随机变量/参量较多，不确定性因素难以确定。

因此，关于期市风险的估量模型还有待研究，这里暂归纳如下几点：

(1) 在一般情况下，套期保值者的风险比投机者的风险理应更小，且套利投机者的风险又应比单向买空卖空投机者的风险更小。

(2) 价格波动风险一般是可以估量的；理性(正常)价格波动引起的风险的大小一般是在一定的范围内；而非理性(异常)价格波动造成的风险大小，则难以估量其范围。

(3) 价格波动风险派生的风险的大小，除了取决于价格波动因素以外，还决定于其直接因素(如资金、持仓量或其他)的情势。

（4）与价格波动无关的风险（如技术风险）完全属于偶发事件，其风险大小取决于直接险因的情势，事先难以估量。

三、期货市场风险的测度方法

期货市场风险的测度方法中，可操作性较好，且现时广泛应用的主要有下列两类方法。

1. 方差法

同其他投资风险的测度类似，可以根据风险是收益的不确定性这一概念，采用收益的方差来测度期货交易的风险。这种方法的理论基础是收益这一随机变量呈对称的规则分布，例如正态分布。研究认为，期货交易风险收益是受许多随机因素（变量）影响的，因而其收益的概率分布大体可认为是近似正态分布，方差法是度量这种随机变量（风险收益）ξ 偏离其均值 $E(\xi)$ 的程度。方差记为

$$D(\xi) = \sigma^2(\xi) = E[\xi - E(\xi)]^2$$

按此定义，若 ξ 取值比较集中，则 $D(\xi)$ 较小，因而风险较小，反之，则较大。

对离散型随机变量 ξ，其方差可按下式计算：

$$D(\xi) = \sum_{k=1}^{\infty} [x_k - E(\xi)]^2 P_k$$

式中 $P(\xi = x_k) = P_k, k = 1, 2, 3, \cdots$，是 ξ 的分布律。

对连续型随机变量 ξ，其方差的计算式则为

$$D(\xi) = \int_{-\infty}^{\infty} [x - E(\xi)]^2 f(x) \mathrm{d}x$$

式中 $f(x)$ 是 ξ 的概率密度函数。

由数学期望的性质可得，随机变量 ξ 的方差 $D(\xi)$ 也可以按下式计算：

$$D(\xi) = E(\xi^2) - [E(\xi)]^2$$

有文献认为，期货市场风险收益这一随机变量并非呈正态分布。特别是，期货投资者对正离差和负离差的平等处理有违他对风险的真实感受，亦即他最关心的是负离差所带来的风险。于是，哈洛等学者引入风险基准（risk benchmark）或参照水平（reference level）来代替方差法中的均值 $E(\xi)$，以便着重考察收益水平分布的左边，提出所谓"左边风险法"，一般用下式表达风险度 LMP_2：

$$\mathrm{LMP}_2 = \sum_{x_k = -\infty}^{T} (x_k - T)^2 P_k$$

其中，P_k 是收益 x_k 的概率，T 是上述参照水平的某一目标值。

这一测度指标的意义似乎比方差较为切贴投资者的心态，但是，目标水平 T 的设定，难以获得具有普遍意义的基准值。

方差 $D(\xi)$ 或者均方差 $\sigma(\xi)$ 虽然能够表达随机损失对期望损失的偏离程度,但若考虑到不同考察对象相对比较时,有可能均方差相同而期望 $E(\xi)$ 却不同,这时可进一步采用所谓方差系数(或称风险系数、差异系数)γ 来度量:

$$\gamma = \frac{\sigma(\xi)}{E(\xi)}$$

它反映了随机损失对期望损失的偏离程度相对于期望损失的大小,即单位期望损失的上述偏离程度。

2. 风险价值(value at risk,VaR)法(或称在险价值法)

20 世纪 90 年代以来,国外许多大的金融机构纷纷采用 VaR 来度量金融衍生品的市场风险。在期货市场,其含义可定义为:某一期货合约在一给定的置信水平 C(一般取为 95%~99%)和合约持有期间 T 之下,在正常市场条件下的最大潜在(期望)损失。

根据 J. P. Morgan 开发的 Risk Metrics 评估模型,线性衍生品的每日风险价值(daily value at risk,DVaR)可按下式计算:

$$\text{DVaR} = \text{MV} \cdot \delta \cdot x$$

式中:MV——线性衍生品(比如期货合约)当期的市场价值;

　　　δ—— 该衍生品价值变动对相关资产(比如合约相关的现货商品)价格变动的敏感程度,即 $\delta = \Delta F / \Delta S$;

　　　F——期货价;

　　　S——现货价;

　　　x——相关资产的每日波幅。

考虑到衍生品不一定是每日对冲,而是要经过某一持有期 T 以后才对冲,则 T 期的

$$\text{VaR} = \text{MV} \cdot \delta \cdot x_T$$

式中:x_T——相关资产价格在期间 T 内的波幅。

由于 δ 值不易求得,况且价格波动也不一定呈正态分布,因此在一般分布中的 VaR 采用以下所述的方式来计算。

设一个投资的初始价值为 W_0,收益率为 R,则目标期末的价值为

$$W = W_0(1 + R)$$

令收益率 R 的期望值为 μ、波动率为 σ,则在给定置信水平下该投资的最小价值为

$$W^* = W_0(1 + R^*)$$

其中 R^* 为这种情况下的最小收益率。

风险价值 VaR 则定义为相对于平均值的损失,即

$$\text{VaR} = E(W) - W^*$$
$$= E[W_0(1 + R)] - W_0(1 + R^*)$$

$$=W_0(1+\mu)-W_0(1+R^*)$$

$$=W_0(\mu-R^*)=-W_0(R^*-\mu)$$

风险价值有时也定义为相对于 0 的绝对损失，即

$$\text{VaR}(0)=W_0-W^*=-W_0R^*$$

一般地说，风险价值可以通过投资的未来价值的概率分布 $f(W)$ 求出。在给定置信水平 C 之下，W^* 可通过求解下式而得出

$$C=\int_{W^*}^{\infty}f(W)\mathrm{d}W$$

或者

$$1-C=\int_{\infty}^{W^*}f(W)\mathrm{d}W$$

这一方法对任何分布都有效。

具体的求算 $E(W)$ 和 W^*，或者 $E(R)$ 和 R^*，可以采用以下几种办法：

A. 历史数据模拟算法

第一步，将收集到的某期货合约在一段时期内的每日盈亏金额（账面盈亏），以等差额升序（由亏到盈）排列出来，获得各个亏/盈额发生的天数，据此可绘制成亏盈频度分布图。

第二步，求算出每日平均盈亏额，即为上式的 $E(W)$。

第三步，确定 W^* 的值。为此可设定置信水平 C，例如 95%，则可在频度分布图中找到在 5% 概率下的 W^*；或者用样本量（总日数）乘以 5% 可得收益低于 W^* 的天数，据此也可求得 W^* 的值。

第四步，最后将上述求得的数据代入式子 $\text{VaR}=E(W)-W^*$，可获得 VaR 的值。

例 7.1　利用伦敦金属交易所(LME)1999 年 11 月 1 日到 2000 年 2 月 29 日共 82 个实际交易日的某一铜期货合约价格为数据样本，设某投资者在期初该铜期货合约买入价格为 1 790 美元/吨，现对该投资者 1 吨铜期货合约的 VaR 值进行测算。

解　① 该投资者 1 吨铜期货合约账面盈亏状况分布，经整理见表 7.1。

② 计算日平均盈亏额 $E(W)$

表 7.1 中 82 个交易日总盈亏额为 2 345 美元，故得 $E(W)=2\,345/82=28.6$ 美元/日。

③ 确定 W^* 值

设置信水平 $C=95\%$，则收益低于 W^* 的天数为 $82\times(1-0.95)=4.1$ 天，可从表 7.1 中查得，在 5% 概率下 W^* 为 -60 美元。

④ 计算 VaR

代入算式 $\text{VaR}=E(W)-W^*=28.6-(-60)=88.6$ 美元。这表明，该投资者买入该份铜期货合约每吨每天的最大可能损失为 88.6 美元。

表 7.1　投资者 1999 年 11 月 1 日至 2000 年 2 月 29 日 1 吨铜账面盈亏

账面盈亏（美元）	出现的天数	账面盈亏（美元）	出现的天数	账面盈亏（美元）	出现的天数	账面盈亏（美元）	出现的天数
−85	2	−25	3	35	2	95	0
−80	0	−20	4	40	6	100	1
−75	0	−15	1	45	1	105	3
−70	0	−10	2	50	1	110	1
−65	0	−5	2	55	3	115	1
−60	3	0	2	60	2	120	0
−55	1	5	1	65	0	125	0
−50	4	10	0	70	6	130	0
−45	1	15	0	75	4	135	0
−40	4	20	0	80	4	140	1
−35	3	25	2	85	2	145	1
−30	1	30	4	90	3	合计	82

B. 标准差法

假设衍生品价值呈正态分布，则可认为，其 $E(W)=\mu$，$W^*=\mu-\alpha\sigma$。设置信水平 C 为 95%，则满足 $0.95=\varphi(u)=\int_{-x}^{u}\dfrac{1}{\sqrt{2\pi}}\mathrm{e}^{\frac{-t^2}{2}}\mathrm{d}t$ 的 u 值为 1.65，即 $\alpha=1.65$，所以

$$\mathrm{VaR}=E(W)-W^*=\mu-(\mu-\alpha\sigma)=1.65\sigma$$

按表 7.1，可以计算获得，82 个交易日内盈亏分布的标准差 $\sigma=56.65$，因此，日 VaR 的值为 $1.65\sigma=1.65\times56.65=93.5$ 美元。

如果衍生品价值呈非正态分布，则应采用其他分布，例如 t 分布来决定上式的 α 值。经研究表明，取 t 分布的自由度为 4~8 较合适，令其自由度为 6，置信水平 C 为 95%，查 t 分布临界值表，得 $\alpha=1.943$，用此代入上式，得日 $\mathrm{VaR}=\alpha\sigma=1.943\times56.65=110$ 美元。

C. 随机模拟法——Monte-Carlo

(1) 模拟模型

期货价格的波动具有随机性，换言之，期货价格行为受随机因素影响，期货价格变化

是一种随机过程。因而,我们可以采用随机抽样的 Monte-Carlo 方法来模拟其价格变化行为。我们的研究[14]认为,当前我国期货市场效率还没有达到弱型有效,因而能够运用历史数据和各种分析法去研讨和预测期货价格行为,包括 Monte-Carlo 方法。但是,适于市场非有效的确定的随机过程的模型,尚未研究成熟,因此,这里姑且运用不确定的随机过程模型,也就是著名的维纳过程(Wiener processes)模型作为模拟法的依据。其模型是

$$\Delta P/P = \mu \cdot \Delta t + \delta \varepsilon \sqrt{\Delta t} \tag{7.5}$$

或

$$\Delta P = P(\mu \cdot \Delta t + \delta \varepsilon \sqrt{\Delta t})$$

式中:P —— t 时刻的期货价格;

ΔP —— t 到 $t + \Delta t$ 时间内期货价格的变化量;

μ —— t 到 $t + \Delta t$ 时间内投资于期货的预期收益率;

δ —— t 到 $t + \Delta t$ 时间内预期收益率的波动率;

ε —— 从标准$(0,1)$正态分布中取的一个随机数值。

ε 的取值方法如下所示:

$$\varepsilon = \sum_{i=1}^{12} u_i - 6 \tag{7.6}$$

其中,u_i 是用随机数产生方法相继产生的一个随机数(这里要相继产生 12 个随机数),随机数的产生可用计算机软件系统配置的 RND 或 RAND 函数的调用来产生,或者用迭代运算的下列乘同余法:

$$x_{i+1} = ax_i \mod m$$
$$u_{i+1} = x_{i+1}/m$$

其中,x_0 —— 给定的种子数,譬如用 $x_0 = 12\ 345$;

a —— 乘数(常数),譬如用 $a = 655\ 393$;

m —— 模数,譬如用 $m = 33\ 554\ 432$。

式(7.5)中的两个参数的值取决于 Δt 的时间计量单位,这里我们设定以天(日)为单位(因期货交易每天交易,用每天的结算价来衡量浮动盈亏),故采用下列参数估计法:

$$\mu_i = \ln(P_i/P_{i-1}) \tag{7.7}$$

其中,μ_i —— 第 i 天的收益率;

P_i —— 第 i 天的期货价格。

μ 的期望值为

$$\bar{\mu} = \frac{1}{n} \sum_{i=1}^{n} \mu_i \tag{7.8}$$

μ 的波动率 δ 的估计值可用其标准差估计:

$$\delta = \sqrt{\frac{1}{n-1} \sum_{i=1}^{n} (\mu_i - \bar{\mu})^2} \tag{7.9}$$

（2）模拟实施

实施模拟时，关于期价初始值 P_0 的取值，可以取用考察样本期之前一天的结算价，或者取用考察期间第一天的某投资者的成交价。后者适用于评估该投资者的风险价值 VaR。模拟采用时间步长法，以一个交易日为一个步长，即 $\Delta t=1$，逐日模拟计算出当日的期货结算价，即具体运用下式：

$$P_i = P_{i-1} + \Delta P = P_{i-1}[1+(\mu_i + \delta_i \varepsilon_i)] \qquad (7.10)$$

模拟从考察期第一天 $i=1$ 开始，一直到 $i=n$（n 为考察期的天数）为止。模拟流程图见图 7.3。

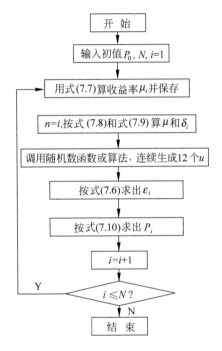

图 7.3　维纳过程模型模拟流程

获得了考察期间 N 个交易日的期货价格，再用上述历史数据方法，首先求算各天的浮动盈亏额，由亏到盈排序，取一定置信水平，按上述有关算式逐步算出 $E(W)$、W^* 和 VaR。

除了可用随机模拟方法以外，我们也曾研究应用人工神经网络的 BP 算法模拟期货价格行为。

例 7.2　1999 年 3 月 1 日到 1999 年 5 月 31 日的 68 个实际交易日上海期货交易所的 9906 铜期货合约的价格，绘制成价格曲线如图 7.4 所示。

某投资者 1999 年 3 月 1 日以 14 800 元/吨的价格买入 9906 铜合约，他持仓到 5 月

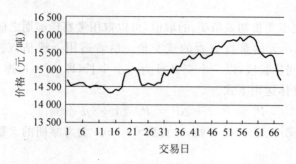

图 7.4　9906 铜价格曲线图

31 日,经历 68 个实际交易日,其每日盈亏按升序排列,见表 7.2。

表 7.2　铜期货合约每日盈亏　　　　　　　　　　　　　　　　　　元/吨

累计天数	日期	结算价	浮动盈亏	累计天数	日期	结算价	浮动盈亏
1	3.16	14 320	−480	19	3.04	14 590	−210
2	3.17	14 330	−470	20	4.01	14 600	−200
3	3.19	14 380	−420	21	4.07	14 600	−200
4	3.15	14 410	−390	22	4.06	14 610	−190
5	3.18	14 410	−390	23	3.05	14 620	−180
6	3.09	14 480	−320	24	3.07	14 620	−180
7	3.22	14 480	−320	25	5.31	14 690	−110
8	3.12	14 510	−290	26	3.01	14 710	−90
9	3.13	14 510	−290	27	4.09	14 810	10
10	3.08	14 520	−280	28	5.28	14 830	30
11	3.10	14 520	−280	29	3.23	14 890	90
12	3.02	14 530	−270	30	4.13	14 890	90
13	4.05	14 530	−270	31	3.29	14 910	110
14	3.11	14 540	−260	32	4.08	14 910	110
15	3.30	14 540	−260	33	3.24	14 940	140
16	3.31	14 540	−260	34	3.25	14 990	190
17	4.02	14 560	−240	35	4.12	14 880	190
18	3.03	14 570	−230	36	3.26	15 050	250

累计天数	日期	结算价	浮动盈亏	累计天数	日期	结算价	浮动盈亏
37	4.15	15 070	270	53	4.23	15 460	660
38	4.14	15 100	300	54	5.20	15 530	730
39	4.19	15 270	470	55	5.05	15 620	820
40	4.16	15 280	480	56	4.30	15 630	830
41	4.21	15 290	490	57	5.04	15 670	870
42	5.27	15 290	490	58	5.06	15 700	900
43	4.27	15 310	510	59	5.11	15 790	990
44	4.26	15 330	530	60	5.13	15 800	1 000
45	4.22	15 340	540	61	5.09	15 810	1 010
46	5.24	15 340	540	62	5.07	15 810	1 010
47	4.28	15 370	570	63	5.19	15 820	1 020
48	4.20	15 390	590	64	5.10	15 840	1 040
49	5.25	15 390	590	65	5.14	15 870	1 070
50	4.29	15 400	600	66	5.18	15 900	1 100
51	5.21	15 410	610	67	5.12	15 910	1 110
52	5.26	15 410	610	68	5.17	15 940	1 140

现在假定该投资者持仓到 1999 年 4 月 30 日,至此,他想测算 3 月 1 日到 4 月 30 日的风险价值 VaR,以便判断 4 月 30 日的下一交易日 5 月 4 日的 VaR 值。计算结果如下:

① 3 月 1 日到 4 月 30 日的 47 个交易日的平均盈亏。按表 7.2,抽取这 47 个交易日的数据,盈亏总额为 1 050 元,每日平均盈亏额 $E(W)$ 为

$$E(W) = 1050/47 = 22.34 \ \text{元}$$

② 确定 W^* 值。设置信水平 C 为 95%,则收益低于 W^* 的天数为 $47 \times (1-0.95) =$ 2.35 天,查表 7.2 可得,在 5% 的概率下,W^* 为 -470 元。

③ 计算 VaR 值。将以上所得 $E(W)$ 和 W^* 之值代入算式得

$$\text{VaR} = E(W) - W^* = 22.34 - (-470) = 492.34 \ \text{元}$$

表明该投资者从 3 月 1 日买入并持有 9906 铜合约到 5 月 4 日的每吨 VaR 值为 492.34 元。

按以上所述方法,可以从 1999 年 4 月 30 日推至 5 月 29 日逐日推算下一交易日的 VaR 值,按表 7.2 数据,逐日推算结果见表 7.3。

表 7.3　5 月 4 日—6 月 1 日的每吨铜日 VaR

日期	VaR	日期	VaR	日期	VaR	日期	VaR
5.04	492	5.11	596	5.18	677	5.25	674
5.05	510	5.12	612	5.19	692	5.26	679
5.06	526	5.13	630	5.20	655	5.27	685
5.07	543	5.14	645	5.21	664	5.28	688
5.08	561	5.15	661	5.22	670	5.29	685
						6.01	679

从表 7.3 数据可见，从 5 月 4 日至 5 月 19 日的 VaR 值逐渐由小变大，并在 5 月 19 日达到最大值 692 元/吨。表明该日该合约达到最大的风险收益，风险越大，收益越大。

请读者讨论：上述 VaR 值计算方法的含义与作用何在？有什么缺陷？

第四节　期货市场风险预警指标体系

一、期货市场风险预警指标体系的作用与组成内容

期货市场建立风险预警指标体系的目的在于：通过一套较完整的风险预警指标，动态地监测期货市场风险，判定期货市场运作正常与否；对期货市场风险变动的前景进行超前研究、判断，并就期货市场险情预先向风险管理者发出警告，有如“警报器”。

期货市场风险预警指标体系，为达成以上目的，理应囊括哪几方面的内容，分析讨论如下。

前已述及，期货市场风险形形色色、各种各样，但其中价格波动风险是最基本、最为主要的风险，是期货市场风险之源。期货价格波动能改变期货市场上投资者原有的利益格局，能让交易所、期货公司“心甘情愿”地承担因会员或客户在对冲平仓上及交割上的信用风险，还能使交易所、期货公司的正常运行得以继续，或者中断，等等。

期货价格理性波动是以现货价格为基础，其过程是一个不断向现货价格回归的过程，因此若期货市场长期处于理性波动之中，套期保值者几乎没有必要以实物交割的方式来实现保值的目的，相应地在期货市场上表现为实物交割率很低（一般不超过 3%）。这样，会员、客户的交割风险以及相应的殃及交易所、期货公司的交割上的信用风险必将大为降低；而且期货价格理性波动还在一定程度上防范了会员、客户在对冲平仓上的信用风险的发生，从而极大地降低了期货市场潜在风险向现实风险转化的可能性。

诚然，期货价格理性波动是无法完全排斥期货市场上一些大的、具有相当破坏性的非

常规价格风险的发生。因为我们知道现货商品的供给因素、需求因素、政策因素、经济因素等突如其来的变化,也可能导致期货价格的剧烈波动。这种期货价格波动风险如不及早地加以预报,加以防范与疏导,一旦发生,其造成的危害程度同样可能导致会员、客户倒闭、破产,会使交易所、期货公司承担从会员、客户那里转移过来的巨大风险,导致交易所、期货公司正常运作瘫痪。

基于以上分析,我们认为期货市场风险预警指标体系主要应包括以下两方面的内容:

(1) 设计一套预警指标,用于防范期货价格非理性波动风险。

(2) 设计一套预警指标,分散期货价格理性波动(这里指期货价格剧烈波动的这一情形)给期货市场带来的风险,并确保每个会员承担的风险均在自己财力所能承受的范围内。

二、期货市场风险预警指标设计

1. 期货价格非理性波动预警指标设计

造成期货价格非理性波动的因素有很多。如前所述,合约设计上有缺陷、会员结构不合理、交易规则执行不当等来自交易所方面的因素,也有监管措施不完善、管理不当、交易规则有缺陷等来自政府有关管理部门方面的因素,以及人为操纵、过度投机,等等。但人为的非理性投机因素是其中最直接、最核心的因素。主要是这种非理性投机因素导致期货价格非理性波动,造成期货价格与现货价格背离,也正是这种非理性的投机因素影响了期货市场功能的正常发挥,故防范期货价格非理性波动的重心理应建立于此。下面简略分析一下投机者如何操纵市场,控制期货价格变动。

投机者操纵市场控制期货价格变动的手法常常诡异多变,但不管其如何要弄花招都不会离开以下五个基本步骤:

步骤一,投机者为操纵市场在某时段内接连向期货市场调入大量的交易资金,致使期货市场上一时交易资金总量快速膨胀,这正如俗话说的"三军未动,粮草先行"。当然,投机者在"作案"的过程中一般还会有后续资金的涌入。

步骤二,投机者的某品种的持仓量在"合适"的价位上大幅增长。投机者操纵市场控制期货价格变动是为了牟取暴利,而不是别的,因此在有利的价位大量吸筹是投机者必走的一步棋。投机者吸筹的方式也是多种多样的,以下为常见的三种:

① 逢低(逢高)吸筹,即当一轮行情向某一方向发展到一定程度,且持仓量也已减至一定程度时,投机者忽然杀入,大量吸筹。

② 坐低(或坐高)吸筹。这种吸筹的方式是先以重手将行情打下(或拉上)一个台阶,待散户跟进来时乘机吸筹,然后反向操作。

③ 区域盘动中逐步吸筹,突破时再度吸筹。以这种方式最为常见。

步骤三,期货价格被不断地推高(或创出新低),期货价格与现货价格偏离程度逐步在加大。与此同时,期货市场上的持仓量仍在持续上升,中小散户陆续介入其中。

步骤四,在期货价格达到满意价位后,投机主力乘机出货,其持仓量不断减少。投机主力出货方式常见的也有四种:①突破阻挡出货,即将行情抬高(做空则打下)到大家认可的阻挡价位,待散户继续追赶行情时出货;②滚动出货方式,即当行情已发展到投机主力目标出货价位后,就开始一边推动行情,一边平仓,进少出多;③拉高(做空则打低)行情大出货,甚至反手而做,形成单日转反;④逼仓,最常见的是多逼空,大量持仓不平,到交割日空方无实货交割。

步骤五,交易资金陆续退出期货市场,投机主力离市。

由以上这几个步骤可知,投机者企图操纵市场过度投机的全过程总不外乎酝酿阶段、做势(俗说做轿)阶段、出击阶段和了结离市阶段。因此,风险预警应该在不迟于出击阶段的初期,发觉险情,发出警告。

基于以上分析,设计出以下相应的预警指标:

(1) 市场资金总量变动率 $= \dfrac{当日市场资金总量 - 前\,N\,日市场资金总量均值}{前\,N\,日市场资金总量均值} \times 100\%$

本指标表明在近 N 日内市场交易资金的增减状况。如果其变动大小超过某特定值(或者说临界值),可以确定期货市场价格将发生大幅波动。N 通常取值为 3。

(2) 市场资金集中度 $= \dfrac{\sum 前\,n\,名会员期货市场交易资金}{市场资金总量} \times 100\%$

(3) 某合约持仓集中度 $= \dfrac{\sum 交易资金处于前\,n\,名的会员某合约持仓总量}{某合约的持仓总量} \times 100\%$

指标(2)和(3)的联合,是风险管理者判定期货市场价格波动是否是因人为投机而起的重要依据之一。如果两指标同向变动,则价格非理性波动的可能性就大。

(4) 某合约持仓总量变动比率 $= \dfrac{当日某合约的持仓量}{前\,N\,日某合约的持仓量均值}$

(5) 会员持仓总量变动比率 $= \dfrac{当日某合约的持仓总量(属某会员)}{前\,N\,日某合约的持仓总量均值(属某会员)}$

综合考虑指标(4),(5),可以初步判定市场持仓量的变动是否是因个别会员的随意操纵市场所致。如两指标同向变动,且指标(5)远远大于指标(4)及该会员该合约持仓量较大,则价格因人为因素而波动的可能性就大。

(6) 现价期价偏离率 $= \dfrac{现货价格 - 期货价格}{现货价格} \times 100\%$

现价期价偏离率反映期货非理性波动的程度。现价期价偏离率越大,期货价格波动越离谱。

(7) 期货价格变动率 $= \dfrac{当日期货价格 - 前\,N\,日期货价格的平均价}{前\,N\,日期货价格的平均价} \times 100\%$

本指标反映当前价格对 N 天市场平均价格的偏离程度。其值越大,期货市场风险也就越大,同时期货价格非理性波动的可能性也越大。

由投机者操纵期货市场的五个基本步骤可知,以上这些指标在用来预报期货市场是否将发生期货价格非理性波动风险上有的具有超前性,有的表现为同步关系,且在超前或同步程度上各指标也不一样,因此在分析、研究过程中,不要孤立地看待某一时段,也不应该孤立对待某一指标,要用整体、系统的观点去分析。

2. 期货价格剧烈波动预警指标设计

如上所述,这里的期货价格剧烈波动属于期货价格理性波动的一种情形,是指因现货商品供给因素、需求因素、经济因素、政策因素等的变化而起的,而非过度投机人为操纵市场所致。这类期货价格波动风险是交易所、期货公司无法回避的风险,故作为交易所、期货公司的风险管理当以分散风险为基本策略,也就是说交易所、期货公司须借助期货交易规则、各项管理制度等引导期货市场上的每一位投资者分散风险,并将所承担的风险控制在各自的财力能承受的范围内。

为达成这一风险分散的目标,相应地设计以下风险预警指标:

(1) 市场资金占用率 $= \dfrac{\text{总持仓保证金}}{\text{市场资金总量}} \times 100\%$

该指标值大,反映期货市场上会员总体持仓水平较满,可供追加的保证金相对较少。在期货价格剧烈波动时会员发生欠款的可能性就较大,清算公司在本市场上所面临的风险相应也较大。

(2) 期货市场持仓集中度 $= \dfrac{\sum \text{前 } N \text{ 位会员持仓总量}}{\text{期货市场持仓总量}} \times 100\%$

(3) 市场资金集中度 $= \dfrac{\sum \text{前 } N \text{ 位持仓量的会员的交易资金总量}}{\text{市场资金总量}} \times 100\%$

指标(2)和(3)的联合能较准确地反映当前期货市场风险状态及其发展趋势。当两指标同向运动时,一般说来期货市场风险相对较小,反之则较大。

(4) 会员风险率 $= \dfrac{\text{当日会员持仓保证金}}{\text{当日会员资金余额}} \times 100\%$

式中分母为未扣除当日持仓保证金的资金,即上一日末结算准备金余额。该指标反映单个会员在交易中发生欠款的可能性。指标值大,会员发生信用风险的可能性就相对较大。

我们的研究总结报告[15]中,初步提出了根据上述指标体系设计的数据库和风险跟踪流程推图以及在 Windows 平台上运行的风险预警系统应用软件。对该软件仅仅做过少量模拟检验,可行有效,但有待继续研究、实践和完善。

第五节　期货市场风险控制

为了便于具体实施期货市场风险控制的各项措施，这里仍然分别对各个期货交易主体阐述其风险管理制度和措施。

一、交易所的风险控制

交易所的风险控制按照其实施的时序，可分为风险预防、风险实时监控和风险善后处理。

1. 风险预防

风险预防是指通过建立各种有关制度和措施，最大限度地防止风险的萌发。为了使期货交易所能够有效地预防风险，根本措施是期货交易所的规范化运作和法制化管理，正确建立和执行各种有关制度。主要措施有：

（1）严格实行会员制组建期货交易所。会员制期货交易所真正成为非营利的服务性机构，从根本上消除了追逐利润的动机，在执行各种有关制度、规则上就能够公正、公开和有力度。要及时地根据期货交易所运营状况修改和完善会员制组建期货交易所的（组织）章程，使会员的结构好、素质好、信誉好。

（2）不断提高期货从业人员的素质和业务能力。除了需要培养和造就一批期业的经理级人才以外，还需要相应大量的基层的管理、服务人员，他们的商业道德素质、个人品性素质和专业技术水平都必须不断地进行培训、锻炼和考核。

（3）尽快出台国家统一的期货（交易）法。有了这部法律，就有了必须共同依据的准绳。对于其他规定、条例的制定，纠纷的处理和仲裁以及执法的权威性，都有了基础和支撑力。当前必须认真学习、贯彻执行国务院发布的行政性法规（见附录三）和证券委有关的指导性文件，在执行中及时反映情况和提供建议。

（4）组织专门委员会不断研究和完善期货交易规范运行的各种制度及其有关技术参数。《期货交易管理条例》规定，交易所必须建立、健全下列风险管理制度。

① 保证金制度。初始保证金比率及其浮动办法，维持保证金水平，追加保证金的执行细节，保证金的扣、还和转移，交易准备金数额等，都必须合理规定和认真执行。

② 当日无负债结算制度，即逐日盯市制度。

③ 风险准备金制度。

④ 最大持仓限额制度和大户持仓报告制度。最大持仓限额应分别各个品种及其交割月预估交易量，再根据会员数量和会员的交易资金，合理核定会员的最大持仓限额，还应及时根据交易状况的变化调整、修订这一参数；另外，要研究和及时核查会员的分仓行

为,制定大户报告制度。

⑤ 套期保值优惠制度。要认真研究和执行套期保值优惠制度,包括:优惠申报、审批办法,优惠项目范围,有关参数的优惠幅度,套期保值者若有投机、套利交易行为及数量的处理办法,等等。

⑥ 价格波动最大允许幅度,涨跌停板制度。这些制度和参数的意义前已述及。关键在于合理制定参数以及认真执行。

⑦ 严格执行交易回避制度。这一制度的作用在于防止交易所工作人员及其亲属参与本交易所的期货交易,防止交易所不应公开的信息泄露出去,最终防止内幕交易的出现。

2. 风险监控

风险监控是指通过各种制度的执行和风险预警系统的运行,动态地对期货交易全过程中的风险实时监视和控制。主要措施有:

(1)建立风险监控机制。期货交易所的风险监控机制包括风险预防与控制的各项制度、负责执行的部门和人员及其职责、监控程序以及它们的相互协调关系。除了上述风险预防有关制度以外,风险监控有关制度包括:交易日交易状况变化记录制度(交易价位变动、交易规模变动、开仓量变动、平仓量变动、持仓量变动以及行情特点等)、追加保证金执行制度、强制平仓制度、会员风险控制及无负债交易制度、会员间共同契约风险联保制度等。期货交易所应由总经理或其副职人员组织有关部门和人员具体负责制度的执行,形成一个有机的风险监控网络(体系)。

(2)建立和运行风险预警系统。首先,可以根据上一节所阐述的风险预警指标体系,认真研究和制定各指标有关的参数与临界值,这些数值应合理,必要时可以修正;其次,根据交易、结算系统已有的有关数据库,并结合预警指标测算上的需要,设计一个或两个会员交易状况和结算状况的数据库,其数据项的数值不仅每个交易日可从交易和结算结果的数据库中传递、换算得来,每日刷新保留,必要时还可在交易当中及时更新(有赖于结算系统功能的改善及其同交易系统功能的配合)。最后,在此基础上,设计风险动态监控应用软件系统,并将其联结在已有的交易、结算系统上运行,以便不断地扫描、跟踪、测算预警指标值,查出有关会员,或查出有关险情,发出警报。这是一项亟待研究的课题;类似系统,前已提及,国外有 SPAN;国内也正在进行这一研究。

(3)建立和执行交易大厅的巡视制度。主要巡查异常和不轨交易行为,维护交易大厅的正常秩序。

(4)坚持监控、汇报制度,及时取得上级监管部门的了解、指导和支持。必要时,可以设计有关的信息内容,同国家证监会联网,实现网络化监管。

3. 风险善后处理

为了做好风险善后处理,主要应考虑:

(1) 风险基金制度的建立与完善。这方面可以根据已有经验修正完善。

(2) 仲裁制度和体系的建立和执行。期货行业出现的风险和纠纷,争取在行业仲裁体系内圆满解决,真正做到公开、公平、公正。

(3) 期货案件司法工作的健全和准确。

二、期货公司的风险控制

期货公司的风险控制措施,基本可以参照上述期货交易所的控制措施。此外,还应考虑其特殊性,主要有:

(1) 加强对客户的管理,特别是信誉和资金实力的动态监控。

(2) 完善委托—代理制度,进一步研究和完善该制度执行中的激励机制和约束机制,包括经纪人的聘用和管理制度。

(3) 在上述风险预警指标体系及预警软件系统的设计上,还要增加期货公司特有的内容。

(4) 建立一户一码制交易。为此,一方面有赖于期货交易所的配合,另一方面还要进一步研究和修订交易与结算规则。这一制度,国外期货交易所是没有的,它们认为没有必要。对此,我们认为有必要加以研究。

三、投资者的风险控制

其实,期货交易所和期货公司的风险控制已经反映出对投资者的风险控制,不必再重述。此外,要注意的有:

(1) 根据自身的资金实力和对待风险的偏好,分析和制定投资方针和策略,决定参与期货交易的方式和程度。

(2) 正确选择期货公司,签订好委托—代理协议,选定好经纪人。

(3) 培育个人品性,规范自身行为,约束非理性冲动,正确运用止损技术,严格限制亏损水平。

复 习 题

1. 你认为期货市场风险分析的方法论还可以创新与否?如何创新?

2. 按照你自己的观点,试绘制一份期货市场风险的险种与险因的多层次因果关联图。

3. 请按表 7.2 的全部数据计算 1999 年 3 月 1 日以 14 800 元/吨的价格买入 9906 铜合约,持仓到 5 月 31 日,经历 68 个交易日后 VaR 值?

4. 请参照书中风险预警指标,作出必要的补充,按你自己的思考,设计出期货公司风险预警指标体系。

参 考 文 献

[1] 田源,等.期货交易全书.北京:中国大百科全书出版社,1993

[2] W.格罗斯曼,常清.期货市场的理论政策与管理.济南:山东人民出版社,1992

[3] 李一智,高阳,陈晓红.期货交易理论与实务.长沙:中南工业大学出版社,1994

[4] 杨玉川,等.现代期货市场学.北京:经济管理出版社,1995

[5] J. C. Hull. Options,Futures,and Other Derivative Securities. Prentice Hall,1997(中译本.张陶伟译.
    华夏出版社)

[6] 李一智,陈晓红.期货交易教程.长沙:中南工业大学出版社,1996

[7] J. L. Stein. The Economics of Futures Markets. Basil Blackwell,1990

[8] 郑超文.技术分析详解.上海:复旦大学出版社,1993

[9] 李一智,侯晓鸿.套期保期数量风险与控制.中国证券与期货,No. 5,1998

[10] 李金玉.多户混码期货交易现象透析.中国证券期货周刊,No. 9,1998

[11] 陶非,等.中国期货市场理论问题研究.北京:中国财政经济出版社,1997

[12] 李一智,等.经济预测技术.北京:清华大学出版社,1991

[13] J. C. Hull. Introduction to Futures and Options Markets. Prentice Hall, 1997(中译本,张陶伟译,
    中国人民大学出版社)

[14] 侯晓鸿,曾继民,李一智.市场弱型有效检验方法研究——兼论我国商品期货市场效率.管理工程
    学报,No. 1,2000

[15] 李一智,等."中国商品期货市场的风险控制与预警系统"总结报告.国家自然科学基金资助项目
    (79770102 号),2001

[16] 中金所.国债期货基础知识和交易策略入门.载于 www. cffex. com. cn 网站

[17] 朱玉辰,方世圣.股指期货套保与套利.上海远东出版社,2010

附录一 累积正态概率分布表

此表为 $\Phi(x) = \dfrac{1}{\sqrt{2\pi}} \displaystyle\int_0^x e^{-\frac{z^2}{2}} dz + 0.5$，表中 $x = a + b$，$\Phi(x)$ 为待查值。

a \ b	0.00	0.01	0.02	0.03	0.04	0.05	0.06	0.07	0.08	0.09
0.0	0.500 0	0.504 0	0.508 0	0.512 0	0.515 9	0.519 9	0.523 9	0.529 7	0.531 9	0.535 8
0.1	0.539 8	0.543 8	0.547 8	0.551 7	0.555 7	0.559 6	0.563 6	0.567 5	0.571 4	0.575 3
0.2	0.579 3	0.583 2	0.587 1	0.590 9	0.594 8	0.598 7	0.602 6	0.604 6	0.610 3	0.614 1
0.3	0.617 9	0.621 7	0.625 5	0.629 3	0.633 1	0.636 8	0.640 6	0.644 3	0.648 0	0.651 7
0.4	0.655 4	0.659 6	0.662 8	0.666 4	0.670 0	0.673 6	0.677 2	0.680 8	0.684 4	0.687 9
0.5	0.691 5	0.695 0	0.698 5	0.701 9	0.705 4	0.708 8	0.712 3	0.715 7	0.719 0	0.722 4
0.6	0.725 7	0.729 1	0.732 4	0.735 6	0.738 9	0.742 1	0.745 4	0.748 6	0.751 7	0.754 9
0.7	0.758 0	0.761 1	0.764 2	0.767 3	0.770 3	0.773 4	0.776 4	0.779 3	0.782 3	0.785 2
0.8	0.788 1	0.791 0	0.793 9	0.796 7	0.799 5	0.802 3	0.805 1	0.807 8	0.810 6	0.813 3
0.9	0.815 9	0.818 6	0.821 2	0.823 8	0.826 4	0.829 8	0.831 5	0.834 0	0.836 5	0.838 9
1.0	0.841 3	0.843 7	0.846 1	0.845 8	0.850 8	0.853 1	0.855 4	0.857 7	0.859 9	0.862 1
1.1	0.864 3	0.866 5	0.868 6	0.870 8	0.872 9	0.874 9	0.877 0	0.879 0	0.881 0	0.883 0
1.2	0.884 9	0.885 9	0.888 8	0.890 6	0.892 5	0.894 3	0.896 2	0.898 0	0.899 7	0.901 5
1.3	0.903 2	0.904 9	0.906 6	0.908 2	0.909 9	0.911 5	0.913 1	0.914 7	0.916 2	0.917 7
1.4	0.919 2	0.920 7	0.922 2	0.923 6	0.925 1	0.926 5	0.927 9	0.929 2	0.930 6	0.931 9
1.5	0.933 2	0.934 5	0.935 7	0.937 0	0.938 2	0.939 4	0.940 6	0.941 8	0.942 9	0.944 1
1.6	0.945 2	0.946 3	0.947 4	0.948 4	0.949 5	0.950 5	0.951 5	0.952 5	0.953 5	0.954 5
1.7	0.955 4	0.956 4	0.957 3	0.958 2	0.959 1	0.959 9	0.960 8	0.961 6	0.962 5	0.963 3
1.8	0.964 1	0.964 9	0.965 6	0.966 4	0.967 1	0.967 8	0.968 6	0.969 3	0.969 9	0.970 6
1.9	0.971 3	0.971 9	0.972 6	0.963 2	0.973 8	0.974 4	0.975 0	0.975 6	0.976 1	0.976 7
2.0	0.977 2	0.977 8	0.978 3	0.978 8	0.979 3	0.979 8	0.980 3	0.980 8	0.981 2	0.981 7

a \ b	0.00	0.01	0.02	0.03	0.04	0.05	0.06	0.07	0.08	0.09
2.1	0.982 1	0.982 6	0.983 0	0.983 4	0.983 8	0.984 2	0.984 6	0.985 0	0.985 4	0.985 7
2.2	0.986 1	0.986 4	0.986 8	0.987 1	0.987 5	0.987 8	0.988 1	0.988 4	0.988 7	0.989 0
2.3	0.989 3	0.989 6	0.989 8	0.990 1	0.990 4	0.990 6	0.990 9	0.991 1	0.991 3	0.991 6
2.4	0.991 8	0.992 0	0.992 2	0.992 5	0.992 7	0.992 9	0.993 1	0.993 2	0.993 4	0.993 6
2.5	0.993 8	0.994 0	0.994 1	0.994 3	0.994 5	0.994 6	0.994 8	0.994 9	0.995 1	0.995 2
2.6	0.995 3	0.995 5	0.995 6	0.995 7	0.995 9	0.996 0	0.996 1	0.996 2	0.996 3	0.996 4
2.7	0.996 5	0.996 6	0.996 7	0.996 8	0.996 9	0.997 0	0.997 1	0.997 2	0.997 3	0.997 4
2.8	0.997 4	0.997 5	0.997 6	0.997 7	0.997 7	0.997 8	0.997 9	0.997 9	0.998 0	0.998 1
2.9	0.998 1	0.998 2	0.998 2	0.998 3	0.998 4	0.998 4	0.998 5	0.998 5	0.998 6	0.998 6
3.0	0.998 6	0.998 7	0.998 7	0.998 8	0.998 8	0.998 9	0.998 9	0.998 9	0.999 0	0.999 0
−3.0	0.001 4	0.001 3	0.001 3	0.001 2	0.001 2	0.001 1	0.001 1	0.001 1	0.001 0	0.001 0
−2.9	0.001 9	0.001 8	0.001 8	0.001 7	0.001 6	0.001 6	0.001 5	0.001 5	0.001 4	0.001 4
−2.8	0.002 6	0.002 5	0.002 4	0.002 3	0.002 3	0.002 2	0.002 1	0.002 1	0.002 0	0.001 9
−2.7	0.003 5	0.003 4	0.003 3	0.003 2	0.003 1	0.003 0	0.002 9	0.002 8	0.002 7	0.002 6
−2.6	0.004 7	0.004 5	0.004 4	0.004 3	0.004 1	0.004 0	0.003 9	0.003 8	0.003 7	0.003 6
−2.5	0.006 2	0.006 0	0.005 9	0.005 7	0.005 5	0.005 4	0.005 2	0.005 1	0.004 9	0.004 8
−2.4	0.008 2	0.008 0	0.007 8	0.007 5	0.007 3	0.007 1	0.006 9	0.006 8	0.006 6	0.006 4
−2.3	0.010 7	0.010 4	0.010 2	0.009 9	0.009 6	0.009 4	0.009 1	0.008 9	0.008 7	0.008 4
−2.2	0.013 9	0.013 6	0.013 2	0.012 9	0.012 5	0.012 2	0.011 9	0.011 6	0.011 3	0.011 0
−2.1	0.071 9	0.017 3	0.017 0	0.016 6	0.016 2	0.015 8	0.015 4	0.015 0	0.014 6	0.014 3
−2.0	0.022 8	0.022 2	0.021 7	0.021 2	0.020 7	0.020 2	0.019 7	0.019 2	0.018 8	0.018 3
−1.9	0.028 7	0.028 1	0.027 4	0.026 8	0.026 2	0.025 6	0.025 0	0.024 4	0.023 9	0.023 3
−1.8	0.035 9	0.035 1	0.034 4	0.033 6	0.032 9	0.032 2	0.031 4	0.030 7	0.030 1	0.029 4
−1.7	0.044 6	0.043 6	0.042 7	0.041 8	0.040 9	0.040 1	0.039 2	0.038 4	0.037 5	0.036 7
−1.6	0.054 8	0.053 7	0.052 6	0.051 6	0.050 5	0.059 5	0.048 5	0.046 5	0.047 5	0.045 5
−1.5	0.066 8	0.066 5	0.064 3	0.063 0	0.061 8	0.060 6	0.059 4	0.058 2	0.057 1	0.055 9

续表

a\b	0.00	0.01	0.02	0.03	0.04	0.05	0.06	0.07	0.08	0.09
−1.4	0.080 8	0.079 3	0.077 8	0.076 4	0.074 9	0.073 5	0.072 1	0.070 8	0.069 4	0.068 1
−1.3	0.096 8	0.095 1	0.093 4	0.091 8	0.090 1	0.088 5	0.086 9	0.085 3	0.083 8	0.082 3
−1.2	0.115 1	0.113 1	0.111 2	0.109 4	0.107 5	0.105 7	0.103 8	0.102 0	0.100 3	0.098 5
−1.1	0.135 7	0.133 5	0.131 4	0.129 2	0.127 1	0.125 1	0.123 0	0.121 0	0.119 0	0.117 0
−1.0	0.158 7	0.156 3	0.153 9	0.151 5	0.149 2	0.146 9	0.144 6	0.142 3	0.140 1	0.137 9
−0.9	0.184 1	0.181 4	0.178 8	0.176 2	0.173 6	0.171 1	0.168 5	0.166 0	0.163 5	0.161 1
−0.8	0.211 9	0.209 0	0.906 1	0.203 3	0.200 5	0.197 7	0.194 9	0.192 2	0.189 4	0.186 7
−0.7	0.242 0	0.238 9	0.235 8	0.232 7	0.229 7	0.226 6	0.223 6	0.220 7	0.217 7	0.214 8
−0.6	0.274 3	0.270 9	0.267 6	0.264 4	0.261 1	0.257 9	0.254 6	0.251 4	0.248 3	0.245 1
−0.5	0.308 5	0.305 0	0.301 5	0.298 1	0.294 6	0.291 2	0.187 7	0.284 3	0.281 0	0.277 6
−0.4	0.344 6	0.340 9	0.337 2	0.333 6	0.330 0	0.326 4	0.322 8	0.319 2	0.315 6	0.312 1
−0.3	0.382 1	0.378 3	0.374 5	0.370 7	0.366 9	0.363 2	0.359 4	0.355 7	0.352 0	0.348 3
−0.2	0.420 7	0.416 8	0.412 9	0.409 1	0.405 2	0.401 3	0.397 4	0.393 6	0.389 7	0.385 9
−0.1	0.460 2	0.456 2	0.452 2	0.448 3	0.444 3	0.440 4	0.436 4	0.432 5	0.428 6	0.427 4
−0	0.500 0	0.496 0	0.492 0	0.488 0	0.484 1	0.480 1	0.476 1	0.472 1	0.468 1	0.464 2

附录二 期货交易有关常用术语
（英汉对照）

actuals 现货，实货

准备交货运输、仓存或加工以及实施交割的商品都是现货。其同义词有：physicals，spot(or cash) commodities。

afloats 路货

在途中运输的商品。

arbitrage 套利

利用价格间差距获利的交易技术，该词主要指两个市场之间价差的套利，多用于英国。

ask 喊价，要价

卖出商品期货者报出的价格，其相对词为 bid。

at-the-money option 两平期权

期权合约协定价（履约价）与相关期货合约当时市价相等或大致相等的期权。

backwardation 逆向市场，倒价市场

现货或近期月份期货价格高于远期月份期货价格的市场情形。

bar chart 条形图

某一时段（如日、周或月）内某种期货交易盘的（成交的）最高价、最低价和收盘（市）价的表示图形。

basis 基差

现货价与期货之差；有时对不同品级商品的价差也称为基差。

bear 看跌

市场价格下跌。bear market 为价格下跌市场，又称为熊市、利空市场。

bid 递盘，出价，开价

买进商品时愿意付出的价格，它相对于卖出商品者要（喊）价 ask 或 offer。

bond 债券

bottom 底价

某一时段内所到达的最低价。

break 暴跌或暴升，突破

表示市场价格出现较大的波动。

broker 经纪人

在交易中处于中间地位、为交易者（交易所会员与客户）执行期货和期权合约买/卖指令并收取佣金的个人和公司。

bull 看涨，牛气

表示市场价格上涨。bull market 为看涨市场、牛市或利多市场。

buying hedge，long hedge　买进套期保值

交易者为了避免以后所需商品的价格上涨可能带来的损失,首先买进以后所需商品数量的期货合约,然后,期货合约到期之前,再卖出该期货合约实现对冲,同时买进所需商品现货。

call price　结算价

交易所每个交易日统计算出的各种期货成交价的平均价,常用 settlement price。

call option　看涨期权,延买期权

期权形式之一。看涨期权是指期权购买者付给期权出售者一笔权利金以后,他有权利在期权到期日或以前某日按照敲定价格买进标的期货合约,他也可放弃这一权利。

cancelling order　撤销指令

指令形式之一,撤销前一指令的指令。

carrying charge　仓储费用

持有现货商品期间支付的保管费、保险费、损耗、利息等。

clear，clearance　清算,结算

交易所结算部或结算公司对期货合约进行的各种要求和方式的资金结算。

close　收市

close price　收市价

commission　佣金

contango　正向市场,顺价市场

其反义词是 backwardation,现货价或近期期货价低于期货或远期期货价的市况。

cover，short covering　回补,补回空仓

买进期货合约来对冲所持空头期货合约。

cross hedge　交叉保值

用另一种相关商品的期货合约为某种现货商品进行套期保值的交易。

current yield　当期收益

债券利息与当时债券的市价之比。

day order　当日指令

当日有效的指令。

day trader　日交易者

当天买/卖的合约,当天实行对冲平仓的交易者。

daily limit　每日价格波动幅度的限制。

delivery　交割

期货合约的买、卖双方到期进行现货商品的交、收。

deposit　初始保证金,押金

期货合约成交时,买卖双方最初向交易所应交的保证金,一般为期货合约面值的5%～10%。较常用 initial margin。

differentials　价差

与 basis 同义。

exercise 履约

expiration date 到期日

期权买方可能执行期权权利的日期或最后一日。

exchange 交易所

fill-or-kill order 成交或取消指令

一般指出价三次后未成交则立即取消。

floor broker 场内经纪人

forward contract 远期合同

现货市场上签订的约定在将来某一时间交货的非标准化的交易合同。

fundamental analysis 基本分析法

运用商品供需理论与信息进行价格分析与预测。

futures 期货

futures contract 期货合约

经批准的在交易所交易大厅内签订的,商品质量、交割地、交割期等皆已标准化的交易契约。

hedge 套期保值

通过在期货市场买或卖与现货商品相同的期货合约,并在此期货合约到期之间某一时间再卖或买另一相同期货合约,以对冲所持期货合约,来回避价格波动对现货卖、买造成的损失。也可用hedging一词。hedger,套期保值者。

horizontal spread 水平套期图利

在买进看涨或看跌期权的同时,按相同的履约价,但不同的到期日又售出同一商品种类的期权。

intercommodity spread 跨商品(货)套期图利

买进(或卖出)某种商品某月的期货合约,同时又卖出(或买进)相同交割月份的相关商品的期货合约,以后分别进行对冲。

interdelivery spread 跨月套期图利

买进(或卖出)某种商品某月的期货合约,同时又卖出(或买进)同种商品但不同月份的期货合约,以后分别进行对冲。

intermarket spread 跨市套期图利

在某市交易所买进(或卖出)某种商品某月的期货合约,同时又在另一交易所卖出(或买进)相同商品相同月份的期货合约,以后分别平仓。

in-the-money option 实值期权

具有内在价格的期权。例如,看涨期权的协定价低于相关期货合约的当时市价时,则该看涨期权具有内在价格。

intrinsic value 内涵价值

实值期权所含的内在价值的金额,它是权利金的构成成分。

inverted market 逆向市场,倒挂市场

同一商品现货或近期期货价高于远期期货价的市况。

limit up　涨停板

　　期货交易所规定的每一交易日内某商品价格上涨的最大允许幅度,超过此限度交易所有权停止该种商品的交易。

limit down　跌停板

　　与涨停板相反的限价制度。

limit order　限价指令

　　交易人向经纪人发出买进或卖出的价格限制的指令。

liquid　流动性

　　指交易所内期货的买、卖与对冲交易开展的活跃程度与成交量的大小。对冲交易规模大而又不引起价格剧烈波动,则称流动性大。

liquidate　平仓,对冲

　　通过卖出(或买进)相同交割月份的同样商品期货合约来了结先前已买进(或卖出)的合约,或者根据持仓合约的规定到期交或收现货商品。

long　多头,买空

　　买进期货合约;交易者在交易所的交易部位是买进期货或买进多于卖出,则称该交易者是处于多头头寸(或部位)。

long position　多头头寸,多头部位

　　意义见 long。

margin　保证金

　　为抵挡价格波动带来的损失和保证履行合约,交易所规定的对成交合约的买卖双方应收的押金,一般取合约面值的 5%~10% 为初始保证金;日后若因价格波动带来账面亏损,还应全额追加保证金。

margin call　追加保证金通知

　　因价格波动而引起持仓合约账面亏损,使得该合约持有者所存留在交易所的可用资金不足抵支账面亏损与不能满足维持保证金水平时,交易所立即发出追加保证金通知;若不补交,则停止其交易,必要时强制平仓。

mark-to-the-market　逐日盯市

　　对每份持仓合约每日按当日结算价和原成交价计算其账面盈亏,以确定是否需要追加保证金,确保交易所实现无负债制度。

notice day　通知日

　　交易所规定的、对本月到期要准备交割期货合约的持有者发出此通知的日期。

open interest(简写 op. int.)　空盘量,未平仓量

　　未经对冲和交割的多头或者空头期货合约总数量。

opening price　开市价,开盘价

option　期货合约的选择权,期权

option buyer　期权的买方

option seller　期权的卖方

out-of-the-money option 虚值期权

不具有内涵价值的期权,与实值期权相反。

pit 交易池

position 交易部位,头寸

交易者承诺买卖期货合约的状态或总数量。

postion limit 头寸限制

交易所限定的交易者可持有某种期货合约的最大数量。

premium 升水,溢价

按交易所规定,对高于期货合约交割标准的商品应支付的额外费用(加价);或指期货价高过现货价的差额。其相对反义词是 discount,贴水、折价。

profit taking 获利回吐

在有利情况下抛出手上期货合约获取利润。

put option 看跌期权,延卖期权

期权购买者支付权利金后有权在期权有效期内按协定价格卖出相关期货合约,但不负必须卖出的义务。

reaction 反弹

商品价格在较长时间下跌之后的回升。

settlement price 结算价

short 空头

卖出期货合约,相对词为 long。

short hedge 卖出套期保值

做套期保值交易时首次在期货市场卖出期货合约的交易方式。

speculate 投机,炒买炒卖

甘愿承担价格波动风险以谋取风险利润的炒买炒卖行为。

spot 现货

spread 价差

两个相关市场或商品之间的价格差异。

spreading 套期图利

同时买进与卖出相关期货合约以获取价差利润的各种套利方式。

stop-limit order 停止限价指令

stop order 停止(止蚀)指令,止损指令

strike price 协定价格,敲定价格

期权合约中双方协定的相关期货商品的价格,又称履约价格(exercise price)。

technical analysis 技术分析(法)

利用期货商品的历史价格、交易量、空盘量和其他数据指标来分析与预测未来价格趋势的价格分析方法。

tick　最小价位

　　期货交易中允许的商品最小价格变动量。

volume(简写 vol)　交易量

　　在某一时间内(通常为一个交易日)买进或卖出期货合约的总数量。

warrants　仓单

　　交易所认可(或已注册)仓库签发的可用于期货合约商品交割的商品所有权证明书。

附录三　期货交易管理条例

（2012 年 12 月 1 日起施行）

（2007 年 3 月 6 日中华人民共和国国务院令第 489 号公布，根据 2012 年 10 月 24 日中华人民共和国国务院令第 627 号《国务院关于修改〈期货交易管理条例〉的决定》修订，自 2012 年 12 月 1 日起施行。）

第一章　总　　则

第一条　为了规范期货交易行为，加强对期货交易的监督管理，维护期货市场秩序，防范风险，保护期货交易各方的合法权益和社会公共利益，促进期货市场积极稳妥发展，制定本条例。

第二条　任何单位和个人从事期货交易及其相关活动，应当遵守本条例。

本条例所称期货交易，是指采用公开的集中交易方式或者国务院期货监督管理机构批准的其他方式进行的以期货合约或者期权合约为交易标的的交易活动。

本条例所称期货合约，是指期货交易场所统一制定的、规定在将来某一特定的时间和地点交割一定数量标的物的标准化合约。期货合约包括商品期货合约和金融期货合约及其他期货合约。

本条例所称期权合约，是指期货交易场所统一制定的、规定买方有权在将来某一时间以特定价格买入或者卖出约定标的物（包括期货合约）的标准化合约。

第三条　从事期货交易活动，应当遵循公开、公平、公正和诚实信用的原则。禁止欺诈、内幕交易和操纵期货交易价格等违法行为。

第四条　期货交易应当在依照本条例第六条第一款规定设立的期货交易所、国务院批准的或者国务院期货监督管理机构批准的其他期货交易场所进行。

禁止在前款规定的期货交易场所之外进行期货交易。

第五条　国务院期货监督管理机构对期货市场实行集中统一的监督管理。

国务院期货监督管理机构派出机构依照本条例的有关规定和国务院期货监督管理机构的授权，履行监督管理职责。

第二章 期货交易所

第六条 设立期货交易所,由国务院期货监督管理机构审批。

未经国务院批准或者国务院期货监督管理机构批准,任何单位或者个人不得设立期货交易场所或者以任何形式组织期货交易及其相关活动。

第七条 期货交易所不以营利为目的,按照其章程的规定实行自律管理。期货交易所以其全部财产承担民事责任。期货交易所的负责人由国务院期货监督管理机构任免。

期货交易所的管理办法由国务院期货监督管理机构制定。

第八条 期货交易所会员应当是在中华人民共和国境内登记注册的企业法人或者其他经济组织。

期货交易所可以实行会员分级结算制度。实行会员分级结算制度的期货交易所会员由结算会员和非结算会员组成。

第九条 有《中华人民共和国公司法》第一百四十七条规定的情形或者下列情形之一的,不得担任期货交易所的负责人、财务会计人员:

(一)因违法行为或者违纪行为被解除职务的期货交易所、证券交易所、证券登记结算机构的负责人,或者期货公司、证券公司的董事、监事、高级管理人员,以及国务院期货监督管理机构规定的其他人员,自被解除职务之日起未逾5年;

(二)因违法行为或者违纪行为被撤销资格的律师、注册会计师或者投资咨询机构、财务顾问机构、资信评级机构、资产评估机构、验证机构的专业人员,自被撤销资格之日起未逾5年。

第十条 期货交易所应当依照本条例和国务院期货监督管理机构的规定,建立、健全各项规章制度,加强对交易活动的风险控制和对会员以及交易所工作人员的监督管理。期货交易所履行下列职责:

(一)提供交易的场所、设施和服务;

(二)设计合约,安排合约上市;

(三)组织并监督交易、结算和交割;

(四)为期货交易提供集中履约担保;

(五)按照章程和交易规则对会员进行监督管理;

(六)国务院期货监督管理机构规定的其他职责。

期货交易所不得直接或者间接参与期货交易。未经国务院期货监督管理机构审核并报国务院批准,期货交易所不得从事信托投资、股票投资、非自用不动产投资等与其职责无关的业务。

第十一条 期货交易所应当按照国家有关规定建立、健全下列风险管理制度:

（一）保证金制度；

（二）当日无负债结算制度；

（三）涨跌停板制度；

（四）持仓限额和大户持仓报告制度；

（五）风险准备金制度；

（六）国务院期货监督管理机构规定的其他风险管理制度。

实行会员分级结算制度的期货交易所，还应当建立、健全结算担保金制度。

第十二条　当期货市场出现异常情况时，期货交易所可以按照其章程规定的权限和程序，决定采取下列紧急措施，并应当立即报告国务院期货监督管理机构：

（一）提高保证金；

（二）调整涨跌停板幅度；

（三）限制会员或者客户的最大持仓量；

（四）暂时停止交易；

（五）采取其他紧急措施。

前款所称异常情况，是指在交易中发生操纵期货交易价格的行为或者发生不可抗拒的突发事件以及国务院期货监督管理机构规定的其他情形。

异常情况消失后，期货交易所应当及时取消紧急措施。

第十三条　期货交易所办理下列事项，应当经国务院期货监督管理机构批准：

（一）制定或者修改章程、交易规则；

（二）上市、中止、取消或者恢复交易品种；

（三）上市、修改或者终止合约；

（四）变更住所或者营业场所；

（五）合并、分立或者解散；

（六）国务院期货监督管理机构规定的其他事项。

国务院期货监督管理机构批准期货交易所上市新的交易品种，应当征求国务院有关部门的意见。

第十四条　期货交易所的所得收益按照国家有关规定管理和使用，但应当首先用于保证期货交易场所、设施的运行和改善。

第三章　期货公司

第十五条　期货公司是依照《中华人民共和国公司法》和本条例规定设立的经营期货业务的金融机构。设立期货公司，应当经国务院期货监督管理机构批准，并在公司登记机关登记注册。

未经国务院期货监督管理机构批准,任何单位或者个人不得设立或者变相设立期货公司,经营期货业务。

第十六条 申请设立期货公司,应当符合《中华人民共和国公司法》的规定,并具备下列条件:

(一)注册资本最低限额为人民币3 000万元;

(二)董事、监事、高级管理人员具备任职资格,从业人员具有期货从业资格;

(三)有符合法律、行政法规规定的公司章程;

(四)主要股东以及实际控制人具有持续盈利能力,信誉良好,最近3年无重大违法违规记录;

(五)有合格的经营场所和业务设施;

(六)有健全的风险管理和内部控制制度;

(七)国务院期货监督管理机构规定的其他条件。

国务院期货监督管理机构根据审慎监管原则和各项业务的风险程度,可以提高注册资本最低限额。注册资本应当是实缴资本。股东应当以货币或者期货公司经营必需的非货币财产出资,货币出资比例不得低于85%。

国务院期货监督管理机构应当在受理期货公司设立申请之日起6个月内,根据审慎监管原则进行审查,作出批准或者不批准的决定。

未经国务院期货监督管理机构批准,任何单位和个人不得委托或者接受他人委托持有或者管理期货公司的股权。

第十七条 期货公司业务实行许可制度,由国务院期货监督管理机构按照其商品期货、金融期货业务种类颁发许可证。期货公司除申请经营境内期货经纪业务外,还可以申请经营境外期货经纪、期货投资咨询以及国务院期货监督管理机构规定的其他期货业务。

期货公司不得从事与期货业务无关的活动,法律、行政法规或者国务院期货监督管理机构另有规定的除外。

期货公司不得从事或者变相从事期货自营业务。

期货公司不得为其股东、实际控制人或者其他关联人提供融资,不得对外担保。

第十八条 期货公司从事经纪业务,接受客户委托,以自己的名义为客户进行期货交易,交易结果由客户承担。

第十九条 期货公司办理下列事项,应当经国务院期货监督管理机构批准:

(一)合并、分立、停业、解散或者破产;

(二)变更业务范围;

(三)变更注册资本且调整股权结构;

(四)新增持有5%以上股权的股东或者控股股东发生变化;

(五)设立、收购、参股或者终止境外期货类经营机构;

（六）国务院期货监督管理机构规定的其他事项。

前款第三项、第六项所列事项,国务院期货监督管理机构应当自受理申请之日起 20 日内作出批准或者不批准的决定;前款所列其他事项,国务院期货监督管理机构应当自受理申请之日起 2 个月内作出批准或者不批准的决定。

第二十条 期货公司办理下列事项,应当经国务院期货监督管理机构派出机构批准:

（一）变更法定代表人;

（二）变更住所或者营业场所;

（三）设立或者终止境内分支机构;

（四）变更境内分支机构的经营范围;

（五）国务院期货监督管理机构规定的其他事项。

前款第一项、第二项、第四项、第五项所列事项,国务院期货监督管理机构派出机构应当自受理申请之日起 20 日内作出批准或者不批准的决定;前款第三项所列事项,国务院期货监督管理机构派出机构应当自受理申请之日起 2 个月内作出批准或者不批准的决定。

第二十一条 期货公司或者其分支机构有《中华人民共和国行政许可法》第七十条规定的情形或者下列情形之一的,国务院期货监督管理机构应当依法办理期货业务许可证注销手续:

（一）营业执照被公司登记机关依法注销;

（二）成立后无正当理由超过 3 个月未开始营业,或者开业后无正当理由停业连续 3 个月以上;

（三）主动提出注销申请;

（四）国务院期货监督管理机构规定的其他情形。

期货公司在注销期货业务许可证前,应当结清相关期货业务,并依法返还客户的保证金和其他资产。期货公司分支机构在注销经营许可证前,应当终止经营活动,妥善处理客户资产。

第二十二条 期货公司应当建立、健全并严格执行业务管理规则、风险管理制度,遵守信息披露制度,保障客户保证金的存管安全,按照期货交易所的规定,向期货交易所报告大户名单、交易情况。

第二十三条 从事期货投资咨询业务的其他期货经营机构应当取得国务院期货监督管理机构批准的业务资格,具体管理办法由国务院期货监督管理机构制定。

第四章　期货交易基本规则

第二十四条 在期货交易所进行期货交易的,应当是期货交易所会员。

符合规定条件的境外机构,可以在期货交易所从事特定品种的期货交易。具体办法由国务院期货监督管理机构制定。

第二十五条　期货公司接受客户委托为其进行期货交易,应当事先向客户出示风险说明书,经客户签字确认后,与客户签订书面合同。期货公司不得未经客户委托或者不按照客户委托内容,擅自进行期货交易。

期货公司不得向客户作获利保证;不得在经纪业务中与客户约定分享利益或者共担风险。

第二十六条　下列单位和个人不得从事期货交易,期货公司不得接受其委托为其进行期货交易:

(一)国家机关和事业单位;

(二)国务院期货监督管理机构、期货交易所、期货保证金安全存管监控机构和期货业协会的工作人员;

(三)证券、期货市场禁止进入者;

(四)未能提供开户证明材料的单位和个人;

(五)国务院期货监督管理机构规定不得从事期货交易的其他单位和个人。

第二十七条　客户可以通过书面、电话、互联网或者国务院期货监督管理机构规定的其他方式,向期货公司下达交易指令。客户的交易指令应当明确、全面。

期货公司不得隐瞒重要事项或者使用其他不正当手段诱骗客户发出交易指令。

第二十八条　期货交易所应当及时公布上市品种合约的成交量、成交价、持仓量、最高价与最低价、开盘价与收盘价和其他应当公布的即时行情,并保证即时行情的真实、准确。期货交易所不得发布价格预测信息。

未经期货交易所许可,任何单位和个人不得发布期货交易即时行情。

第二十九条　期货交易应当严格执行保证金制度。期货交易所向会员、期货公司向客户收取的保证金,不得低于国务院期货监督管理机构、期货交易所规定的标准,并应当与自有资金分开,专户存放。

期货交易所向会员收取的保证金,属于会员所有,除用于会员的交易结算外,严禁挪作他用。

期货公司向客户收取的保证金,属于客户所有,除下列可划转的情形外,严禁挪作他用:

(一)依据客户的要求支付可用资金;

(二)为客户交存保证金,支付手续费、税款;

(三)国务院期货监督管理机构规定的其他情形。

第三十条　期货公司应当为每一个客户单独开立专门账户、设置交易编码,不得混码交易。

第三十一条 期货公司经营期货经纪业务又同时经营其他期货业务的,应当严格执行业务分离和资金分离制度,不得混合操作。

第三十二条 期货交易所、期货公司、非期货公司结算会员应当按照国务院期货监督管理机构、财政部门的规定提取、管理和使用风险准备金,不得挪用。

第三十三条 期货交易的收费项目、收费标准和管理办法由国务院有关主管部门统一制定并公布。

第三十四条 期货交易的结算,由期货交易所统一组织进行。

期货交易所实行当日无负债结算制度。期货交易所应当在当日及时将结算结果通知会员。

期货公司根据期货交易所的结算结果对客户进行结算,并应当将结算结果按照与客户约定的方式及时通知客户。客户应当及时查询并妥善处理自己的交易持仓。

第三十五条 期货交易所会员的保证金不足时,应当及时追加保证金或者自行平仓。会员未在期货交易所规定的时间内追加保证金或者自行平仓的,期货交易所应当将该会员的合约强行平仓,强行平仓的有关费用和发生的损失由该会员承担。

客户保证金不足时,应当及时追加保证金或者自行平仓。客户未在期货公司规定的时间内及时追加保证金或者自行平仓的,期货公司应当将该客户的合约强行平仓,强行平仓的有关费用和发生的损失由该客户承担。

第三十六条 期货交易的交割,由期货交易所统一组织进行。

交割仓库由期货交易所指定。期货交易所不得限制实物交割总量,并应当与交割仓库签订协议,明确双方的权利和义务。交割仓库不得有下列行为:

(一)出具虚假仓单;

(二)违反期货交易所业务规则,限制交割商品的入库、出库;

(三)泄露与期货交易有关的商业秘密;

(四)违反国家有关规定参与期货交易;

(五)国务院期货监督管理机构规定的其他行为。

第三十七条 会员在期货交易中违约的,期货交易所先以该会员的保证金承担违约责任;保证金不足的,期货交易所应当以风险准备金和自有资金代为承担违约责任,并由此取得对该会员的相应追偿权。

客户在期货交易中违约的,期货公司先以该客户的保证金承担违约责任;保证金不足的,期货公司应当以风险准备金和自有资金代为承担违约责任,并由此取得对该客户的相应追偿权。

第三十八条 实行会员分级结算制度的期货交易所,应当向结算会员收取结算担保金。期货交易所只对结算会员结算,收取和追收保证金,以结算担保金、风险准备金、自有资金代为承担违约责任,以及采取其他相关措施;对非结算会员的结算、收取和追收保证金、代为承担违约责任，以及采取其他相关措施，由结算会员执行。

第三十九条　期货交易所、期货公司和非期货公司结算会员应当保证期货交易、结算、交割资料的完整和安全。

第四十条　任何单位或者个人不得编造、传播有关期货交易的虚假信息，不得恶意串通、联手买卖或者以其他方式操纵期货交易价格。

第四十一条　任何单位或者个人不得违规使用信贷资金、财政资金进行期货交易。

银行业金融机构从事期货交易融资或者担保业务的资格，由国务院银行业监督管理机构批准。

第四十二条　国有以及国有控股企业进行境内外期货交易，应当遵循套期保值的原则，严格遵守国务院国有资产监督管理机构以及其他有关部门关于企业以国有资产进入期货市场的有关规定。

第四十三条　国务院商务主管部门对境内单位或者个人从事境外商品期货交易的品种进行核准。

境外期货项下购汇、结汇以及外汇收支，应当符合国家外汇管理有关规定。

境内单位或者个人从事境外期货交易的办法，由国务院期货监督管理机构会同国务院商务主管部门、国有资产监督管理机构、银行业监督管理机构、外汇管理部门等有关部门制订，报国务院批准后施行。

第五章　期货业协会

第四十四条　期货业协会是期货业的自律性组织，是社会团体法人。

期货公司以及其他专门从事期货经营的机构应当加入期货业协会，并缴纳会员费。

第四十五条　期货业协会的权力机构为全体会员组成的会员大会。

期货业协会的章程由会员大会制定，并报国务院期货监督管理机构备案。

期货业协会设理事会。理事会成员按照章程的规定选举产生。

第四十六条　期货业协会履行下列职责：

（一）教育和组织会员遵守期货法律法规和政策；

（二）制定会员应当遵守的行业自律性规则，监督、检查会员行为，对违反协会章程和自律性规则的，按照规定给予纪律处分；

（三）负责期货从业人员资格的认定、管理以及撤销工作；

（四）受理客户与期货业务有关的投诉，对会员之间、会员与客户之间发生的纠纷进行调解；

（五）依法维护会员的合法权益，向国务院期货监督管理机构反映会员的建议和要求；

（六）组织期货从业人员的业务培训，开展会员间的业务交流；

（七）组织会员就期货业的发展、运作以及有关内容进行研究；

（八）期货业协会章程规定的其他职责。

期货业协会的业务活动应当接受国务院期货监督管理机构的指导和监督。

第六章 监督管理

第四十七条 国务院期货监督管理机构对期货市场实施监督管理，依法履行下列职责：

（一）制定有关期货市场监督管理的规章、规则，并依法行使审批权；

（二）对品种的上市、交易、结算、交割等期货交易及其相关活动，进行监督管理；

（三）对期货交易所、期货公司及其他期货经营机构、非期货公司结算会员、期货保证金安全存管监控机构、期货保证金存管银行、交割仓库等市场相关参与者的期货业务活动，进行监督管理；

（四）制定期货从业人员的资格标准和管理办法，并监督实施；

（五）监督检查期货交易的信息公开情况；

（六）对期货业协会的活动进行指导和监督；

（七）对违反期货市场监督管理法律、行政法规的行为进行查处；

（八）开展与期货市场监督管理有关的国际交流、合作活动；

（九）法律、行政法规规定的其他职责。

第四十八条 国务院期货监督管理机构依法履行职责，可以采取下列措施：

（一）对期货交易所、期货公司及其他期货经营机构、非期货公司结算会员、期货保证金安全存管监控机构和交割仓库进行现场检查；

（二）进入涉嫌违法行为发生场所调查取证；

（三）询问当事人和与被调查事件有关的单位和个人，要求其对与被调查事件有关的事项作出说明；

（四）查阅、复制与被调查事件有关的财产权登记等资料；

（五）查阅、复制当事人和与被调查事件有关的单位和个人的期货交易记录、财务会计资料以及其他相关文件和资料；对可能被转移、隐匿或者毁损的文件和资料，可以予以封存；

（六）查询与被调查事件有关的单位的保证金账户和银行账户；

（七）在调查操纵期货交易价格、内幕交易等重大期货违法行为时，经国务院期货监督管理机构主要负责人批准，可以限制被调查事件当事人的期货交易，但限制的时间不得超过 15 个交易日；案情复杂的，可以延长至 30 个交易日；

（八）法律、行政法规规定的其他措施。

第四十九条 期货交易所、期货公司及其他期货经营机构、期货保证金安全存管监控机构，应当向国务院期货监督管理机构报送财务会计报告、业务资料和其他有关资料。

对期货公司及其他期货经营机构报送的年度报告，国务院期货监督管理机构应当指定专人进行审核，并制作审核报告。审核人员应当在审核报告上签字。审核中发现问题的，国务院期货监督管理机构应当及时采取相应措施。

必要时，国务院期货监督管理机构可以要求非期货公司结算会员、交割仓库，以及期货公司股东、实际控制人或者其他关联人报送相关资料。

第五十条 国务院期货监督管理机构依法履行职责，进行监督检查或者调查时，被检查、调查的单位和个人应当配合，如实提供有关文件和资料，不得拒绝、阻碍和隐瞒；其他有关部门和单位应当给予支持和配合。

第五十一条 国家根据期货市场发展的需要，设立期货投资者保障基金。

期货投资者保障基金的筹集、管理和使用的具体办法，由国务院期货监督管理机构会同国务院财政部门制定。

第五十二条 国务院期货监督管理机构应当建立、健全保证金安全存管监控制度，设立期货保证金安全存管监控机构。

客户和期货交易所、期货公司及其他期货经营机构、非期货公司结算会员以及期货保证金存管银行，应当遵守国务院期货监督管理机构有关保证金安全存管监控的规定。

第五十三条 期货保证金安全存管监控机构依照有关规定对保证金安全实施监控，进行每日稽核，发现问题应当立即报告国务院期货监督管理机构。国务院期货监督管理机构应当根据不同情况，依照本条例有关规定及时处理。

第五十四条 国务院期货监督管理机构对期货交易所、期货公司及其他期货经营机构和期货保证金安全存管监控机构的董事、监事、高级管理人员以及其他期货从业人员，实行资格管理制度。

第五十五条 国务院期货监督管理机构应当制定期货公司持续性经营规则，对期货公司的净资本与净资产的比例，净资本与境内期货经纪、境外期货经纪等业务规模的比例，流动资产与流动负债的比例等风险监管指标作出规定；对期货公司及其分支机构的经营条件、风险管理、内部控制、保证金存管、关联交易等方面提出要求。

第五十六条 期货公司及其分支机构不符合持续性经营规则或者出现经营风险的，国务院期货监督管理机构可以对期货公司及其董事、监事和高级管理人员采取谈话、提示、记入信用记录等监管措施或者责令期货公司限期整改，并对其整改情况进行检查验收。

期货公司逾期未改正，其行为严重危及期货公司的稳健运行、损害客户合法权益，或者涉嫌严重违法违规正在被国务院期货监督管理机构调查的，国务院期货监督管理机构

可以区别情形,对其采取下列措施:

(一)限制或者暂停部分期货业务;

(二)停止批准新增业务或者分支机构;

(三)限制分配红利,限制向董事、监事、高级管理人员支付报酬、提供福利;

(四)限制转让财产或者在财产上设定其他权利;

(五)责令更换董事、监事、高级管理人员或者有关业务部门、分支机构的负责人员,或者限制其权利;

(六)限制期货公司自有资金或者风险准备金的调拨和使用;

(七)责令控股股东转让股权或者限制有关股东行使股东权利。

对经过整改符合有关法律、行政法规规定以及持续性经营规则要求的期货公司,国务院期货监督管理机构应当自验收完毕之日起 3 日内解除对其采取的有关措施。

对经过整改仍未达到持续性经营规则要求,严重影响正常经营的期货公司,国务院期货监督管理机构有权撤销其部分或者全部期货业务许可、关闭其分支机构。

第五十七条 期货公司违法经营或者出现重大风险,严重危害期货市场秩序、损害客户利益的,国务院期货监督管理机构可以对该期货公司采取责令停业整顿、指定其他机构托管或者接管等监管措施。经国务院期货监督管理机构批准,可以对该期货公司直接负责的董事、监事、高级管理人员和其他直接责任人员采取以下措施:

(一)通知出境管理机关依法阻止其出境;

(二)申请司法机关禁止其转移、转让或者以其他方式处分财产,或者在财产上设定其他权利。

第五十八条 期货公司的股东有虚假出资或者抽逃出资行为的,国务院期货监督管理机构应当责令其限期改正,并可责令其转让所持期货公司的股权。

在股东按照前款要求改正违法行为、转让所持期货公司的股权前,国务院期货监督管理机构可以限制其股东权利。

第五十九条 当期货市场出现异常情况时,国务院期货监督管理机构可以采取必要的风险处置措施。

第六十条 期货公司的交易软件、结算软件,应当满足期货公司审慎经营和风险管理以及国务院期货监督管理机构有关保证金安全存管监控规定的要求。期货公司的交易软件、结算软件不符合要求的,国务院期货监督管理机构有权要求期货公司予以改进或者更换。

国务院期货监督管理机构可以要求期货公司的交易软件、结算软件的供应商提供该软件的相关资料,供应商应当予以配合。国务院期货监督管理机构对供应商提供的相关资料负有保密义务。

第六十一条 期货公司涉及重大诉讼、仲裁,或者股权被冻结或者用于担保,以及发生其他重大事件时,期货公司及其相关股东、实际控制人应当自该事件发生之日起5日内向国务院期货监督管理机构提交书面报告。

第六十二条　会计师事务所、律师事务所、资产评估机构等中介服务机构向期货交易所和期货公司等市场相关参与者提供相关服务时,应当遵守期货法律、行政法规以及国家有关规定,并按照国务院期货监督管理机构的要求提供相关资料。

第六十三条　国务院期货监督管理机构应当与有关部门建立监督管理的信息共享和协调配合机制。

国务院期货监督管理机构可以和其他国家或者地区的期货监督管理机构建立监督管理合作机制,实施跨境监督管理。

第六十四条　国务院期货监督管理机构、期货交易所、期货保证金安全存管监控机构和期货保证金存管银行等相关单位的工作人员,应当忠于职守,依法办事,公正廉洁,保守国家秘密和有关当事人的商业秘密,不得利用职务便利牟取不正当的利益。

第七章　法律责任

第六十五条　期货交易所、非期货公司结算会员有下列行为之一的,责令改正,给予警告,没收违法所得:

(一)违反规定接纳会员的;

(二)违反规定收取手续费的;

(三)违反规定使用、分配收益的;

(四)不按照规定公布即时行情的,或者发布价格预测信息的;

(五)不按照规定向国务院期货监督管理机构履行报告义务的;

(六)不按照规定向国务院期货监督管理机构报送有关文件、资料的;

(七)不按照规定建立、健全结算担保金制度的;

(八)不按照规定提取、管理和使用风险准备金的;

(九)违反国务院期货监督管理机构有关保证金安全存管监控规定的;

(十)限制会员实物交割总量的;

(十一)任用不具备资格的期货从业人员的;

(十二)违反国务院期货监督管理机构规定的其他行为。

有前款所列行为之一的,对直接负责的主管人员和其他直接责任人员给予纪律处分,处1万元以上10万元以下的罚款。

有本条第一款第二项所列行为的,应当责令退还多收取的手续费。

期货保证金安全存管监控机构有本条第一款第五项、第六项、第九项、第十一项、第十二项所列行为的,依照本条第一款、第二款的规定处罚、处分。期货保证金存管银行有本条第一款第九项、第十二项所列行为的,依照本条第一款、第二款的规定处罚、处分。

第六十六条 期货交易所有下列行为之一的,责令改正,给予警告,没收违法所得,并处违法所得 1 倍以上 5 倍以下的罚款;没有违法所得或者违法所得不满 10 万元的,并处 10 万元以上 50 万元以下的罚款;情节严重的,责令停业整顿:

(一)未经批准,擅自办理本条例第十三条所列事项的;

(二)允许会员在保证金不足的情况下进行期货交易的;

(三)直接或者间接参与期货交易,或者违反规定从事与其职责无关的业务的;

(四)违反规定收取保证金,或者挪用保证金的;

(五)伪造、涂改或者不按照规定保存期货交易、结算、交割资料的;

(六)未建立或者未执行当日无负债结算、涨跌停板、持仓限额和大户持仓报告制度的;

(七)拒绝或者妨碍国务院期货监督管理机构监督检查的;

(八)违反国务院期货监督管理机构规定的其他行为。

有前款所列行为之一的,对直接负责的主管人员和其他直接责任人员给予纪律处分,处 1 万元以上 10 万元以下的罚款。

非期货公司结算会员有本条第一款第二项、第四项至第八项所列行为之一的,依照本条第一款、第二款的规定处罚、处分。

期货保证金安全存管监控机构有本条第一款第三项、第七项、第八项所列行为的,依照本条第一款、第二款的规定处罚、处分。

第六十七条 期货公司有下列行为之一的,责令改正,给予警告,没收违法所得,并处违法所得 1 倍以上 3 倍以下的罚款;没有违法所得或者违法所得不满 10 万元的,并处 10 万元以上 30 万元以下的罚款;情节严重的,责令停业整顿或者吊销期货业务许可证:

(一)接受不符合规定条件的单位或者个人委托的;

(二)允许客户在保证金不足的情况下进行期货交易的;

(三)未经批准,擅自办理本条例第十九条、第二十条所列事项的;

(四)违反规定从事与期货业务无关的活动的;

(五)从事或者变相从事期货自营业务的;

(六)为其股东、实际控制人或者其他关联人提供融资,或者对外担保的;

(七)违反国务院期货监督管理机构有关保证金安全存管监控规定的;

(八)不按照规定向国务院期货监督管理机构履行报告义务或者报送有关文件、资料的;

(九)交易软件、结算软件不符合期货公司审慎经营和风险管理以及国务院期货监督管理机构有关保证金安全存管监控规定的要求的;

(十)不按照规定提取、管理和使用风险准备金的;

（十一）伪造、涂改或者不按照规定保存期货交易、结算、交割资料的；

（十二）任用不具备资格的期货从业人员的；

（十三）伪造、变造、出租、出借、买卖期货业务许可证或者经营许可证的；

（十四）进行混码交易的；

（十五）拒绝或者妨碍国务院期货监督管理机构监督检查的；

（十六）违反国务院期货监督管理机构规定的其他行为。

期货公司有前款所列行为之一的，对直接负责的主管人员和其他直接责任人员给予警告，并处 1 万元以上 5 万元以下的罚款；情节严重的，暂停或者撤销任职资格、期货从业人员资格。

期货公司之外的其他期货经营机构有本条第一款第八项、第十二项、第十三项、第十五项、第十六项所列行为的，依照本条第一款、第二款的规定处罚。

期货公司的股东、实际控制人或者其他关联人未经批准擅自委托他人或者接受他人委托持有或者管理期货公司股权的，拒不配合国务院期货监督管理机构的检查，拒不按照规定履行报告义务、提供有关信息和资料，或者报送、提供的信息和资料有虚假记载、误导性陈述或者重大遗漏的，依照本条第一款、第二款的规定处罚。

第六十八条　期货公司有下列欺诈客户行为之一的，责令改正，给予警告，没收违法所得，并处违法所得 1 倍以上 5 倍以下的罚款；没有违法所得或者违法所得不满 10 万元的，并处 10 万元以上 50 万元以下的罚款；情节严重的，责令停业整顿或者吊销期货业务许可证：

（一）向客户作获利保证或者不按照规定向客户出示风险说明书的；

（二）在经纪业务中与客户约定分享利益、共担风险的；

（三）不按照规定接受客户委托或者不按照客户委托内容擅自进行期货交易的；

（四）隐瞒重要事项或者使用其他不正当手段，诱骗客户发出交易指令的；

（五）向客户提供虚假成交回报的；

（六）未将客户交易指令下达到期货交易所的；

（七）挪用客户保证金的；

（八）不按照规定在期货保证金存管银行开立保证金账户，或者违规划转客户保证金的；

（九）国务院期货监督管理机构规定的其他欺诈客户的行为。

期货公司有前款所列行为之一的，对直接负责的主管人员和其他直接责任人员给予警告，并处 1 万元以上 10 万元以下的罚款；情节严重的，暂停或者撤销任职资格、期货从业人员资格。

任何单位或者个人编造并且传播有关期货交易的虚假信息，扰乱期货交易市场的，依照本条第一款、第二款的规定处罚。

第六十九条　期货公司及其他期货经营机构、非期货公司结算会员、期货保证金存管银行提供虚假申请文件或者采取其他欺诈手段隐瞒重要事实骗取期货业务许可的,撤销其期货业务许可,没收违法所得。

第七十条　期货交易内幕信息的知情人或者非法获取期货交易内幕信息的人,在对期货交易价格有重大影响的信息尚未公开前,利用内幕信息从事期货交易,或者向他人泄露内幕信息,使他人利用内幕信息进行期货交易的,没收违法所得,并处违法所得1倍以上5倍以下的罚款;没有违法所得或者违法所得不满10万元的,处10万元以上50万元以下的罚款。单位从事内幕交易的,还应当对直接负责的主管人员和其他直接责任人员给予警告,并处3万元以上30万元以下的罚款。

国务院期货监督管理机构、期货交易所和期货保证金安全存管监控机构的工作人员进行内幕交易的,从重处罚。

第七十一条　任何单位或者个人有下列行为之一,操纵期货交易价格的,责令改正,没收违法所得,并处违法所得1倍以上5倍以下的罚款;没有违法所得或者违法所得不满20万元的,处20万元以上100万元以下的罚款:

(一) 单独或者合谋,集中资金优势、持仓优势或者利用信息优势联合或者连续买卖合约,操纵期货交易价格的;

(二) 蓄意串通,按事先约定的时间、价格和方式相互进行期货交易,影响期货交易价格或者期货交易量的;

(三) 以自己为交易对象,自买自卖,影响期货交易价格或者期货交易量的;

(四) 为影响期货市场行情囤积现货的;

(五) 国务院期货监督管理机构规定的其他操纵期货交易价格的行为。

单位有前款所列行为之一的,对直接负责的主管人员和其他直接责任人员给予警告,并处1万元以上10万元以下的罚款。

第七十二条　交割仓库有本条例第三十六条第二款所列行为之一的,责令改正,给予警告,没收违法所得,并处违法所得1倍以上5倍以下的罚款;没有违法所得或者违法所得不满10万元的,并处10万元以上50万元以下的罚款;情节严重的,责令期货交易所暂停或者取消其交割仓库资格。对直接负责的主管人员和其他直接责任人员给予警告,并处1万元以上10万元以下的罚款。

第七十三条　国有以及国有控股企业违反本条例和国务院国有资产监督管理机构以及其他有关部门关于企业以国有资产进入期货市场的有关规定进行期货交易,或者单位、个人违规使用信贷资金、财政资金进行期货交易的,给予警告,没收违法所得,并处违法所得1倍以上5倍以下的罚款;没有违法所得或者违法所得不满10万元的,并处10万元以上50万元以下的罚款。对直接负责的主管人员和其他直接责任人员给予降级直至开除的纪律处分。

第七十四条　境内单位或者个人违反规定从事境外期货交易的,责令改正,给予警告,没收违法所得,并处违法所得1倍以上5倍以下的罚款;没有违法所得或者违法所得不满20万元的,并处20万元以上100万元以下的罚款;情节严重的,暂停其境外期货交易。对单位直接负责的主管人员和其他直接责任人员给予警告,并处1万元以上10万元以下的罚款。

第七十五条　非法设立期货交易场所或者以其他形式组织期货交易活动的,由所在地县级以上地方人民政府予以取缔,没收违法所得,并处违法所得1倍以上5倍以下的罚款;没有违法所得或者违法所得不满20万元的,处20万元以上100万元以下的罚款。对单位直接负责的主管人员和其他直接责任人员给予警告,并处1万元以上10万元以下的罚款。

非法设立期货公司及其他期货经营机构,或者擅自从事期货业务的,予以取缔,没收违法所得,并处违法所得1倍以上5倍以下的罚款;没有违法所得或者违法所得不满20万元的,处20万元以上100万元以下的罚款。对单位直接负责的主管人员和其他直接责任人员给予警告,并处1万元以上10万元以下的罚款。

第七十六条　期货公司的交易软件、结算软件供应商拒不配合国务院期货监督管理机构调查,或者未按照规定向国务院期货监督管理机构提供相关软件资料,或者提供的软件资料有虚假、重大遗漏的,责令改正,处3万元以上10万元以下的罚款。对直接负责的主管人员和其他直接责任人员给予警告,并处1万元以上5万元以下的罚款。

第七十七条　会计师事务所、律师事务所、资产评估机构等中介服务机构未勤勉尽责,所出具的文件有虚假记载、误导性陈述或者重大遗漏的,责令改正,没收业务收入,暂停或者撤销相关业务许可,并处业务收入1倍以上5倍以下的罚款。对直接负责的主管人员和其他直接责任人员给予警告,并处3万元以上10万元以下的罚款。

第七十八条　任何单位或者个人违反本条例规定,情节严重的,由国务院期货监督管理机构宣布该个人、该单位或者该单位的直接责任人员为期货市场禁止进入者。

第七十九条　国务院期货监督管理机构、期货交易所、期货保证金安全存管监控机构和期货保证金存管银行等相关单位的工作人员,泄露知悉的国家秘密或者会员、客户商业秘密,或者徇私舞弊、玩忽职守、滥用职权、收受贿赂的,依法给予行政处分或者纪律处分。

第八十条　违反本条例规定,构成犯罪的,依法追究刑事责任。

第八十一条　对本条例规定的违法行为的行政处罚,除本条例已有规定的外,由国务院期货监督管理机构决定;涉及其他有关部门法定职权的,国务院期货监督管理机构应当会同其他有关部门处理;属于其他有关部门法定职权的,国务院期货监督管理机构应当移交其他有关部门处理。

第八章　附　则

第八十二条　本条例下列用语的含义：

（一）商品期货合约，是指以农产品、工业品、能源和其他商品及其相关指数产品为标的物的期货合约。

（二）金融期货合约，是指以有价证券、利率、汇率等金融产品及其相关指数产品为标的物的期货合约。

（三）保证金，是指期货交易者按照规定交纳的资金或者提交的价值稳定、流动性强的标准仓单、国债等有价证券，用于结算和保证履约。

（四）结算，是指根据期货交易所公布的结算价格对交易双方的交易结果进行的资金清算和划转。

（五）交割，是指合约到期时，按照期货交易所的规则和程序，交易双方通过该合约所载标的物所有权的转移，或者按照规定结算价格进行现金差价结算，了结到期未平仓合约的过程。

（六）平仓，是指期货交易者买入或者卖出与其所持合约的品种、数量和交割月份相同但交易方向相反的合约，了结期货交易的行为。

（七）持仓量，是指期货交易者所持有的未平仓合约的数量。

（八）持仓限额，是指期货交易所对期货交易者的持仓量规定的最高数额。

（九）标准仓单，是指交割仓库开具并经期货交易所认定的标准化提货凭证。

（十）涨跌停板，是指合约在 1 个交易日中的交易价格不得高于或者低于规定的涨跌幅度，超出该涨跌幅度的报价将被视为无效，不能成交。

（十一）内幕信息，是指可能对期货交易价格产生重大影响的尚未公开的信息，包括：国务院期货监督管理机构以及其他相关部门制定的对期货交易价格可能发生重大影响的政策，期货交易所作出的可能对期货交易价格发生重大影响的决定，期货交易所会员、客户的资金和交易动向以及国务院期货监督管理机构认定的对期货交易价格有显著影响的其他重要信息。

（十二）内幕信息的知情人员，是指由于其管理地位、监督地位或者职业地位，或者作为雇员、专业顾问履行职务，能够接触或者获得内幕信息的人员，包括：期货交易所的管理人员以及其他由于任职可获取内幕信息的从业人员，国务院期货监督管理机构和其他有关部门的工作人员以及国务院期货监督管理机构规定的其他人员。

第八十三条　国务院期货监督管理机构可以批准设立期货专门结算机构，专门履行期货交易所的结算以及相关职责，并承担相应法律责任。

第八十四条　境外机构在境内设立、收购或者参股期货经营机构，以及境外期货经营机构在境内设立分支机构(含代表处)的管理办法,由国务院期货监督管理机构会同国务院商务主管部门、外汇管理部门等有关部门制订,报国务院批准后施行。

第八十五条　在期货交易所之外的国务院期货监督管理机构批准的交易场所进行的期货交易,依照本条例的有关规定执行。

第八十六条　不属于期货交易的商品或者金融产品的其他交易活动,由国家有关部门监督管理,不适用本条例。

第八十七条　本条例自 2007 年 4 月 15 日起施行。1999 年 6 月 2 日国务院发布的《期货交易管理暂行条例》同时废止。

附录四　商品期货标准合约文本

表 1　上海期货交易所阴极铜标准合约

交易品种	阴极铜
交易单位	5 吨/手
报价单位	元(人民币)/吨
最小变动价位	10 元/吨
每日价格最大波动限制	不超过上一交易日结算价±3%
合约交割月份	1—12 月
交易时间	上午 9:00—11:30,下午 1:30—3:00
最后交易日	合约交割月份的 15 日(遇法定假日顺延)
交割日期	最后交易日后连续五个工作日
交割品级	标准品:标准阴极铜,符合国标 GB/T 467—1997 标准阴极铜规定,其中主成分铜加银含量不小于 99.95% 替代品:高纯阴极铜,符合国标 GB/ T467—1997 高纯阴极铜规定;或符合BSEN 1978:1998 高纯阴极铜规定
交割地点	交易所指定交割仓库
最低交易保证金	合约价值的 5%
交易手续费	不高于成交金额的万分之二(含风险准备金)
交割方式	实物交割
交易代码	CU
上市交易所	上海期货交易所

注:(1) 该合约文本适用于 CU1006 及以后月份合约

(2) 过渡期安排详见上期交法律字〔2009〕196 号文

表 2 上海期货交易所铝标准合约

交易品种	铝
交易单位	5 吨/手
报价单位	元(人民币)/吨
最小变动价位	5 元/吨
每日价格最大波动限制	不超过上一交易日结算价±3%
合约交割月份	1—12 月
交易时间	上午 9:00—11:30,下午 1:30—3:00
最后交易日	合约交割月份的 15 日(遇法定假日顺延)
交割日期	最后交易日后连续五个工作日
交割品级	标准品:铝锭,符合国标 GB/T 1196—2008 AL99.70 规定,其中铝含量不低于 99.70% 替代品:①铝锭,符合国标 GB/T 1196—2008 AL99.85,AL99.90 规定;②铝锭,符合 P1020A 标准
交割地点	交易所指定交割仓库
最低交易保证金	合约价值的 5%
交易手续费	不高于成交金额的万分之二(含风险准备金)
交割方式	实物交割
交易代码	AL
上市交易所	上海期货交易所

注:(1) 该合约文本适用于 AL1006 及以后月份合约

(2) 过渡期安排详见上期交法律字〔2009〕196 号文

表 3　上海期货交易所锌期货标准合约

交易品种	锌
交易单位	5 吨/手
报价单位	元(人民币)/吨
最小变动价位	5 元/吨
每日价格最大波动限制	不超过上一交易日结算价±4%
合约交割月份	1—12 月
交易时间	上午 9:00—11:30,下午 1:30—3:00
最后交易日	合约交割月份的 15 日(遇法定假日顺延)
交割日期	最后交易日后连续五个工作日
交割品级	标准品:锌锭,符合国标 GB/T 470—2008 ZN99.995 规定,其中锌含量不小于 99.995% 替代品:锌锭,符合 BSEN 1179:2003 Z1 规定,其中锌含量不小于 99.995%
交割地点	交易所指定交割仓库
最低交易保证金	合约价值的 5%
交易手续费	不高于成交金额的万分之二(含风险准备金)
最小交割单位	25 吨
交割方式	实物交割
交易代码	ZN
上市交易所	上海期货交易所

注：(1) 该合约文本适用于 ZN1006 及以后月份合约

　　 (2) 过渡期安排详见上期交法律字〔2009〕196 号文

表 4　上海期货交易所黄金期货标准合约

交易品种	黄金
交易单位	1 000 克/手
报价单位	元(人民币)/克
最小变动价位	0.01 元/克
每日价格最大波动限制	不超过上一交易日结算价±5%
合约交割月份	1—12 月
交易时间	上午 9:00—11:30,下午 1:30—3:00
最后交易日	合约交割月份的 15 日(遇法定假日顺延)
交割日期	最后交易日后连续五个工作日
交割品级	金含量不小于 99.95% 的国产金锭及经交易所认可的伦敦金银市场协会(LBMA)认定的合格供货商或精炼厂生产的标准金锭 (具体质量规定见交易所相关规则的附件)
交割地点	交易所指定交割金库
最低交易保证金	合约价值的 7%
交易手续费	不高于成交金额的万分之二(含风险准备金)
交割方式	实物交割
交易代码	AU
上市交易所	上海期货交易所

表 5 上海期货交易所螺纹钢期货标准合约

交易品种	螺纹钢
交易单位	10 吨/手
报价单位	元(人民币)/吨
最小变动价位	1 元/吨
每日价格最大波动限制	不超过上一交易日结算价±5%
合约交割月份	1—12 月
交易时间	上午 9:00—11:30,下午 1:30—3:00
最后交易日	合约交割月份的 15 日(遇法定假日顺延)
交割日期	最后交易日后连续五个工作日
交割品级	标准品:符合国标 GB 1499.2—2007《钢筋混凝土用钢 第 2 部分:热轧带肋钢筋》HRB400 或 HRBF400 牌号的 ⌀16mm、⌀18mm、⌀20mm、⌀22mm、⌀25mm 螺纹钢 替代品:符合国标 GB 1499.2—2007《钢筋混凝土用钢 第 2 部分:热轧带肋钢筋》HRB335 或 HRBF335 牌号的 ⌀16mm、⌀18mm、⌀20mm、⌀22mm、⌀25mm 螺纹钢
交割地点	交易所指定交割仓库
最低交易保证金	合约价值的 7%
交易手续费	不高于成交金额的万分之二(含风险准备金)
最小交割单位	300 吨
交割方式	实物交割
交易代码	RB
上市交易所	上海期货交易所

表 6　上海期货交易所燃料油期货标准合约

交易品种	燃料油
交易单位	50 吨/手
报价单位	元(人民币)/吨
最小变动价位	1 元/吨
每日价格最大波动限制	上一交易日结算价±5%
合约交割月份	1—12 月(春节月份除外)
交易时间	上午 9:00—11:30,下午 1:30—3:00
最后交易日	合约交割月份前一月份的最后一个交易日
交割日期	最后交易日后连续五个工作日
交割品级	180CST 燃料油(具体质量规定见交易所相关规则的附件)或质量优于该标准的其他燃料油
交割地点	交易所指定交割地点
最低交易保证金	合约价值的 8%
交割方式	实物交割
交易代码	FU
上市交易所	上海期货交易所

表 7　上海期货交易所天然橡胶期货标准合约

交易品种	天然橡胶
交易单位	10 吨/手
报价单位	元(人民币)/吨
最小变动价位	5 元/吨
每日价格最大波动限制	不超过上一交易日结算价±3%
合约交割月份	1,3,4,5,6,7,8,9,10,11 月
交易时间	上午 9:00—11:30,下午 1:30—3:00
最后交易日	合约交割月份的 15 日(遇法定假日顺延)
交割日期	最后交易日后连续五个工作日
交割品级	标准品:① 国产天然橡胶(SCR WF),质量符合国标 GB/T 8081—2008 ② 进口 3 号烟胶片(RSS3),质量符合《天然橡胶等级的品质与包装国际标准(绿皮书)》(1979 年版)
交割地点	交易所指定交割仓库
最低交易保证金	合约价值的 5%
交割方式	实物交割
交易代码	RU
上市交易所	上海期货交易所

表 8　石油沥青期货合约文本

交 易 品 种	石油沥青
交易单位	10 吨/手
报价单位	元(人民币)/吨
最小变动价位	2 元/吨
每日价格最大波动限制	不超过上一交易日结算价±3%
合约交割月份	24 个月以内,其中最近 1～6 个月为连续月份合约,6 个月以后为季月合约
交易时间	上午 9:00—11:30,下午 1:30—3:00,以及交易所规定的其他交易时间
最后交易日	合约交割月份的 15 日(遇法定假日顺延)
交割日期	最后交易日后连续 5 个工作日
交割品级	70 号 A 级道路石油沥青,具体内容见《上海期货交易所石油沥青期货交割实施细则(试行)》
交割地点	交易所指定交割地点
最低交易保证金	合约价值的 4%
交割方式	实物交割
交易代码	BU
上市交易所	上海期货交易所

表 9　普通小麦期货合约

交易品种	普通小麦
交易单位	50 吨/手
报价单位	元(人民币)/吨
最小变动价位	1 元/吨
每日价格波动限制	上一个交易日结算价±4%及《郑州商品交易所期货交易风险控制管理办法》相关规定
最低交易保证金	合约价值的 5%
合约交割月份	1,3,5,7,9,11 月
交易时间	上午 9:00—11:30,下午 1:30—3:00
最后交易日	合约交割月份的第 10 个交易日
最后交割日	仓单交割:合约交割月份的第 12 个交易日 车船板交割:合约交割月份的次月 20 日
交割品级	符合《中华人民共和国国家标准 小麦》(GB 1351—2008)的三等及以上小麦,且物理指标等符合《郑州商品交易所期货交割细则》规定要求
交割地点	交易所指定交割仓库及指定交割计价点
交割方式	实物交割
交易代码	PM
上市交易所	郑州商品交易所

表 10 菜籽油期货合约文本

交易品种	菜籽油(简称"菜油")
交易单位	10 吨/手
报价单位	元(人民币)/吨
最小变动价位	2 元 / 吨
每日价格波动限制	上一交易日结算价±4%及《郑州商品交易所期货交易风险控制管理办法》相关规定
最低交易保证金	合约价值的 5%
合约交割月份	1,3,5,7,9,11 月
交易时间	上午 9:00—11:30,下午 1:30—3:00
最后交易日	合约交割月份的第 10 个交易日
最后交割日	合约交割月份的第 12 个交易日
交割品级	基准交割品:符合《中华人民共和国国家标准——菜籽油》(GB 1536—2004)四级质量指标的菜油 替代品及升贴水见《郑州商品交易所期货交割细则》
交割地点	交易所指定交割仓库
交割方式	实物交割
交易代码	OI
上市交易所	郑州商品交易所

表 11　郑州商交易所 1 号棉花期货合约

交易单位	5 吨/手(公定重量)
报价单位	元(人民币)/吨
最小变动价位	5 元/吨
每日价格最大波动限制	不超过上一交易日结算价±4%
合约交割月份	1,3,5,7,9,11 月
交易时间	上午 9:00—11:30,下午 1:30—3:00
最后交易日	合约交割月份的第 10 个交易日
最后交割日	合约交割月份的第 12 个交易日
交割品级	基准交割品:328B 级国产锯齿细绒白棉(符合 GB 1103—2007) 替代品及其升贴水,详见交易所交割细则
交割地点	交易所指定棉花交割仓库
最低交易保证金	合约价值的 5%
交易手续费	8 元/手(含风险准备金)
交割方式	实物交割
交易代码	CF
上市交易所	郑州商品交易所

表 12　郑州商品交易所精对苯二甲酸期货合约

交易品种	精对苯二甲酸(PTA)
交易单位	5 吨/手
报价单位	元(人民币)/吨
最小变动价位	2 元/吨
每日价格最大波动限制	不超过上一交易日结算价±4%
合约交割月份	1,2,3,4,5,6,7,8,9,10,11,12 月
交易时间	上午 9:00—11:30,下午 1:30—3:00
最后交易日	交割月第 10 个交易日
最后交割日	交割月第 12 个交易日
交割品级	符合工业用精对苯二甲酸 SH/T 1612.1—2005 质量标准的优等品,详见《郑州商品交易所精对苯二甲酸交割细则》
交割地点	交易所指定仓库
最低交易保证金	合约价值的 6%
交易手续费	不高于 4 元 /手(含风险准备金)
交割方式	实物交割
交易代码	TA
上市交易所	郑州商品交易所

表 13　早籼稻期货合约文本

交易品种	早籼稻
交易单位	20 吨/手
报价单位	元(人民币)/吨
最小变动价位	1 元/吨
每日价格波动限制	上一交易日结算价±4％及《郑州商品交易所期货交易风险控制管理办法》相关规定
最低交易保证金	合约价值的 5％
合约交割月份	1,3,5,7,9,11 月
交易时间	上午 9:00—11:30,下午 1:30—3:00
最后交易日	合约交割月份的第 10 个交易日
最后交割日	合约交割月份的第 12 个交易日
交割品级	基准交割品:符合《中华人民共和国国家标准——稻谷》(GB 1350—2009)三等及以上等级质量指标及《郑州商品交易所期货交割细则》规定的早籼稻谷 替代品及升贴水见《郑州商品交易所期货交割细则》
交割地点	交易所指定交割仓库
交割方式	实物交割
交易代码	RI
上市交易所	郑州商品交易所

表 14　郑州商品交易所白糖期货合约

交易品种	白砂糖
交易单位	10 吨/手
报价单位	元(人民币)/吨
最小变动价位	1 元/吨
每日价格最大波动限制	不超过上一个交易日结算价±4%
合约交割月份	1,3,5,7,9,11 月
交易时间	上午 9:00—11:30,下午 1:30—3:00
最后交易日	合约交割月份的第 10 个交易日
最后交割日	合约交割月份的第 12 个交易日
交割品级	标准品:一级白糖(符合 GB 317—2006) 替代品及升贴水见《郑州商品交易所期货交割细则》
交割地点	交易所指定仓库
最低交易保证金	合约价值的 6%
交易手续费	4 元/手(含风险准备金)
交割方式	实物交割
交易代码	SR
上市交易所	郑州商品交易所

表 15　郑州商品交易所甲醇期货合约

交易品种	甲醇
交易单位	50 吨/手
报价单位	元(人民币)/吨
最小变动价位	1 元/吨
每日价格最大波动限制	不超过上一交易日结算价±4%及《郑州商品交易所期货交易风险控制管理办法》相关规定
最低交易保证金	合约价值的 6%
合约交割月份	1—12 月
交易时间	上午 9:00—11:30,下午 1:30—3:00
最后交易日	合约交割月份的第 10 个交易日
最后交割日	合约交割月份的第 12 个交易日
交割品级	见《郑州商品交易所期货交割细则》
交割地点	交易所指定交割地点
交割方式	实物交割
交易代码	ME
上市交易所	郑州商品交易所

表 16　郑州商品交易所玻璃期货合约

交易品种	平板玻璃(简称"玻璃")
交易单位	20 吨/手
报价单位	元(人民币)/吨
最小变动价位	1 元/吨
每日价格波动限制	上一交易日结算价±4%及《郑州商品交易所期货交易风险控制管理办法》相关规定
最低交易保证金	合约价值的 6%
合约交割月份	1—12 月
交易时间	上午 9:00—11:30,下午 1:30—3:00
最后交易日	合约交割月份的第 10 个交易日
最后交割日	合约交割月份的第 12 个交易日
交割品级	见《郑州商品交易所期货交割细则》
交割地点	交易所指定交割地点
交割方式	实物交割
交易代码	FG
上市交易所	郑州商品交易所

表 17 动力煤期货合约(合约单位调整后)文本

交易品种	动力煤
交易单位	100 吨/手
报价单位	元(人民币)/吨
最小变动价位	0.2 元/吨
每日价格最大波动限制	上一交易日结算价±4%及郑交所相关规定
最低交易保证金	合约价值的 5%
合约交割月份	1—12 月
交易时间	周一至周五上午 9:00—11:30,下午 1:30—3:00
最后交易日	合约交割月份的第 5 个交易日的上午 9:00—11:30
最后交割日	车(船)板交割:合约交割月份的最后 1 个日历日仓单交割:合约交割月份的第 7 个交易日
交割品级	见《郑州商品交易所期货交割细则》
交割地点	交易所指定的交割地点
交割方式	实物交割
交易代码	ZC

表 18　大连商品交易所玉米期货合约

交易品种	黄玉米
交易单位	10 吨/手
报价单位	元(人民币)/吨
最小变动价位	1 元/吨
涨跌停板幅度	上一交易日结算价的 4%
合约月份	1,3,5,7,9,11 月
交易时间	上午 9:00—11:30,下午 1:30—3:00
最后交易日	合约月份第 10 个交易日
最后交割日	最后交易日后第 2 个交易日
交割等级	大连商品交易所玉米交割质量标准(FC/DCE D001—2009)(具体内容见交易所相关规则的附件)
交割地点	大连商品交易所玉米指定交割仓库
最低交易保证金	合约价值的 5%
交易手续费	不超过 3 元/手(当前暂为 1.5 元/手)
交割方式	实物交割
交易代码	C
上市交易所	大连商品交易所

表 19　大连商品交易所黄大豆 1 号期货合约

交易品种	黄大豆 1 号
交易单位	10 吨/手
报价单位	元(人民币)/吨
最小变动价位	1 元/吨
涨跌停板幅度	上一交易日结算价的 4%
合约交割月份	1,3,5,7,9,11 月
交易时间	上午 9:00—11:30,下午 1:30—3:00
最后交易日	合约月份第 10 个交易日
最后交割日	最后交易日后 7 日(遇法定节假日顺延)
交割等级	大连商品交易所黄大豆 1 号交割质量标准(FA/DCE D001—2009) (具体内容见交易所相关规则的附件)
交割地点	大连商品交易所指定交割仓库
交易保证金	合约价值的 5%
交易手续费	不超过 4 元/手(当前暂为 2 元/手)
交割方式	实物交割
交易代码	A
上市交易所	大连商品交易所

表 20　大连商品交易所豆粕期货合约

交易品种	豆粕
交易单位	10 吨/手
报价单位	元(人民币)/吨
最小变动价位	1 元/吨
涨跌停板幅度	上一交易日结算价的 4%
合约月份	1,3,5,7,8,9,11,12 月
交易时间	上午 9:00—11:30,下午 1:30—3:00
最后交易日	合约月份第 10 个交易日
最后交割日	最后交易日后第 4 个交易日
交割等级	大连商品交易所豆粕交割质量标准
交割地点	大连商品交易所指定交割仓库
最低交易保证金	合约价值的 5%(当前暂为 6%)
交易手续费	不超过 3 元/手(当前暂为 2 元/手)
交割方式	实物交割
交易代码	M
上市交易所	大连商品交易所

表 21　大连商品交易所棕榈油期货合约

交易品种	棕榈油
交易单位	10 吨/手
报价单位	元(人民币)/吨
最小变动价位	2 元/吨
涨跌停板幅度	上一交易日结算价的 4%
合约月份	1,2,3,4,5,6,7,8,9,10,11,12 月
交易时间	上午 9:00—11:30,下午 1:30—3:00
最后交易日	合约月份第 10 个交易日
最后交割日	最后交易日后第 2 个交易日
交割等级	大连商品交易所棕榈油交割质量标准
交割地点	大连商品交易所棕榈油指定交割仓库
最低交易保证金	合约价值的 5%
交易手续费	不超过 6 元/手（当前暂为 2.5 元/手）
交割方式	实物交割
交易代码	P
上市交易所	大连商品交易所

表 22 大连商品交易所线型低密度聚乙烯期货合约

交易品种	线型低密度聚乙烯
交易单位	5 吨/手
报价单位	元(人民币)/吨
最小变动价位	5 元/吨
涨跌停板幅度	上一交易日结算价的 4%
合约月份	1,2,3,4,5,6,7,8,9,10,11,12 月
交易时间	上午 9:00—11:30,下午 1:30—3:00
最后交易日	合约月份第 10 个交易日
最后交割日	最后交易日后第 2 个交易日
交割等级	大连商品交易所线型低密度聚乙烯交割质量标准
交割地点	大连商品交易所线型低密度聚乙烯指定交割仓库
最低交易保证金	合约价值的 5%
交易手续费	不超过 8 元/手(当前暂为 2.5 元/手)
交割方式	实物交割
交易代码	L
上市交易所	大连商品交易所

表 23　鲜鸡蛋期货合约文本

交易品种	鲜鸡蛋
交易单位	5 吨/手
报价单位	元(人民币)/500 千克
最小变动价位	1 元/500 千克
涨跌停板幅度	上交易日结算价的 4%(当前暂为 5%)
合约月份	1,2,3,4,5,6,9,10,11,12 月
交易时间	周一至周五上午 9:00—11:30,下午 1:30—3:00
最后交易	合约月份第 10 个交易日
最后交割日	最后交易日后第 3 个交易日
交割等级	大连商品交易所鸡蛋交割质量标准
交割地点	大连商品交易所鸡蛋指定交割仓库
最低交易保证金	合约价值的 5%(当前暂为 8%)
交割方式	实物交割
交易代码	JD
上市交易所	大连商品交易所

表 24　大连商品交易所焦炭期货合约

交易品种	冶金焦炭
交易单位	100 吨/手
报价单位	元(人民币)/吨
最小变动价位	1 元/吨
涨跌停板幅度	上一交易日结算价的 4%
合约月份	1,2,3,4,5,6,7,8,9,10,11,12 月
交易时间	上午 9:00—11:30,下午 1:30—3:00
最后交易日	合约月份第 10 个交易日
最后交割日	最后交易日后第 2 个交易日
交割等级	大连商品交易所焦炭交割质量标准
交割地点	大连商品交易所焦炭指定交割仓库
最低交易保证金	合约价值的 5%（当前暂为 6%）
交割方式	实物交割
交易代码	J
上市交易所	大连商品交易所

教师服务

感谢您选用清华大学出版社的教材！为了更好地服务教学，我们为授课教师提供本书的教学辅助资源，以及本学科重点教材信息。请您扫码获取。

▶▶ 教辅获取

本书教辅资源，授课教师扫码获取

▶▶ 样书赠送

财政与金融类重点教材，教师扫码获取样书

 清华大学出版社

E-mail: tupfuwu@163.com
电话：010-83470332 / 83470142
地址：北京市海淀区双清路学研大厦 B 座 509

网址：http://www.tup.com.cn/
传真：8610-83470107
邮编：100084